产品数据管理
PDM原理与应用

黄曙荣　安晶　王伟　阳程·编著

江苏大学出版社
JIANGSU UNIVERSITY PRESS
镇　江

图书在版编目(CIP)数据

产品数据管理PDM原理与应用 / 黄曙荣等编著
. — 镇江：江苏大学出版社，2014.8(2025.7重印)
ISBN 978-7-81130-782-5

Ⅰ.①产… Ⅱ.①黄… Ⅲ.①企业－产品－数据管理系统 Ⅳ.①F273.2

中国版本图书馆CIP数据核字(2014)第167014号

产品数据管理PDM原理与应用
CHANPIN SHUJU GUANLI PDM YUANLI YU YINGYONG

编　　著/黄曙荣　安　晶　王　伟　阳　程
责任编辑/徐　婷
出版发行/江苏大学出版社
地　　址/江苏省镇江市京口区学府路301号(邮编:212013)
电　　话/0511-84446464(传真)
网　　址/http://press.ujs.edu.cn
印　　刷/广东虎彩云印刷有限公司
开　　本/787 mm×1 092 mm　1/16
印　　张/24.5
字　　数/582千字
版　　次/2014年8月第1版
印　　次/2025年7月第5次印刷
书　　号/ISBN 978-7-81130-782-5
定　　价/60.00元

前 言

本书是 Siemens PLM Software 公司 GO PLM 计划资助和盐城工学院教材出版基金资助教材,是根据应用型本科制造业信息化方向专业人才培养目标与规格的要求编写的。

产品数据管理(Prodcut Data Management,PDM)以软件为基础,是一门用来管理所有与产品相关信息(包括零件信息、配置、文档、CAD 文件、结构、权限信息等)和所有与产品相关过程(包括工作流程和更改流程)的技术。它提供产品全生命周期的信息管理,并可在企业范围内为产品设计和制造建立一个并行化的协作环境。PDM 在逻辑上将各个 CAX 信息化孤岛集成起来,利用计算机系统控制整个产品的开发设计过程,通过逐步建立虚拟的产品模型,最终形成完整的产品描述、生产过程描述以及生产过程控制数据。该系统可以有效、实时、完整地控制从产品规划到产品报废处理的整个产品生命周期中的各种复杂的数字化信息。Teamcenter 作为市场领先的产品全生命周期管理的协同应用系统和解决方案,具备卓越的产品全生命周期管理的功能。该产品支持统一的产品全生命周期管理和面向行业提供即装即用的解决方案,实现企业产品数据的集中、安全、完备地管理,在业界被称作经过验证的、成熟的 PLM/PDM 系统。

为了帮助读者理解和掌握 PDM 的原理与应用,我们在整理多年教学讲义和总结系统实施经验的基础上编写了此书,以期为读者的 PDM 应用实施提供帮助。

全书共 13 章。第 1 章介绍了 PDM 产生的背景和发展史、PDM 的基本概念和基本功能,同时对 Siemens PLM Software Teamcenter 进行简要介绍;第 2 章介绍 PDM 系统体系结构,包括 C/S 和 C/B/S 结构,同时对 Teamcenter 的两层和四层架构进行阐述;第 3 章介绍 PDM 系统的对象模型以及 Teamcenter 中的产品数据;第 4 ~ 11 章介绍了 PDM 的各项基本功能,包括组织管理,电子仓库与文档管理,权限管理,工作流与过程管理,产品结构与配置管理,分类管理,项目管理,以及 PDM 系统与 CAD/CAM/CAPP 系统的集成、与 ERP 系统的集成等,并给出各个功能模块在 Teamcenter 下的具体应用。第 12 章介绍 PDM 系统实施的方法,包括实施方法论、实施步骤和系统效能评价;第 13 章以一个具体案例全面介绍 PDM 系统实施,包括案例分析、系统需求分析、系统架构设计、系统功能设计。

本书第 1,2,10 章由黄曙荣编写,第 6,11 章由阳程编写,第 9,12,13 章由王伟编写,其余各章由安晶编写。本书编写所使用的 Teamcenter 软件系统由 Siemens PLM Software 公司 GO PLM 计划捐助。

本书在编写过程中得到了盐城工学院刘德仿副校长的具体指导以及西门子工业软件(上海)有限公司方正先生、张宪宏博士的支持与关注;盐城工学院徐友武、蔡小平老师分别为 Teamcenter 系统的搭建和教材资助出版提供了很多帮助；周茜、顾士星同学参与了本书的校对、绘图等工作；本书编写参考了很多同类教材和文献资料，在此一并致以衷心的感谢。

限于编者学识水平，书中不妥甚至错误之处在所难免，敬请广大读者批评指正。

编　　者

目　　录

第1章 产品数据管理概述

产品数据管理(Product Data Management,PDM)是在现代产品开发环境中成长发展起来的一项以软件为基础的管理产品数据的新技术。它将所有与产品有关的信息和所有与产品相关的过程集成在一起,使产品数据在其整个生命周期内保持一致,保证已有的产品信息为整个企业用户共享使用,帮助部门或企业管理贯穿于整个产品生命周期的产品数据及开发过程,可有力地促进新产品的设计与开发,提高产品质量,缩短产品的研制周期和提早产品的上市时间,提高工作效率,从而增强企业的竞争能力。

1.1 PDM 产生的背景和发展史

计算机辅助设计(CAD)在过去的几十年中得到了迅速发展,并在工业界取得了较好的应用。但是,一方面,CAD 系统只注重零件几何外形的设计和表示,而缺乏像尺寸、公差、装配、材料以及功能说明这样的高层语义信息和产品生命周期的其他生产环节所必需的信息,且对于设计意图、功能要求和装配关系等非几何信息难以表达。工程数据库技术的应用研究,在一定程度上对此提供了解决方案,却没有一个完满的答案。另一方面,现有的这些系统的信息模型都还只限于几何信息和拓扑信息,而面向加工的特征信息以及其他有关信息在系统信息模型中很少表达。这样,由于缺乏完备的产品模型及在产品生命周期中的各种数据,对于 CAPP 和 CAM 等后续应用系统来说,CAD 提供的信息不够完善,无法使企业实现有序和高效地设计、制造和发送产品的目的。因此,在 20 世纪末,CAD/CAPP/CAM 的集成技术成为研究热点,并延续到 21 世纪。

产品数据管理(PDM)技术,作为 CAD/CAPP/CAM(3C)的集成平台,将企业内分布于各种系统和介质中关于产品及产品数据的信息进行集成,并将这些信息按不同用途分门别类地进行管理。CAD/CAPP/CAM 系统都可从 PDM 中获取各自所需的信息,再将处理结果存入 PDM,从而真正实现 3C 集成,为企业、工程师和其他有关人员提供产品设计、制造及产品维护所需要的数据信息支持,从而成为进行产品的全生命周期管理的有力工具。

1.1.1 PDM 产生的背景

(1) 制造业面临的挑战

随着科学与技术的进步,电子、信息及自动化技术被广泛应用,社会生产能力得到了巨大发展,市场竞争亦变得愈来愈激烈。市场需求不断变化,对产品的结构、性能的需求越来越苛刻,从而使新产品的研制变得越来越复杂,这就在客观上要求企业力争在最短时间内、消耗最少的资金，生产出满足市场需求的产品。但产品的频繁更新对企业本身来说也带来一些问题，例如需要在设计、生产过程的调整、设备改造及制造上不断投资等，其中开发费用基本与时间成正比，即开发周期越长，投资越多。因此，世界各国的企业都面临着严重挑战：如何缩短日趋复杂产品的开发周期并以低成本占有市场，如何适应快速变化的市场需求。对企业进行重组，不断以高质量、低成本、快速开发新产品等手段，在竞争中求生存和发展，已成为企业共同追求的目标。显然，在产品设计开发过程中广泛采用计算机辅助技术为达到上述目标提供了可能。

（2）企业原有的产品数据系统存在严重的缺陷

20 世纪 80 年代初，很多已经广泛深入计算机工程应用领域的企业发现，企业的发展正受到以纸质文件为基础的数据系统的严重阻碍。这主要表现在以下几个方面。

① 信息共享程度低。企业的计算机辅助工具都是一些离散孤立的系统，由这些互不兼容的软件产生的数据不能统一由一个企业级的计算机软件系统来管理，因而无法在设计、工艺、制造以及管理部门之间有效地实现信息共享与传递。

② 信息传递速度慢。大部分企业的信息传递主要是通过书面文件、报表及电话联络方式，无法及时收集工艺和制造过程中的反馈信息，不能实时反映设计过程中的变化，而要随时跟踪整个产品的设计和制造的进展情况就更困难了。

③ 业务管理落后。虽然企业采用计算机辅助工具在一定程度上实现了产品设计开发的计算机化，但有关产品的其他技术资料依然采用手工管理的方式。另外，虽然 CAD/CAPP/CAM 技术已推广应用，但各种格式的图形、数据、文本等文件还是沿用过去对纸质文件的管理方法，对文件缺乏有效的版本管理，造成不必要的重复设计。缺少迅速有效的产品数据的检索手段，也造成设计的重用程度差。

④ 应用集成系统效率不高。几乎任何两个不同的应用软件都不可直接分享或交换产品数据信息。

（3）企业信息集成势在必行

随着计算机应用的不断深入和细化，许多产品开发过程中的单元技术已日趋成熟。经过长期的工程实践，人们已经注意到集成化的产品设计支持系统，如 CAD/CAE/CAPP/CAM 的集成开发系统等，是进一步提高产品质量和工程设计技术水平、降低消耗、缩短新产品开发周期的重要手段。在实现这一目标的过程中，早期的集成是基于产品数据的基础，主要实现了产品开发不同阶段中各个系统之间的数据转换。然而，伴随着设计思想和观念的不断更新以及计算机网络技术的日益成熟，产品设计过程突破了时间和空间上的制约，逐步迈向以计算机支持的协同工作（Computer Supported Cooperative Work，CSCW）为特征的并行、协同、分布和开放的工作模式。面对这样的发展趋势，集成的产品开发系统需要更高层次的管理、协调和组织技术，亦即完整的产品设计管理，以保证在产品开发的全生命周期中，在预定的时间为不同的设计活动提供正确和完整的产品信息。以交互式图形系统为基础、工程分析计算为主体的计算机辅助设计系统，还远远不能适应分布、开放的协同设计过程模式。集产品的计划、设计、制造、检测、装配、销售和售后服务、回收重用为一体的并行工程自动化环境，不但需要完整的产品信息集成，还要求实现在分布式计算环境下的过程集成。因此，在市场竞争压力下，现代产品设计已不再是设计领域内孤立的技术问题，而是综合了产品各相关领域、相关过程、相关技术资源（方法、工具)及相关组织形式的设计系统的组织、管理问题。产品设计已经不可避免地走向集成化、网络化和智能化。这样,就有必要建立一个组织结构体系,来管理产品设计的全过程,通过有组织的努力去完成集体设计任务。产品数据管理(PDM)正是促成上述过程的技术方法。

(4) 信息技术的快速发展为 PDM 的产生提供了技术支持

在技术上,虽然 20 世纪 80 年代初数据库技术已得到快速发展,但是这些数据库系统管理对象关系简单、变化少、数据相对比较稳定,适合事务处理。然而在工程设计领域,产品数据量大、种类繁多、结构相对复杂,特别是产品在设计—修改—定型的过程中,产品数据在不断地动态变化。传统的商用数据库存在着只面向记录、不支持设计过程、缺乏协调工作机制等弱点,难于处理非结构化的数据,不太适应企业的工程数据管理要求。另外一些针对工程设计与制造、生产管理与经营决策的工程数据库管理系统也因其集成性不够,不能充分表示应用的工程数据以及应用开发性差而不能全面满足工程应用的需要。20 世纪 80 年代末,面向对象技术的诞生为 PDM 的出现起到了推波助澜的作用,该技术提供的分解、组合和继承特性适于描述结构复杂、种类繁多的工程数据,特别是工程设计领域的产品数据。在这种技术的支持下,结合分布式数据库技术和计算机网络技术——PDM 应运而生,成为一种新型的企业信息集成平台技术。

1.1.2 PDM 发展历史

纵观 PDM 的发展历程,可分为以下四个发展阶段。

(1) 配合 CAD 设计工具的第一代 PDM 产品

第一代 PDM 产品诞生于 20 世纪 80 年代初。随着各种 CAD 设计工具在企业中的广泛应用,它们在给设计工程师们带来设计与修改方便的同时,也带来了一些新问题。例如,数据繁多使得在查找设计所需信息上,浪费了不少时间,引起对于电子文档的存储和获取新方法的需求变得越来越迫切。针对这种需求,各 CAD 厂家配合自己的 CAD 软件推出了第一代 PDM 产品,这些产品的目标主要是解决大量电子数据的存储和管理问题,提供了维护“电子绘图仓库”的功能。第一代 PDM 产品仅在一定程度上缓解了“信息孤岛”问题,仍然普遍存在系统功能较弱、集成能力和开放程度较低等问题。

(2) 专业化的第二代 PDM 产品

为了解决第一代 PDM 产品功能不强、集成性差的问题,许多新功能被不断地添加到 PDM 中,并考虑到要解决产品开发过程中的特定问题,PDM 开始走专业化的道路。直至 20 世纪 90 年代,专业化的 PDM 产品开始出现,如 SDRC 公司的 Metaphase、EDS 公司的 IMAN、IBM 公司的 PM、Smart Solution 公司的 SmarTeam 等。与第一代 PDM 产品相比,在第二代 PDM 产品中出现了许多新功能,如对产品生命周期内各种形式的产品数据的管理能力、对产品结构与配置的管理、对电子数据的发布和工程更改的控制以及基于成组技术的零件分类管理与查询等,同时软件的集成能力和开放程度也有较大的提高,少数优秀的 PDM 产品可以真正实现企业级的信息集成和过程集成。

第二代 PDM 产品技术上在走专业化道路的同时,也开始迈向市场化,出现了许多专业开发、销售和实施 PDM 的软件公司。这在一定程度上也促进了 PDM 的发展。不断地融入新技术,对 PDM 提出了新的要求。各种各样的专业 PDM 产品必须有一个统一的标准,这就进入了 PDM 的标准化阶段。

(3) PDM 标准化阶段

1997 年 2 月,OMG 组织公布了其 PDM Enabler 标准草案。作为 PDM 领域的第一个国际标准,本草案由许多 PDM 领域的主导厂商参与制定,如 IBM,SDRC,PTC 等。PDM Enabler 的公布标志着 PDM 技术在标准化方面迈出了崭新的一步。PDM Enabler 基于 CORBA 技术,就 PDM 的系统功能、PDM 的逻辑模型和多个 PDM 系统间的互操作提出了一个标准。

这一标准的制定为新一代标准化 PDM 产品——产品协同商务(Collaborative Product Commerce,CPC)的发展奠定了基础。其中比较典型的是由 PTC 公司和 MatrixOne 公司提出的 CPC 解决方案,它是一个完全建立在 Internet 平台、CORBA 标准和 Java 技术基础上的产品。之后,各 PDM 开发商相继推出各自的 CPC 版本或 CPC 解决方案。以 Windchill 和 eMatrix 为代表,CPC 主要有以下特点:

① 基于分布式 W/B 计算框架的联邦式体系结构;

② 基于 Internet/Intranet;

③ 采用 Java 技术。

(4) 以产品创新为焦点的第四代 PDM

到了 21 世纪,客户在追求产品质量的同时,对产品的个性化也提出了越来越高的要求。产品的创新能力主导着企业的经营组织管理,将产品整个生命周期的所有数据收集并有效地组织起来,通过提供一个统一的入口让产品开发工程师随时能够共享、访问并重复利用这些企业财富,在短时间内开发出高质量、满足用户个性化要求的产品成为众多企业追求的目标。20 世纪 90 年代末出现的协同产品定义管理(Collaborative Product Definition Management,CPDM)进一步演化为产品全生命周期管理(Product Life Management,PLM),并成为企业参与全球竞争的一种战略性方法。

1.2 PDM 基本概念

1.2.1 PDM 定义

由于 PDM 包含的技术内容太多、太广,且与 PDM 相关的技术内容还在不断发展和变化,因此 PDM 尚无一个完整、确切的定义。1995 年 2 月,主要致力于 PDM 技术和相关计算机集成技术的国际权威咨询公司 CIMdata 公司总裁 Ed Miller 在 *PDM Today* 一文中给出了 PDM 的简单定义:PDM 是一门用来管理所有与产品相关信息(包括零件信息、配置、文档、CAD 文件、结构、权限信息等)和所有与产品相关过程(包括过程定义和管理)的技术。而 Gartner Group 公司的 Dave Burdick 则把 PDM 定义为:“PDM 是为企业设计和生产构筑一个并行产品开发环境(由供应、工程设计、制造、采购、销售与市场、客户构成)的关键使能技术。一个成熟的 PDM 系统能够使所有参与创建、交流、维护设计意图的人在整个信息生命周期中自由共享和传递与产品相关的所有异构数据”。

可以从以下四方面来理解 PDM:

① 从软件来看,PDM 是一种介于基础信息结构软件和应用软件之间的框架软件系

统。以此框架为基础，高度集成各种应用软件，可提供使制造者全面管理、紧密跟踪、适度控制、适时查看围绕产品设计、开发及整个工程过程中的所有与产品相关的数据；为工程技术人员提供一个协同的工作环境，确保在正确的时间把正确的信息以正确的形式传递给正确的人并完成正确的任务，可有力地促进新产品的设计与开发，提高产品质量，缩短产品的研制周期和提早产品的上市时间，提高工作效率，从而增强企业的竞争能力。

PDM 系统主要面向制造企业，以产品为管理核心，以数据、过程和资源为管理信息的三大要素。PDM 进行信息管理的两条主线是静态的产品结构（组织产品设计，确保产品开发数据准确正确，保证有竞争力产品的及时交付）和动态的产品设计流程（管理产品生命周期整个过程，组织协调开发过程中设计、评审、批准、变更及产品发布等）；所有的信息组织和管理都是围绕产品设计展开的。

② 从产品来看，PDM 系统可帮助组织产品设计，完善产品结构修改，跟踪进展中的设计概念，及时方便地找出存档数据以及相关产品信息。

③ 从过程来看，PDM 系统可协调组织整个产品生命周期内诸如设计审查、批准、变更、工作流优化以及产品发布等过程事件。

④ 从 PDM 系统实施来看，PDM 是一门管理的技术，它和企业的实际情况密切相关。PDM 是依托 IT 技术实现企业最优化管理的有效方法，是科学的管理框架与企业现实问题相结合的产物，是计算技术与企业文化相结合的一种产品。所以，PDM 仅是一种框架软件系统，是个"半成品"，实施 PDM 必须结合企业文化，站在企业管理的高度，并给企业提供相应的方法论，建立企业正确的信息模型，为系统的有效实施打下坚实的基础。

1.2.2 PDM 与企业信息集成

PDM 在企业的信息集成过程中可以被看作是起到一个集成"框架"（Framework）的作用。各种应用程序诸如 CAD/CAM/CAE，EDA，OA，CAPP，MRP 等，将通过各种各样的方式（如应用接口、开发（封装）等）直接作为一个个"对象"（Object）被集成进来，使得分布在企业各个地方、各个应用中使用（运行）的所有产品数据得以高度集成、协调、共享，所有产品研发过程得以高度优化或重组。

1.2.3 PDM 的应用领域

PDM 涉及的领域很广，它可以管理各种与产品相关的信息，包括电子文档、数据文件以及数据库记录。它适用的产品领域包括以下几方面。

① 制造业：汽车、飞机、船舶、计算机、家电、移动电话等。

② 工程项目：建筑、桥梁、高速公路等。

③ 工厂：钢铁厂、炼油厂、食品加工厂、制药厂、海洋平台等。

④ 基础设施：机场、海港、铁路运营系统、后勤仓储等。

⑤ 公用事业：发电/电力设置、无线通信、水/煤/气供应、有线电视网等。

⑥ 金融：银行、证券交易及其他行业。

值得指出的是，面对如此广泛的应用领域，目前尚无一种 PDM 系统可以包罗万象地适用于它们。每个领域都有其自身的特点及需求，即使同一领域的单位，使用完全相同的 PDM 产品，也会出现完全不同的实施问题。PDM 必须与企业的管理模式相结合进行定制实施,才能更好地为企业管理服务。

1.2.4 PDM 的应用层次

PDM 系统依据其功能性、系统独立性、规模性、开放性等方面的区别可大致分为以下三个层次。

(1) 部门(项目组)级 PDM

部门级的 PDM 系统主要用于设计部门,针对具体开发项目,主要以一两种应用软件为特定集成内容,用来管理 CAD/CAM 产生的电子文档,其管理范围仅限于部门内的文档管理和简单的工作流程管理;使用规模在几台至百台计算机左右,运行在局域网络环境中。部门级 PDM 系统有一定的局限性,缺乏动态的过程管理,在信息交换上有滞后性,不能准确、及时地记录加工、制造、维修和服务过程中发生的各种各样的更改,该部门与外部交换的信息还需要另外通过人工的方法进行处理。

(2) 企业级 PDM

企业级的 PDM 系统,除了文档管理和工作流程管理功能外,一般还包括面向复杂工作流程的管理、产品配置管理、零件分类管理和项目管理等功能。从产品初始概念设计到制造的整个开发过程中,PDM 管理和控制产品生命周期所涉及的各类数据,包括产品设计、工程分析、工艺规划、更改记录等有关产品的全部信息,并给产品开发者提供存取、修改、批准和发放产品数据的有效手段。企业中任何有权限的人在任何地点、任何时间都可以进行相应的查询、追溯,及时反映市场的需求,以便快速开发出具有竞争能力的新产品,最大限度地满足用户的各种要求,从而提高企业产品的市场占有率。

(3) 虚拟企业级 PDM

大型企业、跨国公司的产品数据可能分布在不同的地区甚至不同的国家,每个地区只负责产品的某一部分数据的生成、维护和使用;同时,地区之间还必须相互交流产品数据,以便在同一企业的分属不同地区的子公司都能得到该产品的相关数据。虚拟企业级 PDM 不仅要把各部门所关心的数据统一进行管理,还要考虑跨地区的分布式管理要求,可按用户需求以任意规模组成多硬件平台、多网络环境、多数据库、多层分布式 Server、多种应用软件一起集成的跨企业、跨地区的超大型 PDM 系统,为企业提供基于并行工程思想的完整解决方案。企业中的任何用户在任何地点都可以进入虚拟企业级 PDM 系统,用户无须知道自己的账号登录在哪个地区的服务器上,便可对相应地区的产品数据进行权限范围内的操作,也无须关心产品数据具体存放在哪个地区。

1.2.5 PDM 两个重要概念

(1) 产品数据

产品数据管理中的数据包括所有与产品有关的数据和设计、生产、支持产品的过程。这些数据往往很难管理,原因在于:① 数据量大,每天都要产生许多;② 数据储存在多种介质上(如纸、磁盘等);③ 这些数据被不同部门的许多人使用,常常分布在不同地点,有许多状态,常被许多不同计算机使用;④ 这些数据的定义不同,经常存在许多版本,它有多重关系和语义,可能需要维护数年。表 1-1 介绍了产品数据相关的概念、属性。

表 1-1　产品数据相关概念、属性

概念、属性	描　述
定义	产品数据包括所有与产品和开发过程相关的数据
范围	包括说明书、时间表、过程规划、技术手册、项目计划、物料明细表、几何模型、公式、分析、计算与实验报告、质量结果、计算机程序、照片、图纸、草图、视频数据和音频数据等
介质	存储在不同的介质上，如纸、磁盘、磁带、光盘等
类型与格式	存在许多类型和格式，如文本数据、数字数据、图形数据和音频数据等
表达	表达方式多种多样，如一个圆可以用圆周上的三个点表示，也可以用圆心与半径表示
数据交换	数据交换频繁、数据表达多样，导致数据不同表达方式之间信息传递困难
结构	产品是由部件和零件组成的，例如 BOM 可以描述结构和关系
选项	许多产品存在多种选择，每个选项都应该被管理
版本	同一个信息存在不同的版本，有时用户可能需要最新版本，有时反而需要早期版本
系统版本	计算机版本一直在更新，每次更新系统都会升级，这样很可能导致信息难以访问
标识和分类系统	为了跟踪数据，很多条信息需要专用的标识和分类系统，例如说明书、图纸、手册等需要唯一的标识来区分
状态	可能存在不同的状态，如执行中、评审中、已发布、设计阶段、规划、制造、维修等，可能用不同的规则来访问和修改不同的状态
变更	大多数产品数据在整个生命周期内变化，这些变化导致产品数据管理的复杂性。变化的数据必须被请求、评审和批准，变更必须被发布和记录
资源	产品数据具有许多功能，有些工程数据创建在一个地方，而使用可能在另一个地方；有些数据是公司内部产生的，有些是供应商和用户提供的，这些都需要有效管理
用户	存于不同地方的数据可能被许多人使用，并且目的不同，因此数据必须是有效的，同时必须领先权限来访问
使用	数据的用户可能从事不同任务的工作，主要看他们做什么和他们的计算机水平。一些人创建数据，一些人修改数据
位置	数据的用户可能在同一个办公楼，或是同一个工厂，也可能是在不同国家，甚至在不同洲，数据分布在几个位置，每个数据的复制都可能存储几份
部门组织	数据在不同部门之间共享，许多工程信息在工程部门创建，却在制造部门使用
视图	不同用户希望看到不同视图。许多用户仅仅需要看一个视图，而有些用户则需要看到很多视图，但是底层的数据必须是一致的
计算机程序	数据被许多不同的计算机程序创建和使用，它们创建数据，却忽视了数据管理功能，如数据定义、结构、组织、存储、查询、存档、通信、交换、保护、分发和跟踪
计算机	为了处理产品数据，许多公司必须使用不同的计算机，如小型机、工作站、个人 PC 机等，计算机可能连在局域网、企业内部网和互联网上，数据将被创建和使用在不同计算机和不同操作系统上
数据定义	不同组织数据定义不同，常常导致定义冲突，结果造成数据混乱
冗余数据	许多数据都多次被复制，许多用户保存几个数据的副本，导致不同用户对于同一个数据有不同的副本

续表

概念、属性	描 述
字典	不同国家的人用不同的文字来描述同一个东西，有时却用同一种文字来描述不同的东西
数据所有权	产品数据真正的所有权常常是模糊的，哪个信息属于公司组织的哪个部门并不清晰
数据量	数据量很难管理，大中型企业的数据是海量的，要解决如何快速存取的问题
安全	从数据的量和分布的广泛性来看，数据安全是比较难管理的。数据的权限在项目执行过程中是变化的，不同的项目用户也有不同的权限
存档	产品数据需要保存时间较长，公司必须保存传统的和电子的数据，新的数据和老的数据之间需要重用
公司的价值	产品数据是公司的技术诀窍的集合，它应该尽可能用来产生利润。随着数字化信息的增加，产品数据对于企业的价值越来越大
生命周期	产品数据在产品整个生命周期内被使用
数据岛	工程活动中有大量的应用程序，每个应用程序形成一个自动化孤岛，一个中等的企业常常存在着约 20 个孤岛

（2）工作流

工作流程是创建或使用数据的活动，它对工程部门没有限制。工作流程也包括通过其他组织使用数据的活动，这些活动有些是在公司内部完成，有些是在公司外部完成。数据与工作流程有着紧密的联系，工作流程的每一步都使用数据，各种数据集合常常被用在工作流程的许多步骤中。数据与工作流程的连接意味着把两者分开处理是无效和不可行的。因此，需要把数据与工作流程融合在一起。

PDM 的工作流程管理并不是一个简单的工作流程控制系统，工作流程是 PDM 的一个驱动模块。PDM 也不是简单的零组件分类工具，但这个功能对 PDM 使用者也是非常重要的。PDM 系统必须可以管理所有的产品在整个生命周期之中的相关信息，包括文本档案、图形档案、数据库记录等。它是可以用来改善设计、生产、销售、售后服务过程中的所有人与流程效率的一组软件工具。PDM 系统必须可以定义、管理企业的各种流程，它是将流程、应用程序以及信息集成在一起的软件。PDM 流程除了管理上的功能之外，还能够提高资料交换的效率。

1.3 PDM 系统基本功能

虽然 PDM 软件功能越来越丰富，但文档管理、工作流和过程管理、产品结构配置管理以及系统集成仍然是 PDM 系统基本和核心的功能。目前企业实施 PDM 也主要集中在实现这些应用功能上。

1.3.1 文档管理

数据与文档管理主要是实现分布式电子仓库、文档的版本、文档的统一分类编码、文档的属性搜索、文档的使用权限及安全保密、统一的产品数据主模型等。

电子仓库（Data Vault）是数据存储的核心，主要保证数据的安全性和完整性，并支持签入/签出(CheckIn/CheckOut)、增删、查询等操作,它的建立和使用对用户而言是透明的。文档本身有完整的生命周期,最初由创建者创建,经过不断修改形成一系列小版本,通过审批形成正式文档发放,不断地反馈意见形成附件,特定情况下需要大的更改乃至重新审批发放,最终项目结束文档归档。版本管理是文档管理最重要的功能之一,记录文档从产生到归档整个过程中的每个阶段和每次重要改动,并保证任何时间在特定位置使用的是文档正确的版本。对文档的管理主要是对文档元数据的管理,所谓元数据就是创建者、文档类型、参考链接等文档属性数据,对文档的分类、编码、搜索就是对这些元数据的相应操作。

1.3.2 工作流与过程管理

工作流和过程管理主要是对产品开发过程和工程更改过程中的所有事件和活动进行定义、执行、跟踪和监控。它一般由工作流模板定义工具、执行工作流的工作流机、工作流监控和管理工具等组成。使用图形化工作流设计工具,根据过程重组后的企业业务过程定义工作流模板;将工作流模板实例化,并提交工作流机执行;使用工作流监控和管理工具跟踪分析工作流的执行情况。

PDM 系统的工作流管理与通用的工作流管理技术几乎完全一致,但 PDM 系统中的工作流管理更强调对数据和文档生命周期的管理。数据的生成、审核、发布、变更、归档等都是通过工作流实现的,有些工作流就是专门用以跟踪和维护数据的。

此外,充分利用工作流和过程管理提供的辅助管理功能(如触发、警告、提醒机制、电子邮件接口等),可以提高工作流和整个设计过程的管理效率,改善管理质量。

1.3.3 产品结构配置管理

产品结构配置管理功能包括:建立产品结构树、EBOM/MBOM 等 BOM 多视图生成和管理、动态分层浏览、产品配置管理等。

产品结构树可通过从 PDM 系统集成的 CAD 系统中自动捕获产品结构信息来建立,或由用户手工建立。产品结构树的每个节点不仅包含零部件的 CAD 图等文件,而且通过参考链接、使用链接、被使用链接等方式建立起与其他相关节点及文档间的联系。这样就以产品为基本单元按照产品结构的方式把相关的技术文档以及与产品相关的管理文档等电子文档有序组织起来,形成了产品信息主模型。

PDM 系统可以由产品结构树根据需求自动生成 EBOM 和 MBOM 等多种需求的物料清单。产品结构树还提供了一种产品数据的动态浏览和查询方式。

1.3.4 应用封装与集成

PDM 系统本身是一个企业级应用集成平台,从集成对象上需要考虑与应用软件、异构 PDM 以及其他平台软件(ERP 等)的集成。

与应用软件的集成可以通过多种方式实现,对于 Word,Excel,PowerPoint,Adobe 等一般软件实现一定程度的封装就可以,也就是通过点击相应格式文件可以激活应用系统;对于更进一步的要求,可以通过 PDM 提供的二次开发工具和 API 开发相应的接口,实现二者间的简单互操作;还可以充分利用软件厂商提供的应用接口或连接驱动等程序实现应用软件与 PDM 间的接口或紧密集成。

1.3.5 系统定制

各企业的情况千差万别,用户的要求也是多种多样的,没有哪一种 PDM 系统可以适应所有企业的情况,这就要求 PDM 系统必须具有强大的客户化和二次开发能力。现在大多数 PDM 产品都提供了二次开发工具包,PDM 实施人员或用户可以利用这类工具包来开展针对企业具体情况的定制工作。

1.4 产品全生命周期管理(PLM)概述

1.4.1 定义与概念

根据业界权威的 CIMDATA 的定义,产品生命周期管理(Product Lifecycle Management,PLM)是一种应用于在单一地点的企业内部、分散在多个地点的企业内部,以及在产品研发领域具有协作关系的企业之间的,支持产品全生命周期的信息的创建、管理、分发和应用的一系列应用解决方案,它能够集成与产品相关的人力资源、流程、应用系统和信息。PLM 包含以下方面的内容:

① 基础技术和标准,如 XML、可视化、协同和企业应用集成;

② 信息创建和分析的工具,如机械 CAD、电气 CAD、CAM、CAE、计算机辅助软件工程 CASE、信息发布工具等;

③ 核心功能,如数据仓库、文档和内容管理、工作流和任务管理等;

④ 应用功能,如配置管理;

⑤ 面向业务/行业的解决方案和咨询服务,如汽车和高科技行业。

按照 CIMDATA 的定义,PLM 主要包含三部分,即 CAX 软件(产品创新的工具类软件)、CPDM 软件(产品创新的管理类软件,包括 PDM 和在网上共享产品模型信息的协同软件等)和相关的咨询服务。实质上,PLM 与我国提出的 C4P(CAD/CAPP/CAM/CAE/PDM),或技术信息化基本指的是同样的领域,即与产品创新有关的信息技术的总称。

从另一个角度而言,PLM 是一种理念,即对产品从创建到使用,到最终报废等全生命周期的产品数据信息进行管理。在 PLM 理念产生之前,PDM 主要是针对产品研发过程的数据和过程的管理。而在 PLM 理念之下,PDM 的概念得到延伸,成为 CPDM,即基于协同的 PDM,可以实现研发部门、企业各相关部门,甚至企业间对产品数据的协同应用。

软件厂商推出的 PLM 软件是 PLM 第三个层次的概念。这些软件部分地覆盖了 CIMDATA定义中 CPDM 应包含的功能,即不仅针对研发过程中的产品数据进行管理,同时也包括产品数据在生产、营销、采购、服务、维修等部门的应用。

因此,实质上 PLM 有三个层面的概念,即 PLM 领域、PLM 理念和 PLM 软件产品。而 PLM 软件的功能是 PDM 软件的扩展和延伸,其核心是 PDM 软件。

1.4.2 PLM 的发展历史以及与 PDM 的关系

在 ERP,SCM,CRM,PLM 这四个系统中,PLM 的成长和成熟花费了最长的时间,并且最不容易被人所理解。PLM 与其他系统有着较大的区别,迄今为止,它是唯一面向产品创新的系统,也是最具互操作性的系统。例如,如果企业为了制造的用途,使用 PLM 软件来真正管理一个产品的全生命周期,它需要与 SCM,CRM 特别是 ERP 进行集成。

如果作为一个概念来说,PLM 出现的时间已经很长了;但是作为一个整体解决方案的范畴,它仅仅是在最近几年才成为可行。之所以花费了数年的时间来确立产品生命周期管理的市场定位,部分原因是它的来历甚至名字都与 PDM 和 CAD 软件系统有密切的关系。因为从技术角度上来说,PLM 是一种对所有与产品相关的数据在其整个生命周期内进行管理的技术。既然 PLM 与所有与产品相关的数据的管理有关,那么就必然与 PDM 有着深刻的渊源关系,可以说 PLM 完全包含了 PDM 的全部内容,或者说 PDM 功能是 PLM 中的一个子集。但是 PLM 又强调了对产品生命周期内跨越供应链的所有信息进行管理和利用的概念,这是与 PDM 的本质区别。

PLM 与 PDM 可作如下对比:

① PDM 侧重于对产品数据的管理;PLM 则强调对企业智力财富的充分再利用。

② PDM 侧重于对产品开发阶段数据的管理;PLM 则侧重于对产品全生命周期内数据的管理。

③ PDM 侧重于对企业内部产品数据的管理;PLM 则强调对产品生命周期内跨越供应链的所有信息进行管理和利用的概念。

④ PDM 的体系结构是强调以文档为中心的研发流程管理,重点在于建立文档之间的连接;PLM 则寻求能够实现在多功能、多部门、多学科、多外协供应商之间的紧密的协同,以在这些领域中获得真实的互操作性为目标。

⑤ PDM 提供的是刚性的、单纯化的信息之间的联合性;而 PLM 提供的是上下文关联式的、更宽泛和更柔性的联合性,因为 PLM 允许在一个领域的创造性的活动对整个环境具有完整的意义。

⑥ PDM 侧重于实现对 ERP 等系统的对接式集成;PLM 则侧重于以其为基础来实现整个企业的信息化,以 PLM 生态系统的方式来实现对 ERP 等系统的深层次集成。

由于 PLM 与 PDM 的渊源关系,实际上几乎没有一个以“全新”面貌出现的 PLM 厂商。大多数 PLM 厂商来自 PDM 厂商。有一些原 PDM 厂商已经开发了成体系的 PLM 解决方案,成功地实现了向 PLM 厂商的转化,如 EDS(Siemens PLM Software 的 Teamcenter 解决方案)、IBM(达索的 EVOVIA 解决方案);除此之外,当然也有 ERP 厂商、一些 CAD 或工程软件厂商的加入,如 SAP(SAP PLM 解决方案)等。

1.5 Teamcenter 系统

Teamcenter 是为企业提供产品数字化全生命周期管理的软件产品,它的开发商是德国西门子自动化与驱动集团(A&D)旗下机构,全球领先的产品生命周期管理软件与服务提供商 Siemens PLM 软件公司(Siemens PLM Software)。该产品支持统一的产品全生命周期管理和面向行业提供即装即用的解决方案，已在全球数百家企业实施运行，在业界被称作经过验证的、成熟的 PLM 系统。

1.5.1 Siemens PLM Software 的发展史及 Teamcenter 软件版本历史

（1）Siemens PLM Software 的发展史

1969 年，一家名为 United Computing 的公司在美国加利福尼亚州托兰斯市成立。这家公司的发展一直不声不响，直到 1973 年 United Computing 公司从一家名为 MGS 的公司那里购买了 ADAM（Automated Drafting and Machining）方面的软件代码，开始研发软件产品 UNI-GRAPHICS，并在 1975 年时正式命名为 Unigraphics（简称 UG）。

1976 年，United Computing 公司被美国麦道飞机公司（McDonnell Douglas Co.）收购，成为其下属的一个团队 Unigraphics Group。在得到麦道的鼎力支持后，Unigraphics Group 的发展跃上了一个崭新的台阶。

1987 年，通用（GM）将 UG 作为其 C4（CAD/CAM/CAE/CIM）项目的战略性核心系统，进一步推动了 UG 的发展。

到了 1991 年，麦道旗下的 Unigraphics Group 已经发展成为了通用的核心战略合作伙伴。此时，通用提出收购 Unigraphics Group，而此时的麦道已经开始走下坡路，也愿意卖掉这个非核心业务。因此在这一年 Unigraphics Group 被并入通用旗下的 EDS（创建于 1962 年，1984—1996 年属于 GM，2008 年 5 月被 HP 收购），被称为 EDS UG。

到了 1998 年，EDS UG 并购了 Intergraph 公司（曾经是 CAD 领域声名显赫的公司）的机械软件部，成立了 Unigraphics Solutions Inc 这个 EDS 的子公司，UGS 这个公司名第一次出现。而 Intergraph 公司的机械软件部最广为人知的产品，就是 SolidEdge。

2001 年 9 月，EDS 公司收购 SDRC 公司（SDRC 公司的 PDM 产品 Metaphase 曾称霸全球汽车制造业），SDRC 与 UGS 组成 Unigraphics PLM Solutions 事业部。Metaphase 改名为 Teamcenter Enterprise，成为 UGS（现 Siemens PLM Software）PLM 整体解决方案 Teamcenter 系列中的一员。

6 年后的 2007 年，西门子收购了 UGS 公司，UGS 公司更名为“Siemens PLM 软件公司”（Siemens PLM Software），并作为西门子自动化与驱动集团（Siemens A&D）的一个全球分支机构展开运作。通过并购，Siemens PLM Software 获得了 Metaphase 这样世界顶级的 PDM 系统，结合 EDS 的 PDM 产品 IMAN 一起构成了 Teamcenter PLM 解决方案，一举获得了 PDM 领域领导厂商的地位。

Teamcenter 产品路标见图 1-1。

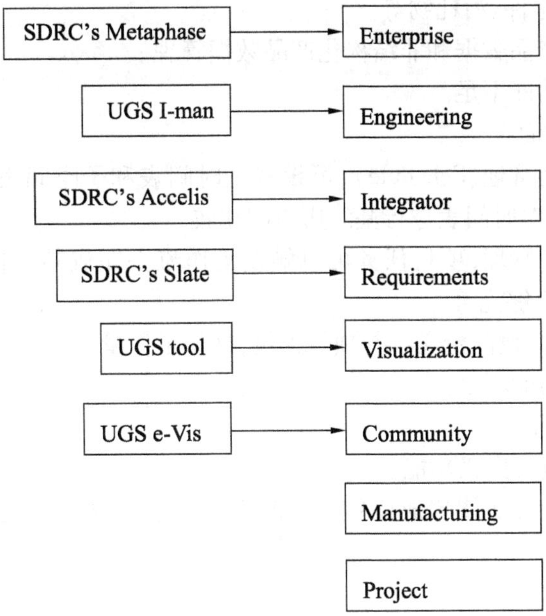

图 1-1　Teamcenter 产品路标

（2）Teamcenter 软件系统版本历史

Teamcenter 软件系统版本历史如下：

Teamcenter Enterprise 4.0

Teamcenter Enterprise 5.0

Teamcenter Engineering 9.0

Teamcenter Engineering 2005

Teamcenter 2007

Teamcenter 8

Teamcenter 9

Teamcenter 10

1.5.2　Teamcenter 性能特点及优势和劣质分析

（1）产品数据管理方面

① 支持多视图 BOM，根据企业要求产生不同 BOM，给不同人员使用，如制造 BOM、工程 BOM 等。

② 支持较复杂 BOM 的配置及管理，如版本规则、变量配置、IC 配置。

③ 支持产品组成比较，包括物理位置比较。

④ 支持产品、组件、零件数据版本管理，依据所需产生新的版本。可依据企业需求设置不同状态，如研发中、审批中、已发布等。

⑤ 支持工程 BOM 与制造 BOM 之间的关联，当工程 BOM 进行变更时，相应变更制造 BOM。

⑥ 支持工艺 BOM 制作，以及产品不同时工艺不同。可定义工艺操作、操作相关活

动、资源、场所、消耗零件、消耗物等。

⑦ 支持结构化产品数据和非结构化产品数据管理。

⑧ 查询及报表功能不足。

(2) 项目管理方面

① 支持项目时间管理(Schedule),可设置主时间表和子时间表,分别控制项目中不同层级的小组。可以对时间表进行基线历史间比较。

② 支持项目任务管理,项目任务可以触发工作流去完成某项任务。对项目前置任务、后置任务的约束不够完善。

③ 支持项目资源管理,定义参与项目人员,计算工作量。

④ 查询及分析功能不足。

(3) 流程管理方面

① 支持图形化流程定义功能。

② 流程结点对外部功能集成比较差。流程操作不太友好,对已处理的流程查询不方便。

(4) 开发方面

① 客制化手段较多(如 C,Java,WebService 等)。有专门的 BMIDE 工具支持系统二次开发工作。

② 客制化方式多,但无法使用一门语言完成所有工作(服务器需要 C,Rich 客户端需要 Eclipse plugin,Thin 客户端需要 JSP),表单二次开发不够灵活且成本高。

③ 对象化数据库结构不对外开放,理解较难,要想利用其他报表工具非常难。官方要求只能通过 API 访问系统功能。

④ 系统有时会不稳定。

(5) 性能方面

① 胖客户端(Rich Client)对网络要求较高,瘦客户端(Thin Client)不能完成全部功能。

② 客户端性能差、不稳定。

1.5.3 Teamcenter 解决方案

Teamcenter 作为市场领先的产品全生命周期管理的协同应用系统和解决方案,具备卓越的产品全生命周期管理的功能。Teamcenter 有如下特点:

(1) 统一管理产品整个生命周期。

Teamcenter 提供了业界最为广泛的产品全生命周期管理系列软件。Teamcenter 的协同应用系统/解决方案自始至终都支持广义企业改善整个产品生命周期的运行效率。从产品需求的规划开始,到最终面向分散在全球各地的客户进行服务,Teamcenter 始终支持着产品生命周期的各个环节。Teamcenter 支持企业确认、捕捉和共享各种不同形式的产品知识,并将之作为信息财富运用在企业的自动化流程中,来优化产品生命周期中的各个重要阶段。Teamcenter 涵盖了产品的全生命周期,其效用体现于诸多方面。

在产品生命周期的早期阶段,许多主要的产品制造厂家都力图优化产品的需求定义、概念设计以及设计验证过程,旨在降低成本、提高产品生命期的生产力。

在产品生命周期的中期阶段，企业希望能够迅速利用它们已有的智力资产，来进行产品的变形、引申和改良，从而延长产品的寿命周期。

在产品生命周期的后期阶段，比如在进行产品的市场宣传、销售或进行客户服务支持时，企业常常关注的是如何获得最大的收益。

（2）Teamcenter 软件包涵盖了跨越产品全生命周期所有过程的应用及解决方案：维护检修 Teamcenter 集成器、Teamcenter 需求协同、Teamcenter 企业协同、Teamcenter 工程协同、Teamcenter 制造协同、Teamcenter 项目协同、Teamcenter 社区协同、Teamcenter 可视化协同。

（3）Teamcenter 软件可以消除交换产品信息时存在的障碍。这些产品信息的交换发生在企业同其供应商、合作伙伴以及客户之间，企业中异构的应用系统之间，不同的产品生命周期的阶段之间，分散在不同地点的产品生命周期的参与者之间。

为了消除信息交换的障碍并将产品生命周期统一进行管理，Teamcenter 使每一个扩展企业的成员都能在数字化的 Web-Native 环境中进行工作。在这样的一个环境中，所有参与产品生命周期的人员都能共享各种不同的产品信息，能够彼此进行实时的协作交流，能够连接企业异构的应用系统，并使它们的产品数据同步，支持企业整个产品生命周期中的流程持续运转。

（4）面向行业提供即开即用的解决方案，为航空及国防、汽车以及高科技/电子等领域的公司提供即开即用的解决方案。

Teamcenter 产品族涵盖了面向世界最强大的、特定行业的 PLM 解决方案。这些解决方案的核心，融合了 Siemens 公司的专业服务团队 Experteam 在为全世界最广泛的客户及用户服务时所得到的最佳实践经验。

Experteam 在帮助客户实施 Teamcenter 应用系统及解决方案时，采用了程序式的实施流程和质量控制点法。作为实施过程的一部分，Experteam 的咨询顾问将同客户一起，确定通过 Teamcenter 要达到的业务目标以及为了满足客户的需求还需要进行的调整。这些方法的使用帮助 Siemens 公司积累了经验，总结了实施过程的规则以及如何分配人员角色，在实际的应用之中也取得了成功。

一旦针对某个行业明确了它的期望值，并总结了行业最佳经验，Siemens 公司就能够根据行业特定的需求，提供满足这些需求的、经过预先配置的 Teamcenter 解决方案。这些解决方案中融合了行业惯例、大众术语以及该行业用户日常所熟悉的文档和报表格式。

有了这样一个框架，Teamcenter 的行业解决方案就能够实现：快速实施 Teamcenter 解决方案；减少 Teamcenter 客户化和功能开发的工作；得到一个迅速的 Teamcenter 投资回报；降低所有成本；根据产品生命周期来调整系统预定义的业务流程；确保用户团体之间的安全合作。

Teamcenter 提供了以下行业解决方案：

① Teamcenter 航空及国防：快速地满足航空和国防领域的企业进行集成产品开发的需要，支持集成项目团队的特定行业需求。

② Teamcenter 汽车：帮助汽车供应商满足多家 OEM 对汽车零部件以及系统级汽车产品整件的需求。

③ Teamcenter 高科技/电子：帮助生产高科技/电子产品的 OEM 同其供应商进行协作，并且满足这一行业异常激烈的特殊竞争需要。

（5）Teamcenter 产品族展示访问 Teamcenter 解决方案的用户能够随时随地虚拟地使用任何 Web 接入的存取设备，包括笔记本电脑、个人数字助理 PDA 以及移动电话。

Teamcenter 的应用及解决方案始终保护用户的投资，它通过完全开放的、基于标准的 Web-Native 体系结构帮助企业超越地理、部门以及技术的疆界。Teamcenter 全面支持互联网和 Web 技术，帮助企业进行完整的产品生命周期管理。Teamcenter 的应用系统和解决方案采用了 Java 2 企业版（J2EE）、. NET 框架、UDDI、XML、SOAP、JSP、. JT 以及 Web 服务技术。

（6）Teamcenter 企业协同商业价值。

支持广义企业管理、共享和利用整个产品生命周期的所有产品信息及产品配置，从而加速产品的上市，降低产品成本。

基本功能支持捕捉分散在广义企业中的信息资产，其中包括产品需求、项目数据、工程数据、供应数据、流程数据、产品文档以及其他形式的产品知识。在一个比较宽松的、可在企业范围内伸缩的 Web-Native 结构内，这些信息财富通过产品生命周期中从一个阶段到另一阶段不断变化的产品配置得到了管理。

Teamcenter 企业协同针对产品生命周期中许多至关重要的活动，提供了一系列跨行业的应用解决方案。零部件及文档管理捕捉了分散在广义企业中的，如零部件和文档这样的产品信息，它们被定义在了一个层次型的产品结构之中。快速变更管理能够帮助用户建立简捷的变更流程，通过它能够以更迅捷的方式进行产品变更的启动、管理、审批和执行。

Teamcenter 企业协同具有可伸缩性的架构，它还通过企业数据仓库、对象管理、关联管理、产品结构管理、配置管理、零件分类、发布管理、工作流管理、通知服务、浏览批注服务、关联数据库管理、系统/数据安全以及用户/团队和网络管理服务，支持 Teamcenter 一系列的行业解决方案。

（7）Teamcenter 工程协同商业价值。

支持产品开发团队，理顺其工程过程，从而加速新产品的开发。基本功能结合产品数据管理功能和世界级 3D 浏览及数字模装解决方案，营造了一个协同的工作环境。工程团队成员能够紧密集成并无缝地访问来自多个，如 NX，Solid Edge，CATIA，Pro/Engineer，AutoCAD 等异构的 CAD 系统产生的设计数据。

Teamcenter 工程协同帮助用户将这种多 CAD 系统数据同其他类型的产品和流程数据（如工程说明书、文档和需求定义）组合在一起，并把这些丰富的信息资产关联在一个公共的产品结构之中，应用于产品生命周期的最早期阶段。

Teamcenter 工程协同具有流程管理功能，它定义的工作流强化了公司特定的业务规则和用户的角色分配，这些工作流将被用于自动化的工程过程之中。

作为业界第一个真实有效地通过配置驱动设计的解决方案，Teamcenter 工程协同使得工程团队能够在一个支持数字模装的多 CAD 集成环境中，进行新产品零部件和装配的设计修改。更为高级的变型和选项管理功能则使团队成员可以针对不同的市场，轻松地进行产品新版本和新配置的开发。

（8）Teamcenter 制造协同商业价值。

支持广义企业在一个统一的环境中进行各种产品加工前期的工艺设计，从而优化企业的产品加工操作。

基本功能为所有广义企业的成员（包括企业的供应商、合作伙伴以及企业信任的客户）提供一个统一的、集成的访问环境，以供他们完成以下任务：定义、验证和共享工艺加工信息；通过集成的工艺规划来关联产品、工艺、车间和资源的定义；执行范围广泛的数字加工应用。

Teamcenter 制造协同为建立和管理产品、工艺、车间和资源信息提供了一个集成的环境。它使用产品/工艺配置、变更控制和有效性、工作流和过程管理功能来管理变更，并消除整个产品生命周期中因变更所造成的影响。

这些功能支持用户在产品配置的不断演变过程中管理产品变更并维护它同工艺规划、工作指令以及其他报表的直接关联。

Teamcenter 制造协同和 Teamcenter 工程协同的无缝集成，支持产品生命周期的早期阶段中设计信息和加工信息之间的平稳流动。Teamcenter 制造协同具有贯穿产品生命周期同步工程 BOM 和加工 BOM 的功能，它提高了工艺设计和管理的效率，使企业得以加快新产品的引入。

（9）Teamcenter 项目协同和 Teamcenter 需求协同商业价值。

Teamcenter 项目协同支持项目的团队成员在产品的上市过程中以企业全局为基础，同步地分配工作任务和安排工作进度，并通过对团队总体技能的管理优化资源的分配，来降低企业的产品开发成本。

Teamcenter 需求协同确保设计的内容可以根据产品的市场需求、客户的要求以及法规的约束来进行调整，从而显著提高企业产品的成功率。

Teamcenter 项目协同的基本功能建立一个实时的“工作间”，允许分散的团队成员在这里建立、共享和管理项目信息。项目团队可以利用这些项目信息来进行实时的项目安排、组织分解与资源管理、工时表统计以及项目跟踪与报表统计。

Teamcenter 项目协同以协同文档的形式组织项目信息，所有团队成员可以共享和同时浏览其中的信息。协同记事簿和在线讨论功能可帮助项目团队实时地捕捉和交换产品相关的意见、记录、评论、Web 链接以及文档。

Teamcenter 需求协同的基本功能支持授权参与价值链的成员创建、捕捉、共享和管理产品需求信息。一旦收集了产品的需求，Teamcenter 将把这些需求信息分配到特定的设计元素之中，并为每个元素确立量化的指标（例如，为某个工件定义成本、性能、重量、功率、可靠性以及产量指标）。

Teamcenter 需求协同能够评估独立的需求变化对于现有的产品定义所造成的影响。类似地，Teamcenter 需求协同也可以确定设计的修改对于满足目前的产品需求协同将有哪些影响。用户可以利用 Teamcenter 需求协同来生成建议书，进行配置管理和预算分析以及进行报表统计、文档生成、验证测试和决策支持。

（10）Teamcenter 可视化协同商业价值。

CAD 中性的协作环境可大幅度地削减产品开发成本，缩短产品开发周期，并提高产品创新能力。企业团队可以在这个协同环境中进行产品配置、数字模装、虚拟产品发布以及从人机工程学的角度来进行新产品的构思。

基本功能为广义企业提供高端的可视化以及虚拟样机功能。利用这些功能,广义企业能够针对产品创新时需要在多种 CAD 系统下进行零件设计的这一需求,来进行可视化产品配置以及虚拟测试。Teamcenter 可视化协同结合了目前尖端的可视化和模装技术,同时还结合了产品结构的浏览功能来实现单个构件的定位与浏览。

用户能够创建、共享以及管理 3D 虚拟样机,这样分散在各地的团队成员就可以在设计的早期阶段交互式地就其所关注的问题进行检测。Teamcenter 提供 1∶1 比例的 immersive功能,支持用户在桌面系统中以及屏幕高度达 8 英尺的 immersive 环境中(如 CAVE,Power Wall,Desk),浏览具有高分辨率的、图像真实的 3D 和 2D 设计。

Teamcenter 可视化协同同其他的 Teamcenter 应用解决方案集成在一起,这样团队成员可以就讨论之中的创新产品直接访问其相关的需求信息、设计说明以及更改记录。用户可以在本地 CAD 系统中修改零件的设计,并将设计改动反馈到 Teamcenter 可视化协同中,供团队其他成员做进一步的审查。用户还可以就产品进行其他功能领域的仿真,包括进行车间装配的仿真以及服务/维护步骤的模拟。

(11) Teamcenter 社区协同和 Teamcenter 集成器商业价值。

Teamcenter 社区协同支持广义企业中的每一个成员在丰富和实时的环境中进行协同,因而提高了企业的创新能力,节约了成本,加快了产品上市时间并且提高了产品质量。

Teamcenter 集成器支持广义企业的成员在整个产品生命周期中访问他们需要的各种不同类型的信息来有效地工作,因而降低了成本、提高了生产力、提早了上市时间。

Teamcenter 社区协同的基本功能为广义企业提供了一个安全的、实时的、支持 Web 的工作区,它包含了一系列强大的协同服务来支持用户对 Teamcenter 数据仓库以及可视化浏览仓库进行访问。转瞬间就可以建立起一间虚拟团队工作室,并邀请团队成员加入工作室,根据特定的项目或活动选取相应的协同服务。

Teamcenter 社区协同还为团队成员提供了团队日历、通讯录、在线讨论、实时消息以及在线会议服务。团队成员能够访问来自 Teamcenter 工程协同以及 Teamcenter 企业协同建立的产品信息。

利用行业标准.JT 技术,团队成员能够在一个 Web 浏览器中,对主导的 MCAD 系统产生的数据进行浏览、选择、测量和批注。使用 Teamcenter 社区协同结合 Unigraphics 协同,团队成员能够在一个协同的会话环境中修改产品设计,可同时就同一个 2D 和 3D 数据进行浏览和交互;团队可进行企业级的设计评审。

Teamcenter 集成器的基本功能将分散在广义企业中的各种不同的产品信息组合起来。Teamcenter 集成器支持用户无缝地访问来自多种商用系统以及企业现存应用系统构成的集成产品信息。Teamcenter 集成器使得物理上驻留在企业相关应用系统中的产品信息同步地对相关产品事件做出反应。Teamcenter 集成器无须完全依赖企业应用软件和数据模型,就可以将产品信息集成起来。

即开即用的功能使用户能够将当今流行的产品相关应用系统,包括 PDM 系统、ERP 系统、CSM 系统、MRO 系统、大型应用以及遗留数据库连接到现有的环境之中。Teamcenter 集成器通过信息镜像、事件消息和安全服务来实现这样的集成。

(12) Teamcenter 所具有的优势对企业产生了深远的影响。

Teamcenter 帮助用户加快产品的上市。缩短上市时间意味着企业产品能够抢先占领市场,获得额外利润,谋求更大的市场份额,赢得市场主导地位。对于后来的竞争者,要超越这些优势将是十分困难的。

Teamcenter 促进了企业的设计重用。这有利于企业降低产品开发成本,减少生成资金流动所需的投入,加速产品上市,并使企业的创造力专注于具有战略重要性的产品创新之上。

Teamcenter 提高了工程生产力。工程过程中更高的生产力将增加一年中投放市场的产品数量,并获得额外的产品收入。此外它还能帮助企业缩减构成产品开发费用 80% 的运作成本,同时降低劳工资本的支出。

(13) 卓越的 Teamcenter 在优化产品开发过程的早期阶段,决定着 80% 以上的产品成本。

① 帮助企业抢占市场先机,获得丰厚利润。

② 最大限度地支持企业智力资产的重用。

③ 在产品生命周期中采纳了客户、供应商以及合作伙伴的意见。

④ 帮助企业把握市场机遇,迅速组建、修改和重建企业价值链。

⑤ 在广义企业中汲取新的产品知识。

⑥ 理顺产品上市过程中那些程序式的流程。

⑦ 支持企业坚持不懈地进行产品开发和客户支持活动。

⑧ 在产品生命周期中提早发现设计缺陷。

⑨ 在整个产品生命周期中,始终确保产品需求的重要地位。

⑩ 保证价值链的成员基于相同的产品开展工作。

⑪ 评估潜在的变更可能对资源、成本和时间进度造成的影响。

第 2 章 PDM 系统体系结构

软件体系结构是软件开发中第一类重要的设计对象。一方面,它在软件需求与软件设计之间架起了一座桥梁,为软件开发人员提供了共同交流的语言,体现了系统早期的设计决策,并为实现框架和构件的共享与复用、基于体系结构的软件开发提供了有力支持;另一方面,软件的体系结构在一定程度上决定着软件的功能和风格,是软件系统获得长远成功的关键因素。对软件体系结构设计的决策取决于并影响着系统硬件结构模型。

PDM 系统的作用是将产品生命周期中所有与产品有关的数据和过程集成在一起,并为所有相关用户提供最新数据信息。作为企业级的管理工具,PDM 系统必须具有一个开放、灵活的体系结构,支持异地、异构的软硬件环境。PDM 体系结构随着计算机软硬件技术的发展而日益先进,并一直伴随着 PDM 的发展和应用。

2.1 基于 C/S 结构的 PDM 系统体系结构

最初的 PDM 主要用于管理 CAD 系统产生的大量电子文件,属于 CAD 工具的附属系统,它出现于 20 世纪 80 年代初期。由于当时各方面技术的限制,PDM 系统通常采用简单的 C/S 结构和结构化编程技术。到了 20 世纪 90 年代中期,出现很多专门的 PDM 产品,它们几乎无一例外地基于大型关系型数据库,采用面向对象技术和成熟的 C/S 结构。

2.1.1 C/S 结构模型

C/S 结构,即 Client/Server(客户端/服务器)结构,是基于资源不对等,且为实现共享而提出来的,是 20 世纪 90 年代成熟起来的技术。C/S 结构将应用一分为二,服务器(后台)负责数据管理,客户端(前台)完成与用户的交互任务,其结构模型如图 2-1 所示。C/S结构也可以看作是胖客户端结构,作为客户端的部分需要承受很大的压力,需要实现绝大多数的业务逻辑和界面展示,通过与数据库的交互(通常是 SQL 或存储过程的实现)来达到持久化数据,以此满足实际项目的需要。

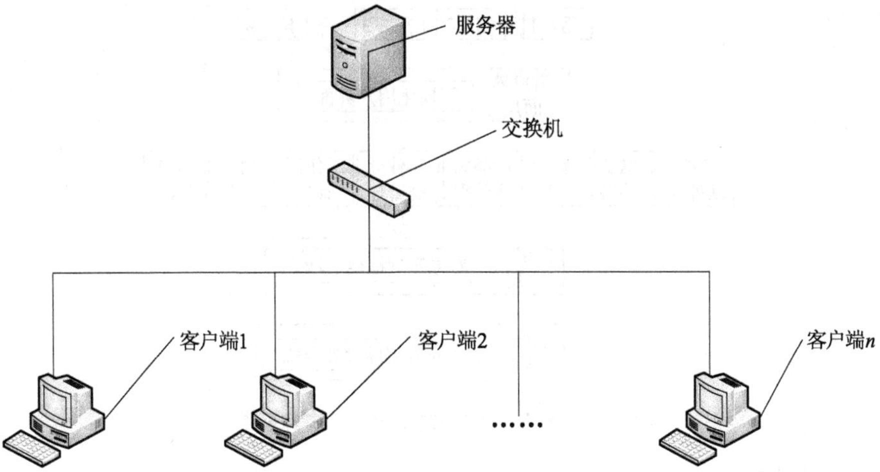

图 2-1　C/S 结构模型

2.1.2　基于 C/S 结构的软件体系结构

基于 C/S 结构的二层软件体系结构(胖客户端/瘦服务器)在程序的伸缩性和维护、客户端的应用程序配置负荷以及安全性等方面存在着不足,因此引入了有中间层的基于 C/S 结构的三层软件体系结构(瘦客户端/胖服务器),并得到了广泛的应用;其软件体系结构如图 2-2 所示。

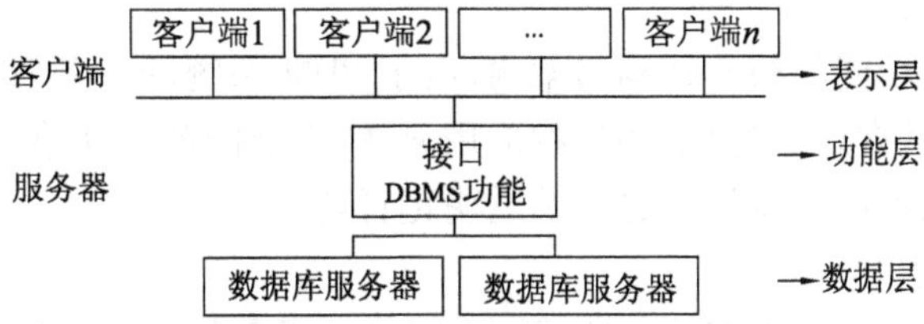

图 2-2　基于 C/S 结构的软件体系结构

基于 C/S 结构的三层软件体系一般分为表示层、功能层和数据层。客户端是表示层,完成用户的接口功能,用户接口组件是表示层的组成部分;中间层是功能层,由应用逻辑组成并利用应用服务器处理事务管理,完成客户的应用功能;数据服务器是数据层,完成数据存取,服务器应客户请求独立地进行各种处理。当客户端发出请求时,这些请求通过应用服务器功能层有关的 DBMS 数据库引擎(如 ODBC、相关应用模块以及某些专用接口文件)与数据库服务器连接,数据库器将请求数据传到应用服务器,由应用程序器根据请求完成各种处理后,将结果送到客户端。

2.1.3　基于 C/S 结构的 PDM 系统体系结构

根据 PDM 的系统需求,PDM 软件体系结构一般被划分为用户界面层、核心功能层、框架核心层和系统支持层四个层次。软件体系结构如图 2-3 所示。

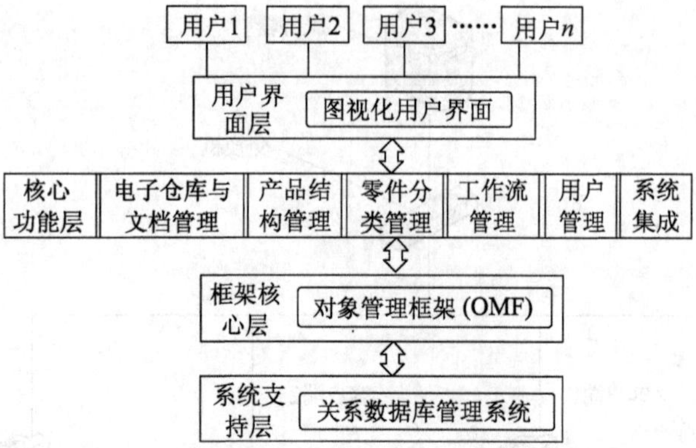

图 2-3 基于 C/S 结构的 PDM 系统体系结构

(1) 用户界面层

向用户提供交互图形界面,包括图示化的浏览器、各种菜单、对话框等,用于支持命令的操作与信息的输入输出。通过 PDM 提供的图视化用户界面,用户可以直观方便地完成管理整个系统中各种对象的操作。它是实现 PDM 各种功能的手段、媒介,处于最上层。

(2) 核心功能层

涉及 PDM 系统软件的核心功能模块,包括文档管理、产品结构管理、零件分类管理与检索、工作流管理、用户管理以及系统集成等功能。

(3) 框架核心层

实现 PDM 各种功能的核心结构与架构,由于 PDM 系统的对象管理框架具有屏蔽异构操作系统、网络、数据库的特性,用户在应用 PDM 系统的各种功能时,可实现对数据的透明化操作、应用的透明化调用和过程的透明化管理等。

(4) 系统支持层

以关系数据库系统为 PDM 的支持平台,通过关系数据库提供的数据操作功能支持 PDM 系统对象在底层数据库的管理。

2.2 基于 C/B/S 结构的 PDM 系统体系结构

随着 Internet 技术、WWW 浏览器技术的不断发展和对象关系数据库(ORDBMS)的日益成熟,出现了基于 Java 三段式结构和 Web 机制以及 C/B/S 结构模型的 PDM 产品。C/B/S 结构是 C/S 结构和 B/S 结构的混合结构模型。

2.2.1 B/S 结构模型

B/S 结构是在 Internet 技术基础上发展起来的一种结构模型。B/S 结构模型和软件体系如图 2-4 所示。

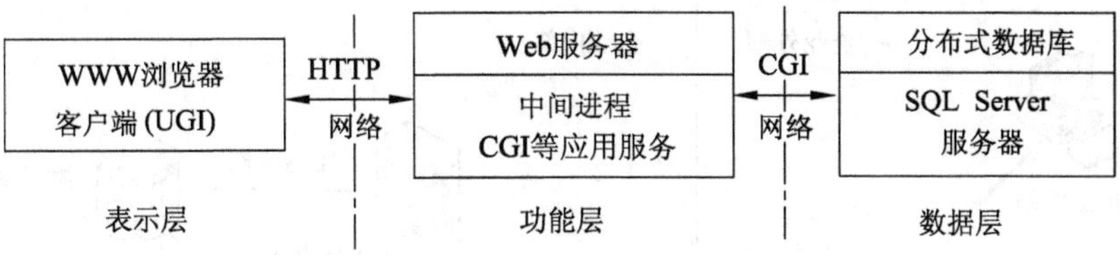

图 2-4 B/S 结构模型和软件体系

B/S 结构系统在运行时，客户通过 URL(Uniform Resource Locator)向指定的 Web 服务器提出服务申请；Web 服务器接到客户端申请后，通过公共网关接口(Common Gateway Interface，CGI)与 Oracle，SQL Server 等大型数据库相连；数据层则利用数据库对来自 Web 服务器的申请做出各种处理，然后将处理后的结果返回给 Web 服务器。在 Web 服务器对用户进行身份验证后，用 HTTP 协议将所需的文件资料回传给用户，用户则通过 Web 浏览器浏览信息。

B/S 结构的软件系统主要是利用不断成熟的、结合浏览器的多种脚本语言，采用通用浏览器实现原来需要复杂的专用软件才能实现的强大功能。B/S 在软件体系结构上与 C/S 结构相似，也分为表示层、功能层和数据层三层。这样结构的软件系统安装、修改和维护全在服务器端解决，用户在使用系统时仅仅需要一个浏览器就可运行全部模块，真正达到了“零客户端”的功能，很容易在运行上自动升级。B/S 结构还提供了异种机、异种网、异种应用服务的联机、联网、统一服务的最现实的开放性基础。

与 C/S 结构相比，B/S 结构软件系统存在着缺乏对动态页面的支持能力、没有集成有效的数据库处理功能、系统扩展能力差、安全性难以控制、数据查询等响应速度慢等不足。

2.2.2 C/B/S 结构模型

由于 C/S 结构技术成熟，原来的很多软件系统都是建立在 C/S 结构基础上的，出现了 C/S 和 B/S 混合的结构。C/B/S 结构是一种典型的异构体系结构，该结构既充分发挥了 C/S 体系结构的优点，又利用了 B/S 体系结构的特点弥补了 C/S 体系结构的不足。C/B/S 结构分为“内外有别”和“查改有别”两种模型。

在图 2-5 所示的“内外有别”的 C/B/S 结构模型中，企业内部用户通过局域网直接访问数据库服务器，软件系统采用 C/S 结构；企业外部用户通过 Internet 访问 Web 服务器，通过 Web 服务器再访问数据库服务器，软件系统采用 B/S 结构。该模型的优点是外部用户不直接访问数据库服务器，能保证企业数据库的相对安全，企业内部用户的交互性较强，数据查询和修改的响应速度较快；缺点是企业外部用户修改和维护数据时，速度较慢，较烦琐，数据的动态交互性不强。

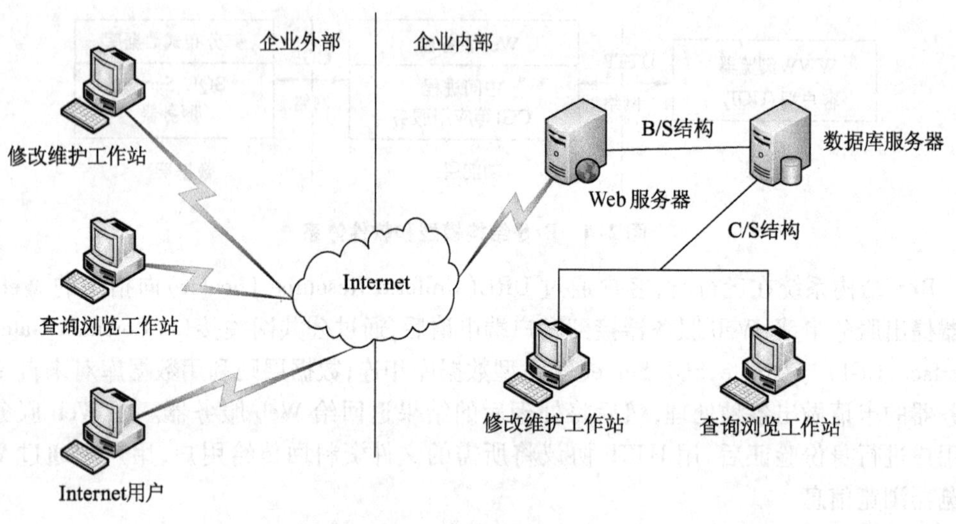

图 2-5 “内外有别”的 C/B/S 结构模型

在图 2-6 所示的“查改有别”的 C/B/S 结构模型中，不管用户是通过什么方式(局域网或 Internet)连接到系统的，凡是需执行维护和修改数据操作的，就使用 C/S 结构；如果只是执行一般的查询和浏览操作，则使用 B/S 结构。这种结构体现了 B/S 结构和 C/S 结构的共同优点，但因为外部用户能直接通过 Internet 连接到数据库服务器，企业数据容易暴露给外部用户，对数据安全造成了一定的威胁。

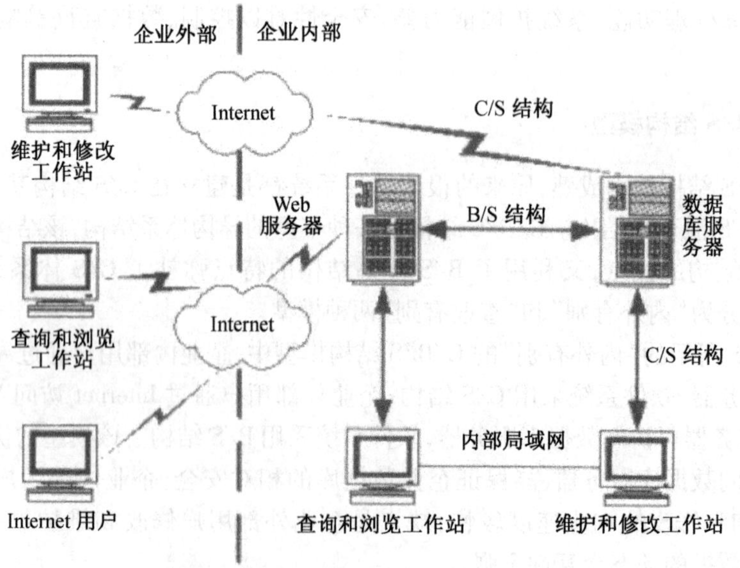

图 2-6 “查改有别”的 C/B/S 体系结构

2.2.3 基于 C/B/S 结构的 PDM 系统体系结构

当前先进的 PDM 系统普遍采用 Web 技术及大量的业界标准，基于 C/B/S 结构，软件的体系结构如图 2-7 所示。PDM 系统体系结构整体可分为五层，即底层平台层、核心服务层、应用组件层、应用工具层和实施理念层。

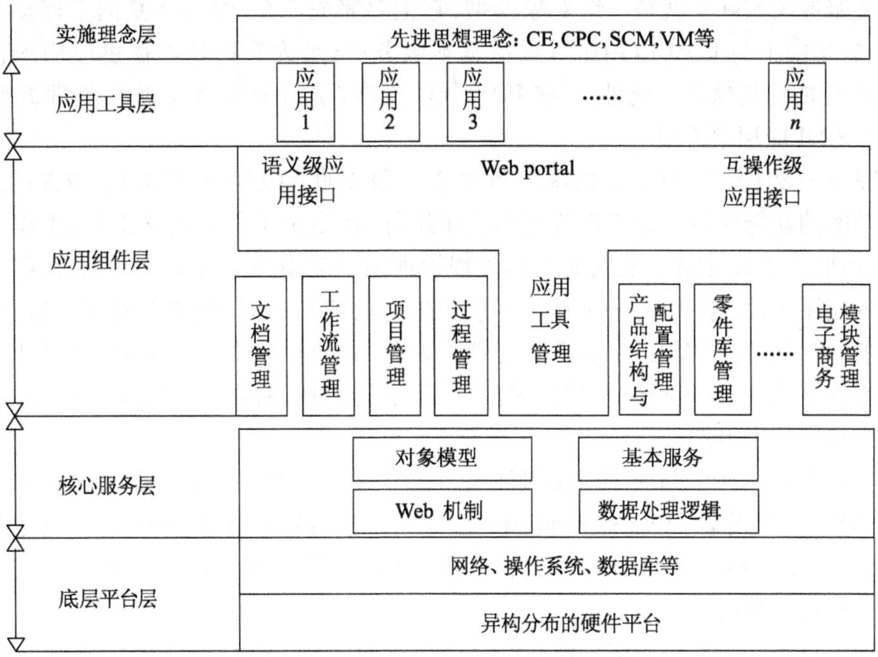

图 2-7　基于 C/B/S 结构的 PDM 系统体系结构

PDM 软件体系结构逻辑层功能描述如下。

(1) 底层平台层

主要指异构分布的计算机硬件环境、操作系统、网络与通信协议、数据库、中间件等支撑环境。当前的 PDM 软件底层平台的发展主要有两个特点:一是适应范围不断扩展,能够支持越来越多的软硬件环境。PDM 厂商一直致力于推出能适应更多平台的 PDM 系统,在硬件环境中,从最简单的用户终端、PC 到高端的工作站和服务器都可以运行相应的 PDM 系统。二是底层平台朝廉价方向发展。在操作系统上,UNIX 依然是大多数 PDM 系统主要使用的平台,但由于 PC/Windows 具有成本低廉、界面友好、操作方便等优势,也正在悄然进入这一领地。虽然很多大型 PDM 如 Metaphase,Teamcenter,PM 等服务器端还是运行在 UNIX 环境下,但都相继推出了各自的微机版。而像 Windchill 等新生贵族更是首先以 PC/Windows 为主要平台,然后才推出 UNIX 版本。

由于企业级 PDM 系统具有庞大的数据量和较高的性能要求,因此,底层数据库几乎都集中于 Oracle,SQL Server,Sybase 等大型数据库上,尤其是 Oracle 是很多 PDM 系统的首选或独选数据库。此外,PDM 软件几乎都支持 TCP/IP,IIOP,NetBIOS,HTTP 等局域网和广域网标准协议。

(2) 核心服务层

PDM 软件一般指的就是核心服务层和应用组件层。在 C/S 结构下,核心服务层一般是指服务器端,而客户端软件属于 PDM 的应用组件;在 C/B/S 结构下,二者都运行在服务器端,但在软件产品购买安装等方面会有所不同——核心服务是必需的,而应用组件可以选用。比如 Metaphase 的对象管理框架、Windchill 的 Windchill Foundation,Teamcenter 的 eServer 等都属于各自的核心服务层。

核心服务层实际上就是一组对象模型，它主要完成三个功能：一是向下连接并操纵数据库；二是向上为 PDM 应用组件提供基本服务；三是为应用软件提供应用编程接口(API)，以集成应用软件。此外，有些 PDM 软件在核心层中还加入了 Web 处理机制。

(3) PDM 应用组件层

PDM 应用组件层实际上是由调用 PDM 基础服务的一组程序(界面)组成并能完成一定应用功能的功能模块。如工作流管理应用组件，就是由工作流定义工具、工作流执行机、工作流监控工具等组成地完成工作流程管理的功能模块。各 PDM 厂商都在不断丰富自己的应用组件，像 Metaphase 提供了包括生命周期管理器、更改控制管理器、产品结构管理器、产品配置管理器、零部件族管理器以及用于同 CAX/DFX/ERP/CRM/EC/SCM 等应用软件集成的 Metaphase 应用集成接口、可视化工具、协同设计支持工具、数字样机等大量丰富的应用组件。

统一的用户界面也归入了应用组件层，几乎所有的 PDM 都支持通过 Web 方式访问和操纵 PDM，较新的如 eMatrix，Windchill 等 C/B/S 结构的 PDM 都是以 Web 浏览器为客户端的，而 Metaphase，Teamcenter 等也相继推出了各自基于 Web 的客户端产品。

(4) 应用工具层

应用工具主要指 CAX/DFX 等工程设计领域的软件、Word 等办公用软件以及所有 PDM 以外的其他应用软件。PDM 通过多种方式与这些应用软件实现集成。

(5) 实施理念层

PDM 归根结底不是企业的经营管理模式，而只是一种软件工具，这种软件工具只有在先进的企业运作模式下才能发挥作用。因此，PDM 的实施几乎都离不开 CE(并行工程)、CPC(协同产品商务)、VM(虚拟制造)、SCM(供应链管理)、ISO 9000 等先进的管理理念和质量标准。一方面，只有在这些先进思想的指导下，PDM 的实施才能确保成功，并发挥出较大的作用；另一方面，PDM 实施又是这些先进理念得以成功贯彻的最有效的工具和手段之一。

PDM 软件厂商在推销其软件产品的同时也在推销它的理念，如 PTC 倡导 CPC，Metaphase 倡导它的 4C 理念等。而 PDM 软件又是一种只有通过实施才能完美地与企业结合并体现其价值的软件，因此，实施理念被列在了 PDM 体系结构的最上层。

2.3 Teamcenter 软件体系结构

Teamcenter 提供了两层(Two-Tier)和四层(Four-Tier)两种体系结构，在安装部署时可以根据企业需求选用任一种体系结构，也可以在同一环境中同时部署这两种体系结构。

2.3.1 Teamcenter 两层体系结构

Temcenter 两层体系结构的逻辑视图如图 2-8 所示，包括客户端层(Client Tier)和资源层(Resource Tier)。

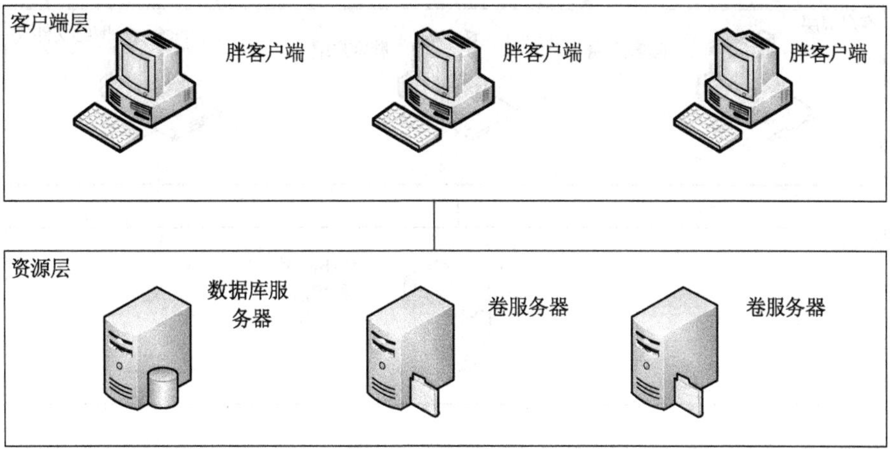

图 2-8 Teamcenter 两层架构逻辑视图

(1) 客户端层包括以下部分:

① 胖客户端(Rich Client);

② Teamcenter 服务和可执行程序;

③ 可选择的集成在胖客户端的应用程序,如 NX 等。

(2) 资源层是通过运行环境存储持久数据和进行文件管理,包括以下部分:

① 数据库服务器和数据库;

② 卷(Volumes);

③ 文件服务器。

2.3.2 Teamcenter 四层体系结构

Teamcenter 四层体系结构的逻辑视图如图 2-9 所示,分为四个层次,分别是客户端层、Web 层(Web Tier)、企业层(Enterprise Tier)和资源层。每一层为其上一层提供所需的服务。操作系统与数据库为最下层提供系统功能,而最上层则通过 Web 界面提供最终用户功能。

(1) 客户端层

每一个企业都难免有用户界面客户化的需求。客户端层提供以 Web 技术为基础的最终用户操作界面。Teamcenter 是一个开放性的系统,表现在各层系统架构都支持 J2EE 企业环境标准,为用户界面的客户化提供了有效的标准开发环境。客户端层负责客户端的应用,处理用户界面的输入输出,并负责保障文件缓存。

客户端层包括以下部分:

① 瘦客户端(Thin Client);

② 胖客户端;

③ Teamcenter 的网络文件夹;

④ 其他应用程序,如 Teamcenter's Lifecycle Visualization。

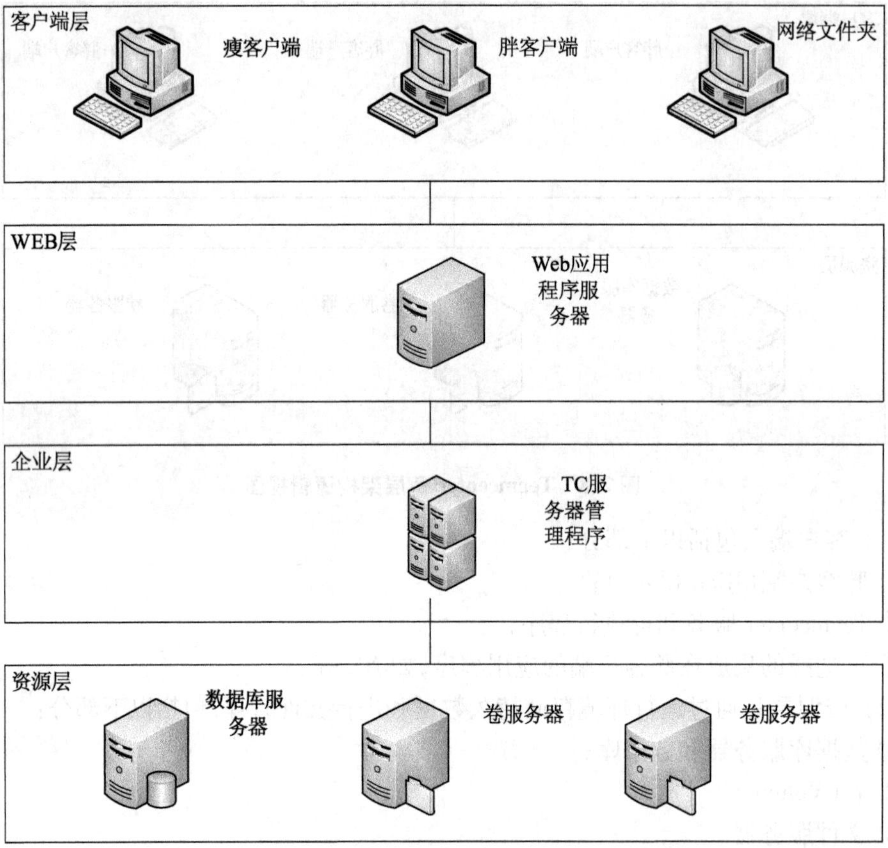

图 2-9　Teamcenter 四层架构逻辑视图

(2) Web 层

Web 层通过 Teamcenter 服务器提供所有的 Teamcenter 功能，包括文档管理、产品结构管理、业务流程管理、文件输出等。该层处理客户端的安装、登录请求、客户端的业务逻辑请求程序、向客户端提供静态内容，并处理客户端和企业层的交互。所有应用子系统之间通过 PLM XML 对不同类型、结构和形态的数据进行操作访问。Teamcenter API 和 PLM XML 提供标准应用开发和数据接口，主要为其他企业数据系统如 ERP 或 MES 等提供数据交换接口和各种界面的开发工具。此外，Web 层亦提供各种常用的标准接口和协议(如 ODBC，IIOP，CORBA，RMI，HTTP 等)。

Web 层可以有如下应用：

① 基于 Java 的 J2EE Web 应用服务，如 WebLogic 等；

② 基于. NET 的 Microsoft IIS 服务。

(3) 企业层

企业层负责业务逻辑、安全规则应用、从数据库存取数据以及提供动态内容至客户端，是 Teamcenter 的核心层。企业层提供了用户与数据库系统的数据交换、安全管理、业务逻辑等功能，不同的 Teamcenter 用户接口(Web Browser，Rich Client 等)以及其他应用程序(CAx，ERP 等)将数据以 PLM XML 格式传递给企业层；企业层验证数据后，再将其储存到数据库中。同时，它支持. NET，J2EE 等技术，可更加方便地与其他系统进行数据交换。

企业层由以下两部分组成：

① 由服务管理器管理的服务处理池（只用于四层架构）；

② 临时卷。

（4）资源层

资源层即数据存取层，直接与操作系统和数据库进行交互操作，为 Web 层提供可靠和高效能的数据存取、对象管理、文本搜索等基本功能。资源层存储 Teamcenter 的持久数据和文件管理。

资源层包括以下三部分：

① 数据库服务器和数据库；

② 标准卷（Standard Volumes）；

③ 用于共享配置和二进制执行的文件服务。

2.3.3 Teamcenter 系统体系结构相关概念

（1）客户端选项

Teamcenter 为各种应用和网络配置提供了以下几种类型的客户端。

① 胖客户端

胖客户端是一个支持用户与 Teamcenter 频繁交互的、平台独立的客户端实现（Java 应用），它可扩展并可运行在 Teamcenter 和写定制（Customer-written）应用程序中。客户也可以扩展标准的用户界面。

A. 胖客户端支持两层和四层架构模式，可通过以下方式在用户工作站上安装：

a. Teamcenter Environment Manager（两层和四层架构）；

b. Over-the-Web Installer（四层架构）。

B. 如果使用 Over-the-Web Installer 安装四层客户端、显示在线帮助，就需要使用 Web 浏览器。可以使用以下 Web 浏览器：

a. Windows 操作系统：IE 浏览器或 Mozilla Firefox。

b. UNIX 和 Linux 操作系统：Mozilla Firefox。

② 瘦客户端

瘦客户端通过标准商业浏览器访问 Teamcenter，用户界面提供了视图方式查看存储在 Teamcenter 数据库中的产品信息。瘦客户端只有在四层架构模式下使用，它可以由以下 Web 浏览器支持：

a. Windows 操作系统：IE 浏览器或 Mozilla Firefox。

b. UNIX 和 Linux 操作系统：Mozilla Firefox。

c. Macintosh 操作系统：Apple Safari。

③ 网络文件夹

Teamcenter 是一个微软 Windows 资源管理器的插件。网络文件夹通过 Windows 的资源管理器存取 Teamcenter。不熟悉胖客户端和瘦客户端界面的用户可以通过 Windows 资源管理器对 Teamcenter 对象进行管理。网络文件夹仅适用于 Windows 操作系统和 Teamcenter 四层体系结构。

(2) 文件管理

在 Teamcenter 中,管理的文件存储在卷(Volumes)中。用户不能直接存取卷中的文件,必须通过 Teamcenter 会话(Session)从卷中存取文件。客户端对文件的存取是通过 Teamcenter 文件服务(Teamcenter File Services,TCFS)和文件管理系统(File Management System,FMS)实现的。

① 卷

a. 标准卷

Teamcenter 管理着存储文件的 Teamcenter 文件夹。用户不能直接从卷中存取文件,必须通过 Teamcenter 会话才能存取文件。如果用户在胖客户端创建了文件,该文件将被在卷中创建。每个数据库至少需要一个标准的 Teamcenter 卷,用户可以选择为一个数据库创建多个卷。

b. 临时卷(Transient Volume)

Teamcenter 用于存放临时数据的 Teamcenter 文件夹。临时数据用于生成报告、PLM XML 以及其四层架构中 Web 层和客户端层之间的非卷数据。每个数据库需要一个临时卷。在二层架构体系结构部署时,Teamcenter 在胖客户端主机的临时文件夹下存储临时数据。

② TCFS 和 FMS

TCFS:由组织应用程序用于创建卷和执行其他管理功能。TCFS 服务在每个卷服务上运行。

FMS:在两层和四层架构的卷和客户端之间传递文件。支持在 Teamcenter 中使用 NX 和 Lifecycle Visualizationt 等产品时的文件存取,支持在四层体系结构中的 Web 层和客户端层以报告、PLM XML 以及其他非卷数据等的临时数据存储;支持多站点协同数据存取;支持为了提高文件转换效率,在文件服务器和胖客户端的文件缓存。

③ FMS 主配置文件(FMS Master Configuration File)

配置 FMS (fmsmaster. xml) 的文件。FMS 主配置文件描述 FMS 网络并定义多组服务器缓存。它还可以定义服务器缓存和客户端缓存的默认值,如最大容量。在服务器缓存配置文件和客户端缓存配置文件中定义的值可替代在主配置文件中定义的默认值。

④ FMS 客户端缓存(FMS Client Cache, FCC)

在客户端主机上运行的 FMS 进程,上传文件到 FMS 服务器缓存进程,从 FMS 服务器缓存进程请求文件以及在客户端主机上缓存文件。FCC 进程管理整个文件的两个缓存:一是写缓存,其中包含上传到 Teamcenter 卷的文件;二是读缓存,其中包含从 Teamcenter 卷下载的文件。它还管理 Teamcenter Lifecycle Visualization 的一个分段式文件缓存。每个 Teamcenter 胖客户端主机需要一个本地 FMS 客户端缓存。

⑤ FMS 服务器缓存(FMS Server Cache, FSC)

FMS 进程在服务器主机上运行,作为卷服务器(在设置了或直接安装了卷的主机上运行时)、缓存服务器(在未设置或未直接安装卷的主机上运行时)和配置服务器执行。作为卷或缓存服务器,FSC 会检查所有文件访问请求的凭单,该凭单由 Teamcenter 生成,用来授予文件访问权;作为缓存服务器,它管理两个分段式文件缓存,一个用来下载文件,另一个用来上传文件;作为配置服务器,它向文件客户端缓存和其他 FSC 提供 FMS

配置信息;作为临时服务器,它向客户端交付 PLM XML 和其他临时文件。在任何 Teamcenter 安装中,至少部署一个 FSC;可以部署多个 FSC,每个 FSC 执行一项指定的用途,如作为卷服务器、缓存服务器或配置服务器。

⑥ PLM XML

PLM XML 是便于在产品生命周期内通过 XML 实现互操作性的 Siemens PLM Software 格式。PLM XML 是开放的,并以标准 W3C XML Schema 为基础。通过以引用的方式清晰明确地表示多种产品数据,PLM XML 提供了轻量级、可扩展且灵活的数据传输机制,可通过 Internet 传输高容量的产品数据。

⑦ 多站点协同

Teamcenter 功能可用于在数个 Teamcenter 数据库之间交换数据对象。数据库间的对象传递由指定服务器上运行的守护程序进程控制。对象的复制是通过将对象从原来数据库中导出,再将它们导入请求数据库来进行的。多站点协同的配置是可选的。

⑧ 文件管理系统(File Management System, FMS)

管理在两层式和四层式架构部署中客户端和卷之间上传和下载文件数据的系统。FMS 提供了用于文件管理的卷服务器、用于在多个用户之间共享数据访问的共享的服务器级性能缓存、用于胖客户端的基于客户端的用户专用缓存、用于在企业层和客户端层之间传输报告、PLM XML 和其他非卷数据的临时数据存储器机制。通过 FMS 文件缓存,可以将数据放在靠近用户的地方,同时维护中央文件卷和数据库存储。

⑨ 服务器(Server)

系统软件组件,代表一个或多个客户端执行一组专门定义的软件服务。在典型的 Teamcenter 安装中,服务器集中在支持大量客户端的专用主机上。客户端则分布在各个主机上,并通过多种网络技术与服务器连接。

⑩ 站点(Site)

Teamcenter 的个别安装由以下内容组成:一个 Teamcenter 数据库、访问该数据库的所有用户以及其他资源,如硬件、网络功能和在该站点上实施 Teamcenter 所需的第三方软件应用程序(工具)。

⑪ 首选项(Preference)

存储在 Teamcenter 数据库中的配置变量,Teamcenter 会话启动时读取这些变量。首选项允许管理员和用户配置会话的多个方面,诸如用户登录名和属性表中默认显示的列。

⑫ 首选项范围(Preference Scope)

可设置 Teamcenter 首选项的层次结构范围。首选项的范围可以是站点、组、角色或用户。

第 3 章　PDM 系统对象模型

PDM 系统是与技术信息系统一起实施的,实施 PDM 系统的基本前提条件是准确了解所有与产品描述、生产描述以及生产控制有关的信息。完整的数字化产品描述和生产描述可以代替成百上千种不同的文档。根据其逻辑联系,对这些数字化的产品描述和生产描述信息进行结构化的处理,是精确定义数据模型所必须做的工作。这样的数据模型(也可称虚拟的产品模型)就能描述产品对象的信息结构。

3.1　对象

为满足用户特殊需要而进行的二次开发(客户化),要求 PDM 系统必须具有灵活的系统结构,而面向对象的 PDM 系统在这方面具有明显的优点。

利用类的实例(对象),可以将由 PDM 系统管理的所有数据作为信息单元进行处理。在 PDM 系统中有不同的对象,例如描述数据的对象(元数据)和物理数据的对象(文件/文档)。纯粹描述特性的对象称为业务对象,表示一文档的对象称为数据对象。

对象是用来描述事物的一个基本单位。对象既包括数据(属性),也包括作用于数据的操作(行为)。具有相同属性和相似行为的一组对象称为类。对象之间是有关系的;对象之间是通过消息进行通讯的,消息用来激活需要为各种不同对象服务的客户端的某个活动。图 3-1 表示数据对象图纸,当该对象收到一条显示对象属性的消息时,可以采用不同的方法,以某一种确定的形式显示该图纸的属性。

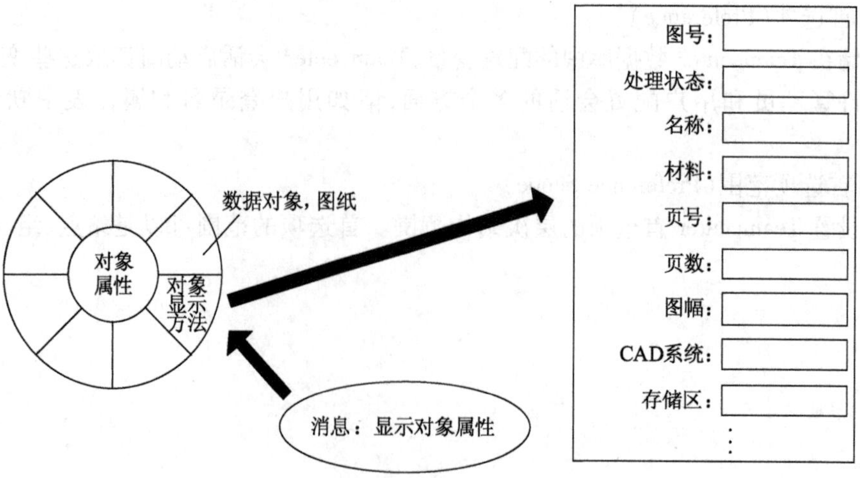

图 3-1　利用消息输出图纸的对象属性

对象属性可分成必选参数和可选参数两种类型。必选参数是在创建一个对象时必须输入的参数，而可选参数的输入则是可以选择的。在对象的属性中，那些不得更改的属性被称为主属性。例如：对于零件基本记录，其物品编号是不能更改的；其他属性（例如名称等）是否也同样不能更改，这可以由企业自己来决定。在实际应用中，一些企业经常会对同一个事物定义不同的名称，这种名称的不一致性会给正常工作带来不必要的麻烦。

静态选择表和动态选择表也被作为对象。所谓静态选择表，是指其中的元素和元素的数量都是不变的选择表；若需要更改，只能在数据模型的层次上进行。与此相反，动态选择表允许被授权的用户在用户层进行修改。

在图3-2中，对象属性语言被作为静态选择表。PDM习惯使用母语进行工作，因此必须提供一个多语种选择表。PDM用户可以根据本国语言选择英文、中文或德文中的一种，缺省值为英文。对象属性名称被作为多语种的动态选择表。由于国际化的协作和分工越来越普遍，在PDM的应用中就需要提供多种语种的名称。

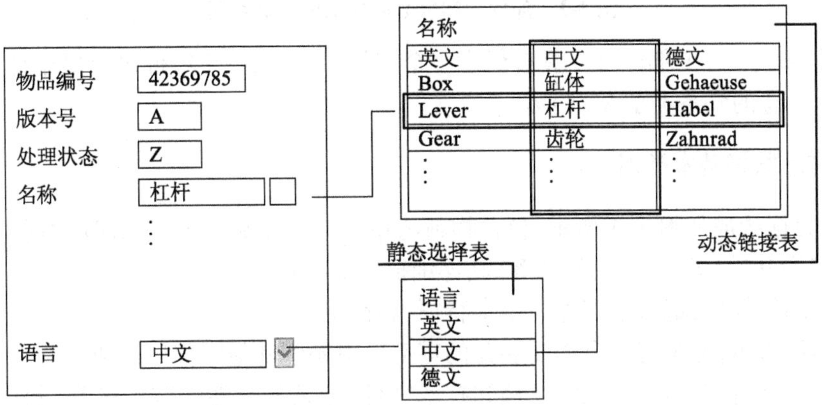

图3-2 静态选择表和动态选择表

3.2 数据模型

业务对象、数据对象及其联系对象是制造业企业中产品数据和生产数据的信息载体。因此，数据模型的构造必须使得产品文档中所有的信息单元都能够有序地保存在PDM系统中。

3.2.1 数据模型

一个产品主要由零部件和有关的文档组成。在PDM数据模型中，可以用对象类零件基本记录（TSS）对零件和部件进行描述。通常情况下，零件和部件属于不同的TSS类，零件和部件之间有一个联系对象。每一个零部件可以与任意多个文档对象相关联，而在零部件和文档之间既可以有直接的联系，也可以通过文档文件夹在逻辑上建立联系。与TSS对象一样，文件夹对象也可以用于产品的结构化。一个文档文件夹也可以包括任意多个子文件夹。

对对象进行结构化处理时需要用到联系。连接两个对象的联系是有方向性的。例如,一个部件和一个零件之间的联系可以表达为部件具有零件;反之,该联系也可以表达为零件属于部件。在两个方向中的任何一个方向可以有任意多个联系。为了用 IT 处理对象之间的联系,可以采用对象标识号(OID)的方法。对象标识号是由 PDM 自动为每一个对象创建的独一无二的数字或字符型标识。在对象的整个生命周期内,对象标识号是不能改变的。

PDM 数据模型可以采用实体-联系模型(Entity Relationship Model,ERM)来描述,这种方法将对象(实体)、对象之间的联系及其功能(角色)一起加以表示。而对 ERM 进行图形描述可以采用实体-联系图(Entity Relationship Diagram,ERD)。图 3-3 表示了一个 ERD 的变形,该图描述了部件与零件之间的联系。

图 3-3　部件和零件之间的实体-联系图

在图 3-3 中,一个部件可以具有任意多个零件(1∶n),一个零件可以属于任意多个部件(m ∶1),总的联系类型为 m ∶ n。

3.2.2　产品数据基本类别

产品数据构成如图 3-4 所示,包含物料清单(BOM)、零部件(PART)数据、产品资料(DOC)、工程更改(EC)、工具软件等,其详细描述如下:

① 零部件数据,记录零部件的基本特征、属性。

② 物料清单,记录每一个需要装配的零部件由哪些其他零部件组成。

③ 产品资料,含通常所说的文档和技术文件,记录零部件的装配过程、制作方法、技术规格、设计方案等,包括图形和文本等多种形式。

④ 工程更改,对零部件设计过程中以及发布生产之后的各类更改予以记录,保证更改过程完整、可追溯。

⑤ 工具软件,包括产品开发中使用的各种工具软件,如 Word,Excel,PPT,PRT,DWG,PDF 等。

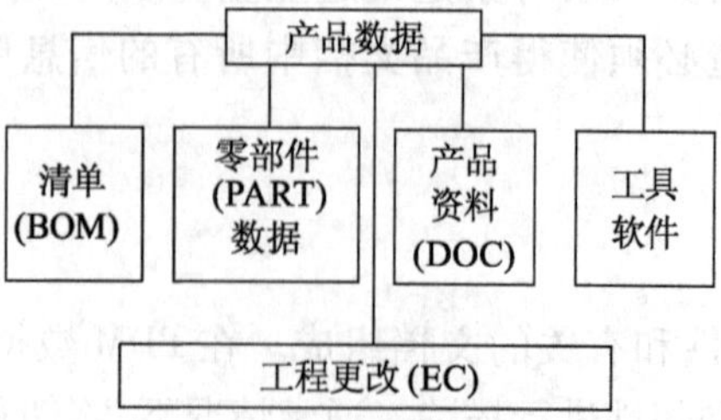

图 3-4　产品数据构成

3.3　产品模型

数据模型是成功实施 PDM 系统的一个重要前提条件,也是构建复杂的虚拟产品模型的基础。有了虚拟产品模型后，就可以在产品的整个生命周期中对种类各异的信息及其间动态变化的联系进行有效的管理。图 3-5 表示了一个产品模型的局部内容，每一个零部件、文档都可以与项目相关联，各种资料通过文档基本记录（DSS）与项目相关联，主部件（产品）的零件基本记录（TSS）与模型基本记录（MSS）、工程图基本记录（ZSS）和文档基本记录（DSS）相关联。

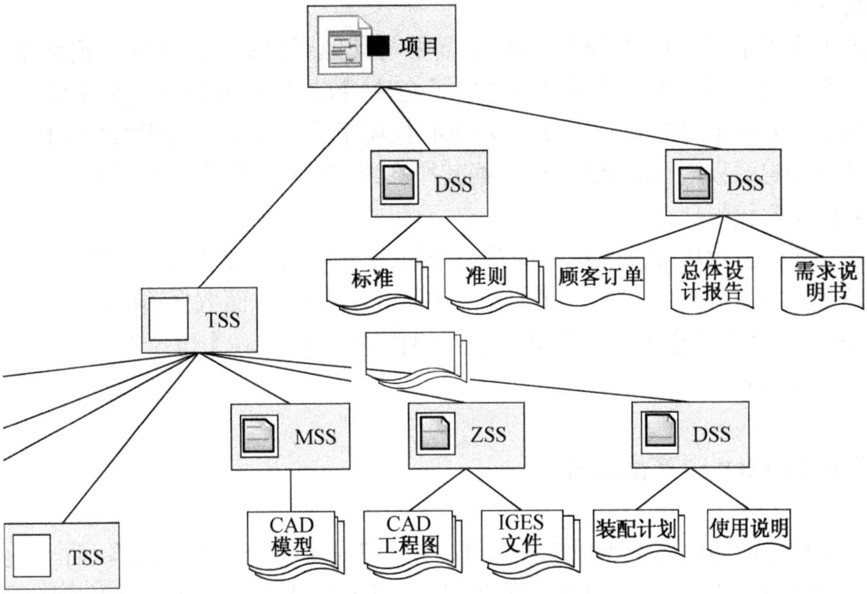

图 3-5　PDM 产品模型（局部）

利用模型基本记录，可以将 CAD 模型链接在产品文档中。所有的图纸、IGES（初始图形交换规范）文件和其他与工程图有关的资料通过工程图基本记录链接在产品文档中，而装配计划和使用说明书等则是通过一般的文档基本记录与主部件的 TSS 对象相链接。

各种 CAX 应用软件产生相应的产品数据，PDM 系统则负责有效地管理这些数据。CAX 文件被存放在一个由 PDM 系统控制的文件系统中并通过元数据对象被引用。而 PDM 系统不能访问这些应用数据的内部细节，因此在一定程度上给 CAD 数据的管理带来了困难。

如果所有的 CAX 系统都能按照 STEP 格式来描述产品数据，并将数据以 STEP 对象的格式存放在一个面向对象的数据库中，那么 PDM 系统就可以直接控制 STEP 对象，而不是进行文件的引用。这样，PDM 系统的任务就是创建 STEP 元数据对象并将其与由应用程序产生的 STEP 数据对象进行链接。通过这种方式，就可以用标准的格式构建一个对象链接结构的虚拟产品模型。

3.4　Teamcenter 中的对象分类

Teamcenter 系统使用面向对象的技术来管理数据信息。Teamcenter 中的对象分为三类：业务项（Business Items）、数据项（Date Items）、存储项（Storage Items）。业务项用来描述与业务相关的数据信息，它只存在于 Teamcenter 的数据库中，没有任何文件系统的数据和它相对应；数据项是用来描述业务项的物理文件，它不仅存在于数据库中，同时也有文件系统的数据和它相对应；存储项用来存放业务项和数据项，包括文件系统（File System）、电子仓库（Data Vault）、电子仓库位置（Vault Location）和个人工作区（Work Location）。

文件系统相当于 Teamcenter 中的根目录，它决定了个人工作区和电子仓库的位置，便于系统管理。

在电子仓库中，当用户数据逐步成熟，需要与其他用户共享或者需要提交流程时，需将数据的所有权从用户本人转移给一个电子仓库；数据的所有权一旦交给电子仓库，用户就交出了对它的绝对控制权。另外，对所有权属于某一个电子仓库的数据的操作需要管理员赋予特定的权限，不同的用户根据其所在组、所属项目角色的不同而对电子仓库拥有不同的访问权限。

电子仓库位置对应文件系统下的某一个目录，其用来存放数据项，如设计文档对应的设计说明书或图形文件。业务项的存储只需要电子仓库，而数据项的存储不但需要电子仓库，还需要该电子仓库对应的电子仓库的位置。同时，一个电子仓库可以拥有几个对应的电子仓库的位置。

3.5 Teamcenter 中产品数据

产品和构成产品的每个组成部分都可以作为 Teamcenter 管理的对象，称为业务对象（Business Object），Teamcenter 用数据模型（Data Model）来组织存储业务对象。零组件业务对象是 Teamcenter 中进行数据建模的基础业务对象，它用于标识产品元素（如组件、装配、底层业务对象）或采购规格、测试过程、标准件、车间加工等信息。零组件业务对象基本结构包括 Item，Item Master（Form），Item Revision，Item Revision Master（Form）四部分。其中，Item 收集零组件业务对象各个版本都使用的全局数据，Item Master（Form）是用于扩展存储用户零组件业务对象属性数据的表单，Item Revision 收集零组件业务对象某一版本使用的数据，Item Revision Master（Form）是用于扩展存储用户零组件业务对象某一版本属性数据的表单。

3.5.1 零组件业务对象的基本结构

（1）零组件（Item）

Teamcenter 系统提出的“Item”思想，将产品、零部件抽象为不同类型的“Item”。“Item”不分大小，即汽车是一个“Item”，发动机、底盘甚至一个标准件都是一个“Item”。对于每一个 Item 对象，采用版本对其技术状态的变更进行标识，以保留对技术状态历史的可追溯性。根据“Item”思想，产品数字化模型如图 3-6 所示。模型包含的信息有版本、特征数据、设计文档、制造文档、参考资料、产品结构等，用来提供产品的技术视图和客户视图。

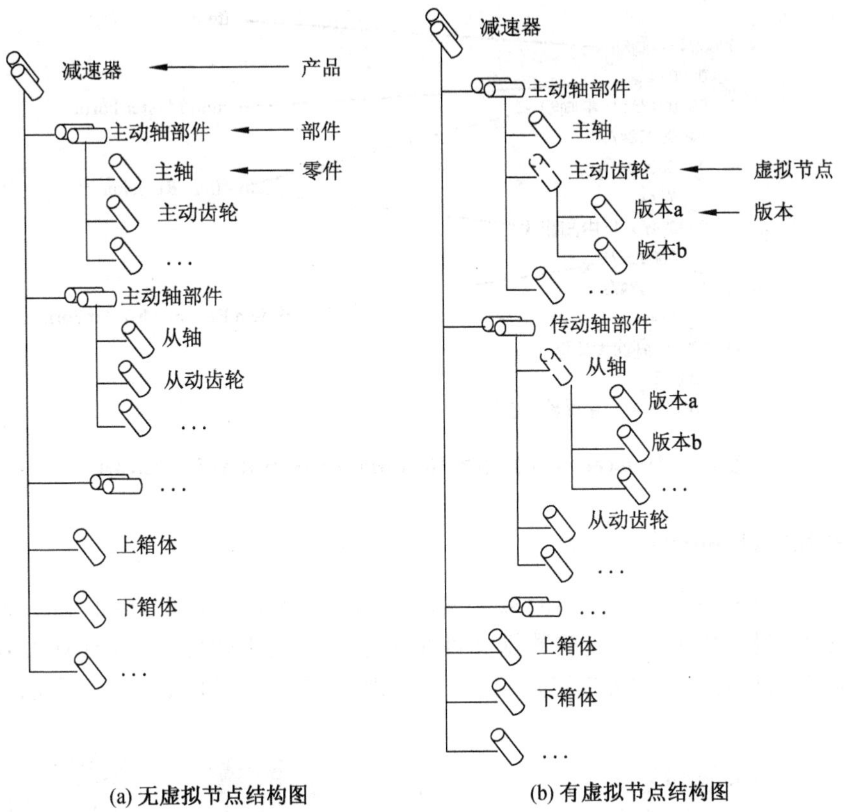

图 3-6　产品数字化模型

（2）零组件版本（Item Revision）

每个零组件（Item）都有至少一个版本（Item Revision）。在 Teamcenter 中，系统利用版本来记录零组件的历史演变（更改情况），并通过版本的追踪来保证用户取用的数据是最新有效的。每当产品归档，即生成一个新版本。归档以前的图纸修改不作为一个版本。或者说，新版本的产生一定伴随有工程更改的发生。Teamcenter 系统保证 Item 与 Item Revision 关联在一起，但两者的特性可以不同，如 Owner 可以不同。

Item 定义的属性包括 Item ID（必须唯一，流水码），Revision ID，Item Name，Unit of Measure（Option）等。

（3）Item Master/Item Revision Master

Teamcenter 系统使用表单（Form）将各种属性信息数据直接存入关系型数据库中。与 Item 直接关联的表单是 Item Master，两者同生同灭；与 Item Revision 直接关联的表单是 Item Revision Master，两者同生同灭。Teamcenter 系统提供了 Item 和 Item Revision 预先定义的属性和用户自定义属性的方法，如图 3-7 所示。

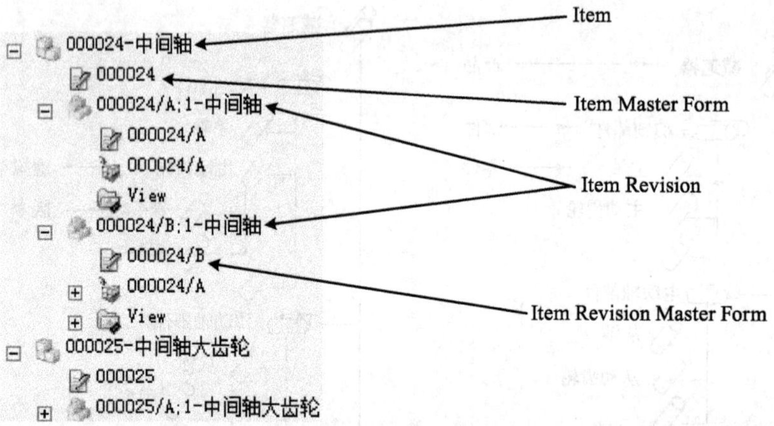

图 3-7　Teamcenter 系统中的 Item Master/Item Revision Master

3.5.2　数据集(Dataset)

每个产品对象均有一些具体的数据文件来描述其不同方面的详细信息,如设计模型、计算说明、设计要求等。这些数据文件是由不同的应用软件产生的(如 CAD 软件、Office软件等),具有不同的表现形式(如 Text 文件、图形文件等),如图 3-8 所示。

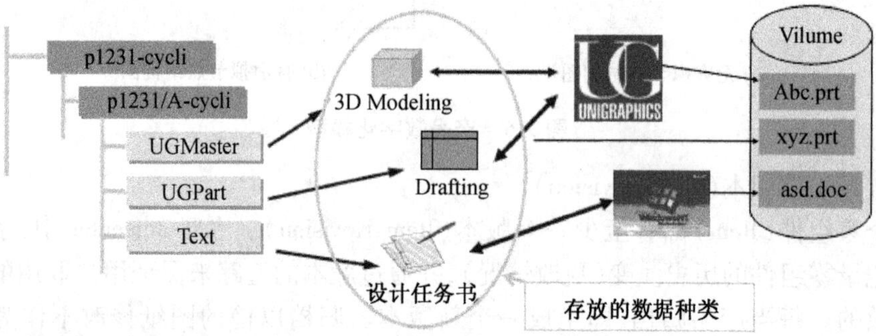

图 3-8　Teamcenter 系统中的 DataSet

Teamcenter 的数据集(Datset)提供了管理各类应用软件所产生的文件的手段。不管是技术说明文件还是 CAD/CAM/CAE 系统产生的图形数据文件,都可以用原来的形式或点阵形式或其他任何计算机形式的文件存放在 Teamcenter 系统中。

Dataset 是用来管理(存放)应用软件生成的数据(文件)的一种对象,对应于不同类型(格式)的数据(文件);Teamcenter 提供 Dataset Type 与之对应。常用的 Dataset Type 如图 3-9 所示。

图 3-9 常用的 DataSet 类型

Dataset 可与多种工具 Tool 关联(包含),一种 Tool 对应相关的应用软件,意味着 Dataset(某种文件格式)可以用多种软件打开编辑。一个 Dataset 中可以包含一个或多个文件对象(IMANFile),这些文件称为命名引用(Named Reference),如图 3-10 所示,它们存放在卷(Volume)中。引用(Reference)定义了 Dataset 所管理的文件格式,包括文件形式、扩展名等。

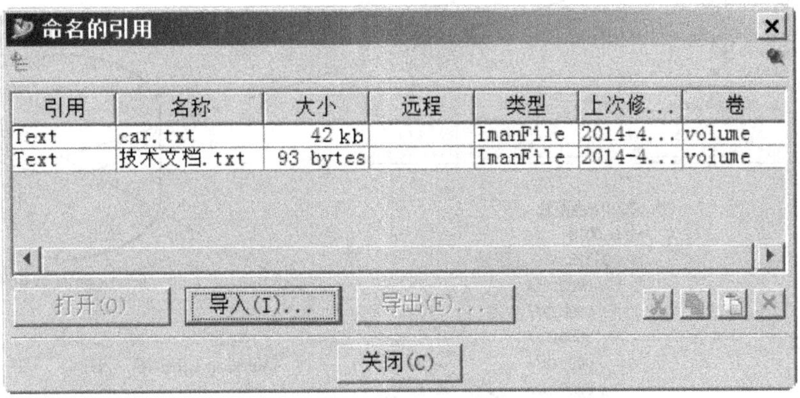

图 3-10 命名的引用

新建 Dataset 的操作如图 3-11 所示,其中 Dataset 的定义要素如下:

① 名称,可以采用两种方式:简单方式,名称(不唯一);复杂方式,ID、版本、名称(唯一)。

② 工具(一般采用缺省,成为首选工具)。

③ 导入(一般文件均有模板,创建时需要导入)。

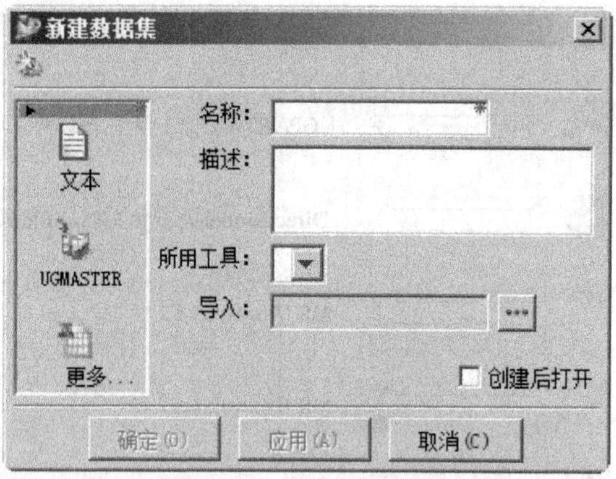

图 3-11　新建数据集

3.5.3　数据集版次(Dataset Version)

数据集版次用于跟踪数据改动的情况,可以查看以前的版次数据。Teamcenter 系统中默认的数据集最大清理版次是 3,如图 3-12 所示。

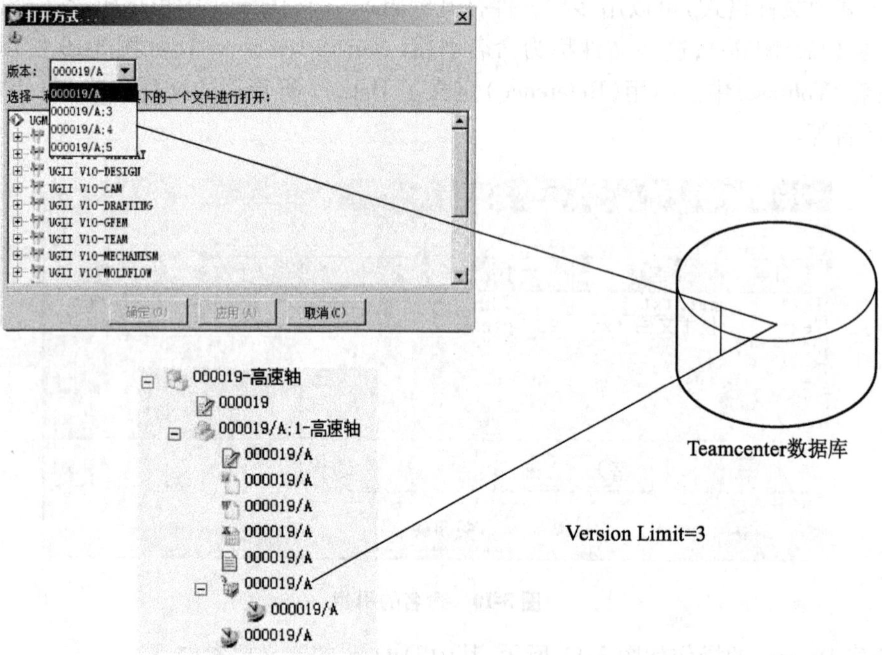

图 3-12　查看数据集版次

3.5.4　对象属性(Object Property)

Teamcenter 中每一种 Workspace 对象,自其创建后,系统都对它进行记录并保存这个对象的信息,包括 ID、名称、所有者、创建时间等,这些信息称为对象属性,这些属性可以随后进行编辑。对象属性显示在 Portal 界面的右侧面板的列中,用户可以自行调整列的位置，如图 3-13 所示。

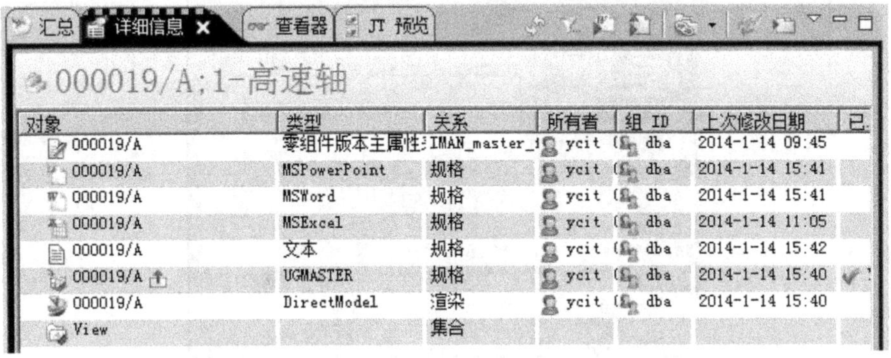

图 3-13　Teamcenter 系统中的对象属性

3.5.5　文件夹(Folder)

文件夹是一种数据组织、管理的对象，可以使用文件夹来建立相关数据之间的挂靠关系，也可以通过建立上下层次的文件夹结构来分类、组织各种相关数据。Teamcenter 为每个用户提供了主文件夹，用户用它来组织共享及个人数据。主文件夹包含了 Home(根文件夹)、MailBox(邮箱)、Newstuff(临时文件夹)。用户一般在 Home 文件夹下建立自己的文件夹，同时共享的数据一般也被放在 Home 文件夹下，如图 3-14 所示。

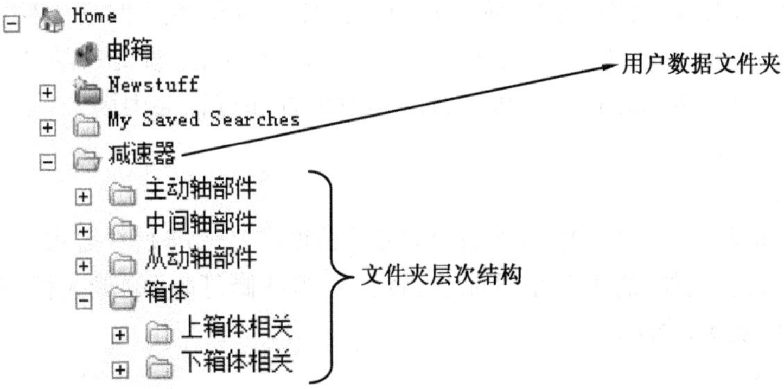

图 3-14　文件夹结构

新建文件夹如图 3-15 所示，其中文件夹定义要素包括：名称(Name)、概述(Description)。创建文件夹时要注意：Name 允许重复，确认创建时文件夹放在那里。

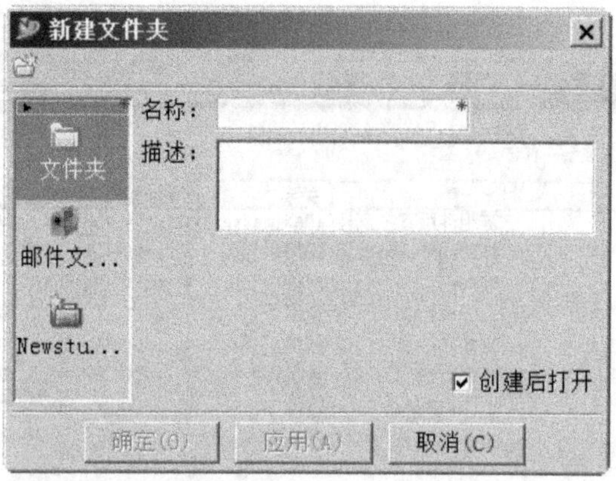

图 3-15 新建文件夹

3.5.6 Item/Revision 与产品数据的关系

产品通常需要使用许多种/条信息，这些信息从不同方面描述“零组件”或“零组件修订版”，或与之相关。Teamcenter 使用关系(Relation)来建立(描述)这些关联(关系)，主要的关系包括：规格关系(Specification)、需求关系(Requirement)、表示关系(Manifestation)和引用关系(Reference)。

(1) 规格关系

规格关系是用来满足需求的详细方法、设计、作业流程和过程，只能用于“零组件修订版”(Revision)，而不能用于“零组件”(Item)。原因在于，尽管对产品(零组件)的需求可以保持恒定，但是实际的制造方法、设计、作业流程和过程会因型号不同而大大改变，如表 3-1 所示。

(2) 需求关系

需求关系是此“零组件”或“零组件修订版”必须满足的准则。需求往往不会指定满足此准则的方式。例如，需求关系可能会指定“零组件修订版”的最大权重，但不会指定如何构造它，如表 3-1 所示。

(3) 表示关系

表示关系是在某特殊时刻“零组件”或“零组件修订版”的某特殊方面的未定义的快照。例如，“数值控制”(NC)程序文件就是一个普通表示。一般认为它表示“零组件修订版”的某个方面(如加工信息)，而且只有该“零组件修订版”未更改时，此信息才是准确的。“零组件修订版”一旦改变，NC 程序文件就可能不再准确，且可能需要重新创建，如表 3-1 所示。

(4) 引用关系

引用关系描述工作区对象与“零组件”或“零组件修订版”的一般未定义关系。可将此关系类型当作杂项关系类型。引用关系的典型示例为包括白皮书、阶段报告、商业条款、顾客来信、实验室注意事项等，如表 3-1 所示。

表3-1 Item/Revision与产品数据的关系图

对象	类型	关系
000008/A	UGMASTER	规格关系
000008/A	Word	需求关系
000010-A-dwg1	UGPART	表示关系
Field Report 001	Text	引用关系

3.6 数据模型建模

机械制造企业在长期运营中积累了大量数据，范围覆盖企业的客户、产品、资源、生产、市场营销、合作伙伴、资源、财务等，支撑着企业的日常业务运营和管理，同时也蕴含着关于客户特征、业务规律、企业发展趋势相关的宝贵信息，因此，应该把数据作为企业的宝贵资产进行管理和运营。本书将产品数据作为研究重点，企业中存在各种不同的产品数据，种类少则几十种，多则上百种，包括自制件、通用件、外购件、标准件等；同时产品数据的系列较多，少则两三种，多则十余种。

3.6.1 零组件数据模型

（1）零组件数据模型的结构

PDM往往通过文件夹来连接零部件对象与文档，通过对文件夹的分类来实现对各种不同文档的分类管理。零组件数据模型的结构如图3-16所示，000050 -变速器零组件放在000050 -变速器文件夹中，属性表单存放零组件基本信息、生命周期信息、型号及供应商信息等；数据集通过命名的引用使得数据与文档相关联，包括3D数模、2D工程图、JT模型、更改单、规格书等文档；BOM视图存放零部件结构信息、零部件使用信息、物料信息等。

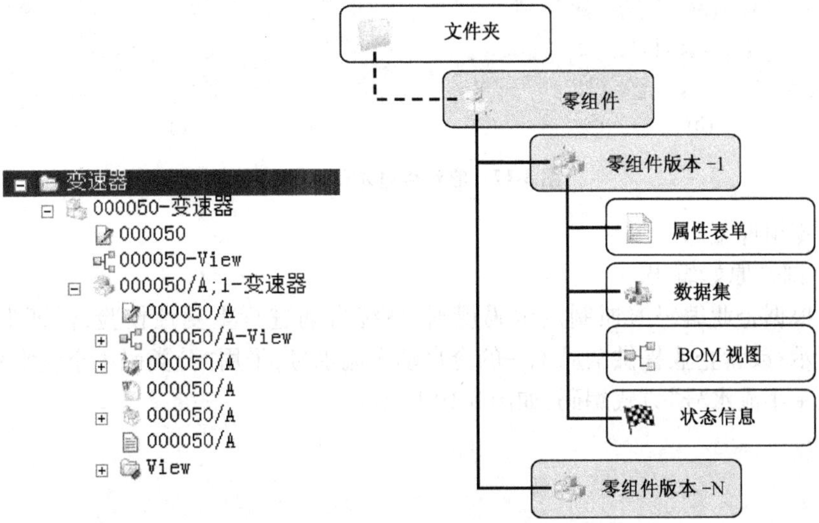

图3-16 零组件数据模型的结构

在图 3-17 中,Home 文件夹下为零组件信息列表。右边“汇总”面板下可以直接浏览零组件基本信息、可视化简图等;在“详细信息”面板可以直接浏览零组件内容;在“属性”面板可以直接查看、编辑零组件属性信息。

(a)

(b)

(c)

图 3-17　零组件基本信息管理

(2) 零组件编码

① 零部件原始编码

可以根据企业编码习惯制定编码规则,系统自动进行重复性校验,保证唯一性,如图 3-18所示;或者企业提供全局统一的全自动大流水号,采用“分类码 + 小流水号”或“不同前后缀 + 小流水号”方式编码,如图 3-19 所示。

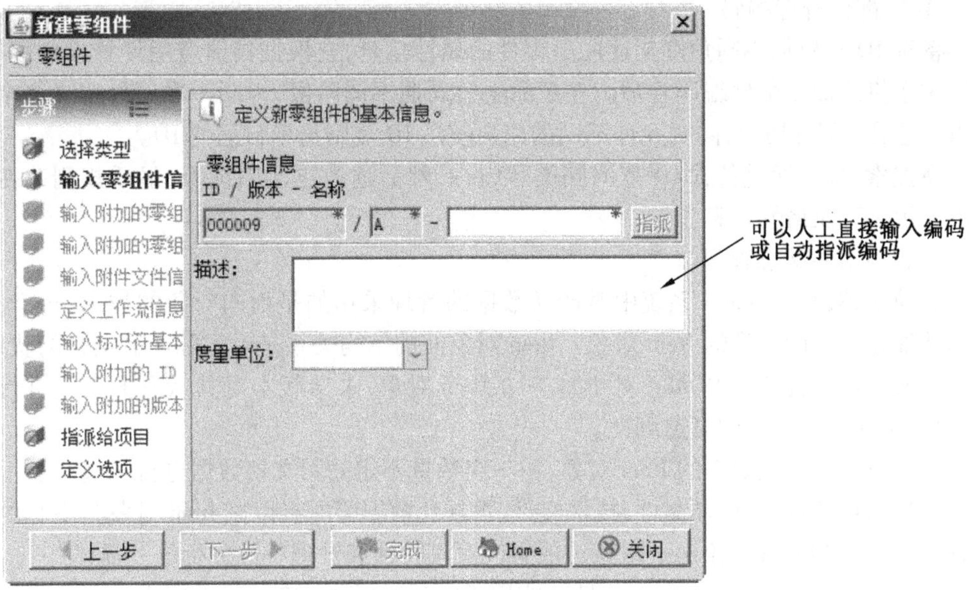

图 3-18　零部件原始编码

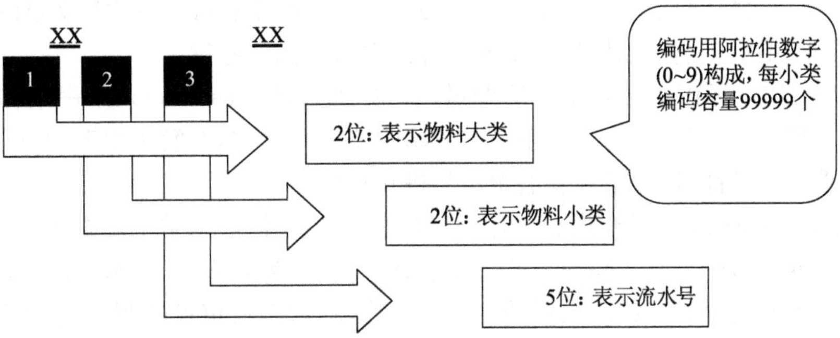

图 3-19　物料编码规则

说明：编码用阿拉伯数字（0 ~ 9）构成。在处理 Excel 等文件时，考虑到 0 开头的编码容易出现问题，所以大类编码从 10 开始编码，小类编码从 01 开始编码，流水号从 00001 开始编码（00000 不使用）。

例如，请读者思考以下四种编码哪种符合编码规则：

1001000001

010200001

100100000

100100001

② 零部件别名编码

通过别名类型、别名 idContext 以及别名 ID 将多个零部件关联，可以管理多个不同来源或不同用途的类似零部件。例如，允许不同厂家生产的零部件用同一个别名 ID。使用别名 ID 可以搜索类似零部件。

③ 零部件备选编码

备选 ID 对象从不同角度描述同一零件的属性信息，它根据具体应用场景设定规则，可以用于供应商零部件编码管理。在产品生命周期不同阶段，为同一零部件定义多个备选 ID、记录零部件历史，同时允许不同的用户使用 ID 规则显示自己的 ID。

在搜索页面，通过备选 ID 查询同类零组件，然后通过更改当前 ID 显示规则改变零组件显示名称及属性信息。

(3) 零组件状态管理

如前所述，Teamcenter 系统中对产品数据的管理采用的是面向对象的技术，将产品、零部件抽象为不同类型的 Item 对象。Item 对象间的结构关系是对实际产品结构的映射，由此构成了不同视图的 BOM。对于每一个 Item 对象，采用版本对其状态的变更进行标识，以保留对状态历史的可追溯性。

对于每一个特定版本的 Item 对象，由一组数量不定的图文档数据进行描述。这里的图文档数据包括数模、图样文件、技术文件、可视化数据等所有以该 Item 对象为中心的数据，同时每一类 Iterm 对象由一组特定的属性对其特性和管理特性进行统一描述。

Teamcenter 系统提供了如下几种方式用于实现对复杂状态数据的标识。

① ID 号：Teamcenter 支持诸如流水码、结构码、分类码和组合码等编码方式。当零部件发生更改时，若更改前后的零部件不满足互换性，通常采用新的 ID 号进行标识。当然，不同行业、不同企业对互换性的定义和界定会有不同的考量。

② 版本：用以标识状态数据的演变过程。如前所述，Teamcenter 采用结构化图文档管理方式，以零部件版本作为主要的版本标识手段。当零部件发生更改时，若更改前后的零部件满足互换性，通常采用新的版本号进行标识。

③ 状态：Teamcenter 系统通过工作中/修改中、审批中、已发布、已作废等状态标识数据的生命周期。对于复杂产品或系统的状态管理而言，需要根据不同的研制阶段对发布的数据进行不同的状态标识。数据的状态由工作流程控制，审批流程自动赋予数据相应的状态。

④ 基线：在状态项目研制过程中的某一特定时刻，被正式确认并被作为今后研制、生产活动基准的状态文件。在 Teamcenter 系统中，通过基线的建立、数据的投放/移除、数据的更新、冻结等手段，实现对状态基线的管理。

Teamcenter 的 BMIDE(将在 3.6.2 节中介绍)模块，可以配置产品生命周期中任何阶段的状态，如图 3-20 所示。例如，发布、停产、作废等状态，其状态标识直观、明显，而且随产品生命周期阶段的不同进行演变；同时，在零部件属性等多处可查看详细的状态信息，包括发放日期，状态名称等。

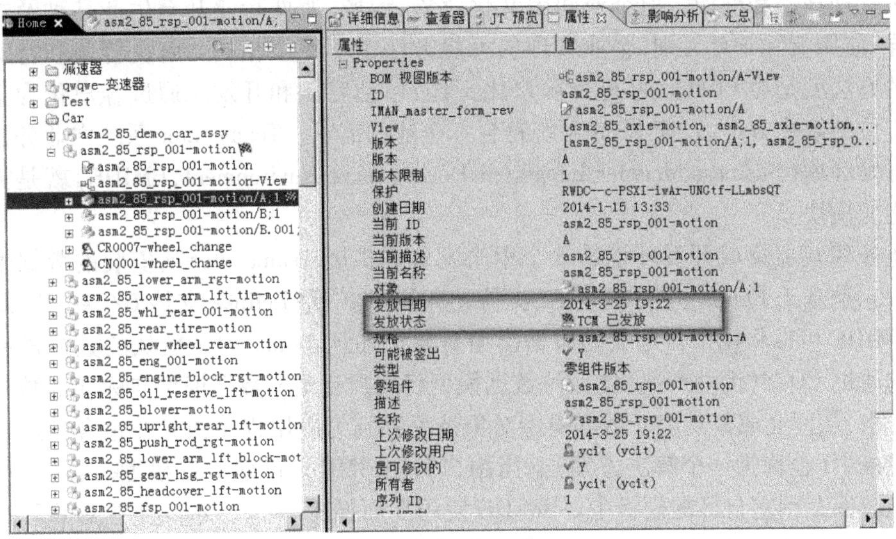

图 3-20　零组件状态管理

(4) 零组件版本管理

零组件以版本的形式记录零组件的更改情况,其中版本标识可以由字母、数字或字母加数字混合组成。版本回溯用来保留版本与版本之间的修订关系,支持信息回溯。而小版本又称为版次,是辅助的小版本信息,签出时保护版次数据,通过签入签出操作增加序列 ID,如图 3-21 所示。

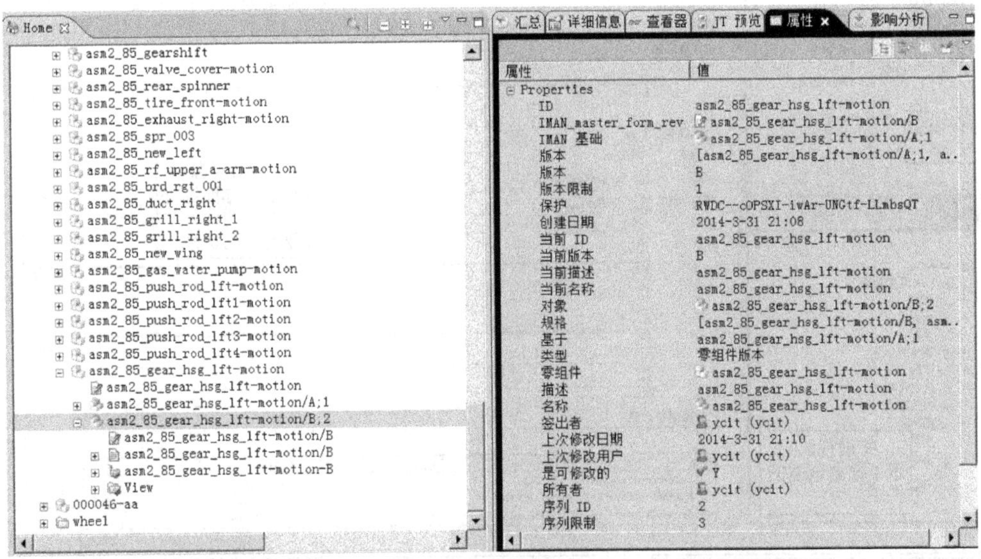

图 3-21　零组件版本管理

3.6.2　Teamcenter BMIDE

系统定制是指 PDM 系统按照客户的要求提供对自身系统的修改、剪裁和添加等功能。PDM 软件是一个通用的产品,它为企业管理产品生命周期内与产品相关的信息和过程提供管理技术和框架。但企业间因文化背景、地域、所处行业乃至生产品种及规模存在差异,应用实际千差万别,企业管理的思想方法也不完全相同。解决普遍和特殊这对矛盾的方法就是对 PDM 软件进行客户化工作,包括定制和开发。通过客户化为企业提供全方位的解决方案,以使 PDM 系统符合本企业的需求。Teamcenter 系统中业务建模器集成开发环境(Business Modeler Integrated Development Environment,BMIDE)就是提供定制功能的模块。

业务建模器集成开发环境是一个用来配置和扩展 Teamcenter 所安装的数据模型的工具。它是基于 Eclipse 平台开发的,支持无代码的扩展;Eclipse 支持 C/C++ 和 Java 语言。BMIDE 可以将用户自定义的数据模型对象添加到 Teamcenter 默认的数据模型对象上。它通过 COTS(商业产品供应架)数据模型将用户自定义数据模型与标准的数据模型分离开来,从而完成其功能。数据模型对象被保存到为应用程序服务并包含数据模型对象的模板中(也称为一个解决方案)。当用户利用 BMIDE 创建数据模型时,此数据模型就已经被保存到它自己的模板中。BMIDE 使用界面如图 3-22 所示。业务对象和类的图界面如图 3-23、图 3-24 所示。其中,Ⓑ代表业务对象,Ⓑ代表定制的业务对象,Ⓒ代表类。

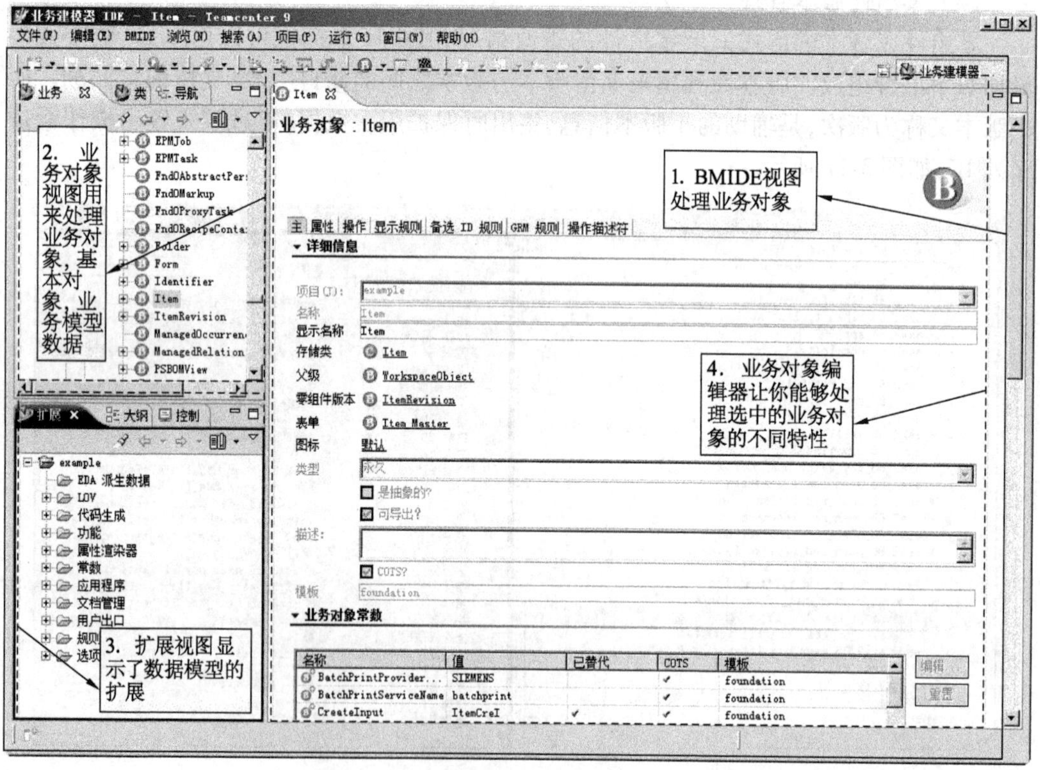

图 3-22　BMIDE 界面

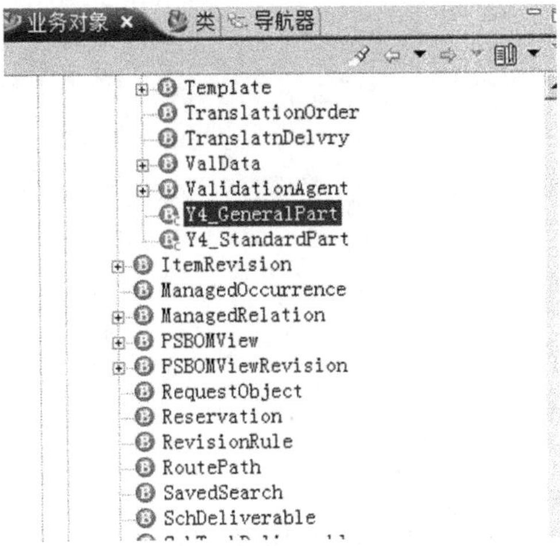

图 3-23　业务对象图界面

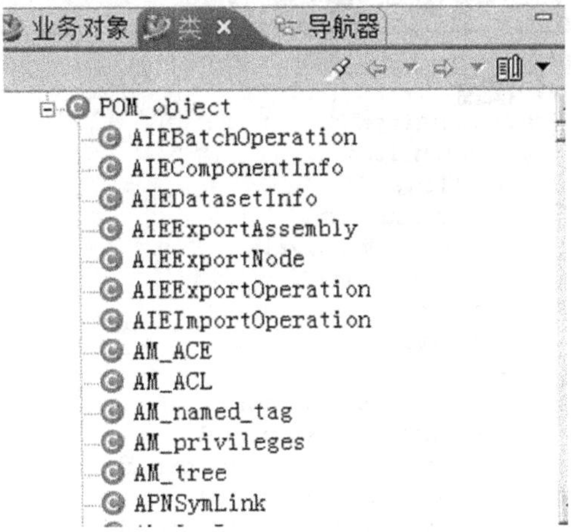

图 3-24　类图界面

当用户开发数据模型时，可以将其部署到测试服务器上以得到预期的效果。完成测试后，利用 Teamcenter Environment Manager 将数据模型打包，就可以安装形成产品的模板。

Teamcenter 中业务对象的层次结构如图 3-25 所示，POM 即 Persistent Object Model，用以描述 Teamlenter 数据库中的永久对象。POM_object→POM_application_object→WorkspaceObject；再向下一级就是经常用到的 Dataset，Folder，Item 等业务对象了。

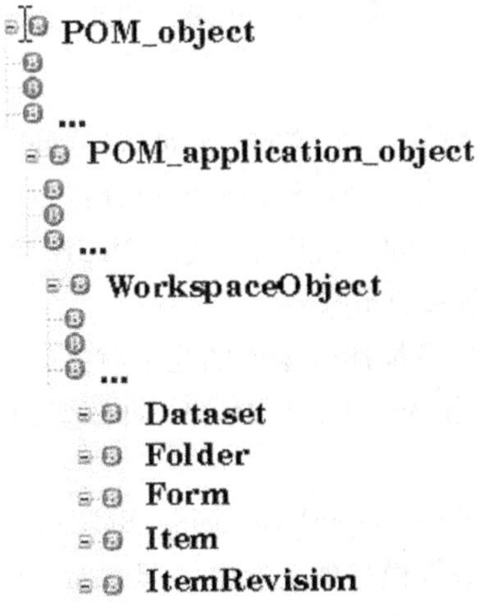

图 3-25　Teamcenter 中业务对象的层次结构

导航器文件夹如图 3-26 所示。其中，extensions 资料夹用于存放 XML 文件；default.xml 前的绿色小箭头代表该文件为活动扩展文件，用于储存所有的扩展信息；dependency.xml 用于定义扩展基于的模板文件，如 foundation_template.xml；master.xml 指向用来构建合并模板的其他文件。bundle 下用于存放本地化信息的 XML 文件。deploy 下临时存放着发送至服务器处理之前的 dependency 文件和 template 文件。

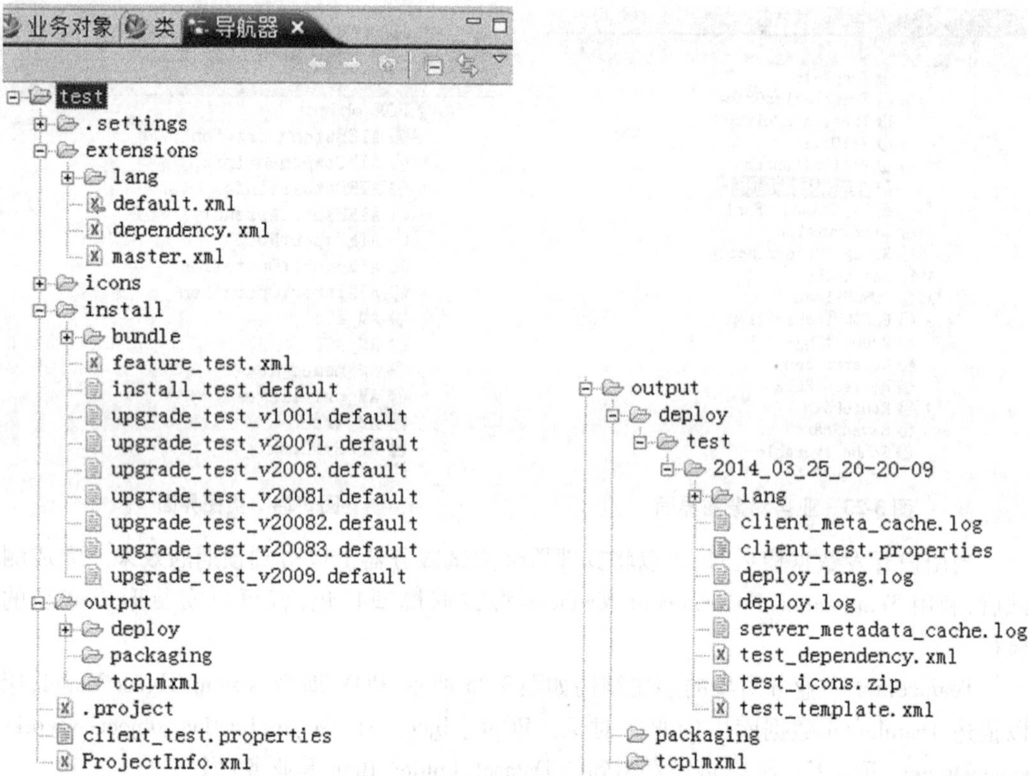

图 3-26　导航器文件夹

（1）模板

模板是包含应用数据模型的 XML 文件，如 foundation_template.xml，用 BMIDE 创建的数据模型都记录在模板中。有三个存放模板的位置：

① install-location\bmide\templates：用于存放 BMIDE 参考模板。该目录的模板只会影响 BMIDE，而不会影响数据库的状态。

② TC_DATA\model：该目录描述数据库的当前状态。使用 TEM 安装的模板会存放在该路径下，如 Foundation 或新的模板；从 BMIDE 热部署到测试系统的模板也存放在该路径下。

③ workspace-location\project\output\packaging：BMIDE 中打包的缺省位置路径，这里的模板是项目中执行的所有数据模型的集合。一旦生成，可以通过检查 template 文件和 dependency 文件验证其正确性。使用 TEM 安装模板时，可以浏览该路径下的 XML 文件。

（2）BMIDE 数据模型

Teamcenter 中的数据模型对象定义了其自身所用的对象和规则。管理员利用集成开发环境可以创建新的数据模型对象，例如：业务对象（Items，Datasets，Forms 等）、类、属性、值列表（LOVs）、规则（版本规则、命名规则、操作规则、深度复制规则等）。BMIDE 中的数据模型如图 3-27 所示。其中，基础 Item 结构是终端用户在 Teamcenter 客户端中所见的结构；业务对象模型是描述 Teamcenter 中模型数据的主要对象；逻辑数据模型（即类）描述 Teamcenter 数据库中的永久对象，随着业务对象的变化而自动变化。

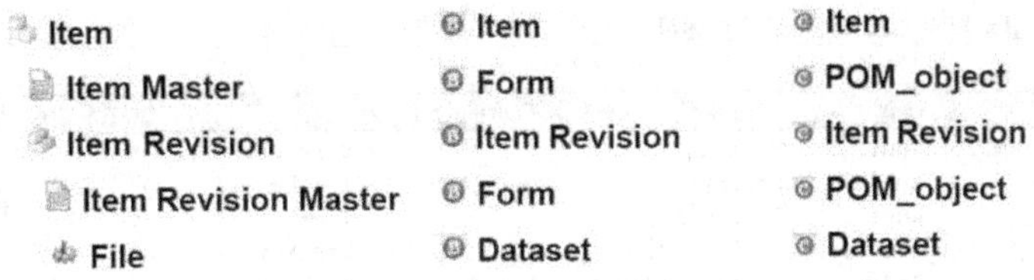

图 3-27　BMIDE 数据模型

业务对象和类图如图 3-28 所示，主要的业务对象和它所对应的类有着相同的名字；次要的业务对象在存储类时与它的父业务对象的名字相同，如 MyPart。值得注意的是，系统默认新建的 Item 为主业务对象，可以通过设置“高级”中“创建主业务对象”选项为不勾选，来创建次要业务对象。在创建新的 Item 对象时，系统会自动创建对应的 Item Master Form，Item Revision，Item Revision Master Form。

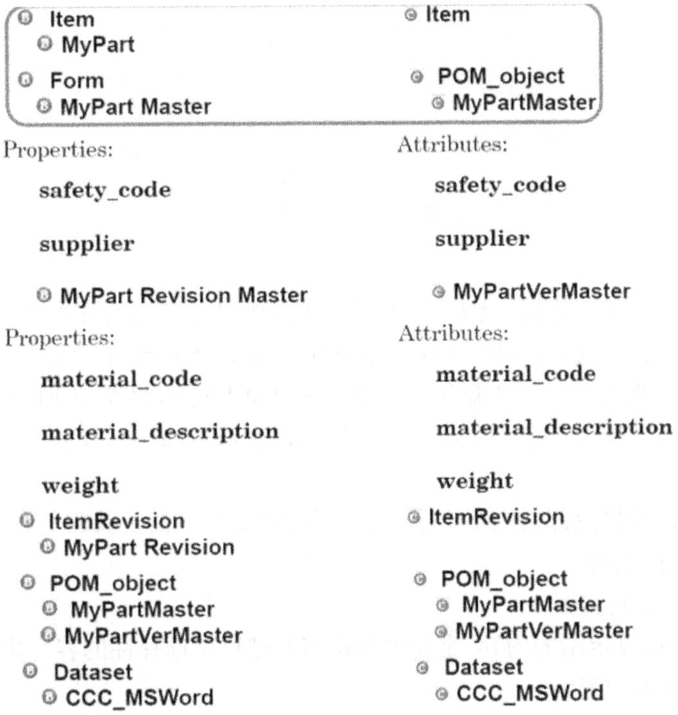

图 3-28　业务对象和类图

业务对象属性图如图 3-29 所示，其中“属性”的类型包括：Attribute，Reference，Relation，Runtime，Compound。“继承的”记录该属性是否继承的父业务对象的；“源”列出提供该属性的父业务对象或类；“COTS”描述该属性是标准的还是定制的，一般同是否继承一致；“LOV”描述是否有 LOV 附件挂靠在该属性上，可以在 LOV 附件上添加或移除 LOV；“命名规则”描述是否有命名规则附件挂靠在该属性上，可以在命名规则附件上添加或移除命名规则。Teamcenter 中新建属性的类型有四种：永久、运行时、复合、关系（见图 3-30）。

图 3-29 业务对象属性图

图 3-30 新建属性图

（3）部署方式

① 热部署：即使用部署模板命令，直接部署到测试服务器的部署方法。

② 将模板扩展打包后，通过 TEM 安装到生产服务器的部署方法。部署到生产服务器时，要注意首先修改一下生产服务器的首选项：BMIDE_ALLOW_DEPLOYMENT_FROM_CLIENT 设为 FALSE。打包后的文件输出在 workspace-location\project\output\packaging 路径下。

注意：不可以直接热部署到生产系统，必须在测试服务器上认真的测试和验证后，才能打包安装到生产系统。

（4）BMIDE 定制实例

以下是一些可以定制的内容，企业可根据需要进行有选择性的客户化定制。

① 零部件分类和编码

表 3-2 给出了某产品对象分类模型，供读者参考。

表 3-2 某产品对象分类模型

产品对象分类	定 义	数据类型
零件	由统一名称和牌号的材料、不采用装配工序制成的产品，是组成产品最基本的单元	3D 模型
		2D 工程图纸
		工艺文件
		借用件、通用件

续表

产品对象分类	定　义	数据类型
部组件	由两个或两个以上的零件或由零件和材料，以可拆卸或不可拆卸的连接方式组成的产品（部件）；或由材料、零件、部件等经装配连接组成的、具有独立结构和（或）独立用途的产品	3D 模型
		2D 工程图纸
		工艺文件
成件	有单独产品号的、能完成某项功能的产品	3D 模型
		2D 工程图纸
		工艺文件
标准件	按标准（国家、行业及企业标准）制造的紧固件	借用件、通用件
外购件	从外单位购买的零、部、组件称为外购件（提供技术要求，由外单位研制的零、部、组件习惯上称为外协件）	特征参数

物料管理是 Teamcenter 的基础功能，不同的企业有不同的物料，如某个制造企业。物料类型包括：产品、自制零件、部件、标准件、辅助材料、外协件、外购件、毛坯等。

② 物料属性定制

不同企业、不同物料类型的属性千差万别。例如，产品有型号等属性，零件有图幅、重要度等属性，以满足不同 BOM 输出、查询和统计输出需要，这些功能也必须在 BMIDE 中进行定制。属性表可以定制成图 3-31 所示的形式。

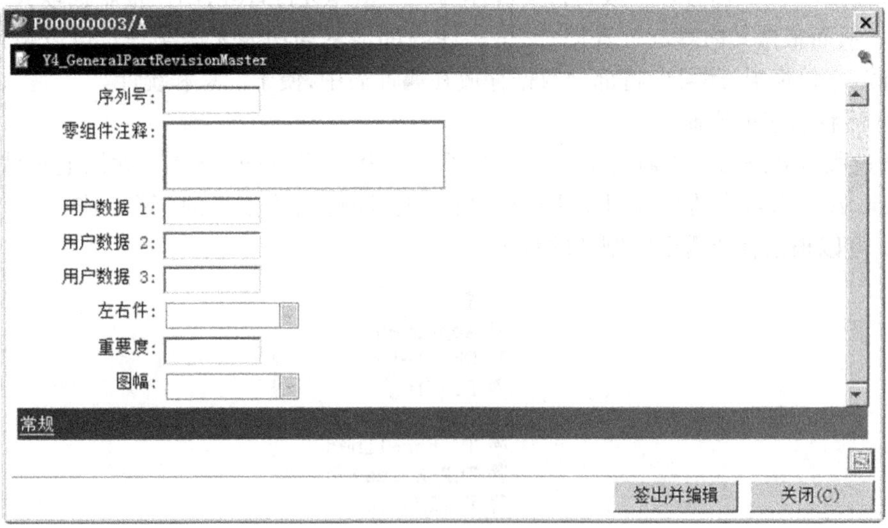

图 3-31　表单属性

对产品分类以后，可以根据企业编码规则产生物料编码。通过 BMIDE 添加自动编码功能，如图 3-32 所示，自制件以 P 开头。

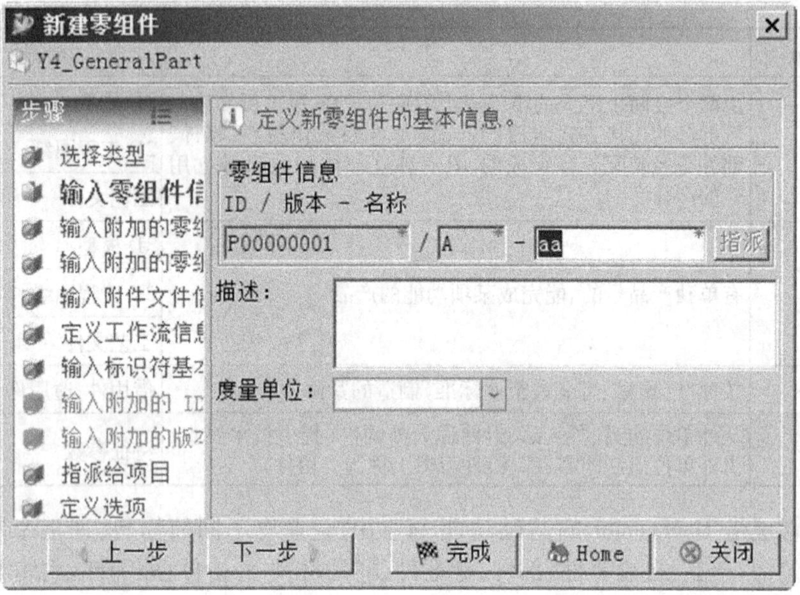

图 3-32　编码定制

③ 文档管理功能的扩充

文档管理功能是 PDM 的基础功能之一，PDM 一般采用分布式文件系统方式对文档进行管理。PDM 文档管理一般是将文件作为一个整体进行管理，用户很难抽取其中的具体信息，从而根据其内容进行查询、汇总文件内部信息等功能无法实现。可以根据企业需求确定文档模板，还可以将部分数据存放在属性表中，便于汇总和统计。

④ 流程状态的定制

通过版本状态可以了解对象在流程中所处的状态，Teamlerter 9 下默认七种状态，包括 Pending（还未解决的）、TCM Released（发布的，即可用于生产的）等，如图 3-33 所示。BMIDE 可以根据企业需要定制新的状态。

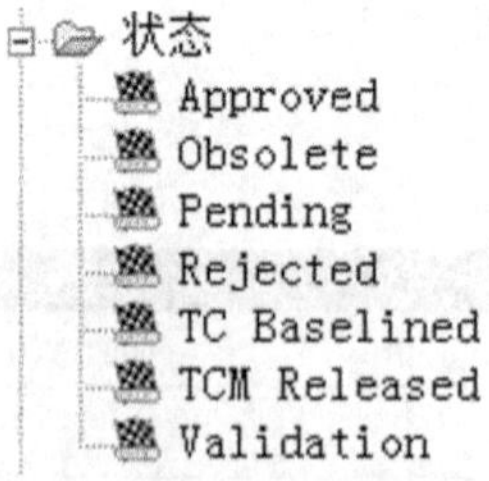

图 3-33　Teamcenter 中默认的状态

第4章 组织管理

作为PDM系统用户，在企业所有技术部门里的每一位员工，必须事先已经在用户注册表中进行了注册。在面向对象的PDM系统中，定义用户、用户组和角色三个对象类。

4.1 PDM用户管理

采用用户对象以后，可以对某个用户在PDM系统中的所有个人数据进行统一的管理。图4-1的例子指出了用户对象可能具有的属性，除了一些与系统有关的重要信息以外，用户对象还应该包括一些与个人有关的数据。利用这些数据，可以针对一个既定的项目任务组织起一个尽可能完善的项目组。因为在PDM数据库中包括了所有的重要信息，所以项目负责人才可以很快地为某项活动找到合适的人选。

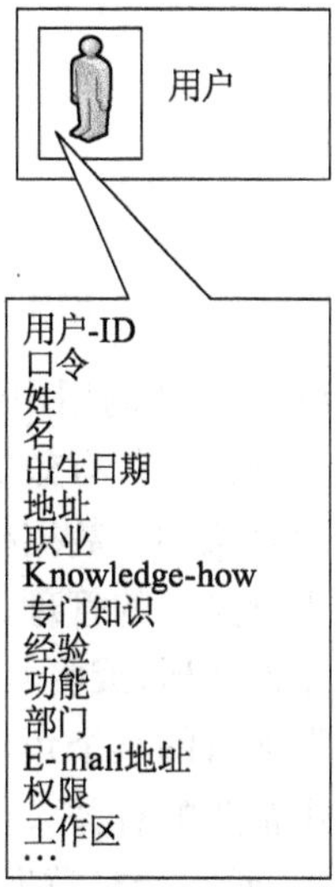

图4-1 对象类用户的属性

在此基础上，用户可以利用PDM系统开展相应的工作。此时，用户可以在其个人的工作环境（Workspace和Work-Location）中或具有某些权限时在公用的工作环境（Vault和Vault-Location）中工作。通常，PDM系统将用户分成两类：一类用户可以创建、编辑和阅览对象；另一类用户只能阅览对象。用户权限可以根据某个PDM系统用户的工作性质而发生变化。为了简化用户权限的管理，PDM系统在对象用户组和角色的基础上又增加了一个用户对象。可以根据实际的需要，对用户、用户组和角色分配相应的权限。如果某个用户属于一个或多个用户组，或者某个用户是一个或多个角色的所有者，那么，通常情况下该用户就具有这些用户组和角色所具有的所有访问权限，如图4-2所示。

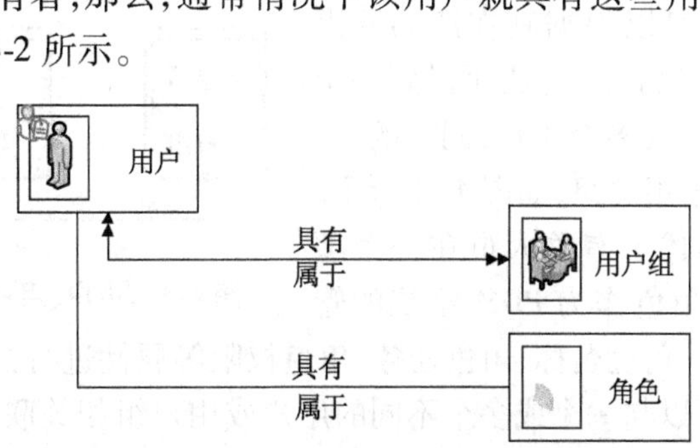

图4-2 用户与用户组和角色之间的联系

将一个用户分配给某用户组或角色的工作是不能由用户自己完成的，通常情况下只有系统管理员才有权进行权限的分配。这种情况同样适用于为新的 PDM 系统用户建立 Workspace。Workspace 是电子仓库（其位于 Database-Vault 中）的一部分，是供用户个人使用的工作区，用户是其 Workspace 的所有者。用户可以自己在 PDM 数据库的 File-Vault 中创建一个或多个用于保存目录和文件的 Work-Location。当然，系统管理员必须已经事先将某台计算机上的某个文件系统（硬盘存储器）分配给了该用户。PDM 数据库的 File-Vault 可以包括存放在任意多台计算机（主机）上的任意多个文件系统。允许用户在每一台其已注册的主机上建立一个或多个 Work-Location，如图 4-3 所示。

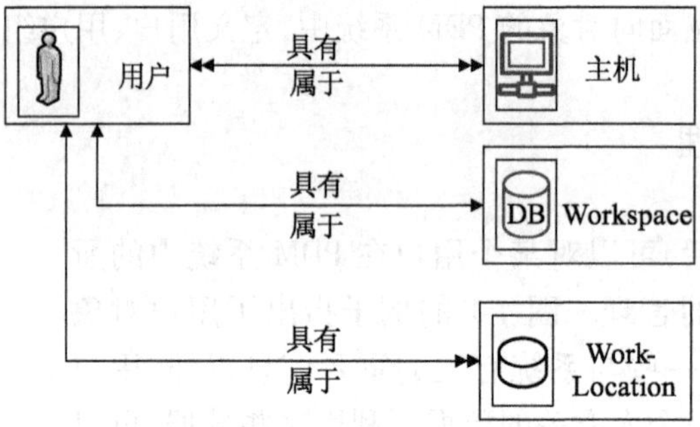

图 4-3　用户与主机、Workspace 和 Work-Location 之间的联系

PDM 系统的用户管理模块不仅具有管理方面的功能，还能确保跨企业 PDM 系统的有效运行并进行有效的数据保护。当采用面向对象的 PDM 系统时，其管理功能同样也是面向对象的。数据模型的结构允许进行交互会话操作，并根据面向项目和面向过程的需求进行灵活的管理。例如，可以用很简单的方法将有关人员注册为 PDM 系统用户或重新撤销注册，或将其分配给某个执行特殊任务、具有特殊权限的用户组，或将为完成某个开发项目的某个角色分配给该工作人员，如此等等。同样的，位于其他地点的分公司或协作企业的有关人员，也可以采用代理用户（Proxy-user）的方法加入到 PDM 系统的用户群中，而不会对数据的安全性产生影响。

4.2　PDM 角色管理

PDM 系统的用户可以根据其在产品开发过程中所承担的任务进行分组，从而得到一个用户组。一个用户组包括多个用户，同样的，一个用户也可以属于多个用户组，如图 4-4 所示。PDM 系统中的角色描述了有关人员在一个项目中所承担的任务。角色作为 PDM 系统的管理对象，可用角色编号、角色名称、角色任务、角色权限等属性进行描述。一个角色（如项目负责人）在逻辑上可以与一个或多个不同的用户或用户组相关联，同时，一个角色也可以属于不同的项目。或者说，一个用户或用户组可以在一个或多个项目中扮演一个或多个角色；以制造企业为例，典型的角色有项目负责人、检验人员、开发人员或设计人员等。

图 4-4　用户、用户组和角色间的关系

由于产品开发过程往往由企业不同部门、不同学科领域的多人共同参与，其角色定义相当复杂。为了简化角色定义，可以采取一种层次式的角色结构。层次式的角色结构是从最底层（即具有最少权限的角色）开始的。上一层角色具有更多的用户权限，以此类推。一个新的角色不一定要重新定义，可以在已有角色的基础上通过增加某些用户权限构造出一个新的角色，如图4-5所示。

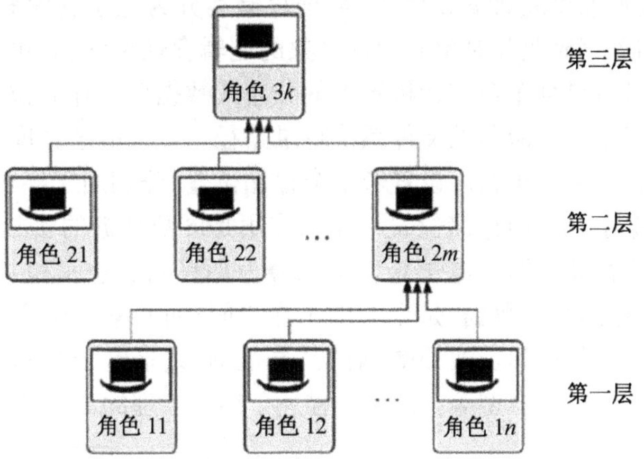

图4-5　层次式角色结构

角色定义是PDM系统组织管理的基础，现有的PDM软件产品基本都为用户提供了可视化的定义工具。通过这样的工具，具有系统管理员权限的PDM用户可以定义产品开发项目负责人、检验人员、设计人员、工艺人员等角色。

完成了PDM系统的角色定义以后，还需要将这些角色分配给特定的PDM系统用户，这些用户是产品开发的参与人员，也是PDM系统的管理对象。角色的分配一般是由PDM系统管理员或产品开发项目负责人完成的。为PDM系统的用户分配角色，也就是在PDM系统的用户（人员）对象与角色对象之间建立联系，这种用户与角色之间的联系被PDM系统作为信息对象保存并管理。通过这一联系对象的属性信息即可查询到用户所分配的角色，从而获得用户的权限信息。

4.3　用户/人员管理模型的建立

在企业的PDM实施过程中，PDM系统管理的产品数据经过多个阶段，被不同部门、不同人员访问及操作，具有不同的版本状态。如何有效地管理产品数据，确保产品数据管理的安全性和保密性是用户/人员管理模型要解决的问题，因此企业建模的首要问题就是用户/人员管理模型的建立。建立用户/人员管理模型，可实现对数据操作权限的设置和规定，保证企业对于产品数据管理的安全性和保密性的要求。

用户管理模型也称为组织-角色-权限模型，它规定了PDM实施范围中的人员组织、角色、操作权限及操作命令表，是设置PDM工作环境的基础。在建立用户管理模型时，应该确定用户组和角色以及相应的规则，按照所执行任务的不同将PDM系统用户分配给有关的用户组和角色，同样也应该确定电子仓库及各自的访问规则和传送规则。用户管理对象类主要包括与人员组织相关的对象类、权限控制类以及与工作环境配置相关的对象类。将与人员组织相关的对象类抽象成人员组织类及其子类人员类与角色类，人员类可以进一步分成用户类和用户组类。用户是指 PDM 系统的使用人员；用户组和角色都是对人员的分组，用户组是按照项目对用户的一种划分，而角色是按照职能或工作性质对用户的一种划分。

将工作环境配置抽象成数据存储类，数据存储类分为电子仓库和存储位置两个类。电子仓库是一个用于存储业务对象和数据对象的逻辑存储单元，它可以是一台服务器上的单个数据库，也可以是分布在多台机器上的分布式数据库。存储位置是对文件物理存放位置的封装，相当于一个命名的文件系统目录路径。一个电子仓库可以和多个存储位置对应，例如可以为一个电子仓库设置若干个存储位置，分别用于存放 CAD 图形、NC 代码、检测数据等。电子仓库和存储位置对象的作用是屏蔽数据的实际存放位置，使 PDM 用户能安全、透明地存取数据。电子仓库可以分为私有电子仓库和共享电子仓库两类。私有电子仓库用于存储个人数据，是个人的工作空间；而共享电子仓库用于存储共享的数据，是团队的共享工作空间。按照数据的共享范围，共享电子仓库又可以分为全局共享型、项目共享型和小组共享型等。图 4-6 描述了用户管理的对象分层模型。

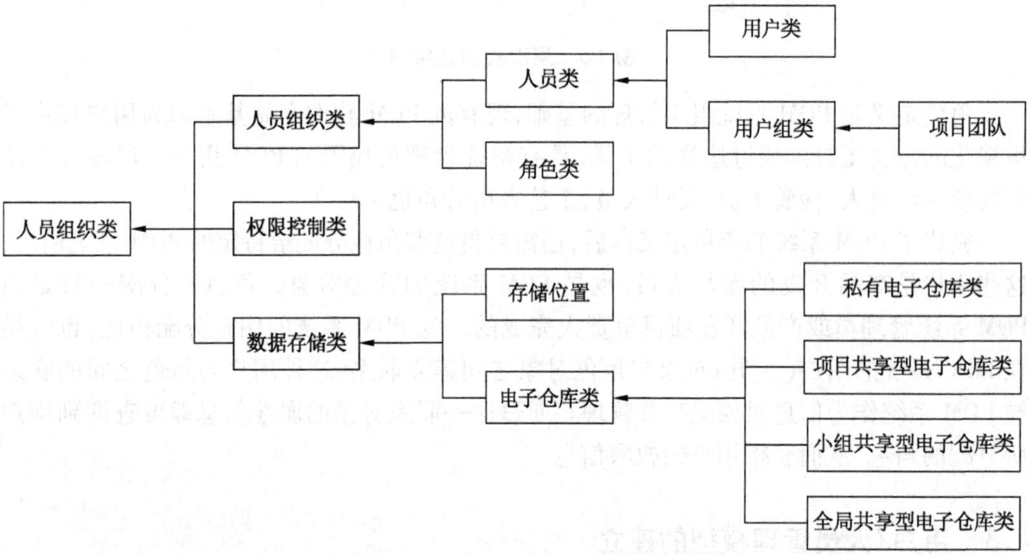

图 4-6　用户管理的对象分层模型

图 4-7 显示了用户管理中各对象间的关系。项目团队是面向项目的动态组织机构，其中可以设置若干个项目组和角色。一个项目组中可以有多个成员，成员是指属于特定项目组的用户；一个成员可以具备多个角色，一个角色也可以被分配给多个成员。项目团队、项目组和用户分别拥有自己的电子仓库。电子仓库可以存储在多个不同的主机或服务器上。

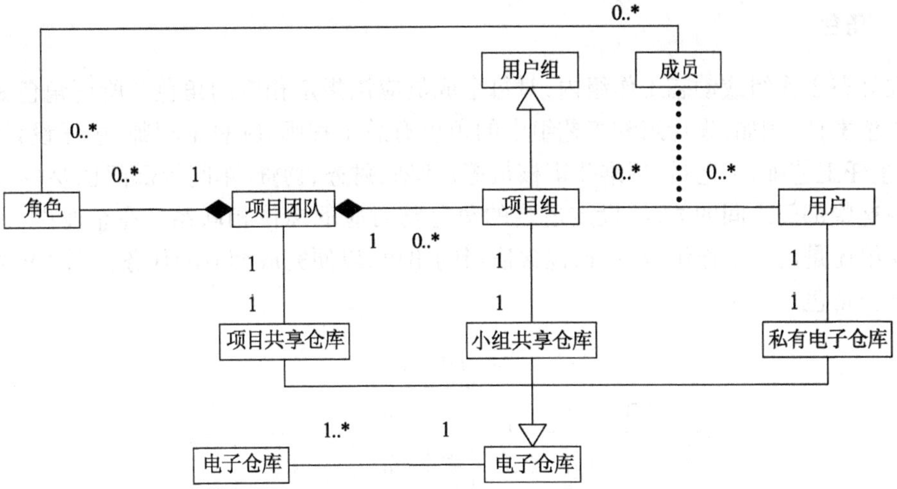

图 4-7　系统管理类中各对象间的关系

4.3.1　人员组织方式

不同的企业有不同的人员组织方式,即使在同一个企业中,由于产品开发的不同情况也会有不同的组织方式。概括地说,有静态组织和动态组织两种方式。

静态组织是一种相对稳定的工作组织,如设计科、工艺科、质量管理科、计划处等,同一组内人员担负着相同性质的工作。动态组织一般是根据某一新产品开发任务临时组织起来的小组,有时称为团队。它由设计、工艺、制造、质检、计划、供销等方面人员组成,随着产品开发任务的完成而解体,随着产品的产生而产生,又随产品开发任务的完成而解体,人员组成随产品而不断变化。因此,在 PDM 系统中的人员组织应该既能适应相对稳定的组织机构,又能适应经常变化的组织形式。图 4-8 为静态和动态组织结构图。

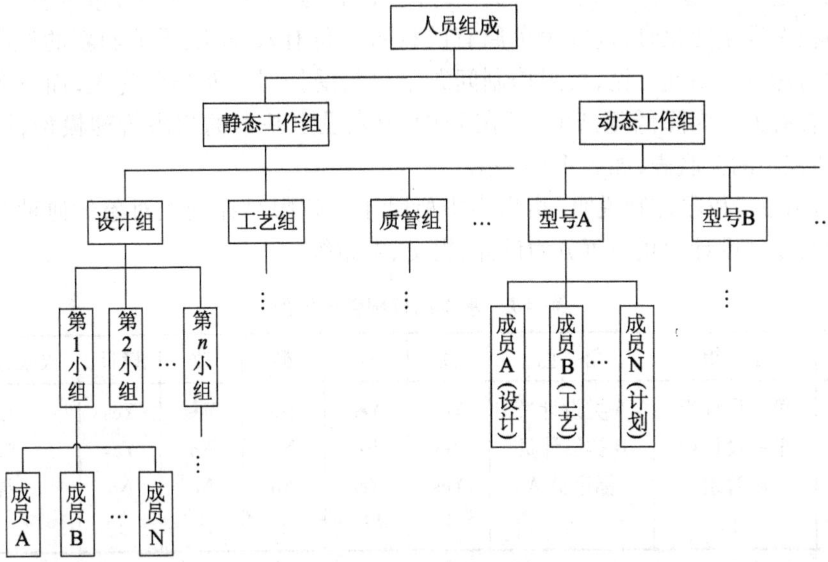

图 4-8　人员组织结构图

4.3.2 角色

在静态工作组或动态工作组内,对每个成员应该指定相应的角色。所谓角色是指承担的岗位责任,例如,设计组和工艺组中的角色有总工程师、副总工程师、主任设计师、设计员、主任工艺师、工艺员、标准化审核员等;计划、财务、物资、车间等部门也要根据 PDM 系统与这些部门之间的关系,设定适当的角色与对应的岗位相联系。在企业中,无论静态工作组还是动态工作组,都应该包含适当的角色,以便完成相应的任务。图 4-9 为企业中的部分角色。

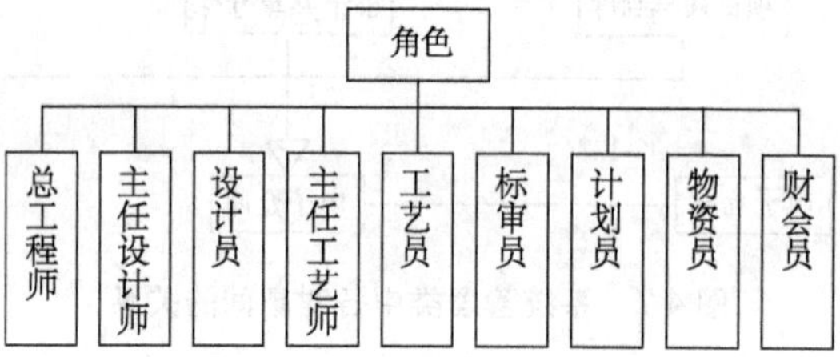

图 4-9 企业中的部分角色

4.3.3 权限

权限(将在第 6 章详细讲述)的设置包括两方面,一方面是设定权限所控制的对象,即是某类产品,还是某个部件抑或为某个零件,是设计模型还是工艺文件等:另一方面是设定角色对控制对象的读、写、删、改、拷贝的权限。例如,在表 4-1 中,当角色为"A 类设计员"时,因该角色是"零件 A"的设计者,则他拥有读、写、删、改、拷贝的全部权限;当角色为"B 类设计员"时,因该角色不是"零件 A"的设计者,则对"零件 A"只有读和拷贝的权利,而无权进行写、删、改。

但无论是"A 类设计员"还是"B 类设计员",当"零件 A"一旦经过审批发放后,即受控对象的状态发生变化时,这些角色原有的权限不再有效,将赋予他们新的权限,例如,只可以读与拷贝。由此可见,权限控制问题不仅与受控对象及角色有关,而且还与受控对象的状态有关。为降低复杂度,可在 PDM 中先设定基本的权限管理模型,即受控对象、角色和权限的关联表,如表 4-1 所示。

表 4-1 中的"权限控制说明"指出表中所赋予的权限是在受控对象的何种状态下才有效,例如,零件设计的状态可分为设计、提交、发布等。

表 4-1 基本的权限管理模型

受控对象	工作组	角 色	读	写	删	改	拷贝	权限控制说明
零件 A	第一设计组	A 类设计员	Yes	Yes	Yes	Yes	Yes	设计
零件 A	第一设计组	B 类设计员	Yes	No	No	No	Yes	设计
零件 A	质管组	标审员 A	Yes	Yes	No	No	No	提交
⋮	⋮	⋮	⋮	⋮	⋮	⋮	⋮	⋮

需要指出的是,不同的 PDM 软件对权限控制的管理方法是有区别的,有的以角色为

主,有的以成员为主,有的以受控对象为主。因此,在建立权限管理模型时,既要考虑企业的实际情况,又要考虑具体的软件功能。

4.3.4 操作命令表

表4-1中角色所具有的读、写、删、改、拷贝等权限,最终要落实到角色所拥有的对PDM命令的操作权。为此可将表4-1所示的角色-权限进行分类,形成不同的权限类并赋予不同的操作命令表。例如,表4-2中权限类可分为设计类1、设计类2、工艺类、审批类、访问类、系统管理类等。针对各种权限类,选择PDM系统中允许被其操作的命令组成命令集。每个命令集中的命令选自PDM系统的文档管理命令、产品结构与配置命令、工程流程管理命令、系统管理命令、专用命令及其他命令等,由此形成表4-2的操作命令表。

表4-2 操作命令表举例

权限类名	操作命令集名	操作命令	角色举例
设计类1	设计类1	文档管理(读/写/删/改/拷贝),……	A类设计员
设计类2	设计类2	文档管理(读/拷贝),……	B类设计员
工艺类	工艺类	文档管理(读/写/删),……	工艺员
审批类	审批类	文档管理(读),流程(审),……	标审员
访问类	访问类	文档管理(读),……	其他组员
系统管理类	系统管理类	系统管理命令,……	系统管理员
⋮	⋮	⋮	⋮

4.3.5 人员管理模型

将以上所述的人员组织结构、角色、权限、操作命令表相互关联起来,就可形成人员管理模型,如表4-3所示。表中用户登录名是在PDM系统登录时所规定的用户名,姓名为人员的真实姓名。由表可知,同一姓名的用户可以同时参加几个不同的组,在不同组内扮演不同的角色,完成不同的任务,拥有不同的权限。

表4-3 人员管理模型

工作组名	用户登录名	姓　名	角　色	权限类名	操作命令集名
设计科	ABC	* * *	主任设计员	审批类	审批类
	ABD	* * *	A类设计员	设计类1	设计类1
	ABE	* * *	B类设计员	设计类2	设计类2
工艺科	ABF	* * *	主任工艺员	审批类	审批类
	ABG	* * *	工艺员	工艺类	工艺类
计划处	ABH	* * *	计划员	访问类	访问类
型号A	ABI	* * *	主任设计员	审批类	审批类
	ABJ	* * *	A类设计员	设计类1	设计类1
	ABK	* * *	工艺员	工艺类	工艺类
	ABL	* * *	标审员	访问类	访问类
	ABM	* * *	测试员	访问类	访问类

4.4 Teamcenter 中人员组织

Teamcenter 系统中组织管理的作用可以概括为以下三个方面：一是为每个 Teamcenter 使用者提供合法的账号（用户）；二是作为 Teamcenter 工作流程的审批者资源；三是作为权限管理（Access Manager）的资源之一。

Teamcenter 组织对象包括人员（Person）、角色（Role）、用户（User）和组（Group）。

人员：对应自然人，提供了人员的基本信息，包括名称、地址、员工编号等。

用户：人员的合法的 TC 系统账号（ID，密码）。

角色：指用户在一特定组中所从事的工作类型，即工作岗位。

组：指由不同角色的用户组成的、为同一目标而协同工作的组织。

Teamcenter 组织管理界面如图 4-10 所示。

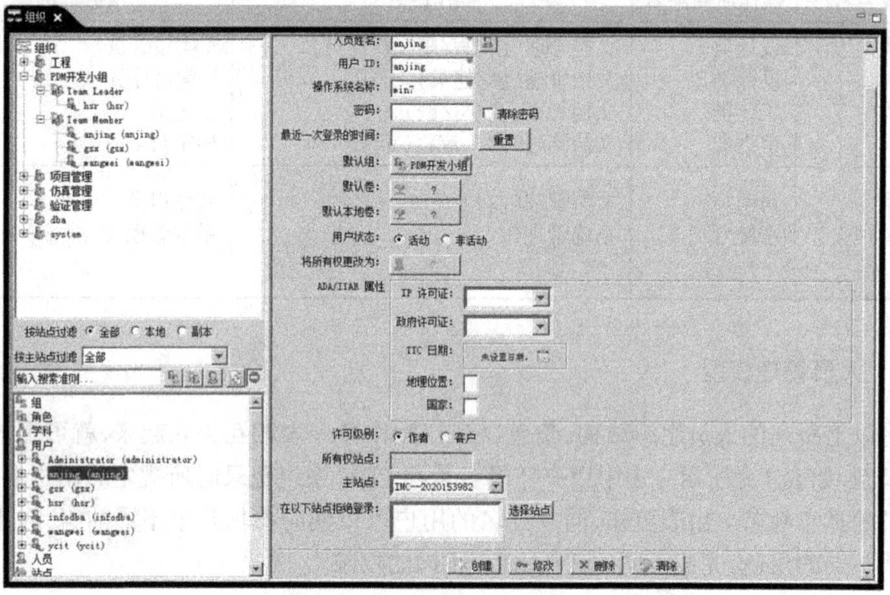

图 4-10　组织管理器界面

4.4.1 人员

人员定义了每个 Teamcenter 用户在真实世界中的信息（如地址、电话号码、组织情况），人员名必须唯一，如图 4-11 所示。

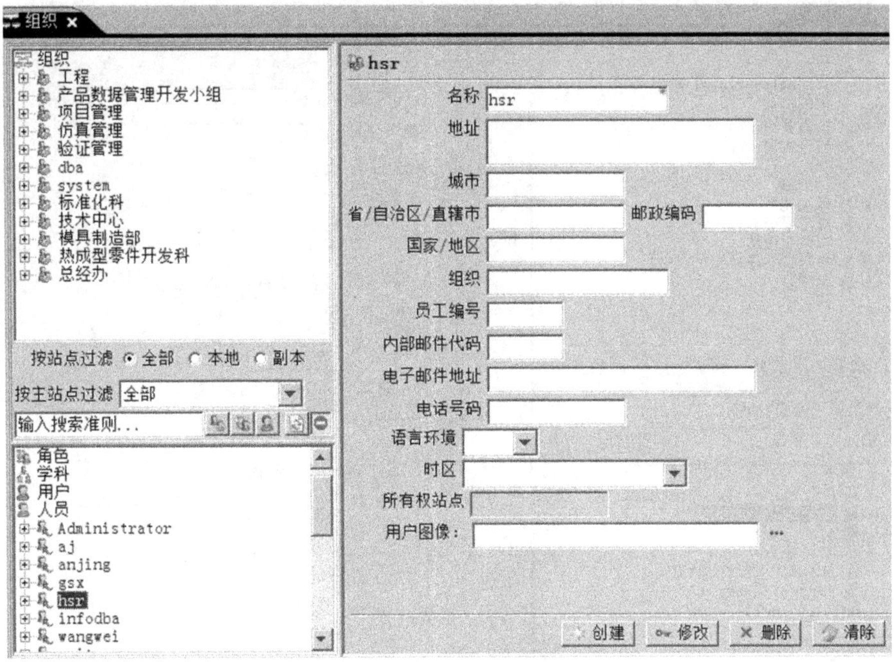

图 4-11　人员

4.4.2　用户

用户是 Teamcenter 系统的实际使用者(登录账号)。一个用户可以是多个组中的不同角色,用户与人员一般一一对应。一个合法的用户必须至少属于一个组(在这个组中属于至少一个角色)。每个用户都具有一个缺省组。Teamcenter 的用户与操作系统的用户相独立。

Teamcenter 系统默认有两个重要的用户:① 系统管理员:infodba(dba/DBA),是 Teamcenter 第一个用户,负责进行 Teamcenter 系统安装、配置、维护等工作;系统管理员具有特权 BYPASS,可以由 infodba 创建增加新的系统管理员。② 组管理员:可以给项目组设定组管理员,使其具有本组的人员组织创建能力,如增加一个成员到项目组。第一个组管理员,必须由系统管理员设置,如图 4-12 所示。

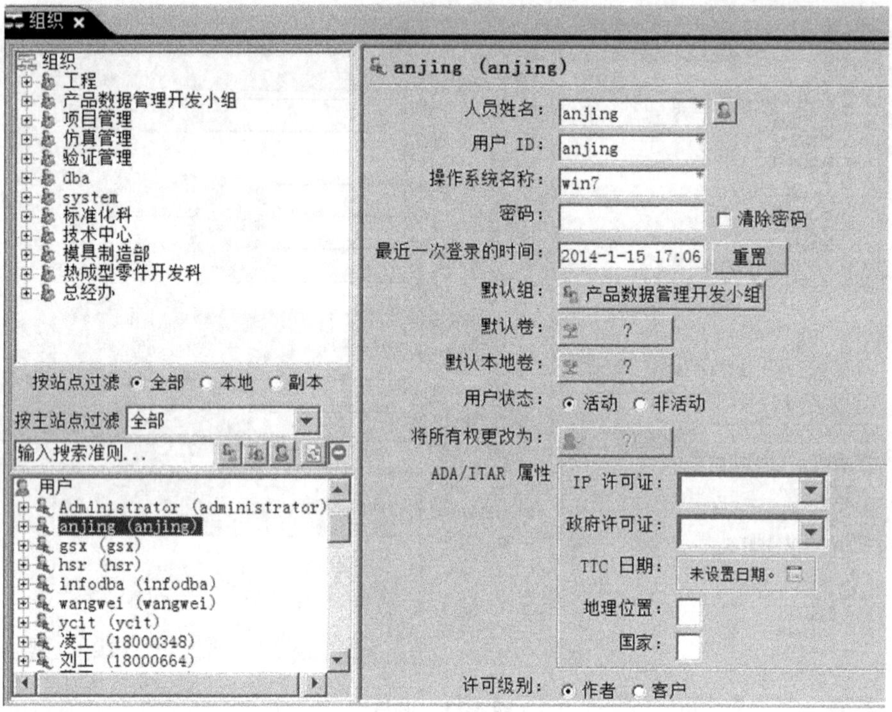

图 4-12　用户

4.4.3　角色

角色是相同职责的一群用户的组合,用于区别工作中工种、岗位(或技能、职责)的不同,比如一个研究所包含了“工程师”“主管工程师”“主任工程师”等诸多技术职能岗位,如图 4-13 所示。

注意:不要删除系统安装时定义的角色,否则系统将不能正常运行。

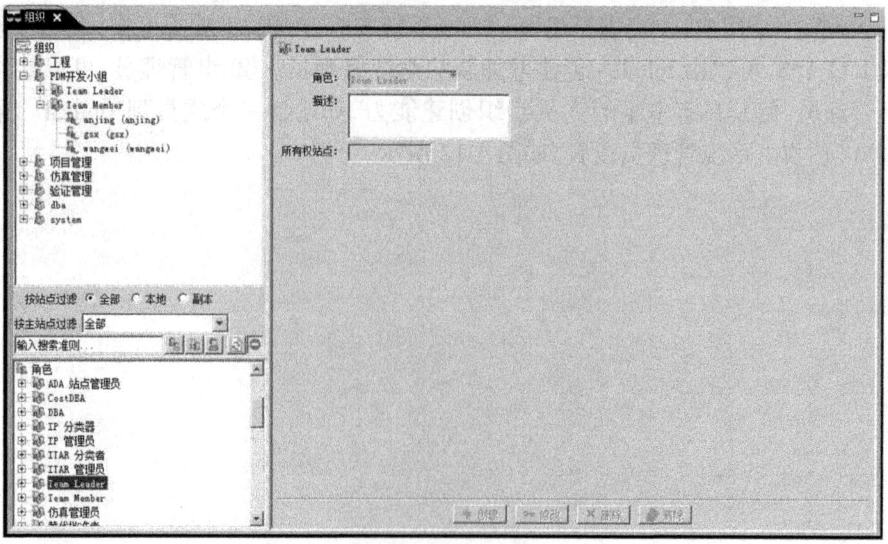

图 4-13　角色

4.4.4 组

组是基于项目的一群用户的组合，一个组中可以包含多个角色，一个角色可以属于几个不同的组。与实际情况相符，Teamcenter 允许存在组的层次结构，有父亲组和子组。父组的许多特性(权限、卷、优选项、邮件)可以被子组继承。组识别包含父组的名，所以在不同父组中的两个组可以有相同的名字。子组与父组名不可相同。Teamcenter 默认设置了 System 组、DBA 组，如图 4-14 所示。

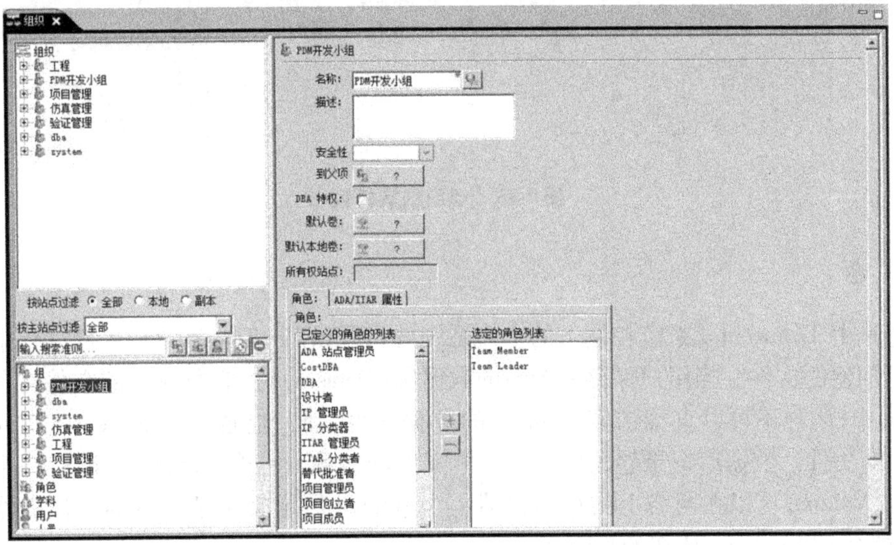

图 4-14 组

企业中人员改变是经常发生的事情，可以通过组管理员来删除组成员、改变角色等；系统管理员定义用户时将其设置为组管理员，则这个用户将获得一些特殊的权限。一个用户已经不属于这个组或是到别的组/角色中了，可以通过把成员设置为“不活动”来解决；这样，此用户就会失去原来的组/角色的权限及相关数据的访问权限。只有系统管理员和组管理员可以转换组成员的状态。

Teamcenter 管理员权限表如表 4-4 所示。

表 4-4 管理员权限表

	设 置	权 限
System Administrator	dba 组或其他 dba 组的组成员	系统所有权限
Group Administrator	在组成员对话框中设置为组管理员	对组拥有的数据有特殊访问权限
DBA roles	设置为组中对应用户的角色	不在 dba 组而具有 DBA 角色的用户没有比其他组成员多的权限

Teamcenter 中组织的推荐创建顺序是，角色→卷→设置 FMS 能够控制的卷→创建组/子组→创建人员→创建用户。其中，角色、卷、人员没有相关性定义。具有相关性的定义是：先组后角色、先组后卷、先用户后人员、先用户后组。

综上所述，Teamcenter 中建立企业虚拟组织的组织结构模型如图 4-15 所示。

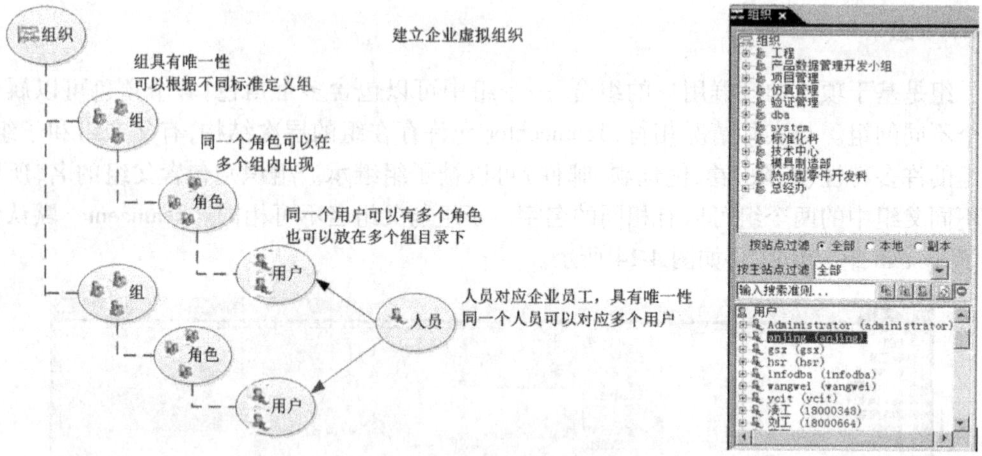

图 4-15　组织结构模型

4.4.5　卷

卷是由 Teamcenter 系统控制下的操作系统的目录，存储 Teamcenter 运行过程中集成的应用创建的文件。当用户保存一个新的数据集（Dataset）时，它所对应的文件将存储在 Volume 中；用户不可以直接访问 Volume 的数据文件，而只能通过 Teamcenter 访问 Volume 中的文件。数据库记录卷的位置和卷中文件的名称。一个 Volume 只能由一个数据库控制，Volume 可以在网络上的任何机器上。Volume 的定义包括 Volume 名、机器节点号（机器名）和 Volume 所在的目录名。

Teamcenter 权限保护机制用来确定用户对 Teamcenter 对象的读/写访问。一个用户对 Volume 的存取权限决定了文件将存放在何处。当创建一个 Volume 后，Teamcenter 中所有用户都有读的权限，可以授予用户所属组对 Volume 的写权限，这样用户就可以将文件存储在 Volume 上。

（1）卷的使用规则

① 将 Volume 放在一个大型集中的文件服务器上，为每一个项目小组分配一个 Volume。

② UNIX 操作系统一般采用 NFS 方式访问 Volume 上的数据。

③ Windows 采用 Socket 访问 Volume 上的数据。

④ 卷授权给组访问。

⑤ 卷满了以后，可以移动到大的磁盘或把写的权限去掉，再在另外一个磁盘创建一个新的卷。

（2）数据访问和卷访问

数据访问：不要混淆对于卷的访问和数据的访问。如果 Teamcenter 确定一个用户对于一个对象具有读的权限，那么他就能读取对应的卷中的文件；如果对于数据具有写的权限，那么他就可以把文件的新版本写到当前访问的卷中。

卷访问：当创建一个新文件的时候，它的存放位置由组/用户的定义来决定的。如果给用户定义了缺省卷，这个用户创建的所有数据都写在卷目录下的用户名称下的子目录中；如果缺省卷设置给组，这个用户创建的所有数据都写在卷目录下的组名称下的子目录中。

文件一直是写在缺省卷中的用户只有作如下设置，才会改变此卷：

① 改变组，从而改变卷。

② 切到这个组的其他可以访问的卷。

③ 不能读写文件，报错。

④ 必须给组/用户赋予访问权，以便他们向卷中写数据。

⑤ 当把卷的访问授予用户的时候，就会在卷下面创建一个以这个用户为名称的子目录。

⑥ 对于卷的授权必须是 dba 组的成员。

(3) 卷的操作

① Volume 的创建、修改、删除和移动，如图 4-16 所示。

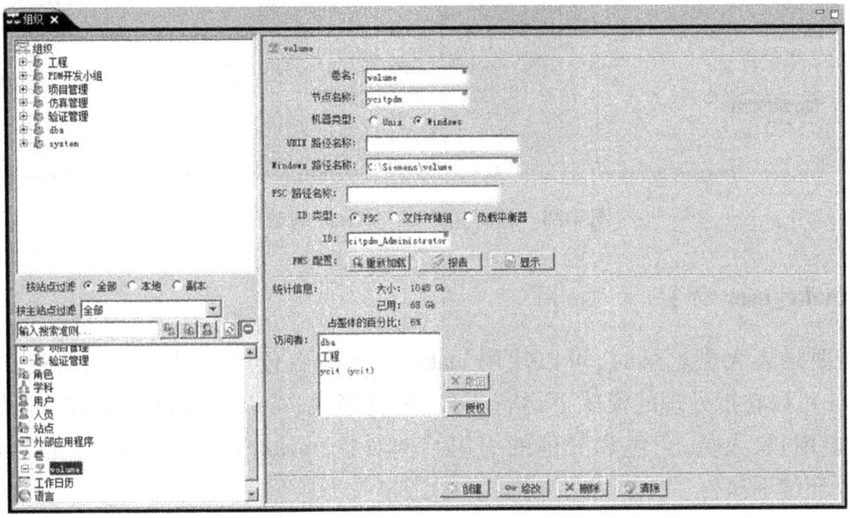

图 4-16　Volume 的操作

② 设计组对 Volume 的访问，如图 4-17 所示。

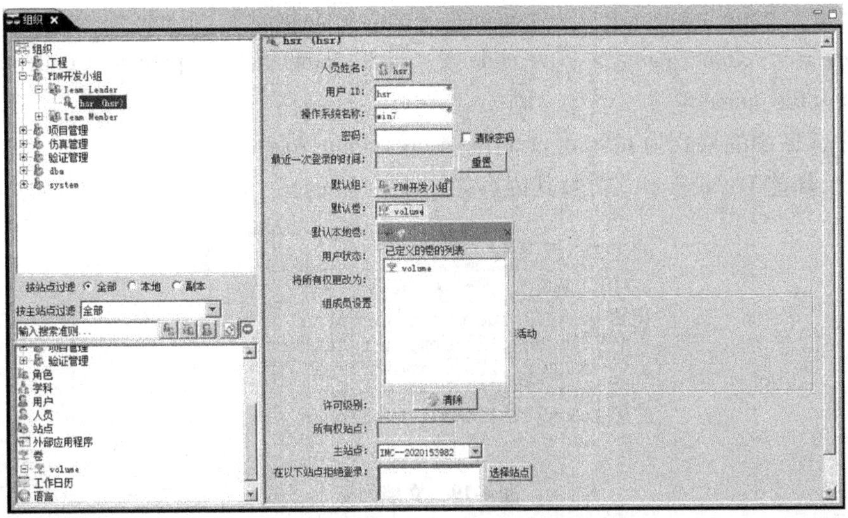

图 4-17　设计组对 Volume 的访问

③ 设计用户对 Volume 的访问,如图 4-18 所示。

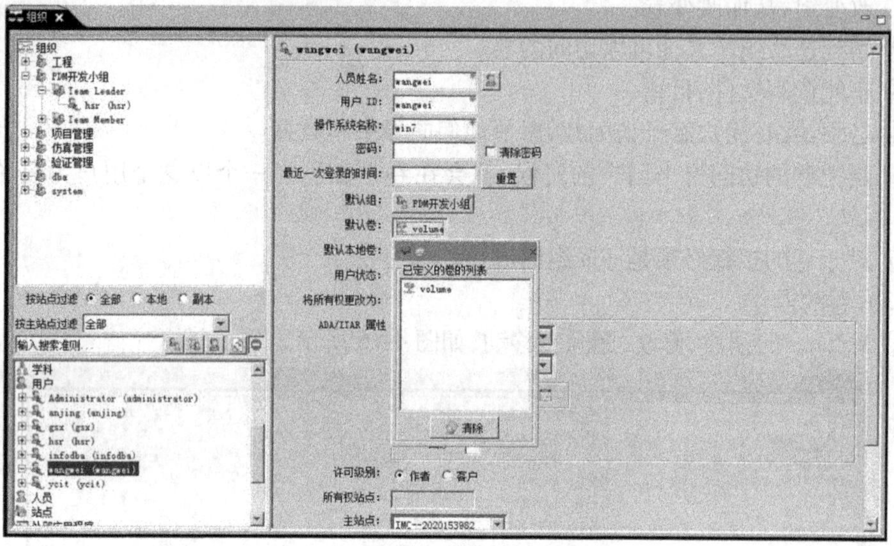

图 4-18　设计用户对 Volume 的访问

4.4.6　make_user 命令

当需要录入大量记录时,可以使用 make_user 命令创建人员、用户、角色、组和卷。make_user 可以在批处理的模式下运行,可以运行多次;可以用来进行缺省的设置;不能删除/移走用户、人员、角色和其他的组织结构对象;make_user 命令需要在 Teamcenter Command 环境下执行。

make_user 命令的格式如下:

make_user　　-u = < user_id >　　-p = < password >　　-g = < group >
[-user = < user_id >]
[-group = < group_name >]　[-person = < person_name >] [-role = < role_name >]
[-volume = < volume_name >][-node = < node_name >][-path = < path_name >]
[-file = < file_name >][-v] [-h]

其中,file 中的格式为 person|user|password|group|role|。

例如,新建 D:\abc.txt 文档,其内容如图 4-19 所示。

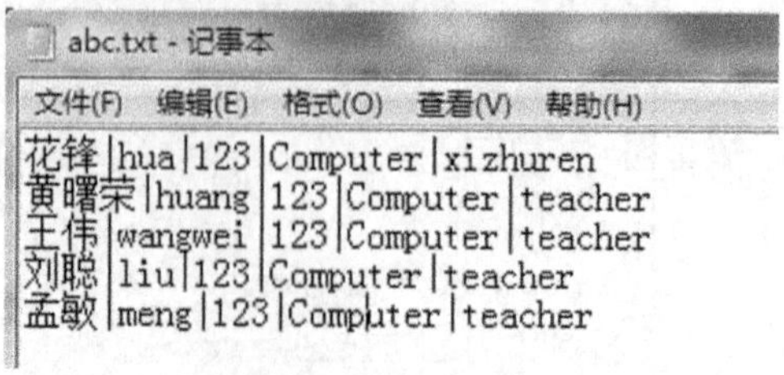

图 4-19　文档信息

在 Teamcenter Command 中输入如下信息:

make_user - u = infodba - p = infodba - g = dba - volume = "volume1" - file = D:\abc. txt

请读者思考上述 Teamcenter 中操作的结果。

4.4.7 查看用户组织表

① 以 infodba 或其他 dba 管理员账户登录。

② 在"我的 Teamcenter"面板下单击菜单"查看"→"组织"查看组织结构图,如图 4-20、图 4-21 所示。

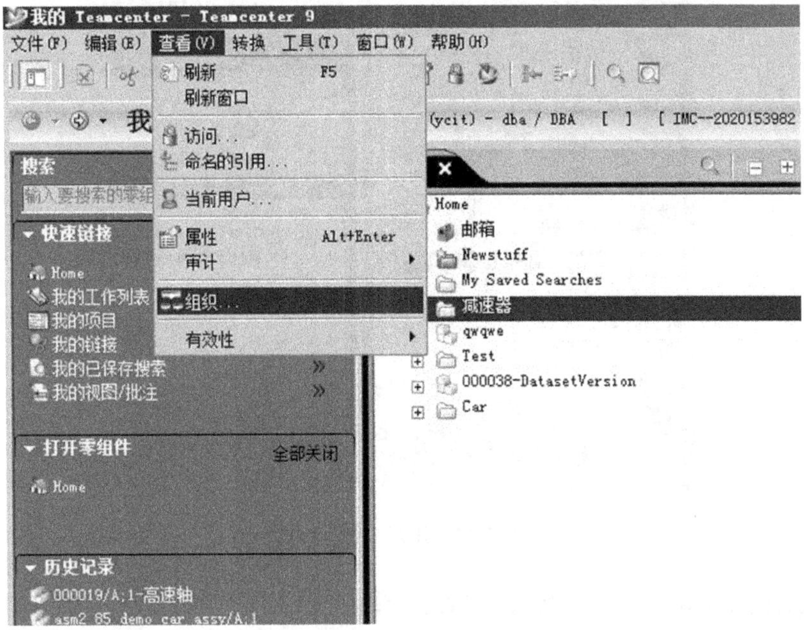

图 4-20 查看组织

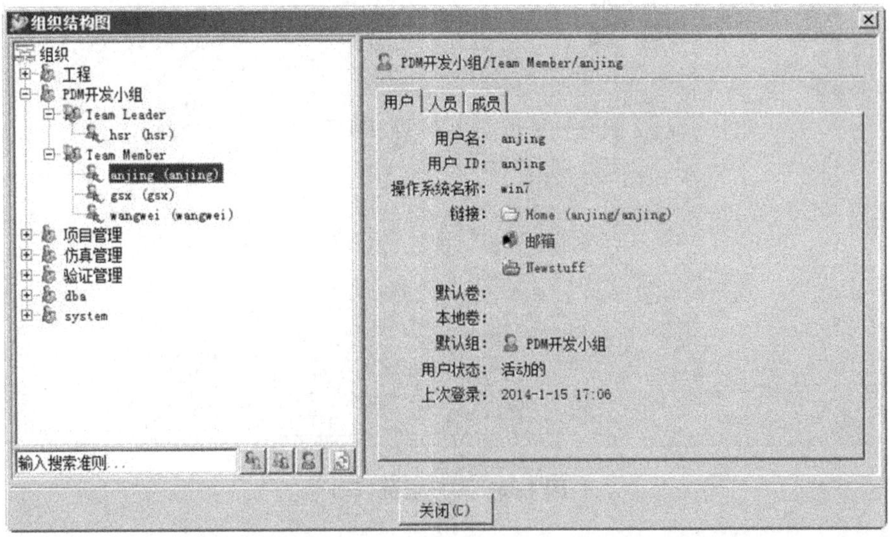

图 4-21 查看组织结构

4.4.8 用户角色切换

① 以 infodba 或其他 dba 管理员账户登录。

② 在“我的 Teamcenter”面板下单击“编辑”→“用户设置”→“会话”，进行用户身份改变，如图 4-22、图 4-23 所示。

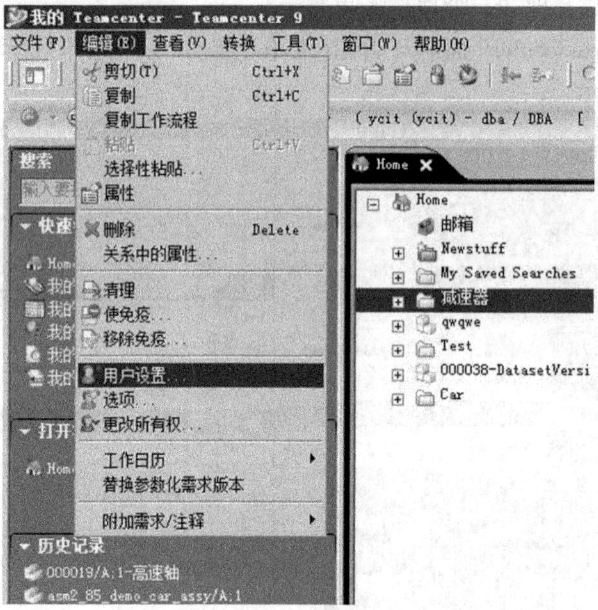

图 4-22 用户设置(一)

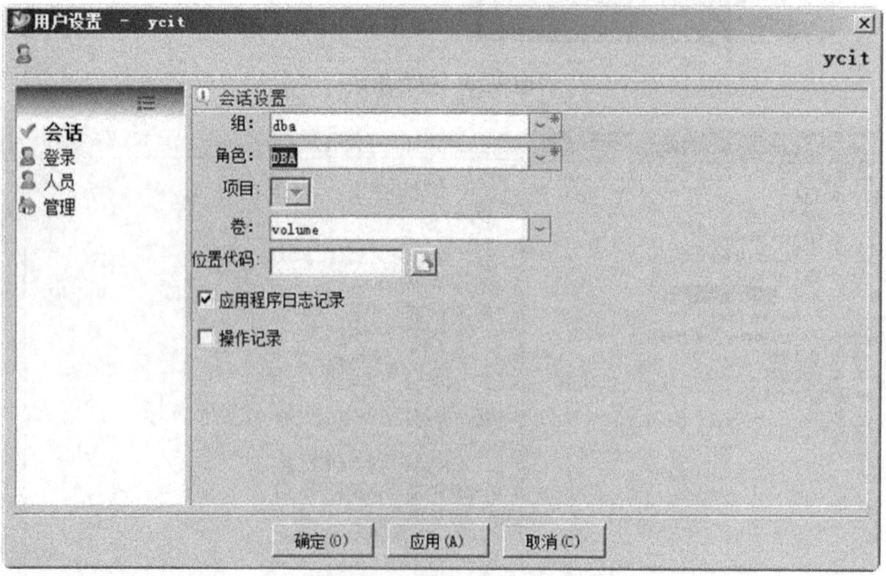

图 4-23 用户设置(二)

4.4.9 组名本地化

① 以 infodba 或其他 dba 管理员账户登录，启动“组织”应用程序，进入“组织”应用程序。

② 单击组“PDM 开发小组”，单击名称右边图标，如图 4-24 所示。

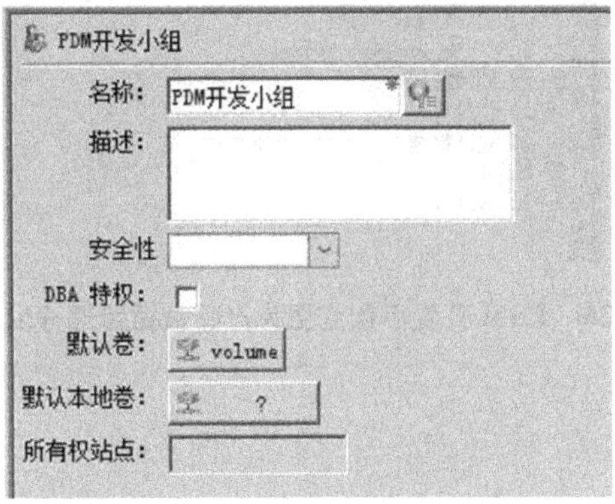

图 4-24　组 PDM 开发小组

③ 单击 ，输入值“产品数据管理开发小组”，状态“已批准”，语言环境“简体中文”，如图 4-25 所示。

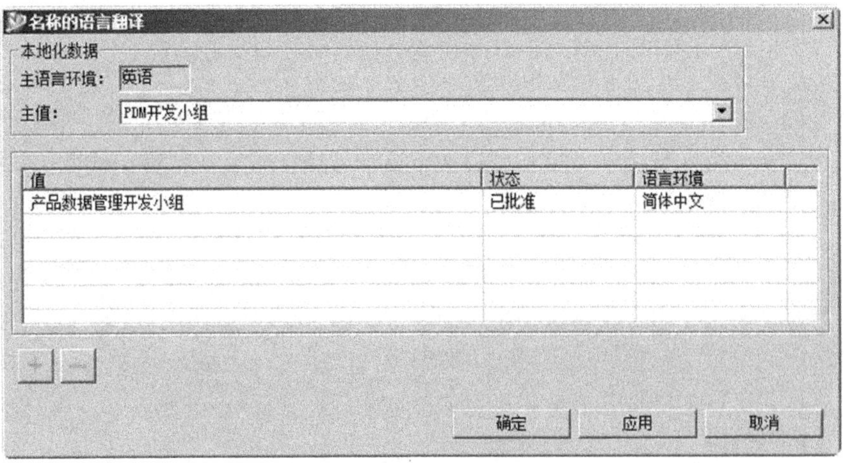

图 4-25　名称的语言翻译

④ 组织目录下的“PDM 开发小组”已变更为“产品数据管理开发小组”，如图 4-26 所示。

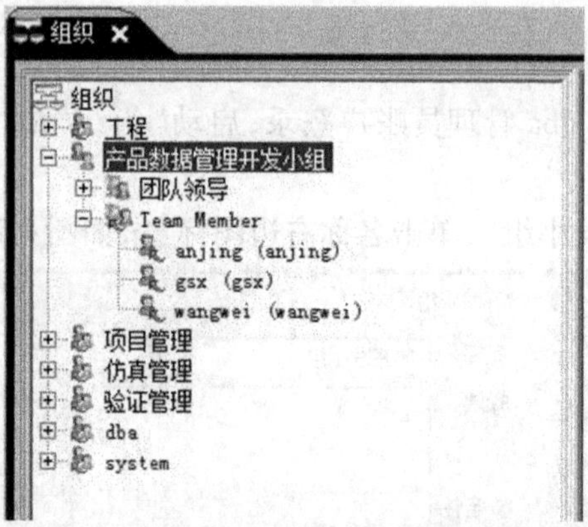

图 4-26　PDM 开发小组变更为产品数据管理开发小组

第5章 电子仓库与文档管理

企业中各个部门都在围绕着一个产品的生产利用和提供着各自的相关信息。营销人员利用办公软件对客户订单进行处理,提交给企业管理部门;生产计划管理人员据此编制作业计划并下达设计任务;设计工程师根据设计任务的要求,利用 CAD 软件设计出产品模型并画出零件工作图和装配图;工艺工程师根据这些图纸,利用 CAPP 软件编制出产品零件的工艺过程规划、加工工艺文件和数控加工程序;生产计划部门根据从产品模型中提取出来的设计物料清单(设计 BOM)、物资部门提高的原材料库存情况以及本企业的现有加工能力,确定本企业加工件、外协件和外购件,并分别编制出相应的物料清单,据此向各个生产车间下达生产任务;各个生产车间使用 CAM 软件控制零件的加工制造;采购部门根据外购件物料清单去采购零件和原材料;质量管理部门利用 CAQ 软件对整个企业的产品质量进行控制。

随着企业信息化程度的加深,企业的产品信息逐渐形成爆炸式的增长趋势。在这种环境下,企业在产品信息管理方面产生了新的问题:

① 使用一种应用软件时,如何利用其他应用软件产生的、具有不同结构的产品信息?

例如,使用 CAPP 软件编制加工工艺规划时,如何直接利用 CAD 软件产生的产品信息?

② 如何保证被利用的信息具有正确的版本?

一种非常可能出现的情况:工程师 B 前天在文件 Doc2 中引用了工程师 A 的 Doc1 文件中的信息,并根据这些信息做了许多工作,但昨天工程师 A 由于某种原因修改了文件 Doc1,今天工程师 B 又在 Doc2 文件上工作,他可能并不知道工程师 A 已经修改了 Doc1 中的数据,他将继续在旧的数据上工作,造成设计错误;或者工程师 A 把修改之事通知了他,他就必须先了解 Doc1 中的修改之处,然后针对这些修改数据再修改自己的数据;还可能他没有得到工程师 A 的通知,但是他担心 A 对 Doc1 做了修改,则他就要核查 A 是否已被修改。无论怎样做,都必然会影响工作效率。

③ 如何保证产品信息的安全性?

产品信息是以文件的形式存储的,有可能被无意地覆盖或删除,也有可能被恶意地修改或删除,还有可能被盗窃。如果不能对产品信息进行有效地管理,这一切在计算机上就会非常容易发生。产品信息既是企业的技术财富,又是企业的秘密,因此既要保证合法使用人员能够使用它,又要保证它不被盗用。

电子仓库与文档管理的功能就是为解决这些问题而设置的。它要把作为产品信息载体的所有文件管理起来,确保数据的一致性、完整性和安全性。

保证数据的一致性，就是当该数据发生改变时，所有引用这一数据的地方必须也随之发生改变。

保证数据的完整性是指产品的设计、工艺、产品结构、设计与制造过程中的全部更改历程、管理数据等信息之间应有必要的关联。

保证数据的安全性要求控制对数据的存取权限。

5.1　元数据和电子仓库

在 PDM 系统中，每一种产品数据都由元数据（Metadata）、物理数据和电子表单三部分组成，如图 5-1 所示，其中元数据是说明数据的数据，以便更有效地管理、存储和检索产品数据。元数据在 PDM 系统中表示为产品数据的属性信息，用于产品数据的申请、检索、查阅等各种业务操作。电子化归档审核过程中，记录电子流程操作过程的电子表单会详细记录所有审核意见，也需要作为产品数据的一部分长期保存。

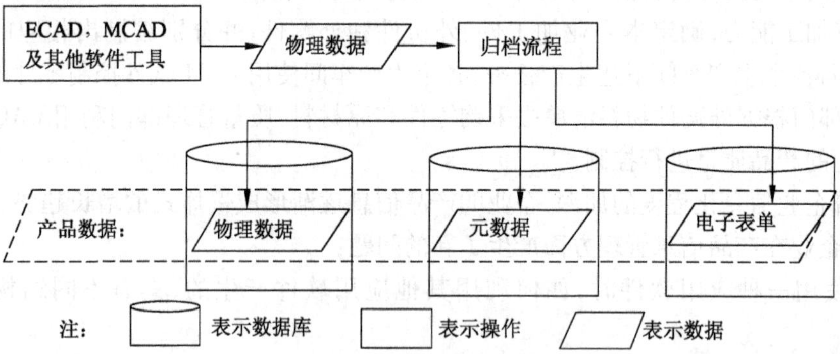

图 5-1　产品数据的逻辑构成

5.5.1　元数据

元数据是关于数据的数据（Data about data）。简单地说，元数据对于数据来说，类似于一个人的名片，或是一本图书馆藏书的卡片，用于资料的整理、查找、存取、集成、转换和传送。元数据在产品数据管理系统中表示为产品数据的属性信息，内容由企业根据需要自行决定，用于产品数据的申请、检索、查阅等各种业务操作。

元数据的内容包括指向物理数据和文件的指针、文件的操作状态和版本状态、文件的分类信息、文件的使用权限以及其他的控制管理信息等，如图 5-2、表 5-1、图 5-3 所示。

型号:YD－GB802L－12－1
分类:截止阀
适用范围:水介质
连接形式:螺纹
材质:黄铜
公称通径:15,20,25
压力范围:16(MPa)
适用温度:≤100(℃)
文件类型:UGPart
设计者:张三
设计日期:2013.03
存放位置:……

图5-2　元数据示例

表5-1　产品资料metadata示意表

命名	编号	类别码	语种	关联PART编码	关键人	拟制人	发布日期	电子表单编号	电子文件名称	电子文件格式	……
TS1ZB10原理图	200018YLT	YLT	中文								

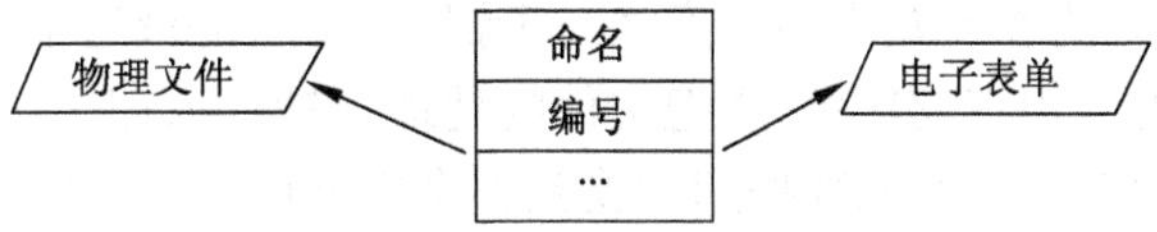

图5-3　产品资料元数据

5.5.2　电子仓库

电子仓库是PDM系统中最基本、最核心的功能,是实现PDM系统中其他相关功能的基础。电子仓库指在PDM系统中实现产品数据存储与管理的元数据库及其管理系统,它是连接数据库和数据使用界面的一个逻辑单元。它保存所有与产品相关的物理数据和文件的元数据,以及指向物理数据和文件的指针;该指针指定存放物理数据的数据库和存放物理文件的文件系统与目录。PDM通过建立元数据与物理数据的联系,并将这种联系与元数据保存在电子仓库中,来达到快速检索与节省存储空间的目的;其组成如图5-4所示。

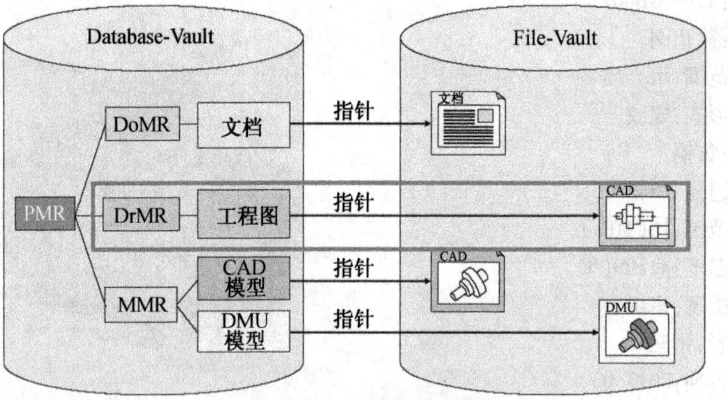

PMR: 零件记录；DrMR: 图纸主记录；
DoMR: 文档主记录；MMR: 模型主记录

图 5-4　电子仓库组成图

5.2　电子仓库的工作原理

PDM 系统中,电子仓库主要被用来管理文件对象,而对象集屏蔽了对象存储的实际物理位置。当用户想获取该对象的备份时,只需将该对象拷贝或签出到自己的用户空间即可。只有具有合法权限的用户才能在权限许可的范围内使用存放在电子仓库中的文件,从而避免非授权或非法的访问,使数据库中所有文档得以完全控制。

当文件存入时,首先在元数据表中产生一条记录,用以记录这个文件描述的信息;然后把这个文件存入到专用存储区中,再把文件的地址指针存入记录。当用户需要获取该文件对象的备份时,PDM 先到元数据库中找到整个文件的记录;然后根据记录中的地址指针找到这个文件,将其复制或检出到用户空间,并且更改这个文件的状态标志。每当进行这些操作时,PDM 都要对用户的操作权限进行检验。PDM 根据用户的操作权限和被操作文件的状态对文件进行管理,其工作原理如图 5-5 所示。

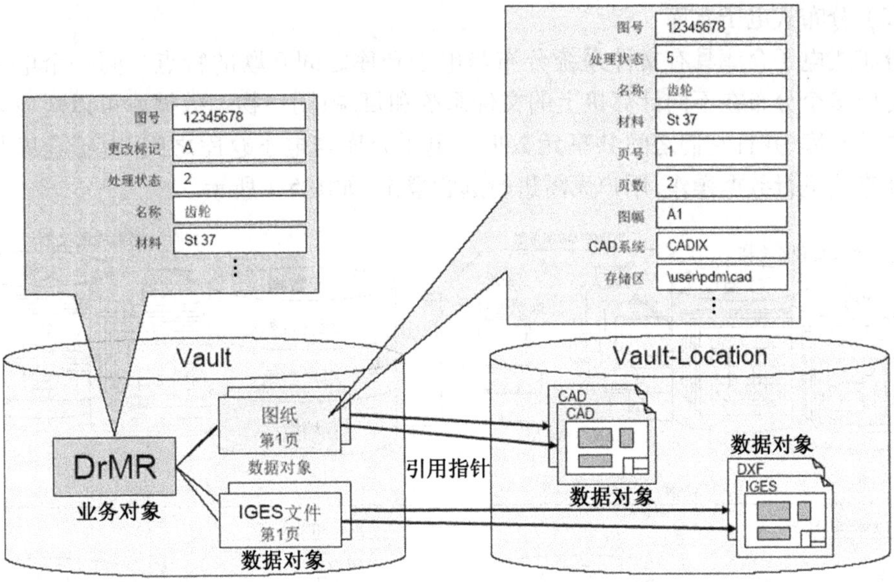

DrMR: 图纸主记录

图 5-5　电子仓库原理图

5.3　电子仓库的类型、功能

5.3.1　电子仓库的类型

(1) 集中式电子仓库

将物理数据集中于中心服务器上进行管理,元数据库与存放物理数据记录的数据库、存放物理文件的文件系统和目录位于同一台计算机上,数据的唯一性能得到保证。网络用户通过远程登录来获取数据,速度慢、效率低,如图 5-6 所示。

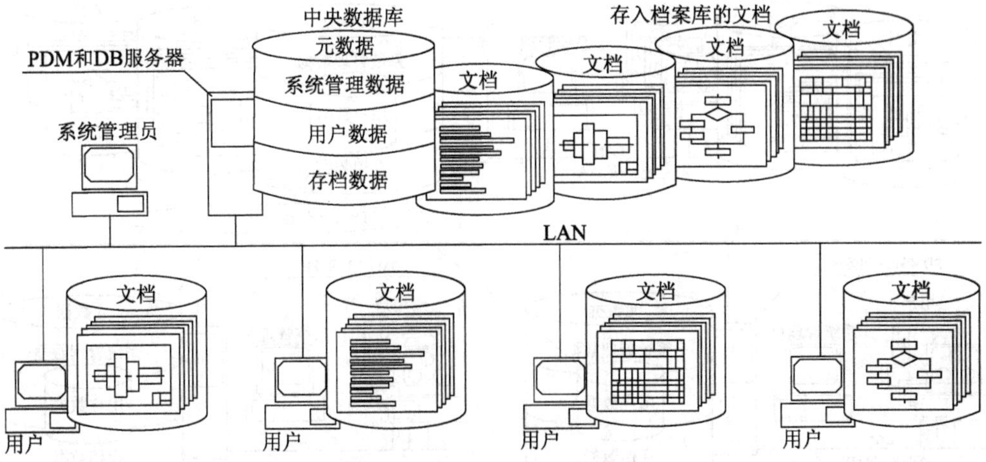

图 5-6　集中式电子仓库

(2) 分布式电子仓库

分布式电子仓库具有文件系统分布与电子仓库之间互联的特点。同一个电子仓库可以对应多个分布在不同计算机上的文件系统和目录;同一物理数据库可以对应多个不同的电子仓库,并且它们之间共享元数据。电子仓库与电子仓库之间、电子仓库与用户之间能直接进行数据操作,用户无需进行远程登录,如图 5-7 所示。

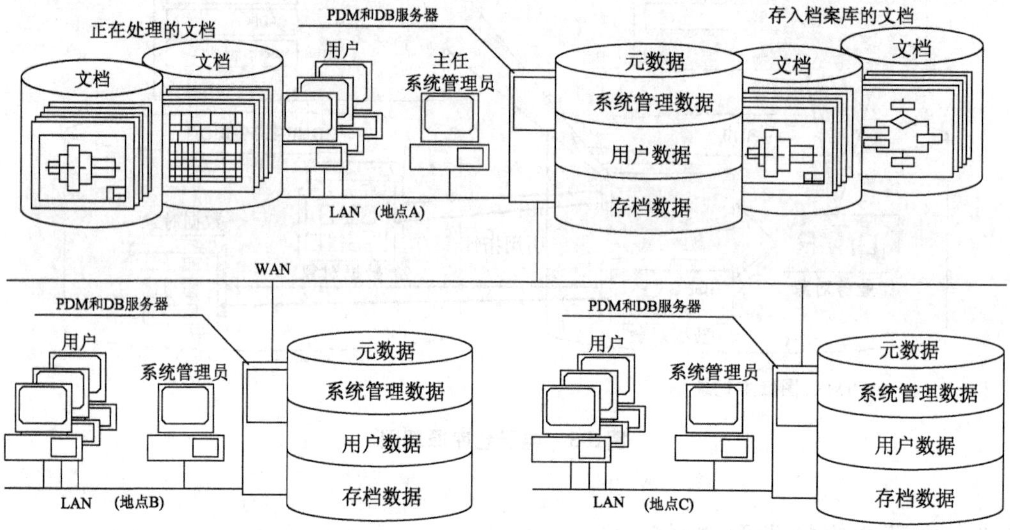

图 5-7 分布式电子仓库

(3) 虚拟式电子仓库

虚拟式电子仓库不仅能做到文件系统分布,而且能做到元数据与物理数据库的分布,即只有一个面向全企业的虚拟电子仓库,而实际元数据却分布在多个物理电子仓库中。用户能透明地访问全企业的产品信息,而不用考虑用户或数据的物理位置,如图 5-8 所示。

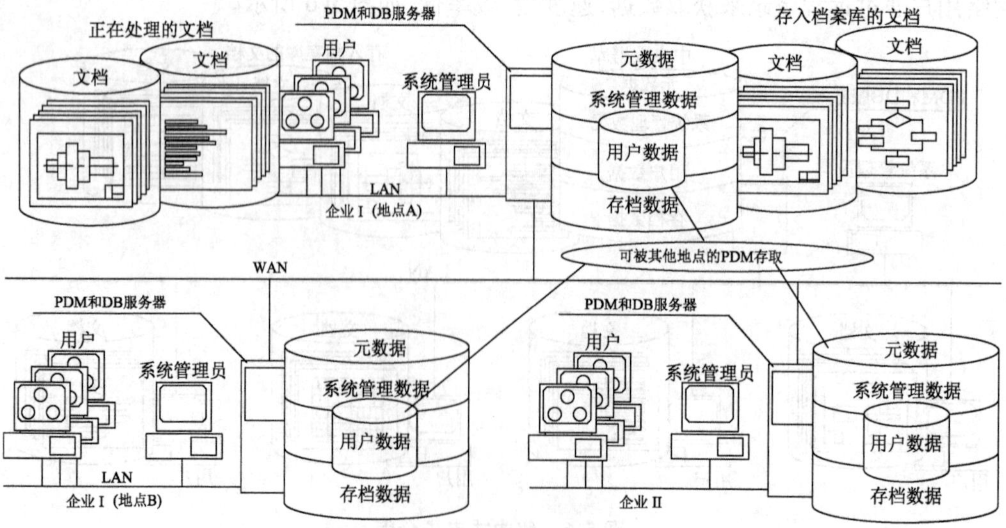

图 5-8 虚拟式电子仓库

5.3.2 电子仓库的功能

PDM系统为保证系统中共享数据的安全性、正确性和一致性,用户在存取数据时都要通过电子仓库的注册、签入与签出操作以及相应权限的检验,并把文件的状态标记为签入或修改。电子仓库提供给用户的主要数据操作功能包括:数据对象的签入和签出,改变数据对象的状态,转换数据对象的属主关系,按对象属性进行检索,数据对象的动态浏览与导航,数据对象的安全控制与管理功能。

(1) 注册操作

注册操作是指当用户将自己工作区中新生成的文件存放到电子仓库中时,系统根据内定的命名规则为此文件命名,然后把这个文件存放到电子仓库中。这时,在元数据库中产生一条记录,记录此文件的文件名或文件标识号为关键字,以及文件的地址指针,并把文件的操作状态标记为签入。与此同时,PDM系统删除用户工作区中的源文件,以确保电子仓库中的文件完全处于电子仓库的控制之下。

(2) 签出操作

签出操作是指将电子仓库中的文件信息签出到用户工作区进行修改。签出操作先根据文件名到元数据库中找到该文件的地址指针,然后根据该指针找到该文件,复制文件到用户工作区中,再到元数据库中把该文件的操作状态标记为“修改”。当用户需要修改电子仓库中的对象时,必须将文件对象从电子仓库中签出,放入到个人的工作区中进行修改。与此同时,电子仓库对该对象加锁,其他用户只能浏览对象的内容而不能进行其他操作。

(3) 签入操作

签入操作实现的是将用户工作区的私有信息放到电子仓库。修改后的对象存放到电子仓库中并不覆盖原有的对象,而是作为这个对象新的版本存入电子仓库中。签入操作根据文件名,先到元数据库中找到这个文件的记录,比较这个文件的版本状态,把这个文件的操作标记为“签入”,然后把这个新文件存入,把此文件的地址指针存入数据库中该新文件的记录,用户工作区的已修改的文件也被删除。

(4) 几点说明

① 只有电子仓库的属主或被授权的用户才能对电子仓库中的对象进行相应的操作。

② 只有对电子仓库有检入权限的用户才可以将个人工作区的对象检入到电子仓库中,并且对象一经被检入到电子仓库,它就属于该电子仓库的属主所有,与原来的用户脱离属主关系。对该对象的访问权限的管理完全由新属主负责。

③ 一般用户在权限许可下才能浏览电子仓库中对象的内容,但不能进行修改,除非是对该电子仓库具有修改权限的用户。

④ 电子仓库的专用存储区是由电子仓库控制管理的。电子仓库通过操作系统间接管理了对这部分存储区的控制,从操作系统是无法看到这个存储区域的,因此用户、应用程序或作业系统无法知道文件的具体位置。所有存储在专用存储区中的文件不通过PDM系统的控制管理是无法被取用的。在电子仓库内,同一个文件只有一份,经过修改的同名文件用版本号来区别。这样就保证了所有用户所进行的任何修改信息不会流失,从而保证了数据的完整性。

5.4 PDM 系统文档管理

在产品的整个生命周期中与产品相关的信息是多种多样的，这些信息以文件或图档的形式存在，统称为文档。它包括原始档案、设计文档、工艺文档、生产管理、维修服务、专用文件等，可分为产品技术文档和产品过程文档两大类。技术文件和过程文档从构成特征到管理应用方式都很相似，合称为产品技术资料（产品资料、产品文档）。

产品技术文档（文件）说明产品及其零部件的原理、功能、构成、外形、零部件之间的连接关系及生产、检验要求的技术资料，并直接作为产品生产、维修和安装使用过程的依据。

产品过程文档是说明产品、零配件、组件的设计原理、系统结构、设计思想、设计方法的技术资料，主要用于设计过程中设计工程师之间的技术上的共享、交流和进行技术积累，而不能直接作为产品生产、技术支援、销售等工作依据，如《产品需求分析报告》《产品概要设计方案》《产品测试方案》《产品测试报告》等。

技术文件和过程文档的主要区别是，过程文档的应用范围是研发部门，而技术文件的应用范围则是制造、销售、售后服务等部门；过程文档主要是参考性的，而技术文件是使用者的工作依据，具有强制性。

5.4.1 文档的分类

文档具有不同的分类方法，可以按照文件的来源进行划分，也可以按照文件的动静态特征进行划分，或者按照文档存在的状态进行划分等。根据文件格式的不同，可以把 PDM 管理的所有各种文档分为五种类型。

（1）文本文件

它存储了一般说明性文字，由文字处理软件生成。

（2）图形文件

它存储了产品模型的设计信息和基本属性，其中包括机器或零部件的立体模型、二维零件视图和装配视图、几何尺寸、视图比例、产品的材料、重量和数量、技术要求以及设计物料清单等。它主要是由 CAD 软件产生的。

（3）数据文件

它存储了所有在图形文件中没有描述的产品数据，有些在图形文件中已经描述的产品属性数据也会出现在这种文件中。这些数据包括以下部分：各种物料清单；产品原材料的各种性能指标、产地、价格、供应厂商；在设计、制造过程中进行分析、模拟、检测和验收所产生和制定的数据；各种标准、设计规范、工艺规程等数据；生成统计、库存数量以及各种报表等。这些数据往往以二维表格的形式进行存储。目前这类数据绝大多数都是利用数据库管理系统进行管理的。

（4）程序文件

它存储了各种加工程序、管理程序和其他应用程序。

（5）多媒体文件

它存储了用多媒体手段制作的产品信息。这些文件含有具备真实感的图像、声音和动画效果，主要用于产品的宣传、产品的加工、使用以及维护的培训指导。

PDM往往通过文件夹来连接零部件对象与文档，通过对文件夹的分类来达到对各种不同文档的分类管理。建立文件夹与零部件间的关联指针，实现对产品不同文件的分类管理。这种管理方式能够更好地完成产品从设计、制造到销售整个生产周期中信息管理工作。

5.4.2 文档管理的方法

（1）“打包”管理

将文档整体看作一个对象，规定其名称、大小等描述信息，并将这些信息放到PDM数据库表中，文档的物理位置仍然在操作系统的目录下，由PDM提供管理该文档的机制。这种管理方法能够保持文件的完整性，这些文件中的数据不能与文件脱离，一旦脱离就失去了意义。

在PDM系统中，文本文件、数据文件、音像文件、图形文件等一般管理文件都会进行打包管理。

（2）“打散”管理

将文档内容打散，将其内容分门别类放到数据库中，由PDM提供分类查询，或建立与其他数据库中对象的关联，并提供图示化的管理工具。其中的数据可以从文件中提取；这些数据都具有独立的意义，可以被分门别类地放在关系数据库中，以便对文件内容进行检索和统计。用这些数据和其他属性数据一起构成新的文件，用于分类、检索、汇总和统计。表格文件一般打散管理。

5.4.3 文档管理的功能

（1）文档对象的浏览与圈阅

文档对象的浏览能使PDM用户方便、快捷地查询并获取所需要的当前和过去的技术资料，减少并杜绝重复设计，从而可大大缩短系统产品以及新产品设计的时间。该功能可按对象属性进行文档查询，按文档与零部件的关联指针查询该文档描述的零部件情况。既可以查看文档的所有属性情况，也可以利用PDM系统的文本编辑器打开该文件，以浏览文件的具体内容，并在权限许可的情况下直接进行修改。在有其他应用程序时，也可以浏览图形文件、多媒体文件等。

① 浏览

为了使PDM系统的文档以可视化的形式呈现给用户，通常可以采用两种方法：一种是根据不同数据的不同格式，利用专用的计算机应用系统来进行文档阅读；另一种是采用通用的浏览工具阅读文档。采用浏览工具的方法，使所有人员都能够采用单一的、规范的浏览工具阅读与产品形成过程和产品维护过程有关的虚拟产品模型的所有文档。

浏览器虽然不是PDM系统的组成部分，却是每一个PDM系统的重要构件。通常情况下，具备两种类型的浏览器就能够满足实际工作的需要，一个用于支持对零件和工程图查询以及阅读不同格式的文档，另一个具有红线注记功能的浏览器作为产品开发、更改和发放过程中进行有效通信的工具。

一个功能完善的浏览器能够处理实际应用中所有重要的光栅、矢量和语言格式，如 BMP，TIFF，GIF，JPEG，PDF，HPGL，PS，CGM，SGML，VRML 等。利用浏览器，用户可以浏览 PDM 中存储的各种类型的产品数据和多种格式的文档，并提供多种方式的浏览功能，包括缩放、平移、旋转等，为分布式环境下的信息交流及计算机化的图纸审批提供支持。例如，对于零件和工程图查询的图形，常常被作为 TIFF 文件与相应的 CAD 文件存放在一起，用鼠标双击 PDM 系统界面上的浏览器图标，可以很快地启动浏览器并加载 TIFF 图形。专业设计管理模块提供的浏览器以及红线注记功能可以使使用者浏览矢量文件资料（CAD 档），Office 文件资料（Word，Excel 等），以及 Raster 档案（Bitmap，Giff 等）等文件档案资料。此外，利用浏览器，可以让使用者在虚拟现实（Virtual Reality）的环境中从不同的角度观察零部件的造型，还可以对零部件进行虚拟装配。

② 圈阅与批注

除了浏览功能外，用户可以利用图形覆盖技术对浏览的文件进行圈阅和注记，而不破坏原有文档的内容。一个图形文件可以被批注多次，每次批注都可以形成独立的文件，作为批注文件加以保存。批注文件时，除了原始文件外，还可以查看到以前历次的批注情况。批注时可以使用文本注释，也可以使用图形圈阅。批注工具可以是指引线、文字，也可以是云状线等，还可以为批注加上不同的颜色，以示区别。

比较先进的批注软件应该具备以下几个功能：

a. 批注一般建立在浏览的基础之上，给出多种提供注解意见的方法，操作要尽可能简单；

b. 批注对原件不会造成破坏，也就是说批注应与原图分离；

c. 批注方法应尽可能多，最好具备多媒体的功能；

d. 批注应具有严格的权限控制，保证它的安全可靠性。

最好的圈阅批注软件目前都提供二次开发工具，一方面可以加入自己的批注工具，如图章等；另一方面还可以作为插件在 Web 上使用，提供同样的浏览和圈阅批注功能。

利用红线注记的功能，可以在电子文档中进行注释、扩充和修改等工作，而无须改动物理文档。此外，设计管理模块还提供矢量图档红线注记功能。使用者可以在不影响图面的环境下，任意在图面上加入红线注记。

（2）文档的分类归档管理

PDM 系统是按照文档对象的类型对不同文档进行分类查询和分类归档的。各类文档在系统中的存放不是杂乱无章的，而是按照文档类型有序地进行管理；其优点是既缩短了信息查询的时间，又使得相关产品信息的描述更直观、更清晰。

（3）文档的版本管理

通过文档的版本管理，可将文档的每一次变化设置为不同的版本，建立不同版本间的对应关系，以保证在特定的时间阶段对应特定有效的数据。文档的版本往往是通过与之关联的文件夹实现的，如图 5-9 所示。

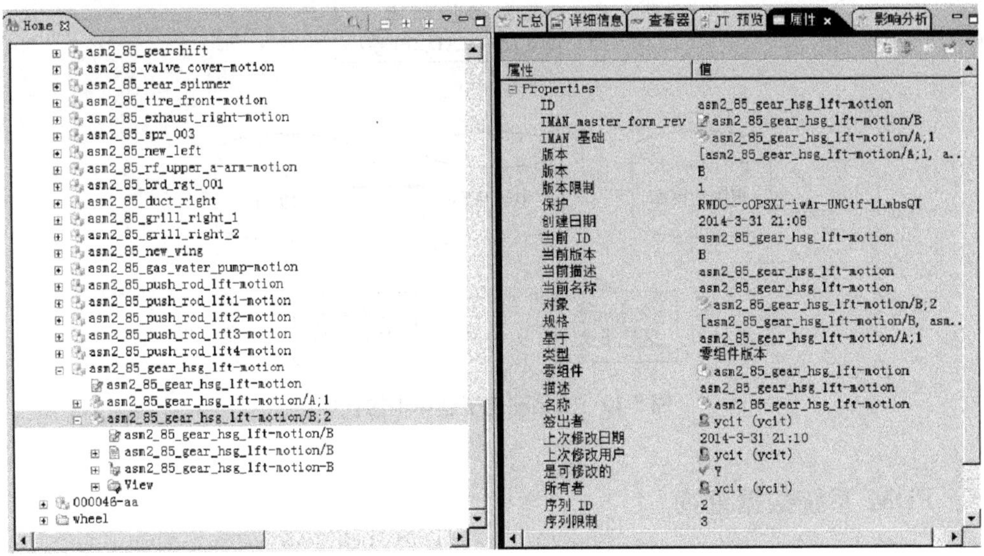

图 5-9　文档的版本管理

(4) 文档的安全控制

① 权限管理

PDM 系统既要完成对用户的识别、对用户存取数据的权限确认工作,保证信息的完整性、安全性、正确性,也要防止合法用户有意或无意地越权访问,同时还要防止非法用户的入侵。为了防止非法访问,在操作系统目录下,所有文件都隐含了真实的文件名,然后将读、写控制权全部交给操作系统的超级用户。由系统管理员建立账号,一般用户无法找到具体所需的文件。一旦将文件交给 PDM 管理,那么就在 PDM 中生成新的、只有 PDM 才能解释的名字,并由 PDM 控制读、写控制权。这样即使在操作系统的列表命令下,虽然在文件目录中可以列出文件名,但无权限的用户也无法读、写和执行。

② 用户管理和数据共享

对系统的合法用户进行管理,包括用户自身信息的定义、修改及与用户相关信息。其中系统的基本用户可分为超级用户和普通用户。

5.4.4　电子仓库与文档管理的关系

文档的分布式管理与共享是以电子仓库为基础的,只有具有操作权限的用户才可以将新文档签入到电子仓库或从电子仓库签出文档。所有对文档的签入和签出操作都要通过规则约束检查才能进行。当用户将文档存入电子仓库时,文档的元数据将存入到元数据库中,具体文件会存放到指定的某一文件系统的文件夹中,而打散的物理数据会放入到指定的数据库中,如图 5-10 所示。

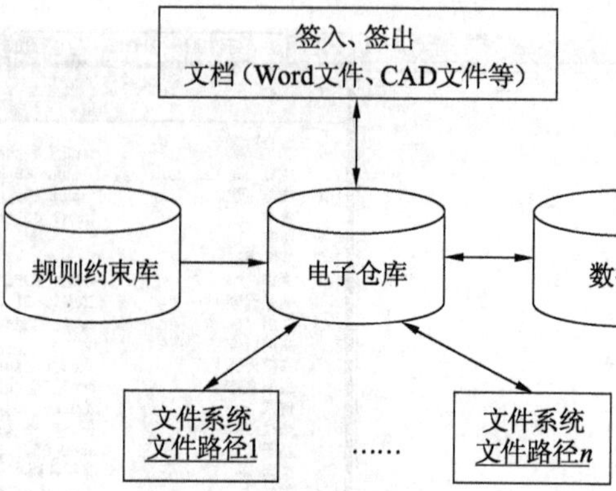

图 5-10 文档在电子仓库中的管理

5.5 PDM 系统数据查询

设计一个产品会产生大量的文件和图纸。比如设计一架波音 737 飞机要出 46 万张图,设计一条万吨轮船要出 150 万张图,文件量很大。而传统的设计部门,大量的设计信息以计算机文件形式存在,这些图纸或文本文件有可能存放在某一设计部门的计算机的某一目录下。对数据进行集中管理可以保证数据的唯一性,但是面临一个很重要的问题:如何让用户方便简捷地找到所关心的数据?即用户要查询有关的资料,如果缺乏查找文件的辅助工具,往往要花费大量的精力、浪费宝贵的时间。结合分类功能(将在第 9 章详细介绍),采用 PDM 系统进行查询,能根据零件基本属性、分类结构、事物特性表、工程图纸等进行查询操作,包括定义项目、设计人、工作阶段、审批状态、日期、类型以及预先定义的各种参数,如材料、重量、加工方法等进行查询,不仅可以查到当前的资料,还可以查到过去的或类似项目相应的资料。

另外,在产品设计过程中,一个系列的新产品必然承载老产品约 80% 的成果。所以,设计人员在共享的工程数据库环境中进行设计开发,应形成一种良好的设计方法,尽量保证数据的重用(即所谓的通用件),不是拿到设计任务就开始着手进行设计,而是需要知道企业存在一个产品数据库,包含企业的许多设计人员、许多设计车型的大量设计数据和设计知识,将要设计的数据可能在已有的车型中有过设计,并且可能完全符合现有车型设计要求,这时就需要在数据库中搜索所有可能符合设计要求的产品数据,在经过仔细研究和筛选后,判断并决定能否重用已有的设计成果,至少可以在参考原有设计数据基础上进行再造、修改,这种设计方法将大大加快产品设计速度和提高设计的效率。

综合以上,PDM 系统应提供以下的查询方法:① 查询分类层次,如查询某个零件族;② 查询单个特征或特征组合,例如根据螺纹直径和螺纹长度查询所有的螺钉;③ 从某个具体的零件标识号,例如查找具有确切零件标识号的六角螺钉;④ 利用结构浏览器通过图形导航的分类结构进行查询;⑤ 显示某个 CAD 几何图形口。

同时,在设计人员进行零部件的查询时,系统应该能提供字符和图形两种查询方式。当对所要查询的零部件有比较具体的设想时,通常可以采取字符查询方法;若只有比较模糊的设想,或想用图形的方式描述该零部件,采用图形查询的方式比较方便。值得注意是,PDM 系统还应支持借用查询和专用查询。借用查询(Where Used)可找出该零部件被哪些产品利用,利用在哪些结构中;专用查询可找出该零部件最先被哪个产品应用。

5.5.1 Teamcenter 中常用的查询方式和手段

Teamcenter 中可基于属性、关系、状态等相关信息进行查询,可执行模糊查询、定制特定查询、设置搜索偏好、快速查看、历史查询等,如图 5-11 所示。同时可以对比查询结果,其操作如图 5-12 所示。

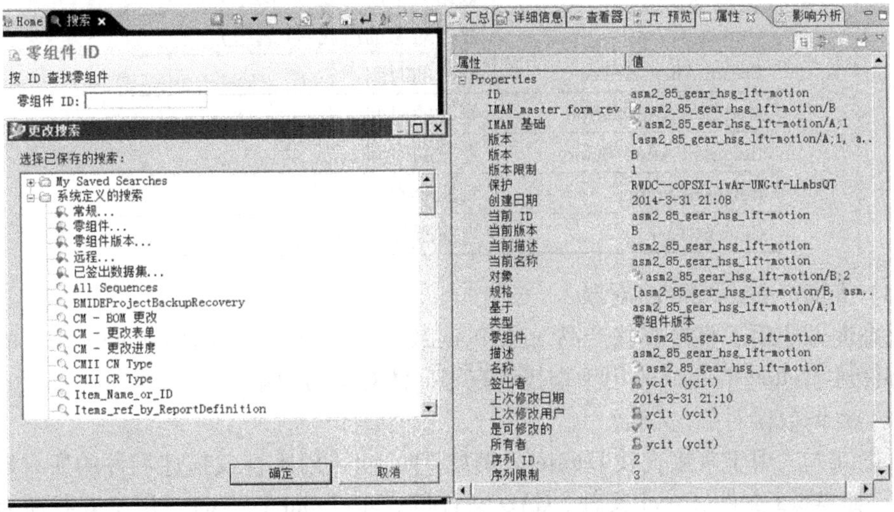

图 5-11 Teamcenter 系统中的查询

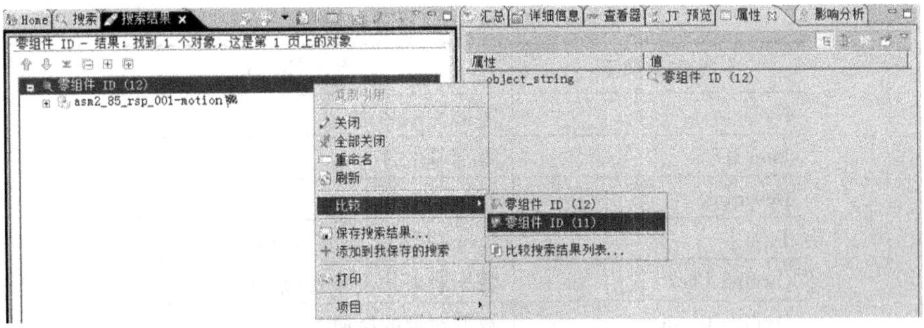

图 5-12 对比查询结果操作

(1) 直接根据使用者提供的属性关键字查找符合要求的数据对象

如根据 Item ID 或 Name 查找产品对象,根据 Type 和 Name 查找数据对象 Dataset 等。Teamcenter 已提供了缺省的多种数据直接查询方式,并且可以根据用户的需要定制增加符合用户使用习惯的查询手段,可以采用模糊查询,即属性关键字可以采用通配符("*"表示多个数据字符,"?"表示单个数据字符)。

(2) 查找所有数据

此查询方法用于查找所有符合要求的 Teamcenter 的 Workspace 对象(非系统对象,可由一般用户自行创建),如 Folder,Item,ItemRevision,BOMView Revision,Dataset,Form,Envelope,CR Job 等,如表 5-2 所示。General…用于查找 Teamcenter 中所有 Workspace 对

象,可用类型限制查询范围,如表 5-2 所示。

表 5-2　General…查找中的属性

属性关键字	备　注
Name	查找对象的名称
Description	描述这个属性的内容
Type	对象的类型
Owning User	数据对象的创建者(属主)
Owning Group	数据对象的所属者(属组)
Create After/Before	创建的时间
Modified After/Before	修改的时间
Released After/Before	发放的时间
Released Status	发放状态
Current Task	当前所处流程阶段

(3) 查询产品(零部件)对象

此查询方法用于直接查找产品对象 Item 或 Item Revision。例如,Item…用于查找所有零部件对象;ItemRevison…用于查找所有零部件对象的版本。

(4) 查询数据对象(文档)

此查询方法用于直接查找 Dataset。例如,Dataset…用于查找描述零件的所有数据集(文件),如 Word 文件、Excel 文件、CAD 文件等;Check-out Dataset…用于查找所有被签出的数据集。

表 5-3　Dataset…查找中的属性

属性关键字	备　注
Name	零部件的名称
Item ID	零部件的件号
Description	零部件的描述
Type	Item 的类型(不要选择)
Owning User	数据对象的创建者(属主)
Owning Group	数据对象的所属者(属组)
Create After/Before	创建的时间
Modified After/Before	修改的时间
Released After/Before	发放的时间
Released Status	发放的状态
Current Task	当前所处流程阶段

(5) 数据关联(引用)查询

Teamcenter 的 Where Reference 引用查询,用于查找某数据对象(包括所有的 Workspace 对象)被哪些其他 Workspace 对象引用(挂在下面)。关联(引用)查询可以快速查看零部件被哪些零部件引用,也可以快速查看零部件被哪些文件夹等引用,还可以查看零部件关联结构树的任何层级。

例如，设计人员需经常参考使用标准规范文件夹，所以可以将这个文件夹挂在所有设计人员的 Home 下面，通过关联查询就可以列出这些用户的 Home。引用查询在公共文件夹、标准件、左右件、通用件、借用件的关联查询中非常实用，并且在数据维护（删除错误数据）时经常用到。

关联（引用）查询首先需要选择被查对象，然后选择查询方式，如图 5-13 所示。查询方式包括下面三种：

① 上一层，可以通过鼠标双击一级一级往上查；

② 最顶层，直接查找最后一级的对象；

③ 所有层，把层层关联的对象都列出来。

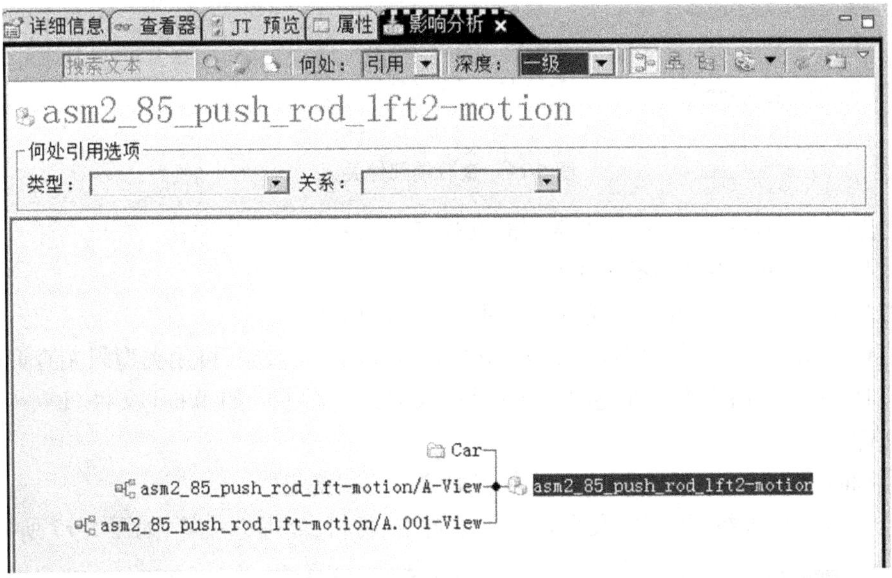

图 5-13　数据关联（引用）查询

（6）装配关系查询

Teamcenter 的 Where Used 使用查询，只能用于查找零部件（Item，ItemRevision）被哪些其他零部件使用（在这些部件中装配了这个被查零部件）；如某个标准件，可以通过使用查询查出在哪些产品哪些总成或部件中被装配使用。它的作用在于反查零部件的装配情况。

使用查询首先需要选择 Item 或 ItemRevision，然后选择查询方式，如图 5-14 所示。查询方式包括下面三种：

① 上一层，可以通过鼠标双击一级一级往上查附件 ItemRevision；

② 最顶层，直接查找最后一级的 ItemRevision，即最高级的总成件，如果整个产品已经完成总装，则可以查找最后的产品总成；

③ 所有层，把这个零部件的单线装配层层列出。

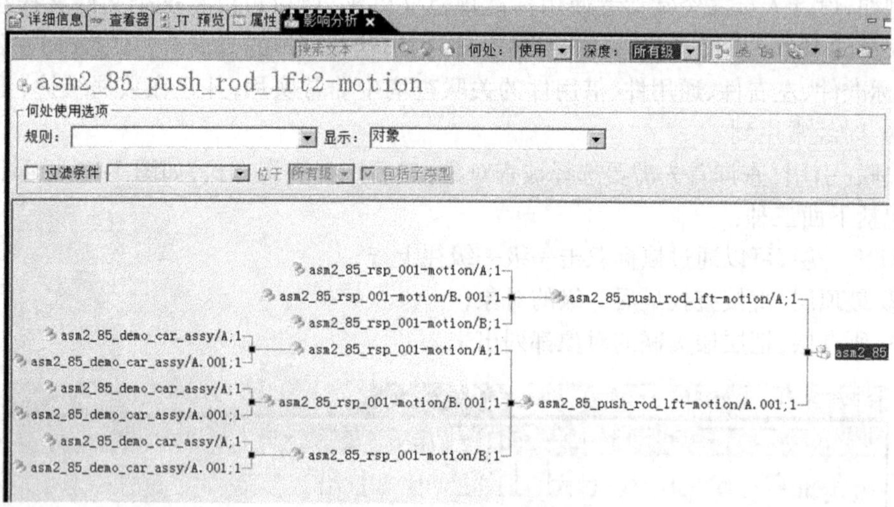

图 5-14　查看零部件关系

综合以上,Teamcenter 系统中常用的查找方法主要有以下几种:

① Item…,用于查找所有零部件对象。

② ItemRevision…,用于查找所有零部件对象的版本。

③ General…,用于查找 Teamcenter 中所有 Workspace 对象,可用类型限制查询范围。

④ Dataset…,用于查找描述零件的所有数据集(文件),如 Word 文件、Excel 文件、CAD 文件等。

⑤ Check-out Dataset…,用于查找所有被签出的数据集。

⑥ 根据属性查找(用户定义自定义),如规格、材料、处理方法等,如图 5-15 所示。

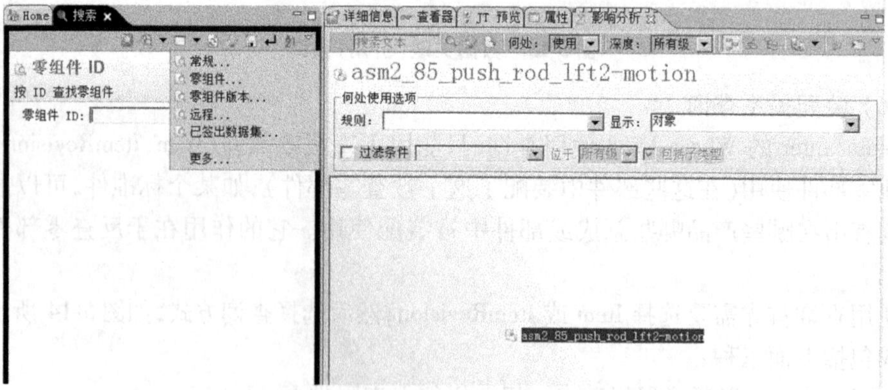

图 5-15　Teamcenter 常用的查询手段

5.5.2　在 Teamcenter 中定制查询

Teamcenter 中可以使用查询构建器定制企业所需的查询方式。它是通用搜索引擎,可扩充以建立自己的查询方式;其通过 POM 的对象模型来浏览,采用组合语句构建查询;查询可在 Portal 和 Web 中使用。Teamcenter 查询构建器面板下,选项中可进行如下设置：

IMAN_pattren_match_style 定义："＊"表示所有字符，"?"表示单个字符。

IMAN_ignore_case_on_search 定义：大小写区分。

Teamcenter 中查询构建器的使用如图 5-16 ~ 图 5-18 所示。

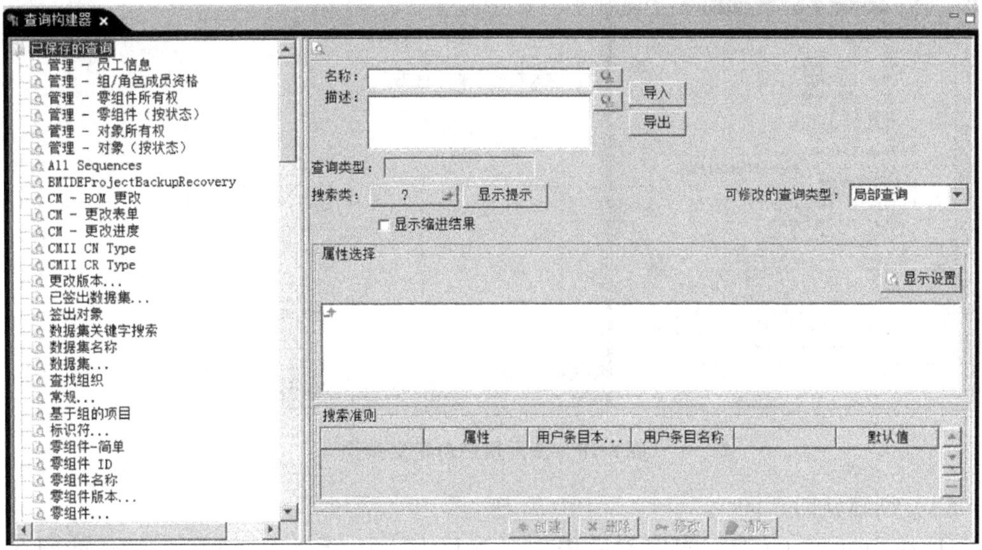

图 5-16　查询构建器界面

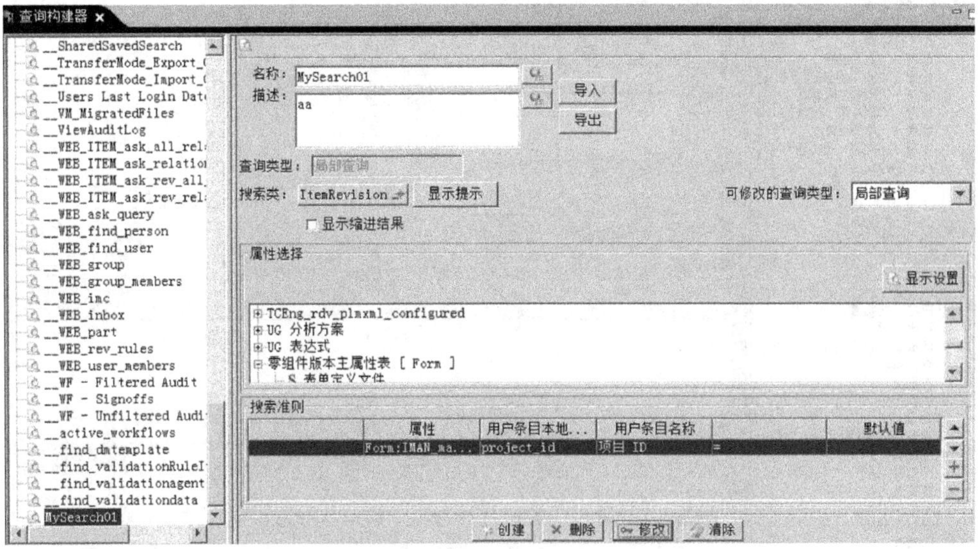

图 5-17　定制查询

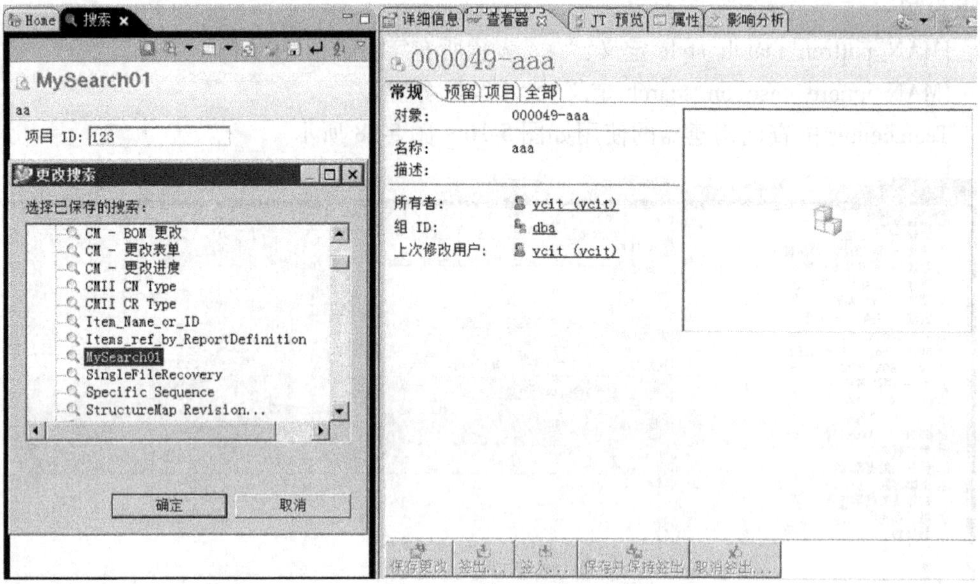

图 5-18　使用用户自定义查询

(1) 创建新的查询

① 在 Teamcenter 查询构建器应用程序窗口右下区域点击“清除”按钮，如图 5-19 所示。

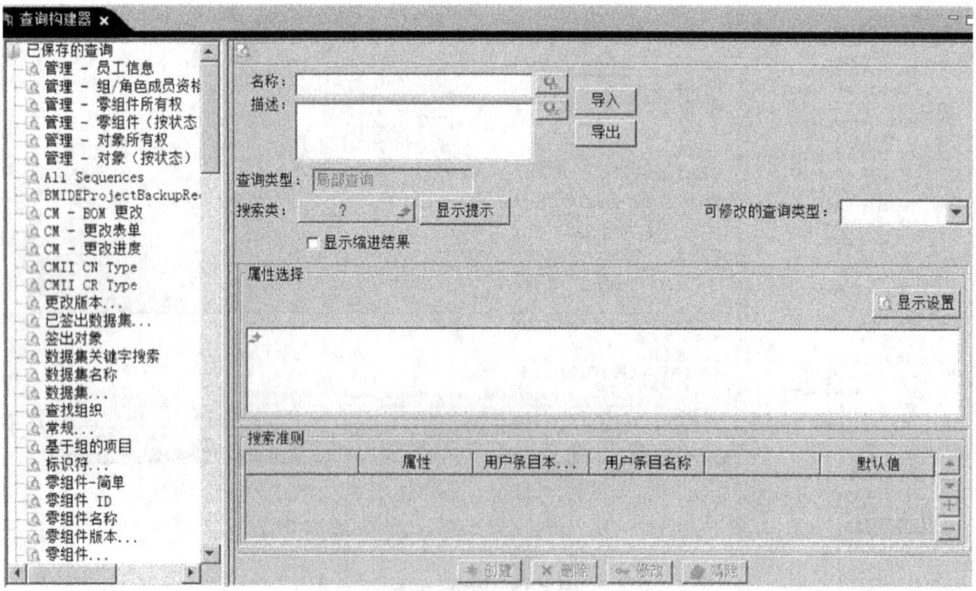

图 5-19　新建查询

② 在“名称”栏中输入新建查询类型的名称，“描述”栏为可选项。

③ 点击“搜索类”右边的按钮，弹出“类/属性选择弹出”对话框，如图 5-20 所示。

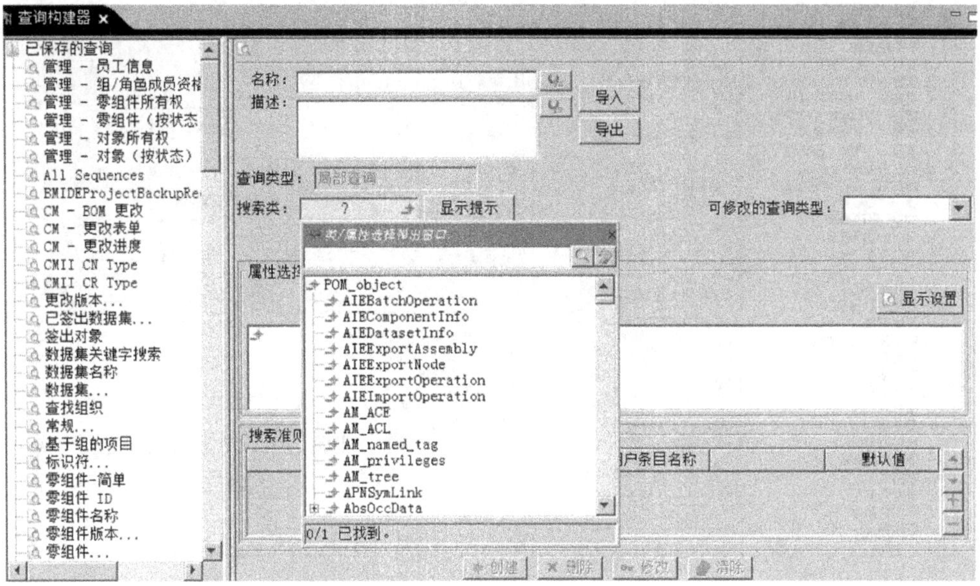

图 5-20　搜索类选项

通常选择 POM_object→POM_application_object→WorkspaceObject 中的类，如以“Dataset”为例，如图 5-21 所示。

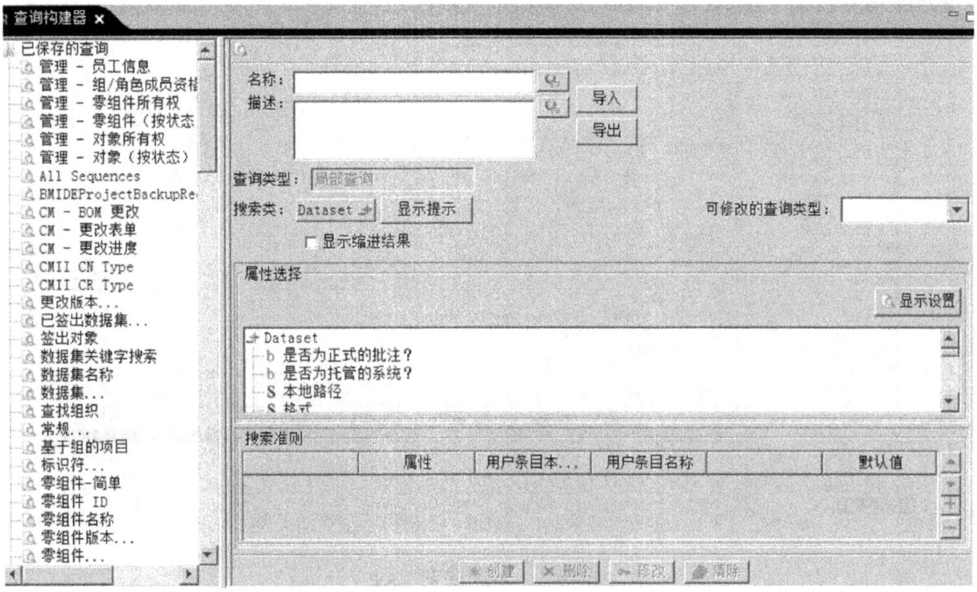

图 5-21　Dataset 搜索类

④ 在查询构建器应用程序窗口右区域的“属性选择”栏中点击“显示设置”按钮，在弹出的“显示设置”窗口中选择“全部属性”项。此时在“属性选择”栏中显示了有关“Dataset”类的全部属性，如图 5-22 所示。属性前带⊞··↦标记的，说明该属性双击可以继续向下展开。

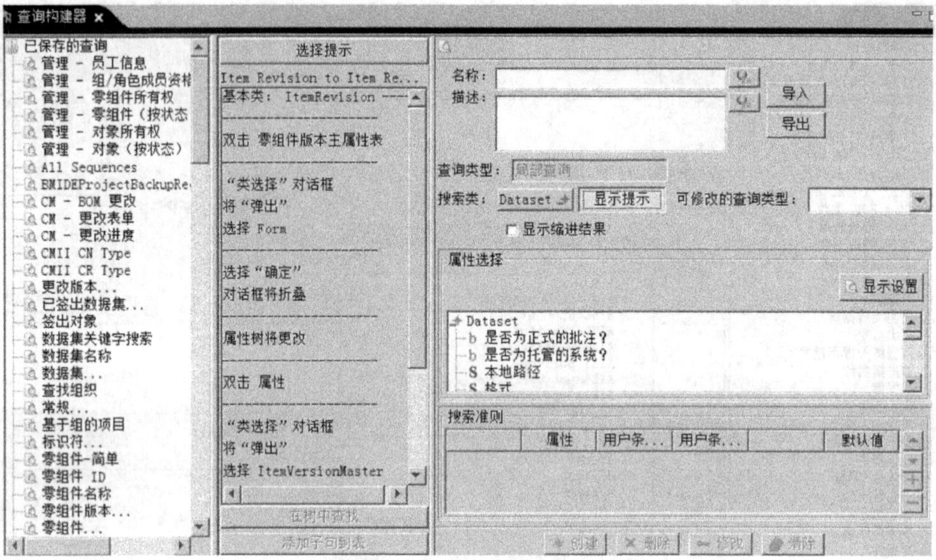

图 5-22　Dataset 搜索类展开

⑤ 在“属性选择”栏中选择相关属性，在“搜索准则”中单击“ + ”按钮，可以将属性加入到“搜索准则”中，如图 5-23 所示。

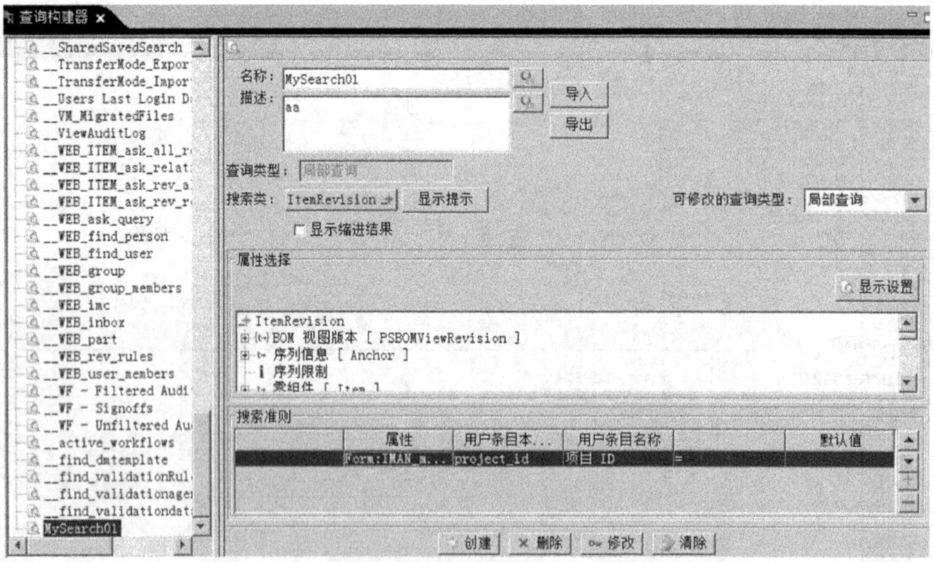

图 5-23　选择搜索准则

⑥ 在“搜索准则”表中，根据实际需要在第一列对应的单元格中单击相应的布尔运算（AND，OR），在第三列对应的单元格中单击输入“用户条目名称”，在第四列对应的单元格中单击选择相应的逻辑运算符号，在第五列对应的单元格中可以单击输入缺省值。

⑦ 选择某一行或多行，点击向上或下的箭头按钮来提高或降低它们的查询优先权，点击“ - ”按钮可以删除所选择的行。

⑧ 单击“搜索准则”表下面的“创建”按钮，如图 5-24、图 5-25 所示。

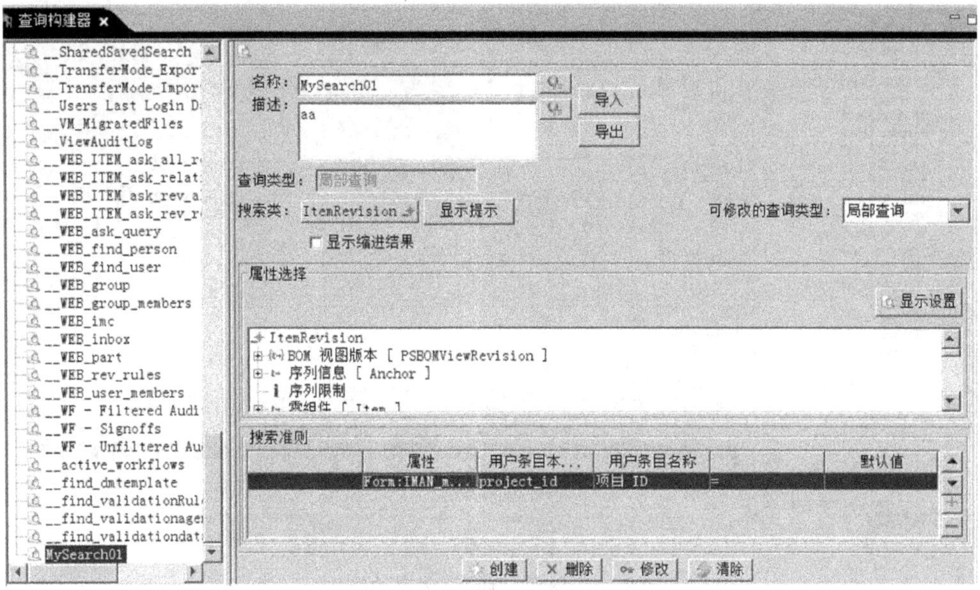

图 5-24　创建查询

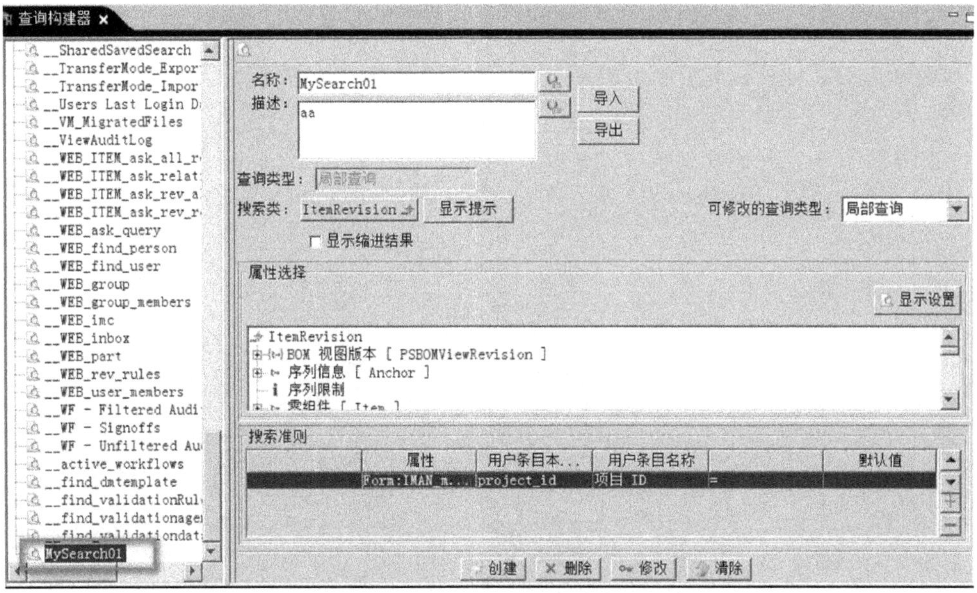

图 5-25　查看新建查询

（2）修改已保存的查询类型

① 在“查询构建器”应用程序窗口左区域中选择需要修改的查询类型，在右区域中将显示所有有关的设置，可根据需要进行修改。

② 完成修改后，单击“搜索准则”表下面的“修改”按钮，如图 5-26 所示。

（3）删除已保存的查询类型

在“查询构建器”应用程序窗口左区域中选择需要删除的查询类型，单击“搜索准则”表下的“删除”按钮，如图 5-26 所示。

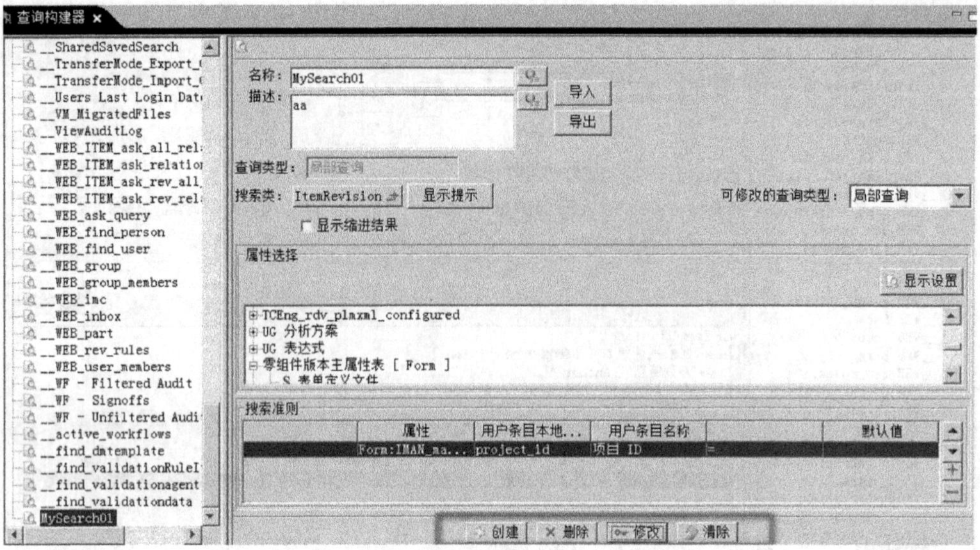

图 5-26　修改、删除已创建的查询

第6章　权限管理

6.1　概述

在一个企业的 PDM 系统中,需要实现的目标是将所有的产品数据进行集中式管理,以便于存取和为其他需要读取数据的人提供共享。因此,适当地保护数据,防止数据被没有授权的人误操作、修改或删除是非常必要的。

PDM 系统权限控制是通过用户安全访问管理机制来实现的,可以防止 PDM 系统中的文件资料、属性表单和产品结构等数据信息被非授权访问。当用户登录到系统并通过身份验证之后,PDM 系统读取该用户权限文件,确定该用户在 PDM 系统中可执行的操作。因为产品数据对象受权限保护,所有用户需要具备相应的权限才能对产品数据进行操作。

在 PDM 系统中,权限是指职能权利范围,即行为限制,是任职者为保证职责的优先履行而必须具备的对某些数据进行操作的范围和程度。结合 Teamcenter 软件的权限管理机制,笔者认为 PDM 系统的权限由三部分组成,即访问者、数据对象和操作,如图 6-1 所示。

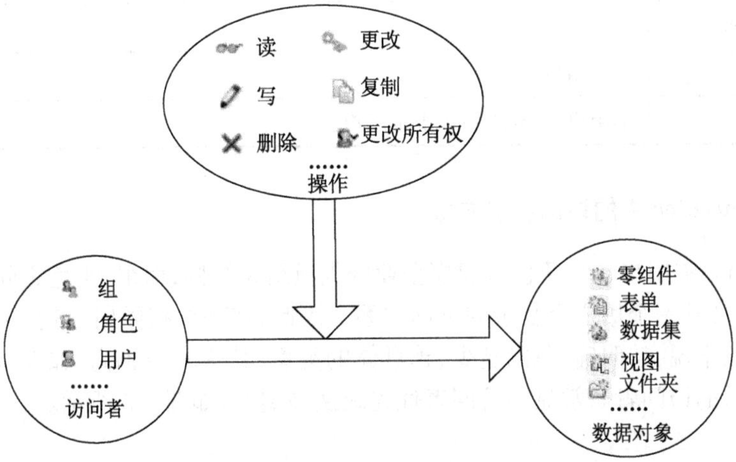

图 6-1　权限的三要素

将这三个要素综合起来考虑,可以认为权限是将访问者、数据对象和操作之间建立联系的权限规则,经过评估的规则将为访问者授予对数据对象进行操作的权利。其完整定义如下:

权限是针对某个或某类访问者(某用户、某角色、某组等),对处于某个特定的环境或阶段(Working,In-Job,Release 等)的某类数据对象类型 (Item 还是 Dataset 或 Form 上的属性值等)所定义的规则条件(满足还是不满足),来决定是否(可以还是不可以)具备执行某个动作(写、删等)的权利。

从这个定义出发,可以对权限涉及的三要素(访问者、数据对象、操作)及联系三者的权限规则进行讨论。

6.2 访问者类型

6.2.1 Teamcenter 中的访问者类型

表 6-1 列出了 Teamcenter 中常见的访问者。

表 6-1 Teamcenter 中常见的访问者

访问者(Accessor)	描述(Description)
Owning User	对象所有者,一般是数据对象的创建者。所有权可以转让,且有一些特殊的权限(如删除)通常授予对象所有者,而不授予其他用户
Owning Group	对象所有者所在组
Group	某个组,需要进一步指定组名
Role	某角色,需要进一步指定角色名
Role in Group	指定组中的某角色
Role in Owning Group	对象所有者所在组的某个角色
System Administrator	系统管理员
Group Administrator	组管理员
World	所有用户
User	某用户,需要进一步指定用户名

6.2.2 Teamcenter 中的访问者优先级

Teamcenter 中用户、组、角色来建模企业的人员组织结构,而组、角色之间又有嵌套关系,因而会出现某一个用户有复杂的隶属关系。因此,在评估权限时,需要了解访问者的优先级。一般来说,越明确、范围越少、越具体的类型,其优先级越高,如 World 类型一般是优先级最低的访问者。常见的访问者优先级从高到低,如图 6-2 所示。

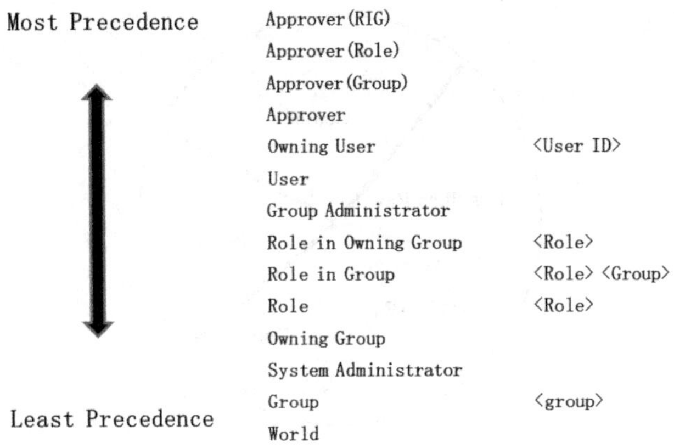

图 6-2　访问者优先级

Most Precedence:最高优先级,对较高优先级设置的权限不适合于较低的优先级。

Least Precedence:最低优先级,对低优先级设置的权限可能适合于较高的优先级。

下面试举一例供读者分析。假设张三的角色是主管工程师,某数据对象访问权限列表如表6-2所示,则张三对该对象是否有可读权限? 理由是什么?

表 6-2　访问者优先级示例表

访问者类型	访问者 ID	读
User	张三	×
Role	主管工程师	√

6.3　访问管理器中的数据对象

一方面,从数据对象的角度思考权限控制,首先会想到不同类型的数据对象(Item, Folder, Item, Dataset, UGMaster, UGPart等)应该采有不同的权限级别。例如,对于企业最重要的知识资产——二维工程图,应该采用最严格的保护措施。对不同类型的数据对象进行权限控制是容易理解的。

另一方面,从企业业务流程来思考,其实数据对象本身也是有生命周期的,在其产生、修改、审批、发放的不同阶段,其权限控制也应当不同。比如在数据的创建阶段,应该把权限放得较为宽松,至少可以由其所有者随意修改;而在其审批通过发布后,权限管控应当尽量严格,要控制更改,即使是数据对象的所有者,也不能随意修改。所以,在讨论数据对象这个要素时,应结合数据对象的生命周期,再根据不同的类型综合地进行权限管控。

在进行权限控制时,数据对象根据其当前的状态(正在设计、正在审批、归档状态等)和数据类型(图纸、总装图、设计参数表、使用手册)这两个属性由系统管理员统一确定它们的发布范围,即控制该数据的存取控制范围。企业应根据自身需要,规划数据安全保密控制制度。

一般地,产品数据所处生命周期可分为三个阶段,如图6-3所示。

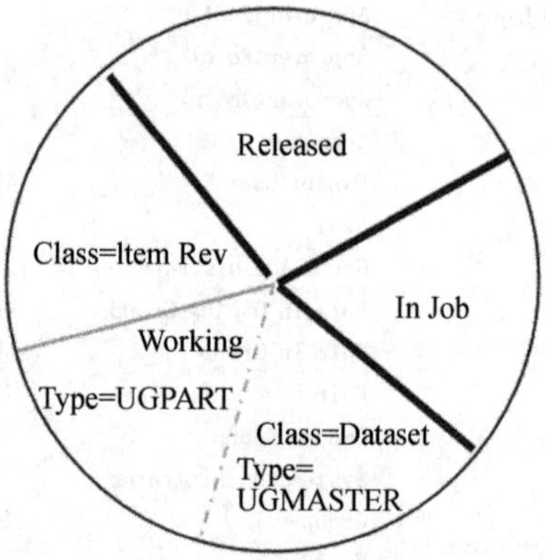

图 6-3 数据所处阶段

Released：是指已归档的（或已发布的）数据对象，是正式的用于生产或指导下游工件的数据。一般情况下用户只有读的权限，其权限管控必然较为严格。

In Job：是指处于流程审批过程中的数据对象。这一类对象是半正式的，必须经过许可才可以修改。

Working：是指处于工作过程中的数据对象。这类数据不固定，经常会修改，主要控制工作状态中（Working）的所有产品对象权限。这是最主要的权限控制表，一般对象创建后就使用这个权限规则。

对于每个状态的数据仍可以继续分类，如图 6-4 所示。

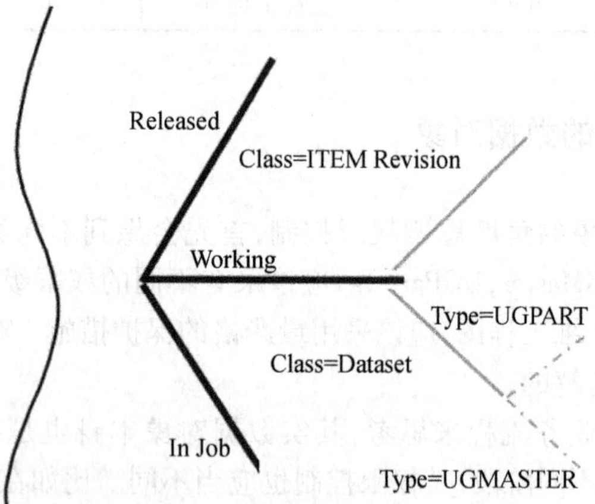

图 6-4 不同阶段中的不同类型数据对象

6.4 访问权限控制

谈到数据操作，读者可能会联想到操作系统上对文件的读、写、删、剪切、复制、粘贴等操作。在 Teamceter 中对数据的操作，除了这些最基本的数据操作方法外，读者要更多地与企业的业务结合起来考虑。在 Teamcenter 中常见的数据操作见表 6-3。

表 6-3 Teamcenter 系统中的数据操作行为

符号	权 限	描 述
	读	控制查看和打开数据对象的权限
	写	控制把数据对象从数据库中检出并做修改的权限
	删除	控制删除数据对象的权限
	更改权限	控制修改数据对象访问权限的权限。用户拥有此权限时，可修改数据对象的访问权限，修改的权限将覆盖基于规则的访问权限。应用基于对象的访问权限控制时，必须拥有该权限
	提升	控制在工作流程中前移任务的权限
	回退	控制在工作流程中后退任务的权限
	复制	控制另存、修订数据对象的权限
	更改所有权	控制对数据对象授予、更改或限制所有权的权限
	发布	控制对用户或组的远程发布
	订阅	控制针对某一具体数据对象订阅事件的权限
	导出	控制从数据库中导出数据的权限
	导入	控制向数据库中导入数据对象的权限
	传入	当数据对象从数据库中导出时，控制对象所有权同时传递出的权限
	传出	当数据对象导入到本地数据库时，控制对象所有权同时指派的权限
	对 ICO 进行写操作	控制写入分类对象的权限
	指派给项目	控制指派对象给项目的权限。它针对未被指定为特权项目小组成员的用户来使用
	从项目中移除	控制从项目中移除对象的权限。它针对未被指定为特权项目小组成员的用户来使用
	远程签出	控制远程签出数据对象的权限

在介绍访问者时，讨论了关于访问者的优先级，原因在于不同类型的访问者之间有交叉包含。同样，对操作行为不妨也可以思考一下，它们之间是否有某种关联关系？如"读"与"写"之间是否有关系？用户如果对数据有"写"的权限，然而没有"读"的权限，这种看似啼笑皆非的情形，在 Teamcenter 配置权限时，还真的可以这么设置。经笔者测试，如果某个用户对数据有"写"的权限，但没有"读"的权限，结果是用户对该数据可写可读。也就是，写的权限包含了读的权限。

关于操作行为的优行级或包含关系，Teamcenter 的官方文档没有给出正式说明，更多地需要读者进行测试。另外需要注意的是，除用于测试之外，尽量不要设置这种可写不可读之类的权限。

6.4.1 两种权限控制方法

在分布式计算机环境中,对象保护和所有权管理非常重要。对象代表了数据库中的产品信息。一般认为 Teamcenter 中有两种权限控制方式,一种称为基于规则的权限控制,另一种称为基于对象的权限控制。通过 Teamcenter 可执行两个层次的数据保护。

(1) 基于规则的权限控制(Rule-based Protection)

它是指通过一组规则,将具有共性的 Teamcenter 对象(如 Item、数据集、文件夹等)授权给具有共性的访问者(例如有相同的职责,或在同一个项目组工作)访问。这种方式与之前给出的关于权限的定义是一致的。作为一个管理员,可以定义多种条件或规则来控制对对象的访问,这些规则影响 Teamcenter 的整个节点,用访问控制器来定义。

(2) 基于对象的权限控制(Object-based Protection)

它是指对某个具体的对象设置能够被哪一类(如某一组、某一角色等)或哪一个(某一个用户)访问者访问。基于对象的访问权限的设置需要用户对这个对象有“更改”权限。具有更改对象访问控制权限的任何 Teamcenter 用户都可以设置基于对象的保护访问控制,以实现基于规则保护外的保护。当需要对具体的对象设置较宽松或较有限的访问权限时,对象的访问控制列表(Access Control List, ACL)非常有用,ACL 显示了当前对一个对象的保护,并允许用户更改这些保护。

实际上,基于对象的权限控制是一种特例,一般临时使用。比如某个数据本不能被某组用户读写,但特殊的临时需要可以仅对该对象直接更改权限,使数据能够提供给该组用户。这样既满足了临时需求,又不至于去修改规则而影响同类数据。

在具体介绍 Teamcenter 中权限管理功能模块前,先介绍其中的概念:ACL、ACE、规则和规则树。

6.4.2 ACL 和 ACE

(1) ACL 和 ACE 的概念

ACL 是 Access Control List 的缩写,意为访问控制列表,一般如图 6-5 所示。该表实际由访问者和操作行为两部分组成。表中的某一行称为访问控制条(Access Control Entry, ACE)。图 6-5 中所示的两个 ACE 分别包含两个访问者:Owning User 和 Owing Group。

图 6-5 ACL 表格

在 Teamcenter 系统中有多个权限控制列表。为了便于管理和应用,可为每一个表赋一个名称。这种具有指定名称的 ACL 就称为命名的 ACL(命名的访问控制)。

(2) ACL 和 ACE 中值的设定

列表中的每一行代表某一个或某一组用户，每一列代表各种操作行为。ACL 中值设置有如下三种选项。

① √：赋予权限，即用户有操作权限。

② ×：拒绝权限，即用户无操作权限。

③ 空：未设置，不能确定用户是否有操作权限，还要看其他的操作权限设置。

查看 ACL 控制列表时，按照从上到下的顺序查看每个条目。当条目中的访问者类型与要查看的用户一致时，再查看右侧列中的具体权限设置。在查看该条目中某项具体权限的设置时，如果已经明确设置了"赋予"或"拒绝"权限，则可以得出该用户是否具有这项权限；如果未明确设置权限，则不能确定该用户是否具有这项权限，需要到下面的条目继续查看，直到有明确的"赋予"或"拒绝"权限为止。

下面举一实例供读者分析。假设公司研发中心有一个组名为"设计组"，包含两个子组，分别为"结构组"和"分析组"。在 Teamcenter 中权限设置如表 6-4 所示。试分析三个组的用户各具有哪些权限。

表 6-4　ACL 值设置方式分析表

访问者类型	访问者 ID	读	写	删除
Group	结构组		√	×
Group	设计组	√	×	
Group	分析组	×		

6.4.3　规则与规则树

联系到在本节开篇所提到的权限管理三要素可以发现，在 ACL 中包含了其中的访问者和操作类型两个要素。那么，如何将这一张表和另一个要素，即数据对象关联起来呢？方法就是使用规则和规则树。

(1) 规则

Teamcenter 使用规则将权限控制表与数据对象关联起来。在 Teamcenter 系统中，规则是一个条件判断，满足条件值的数据对象可以关联到指定的命名权限控制表（命名的访问控制）。

Teamcenter 系统的规则由条件、值和对应的命名权限控制表组成。在图 6-6 所列的一条规则中，它使用"Has Type"条件和"UGMASTER"值进行判断，满足条件值的"UGMASTER"数据集将具备访问性（访问者、操作），并由名为"UG Model"的权限控制表来定义。

Has Type	{UGMASTER} ->	UG Model
条件	值	权限表

图 6-6　规则的组成

条件有很多种，如图 6-7 所示。针对每一个条件又有多个可选值，如图 6-8 所示。

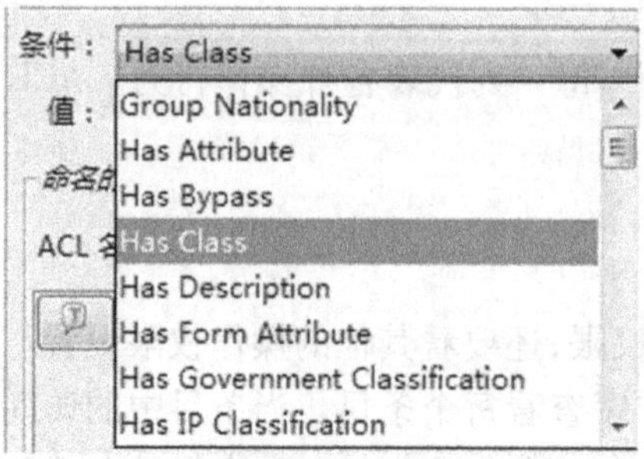

图 6-7　条件类型

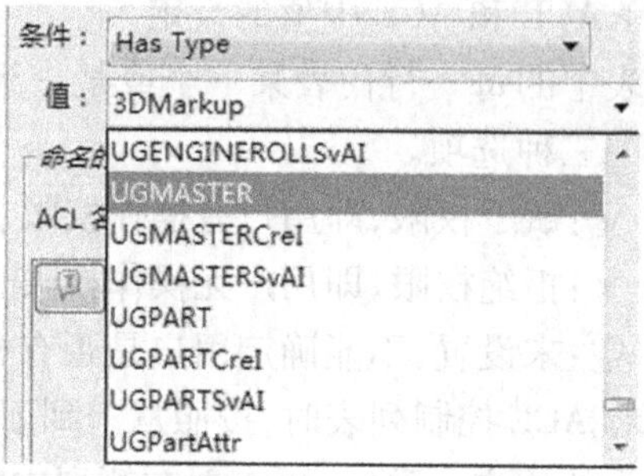

图 6-8　值类型

规则使用条件判断确定数据对象，使用对应的 ACL 设置访问者及其对应操作权限。由此可以看出，规则能够将权限的三要素有效关联在一起。

（2）规则树

在权限控制时，对不同阶段、不同类型的数据，应当采用不同的权限控制规则，如图 6-9 所示。

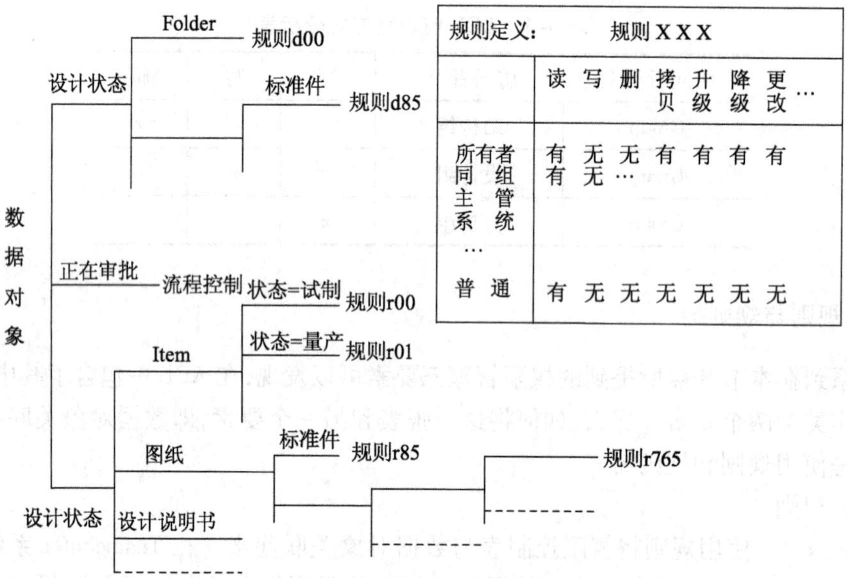

图 6-9　不同阶段、不同类型数据对象采用不同的权限控制规则

由图 6-9 可知，不同生命周期阶段的数据仍可以继续分类；这样不断细分、开枝散叶，最终会形成一个对象分类树。分类树的每一个分枝数据对象都可以采用不同的权限控制规则，形成树形规则的集合，这就构成了 Teamcenter 中的规则树。因此，规则树是许多层次规则的集合。

（3）规则树的优先级

当应用于所选对象的条件满足时，在 ACL 中定义的权限将被使用。对某一对象有效的 ACL 是在规则树中适用于该对象的所有命名的 ACL 的累积组合。

当判断规则树中的优先级顺序时，遵守下列方针：① 顶端的规则优先于树结构底端的规则，即同一层次上越靠近顶层的规则比下层的规则有优先权；② 子级优先于父级，即同一层次上越靠近顶层的规则比下层的规则有优先权。

评价最终被授予哪个权限取决于两个标准：① 规则树中条件声明的优先级别；② 命名的 ACL 中的访问者优先级别。

最终的结果是一个有效的 ACL，控制着对对象的访问。

小练习：请读者根据规则树优先级规律，将如图 6-10 所示规则树按优先级高低顺序用数字标识。

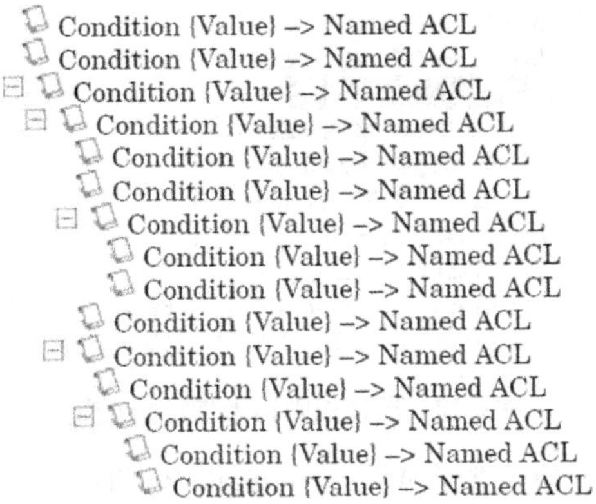

图 6-10　规则树优先级练习

6.4.4　Teamcenter 中权限管理相关操作

(1) 创建和管理命名的 ACL

在访问管理器右侧面板中显示了命名的 ACL 所采用的条件和值，如图 6-11 所示。

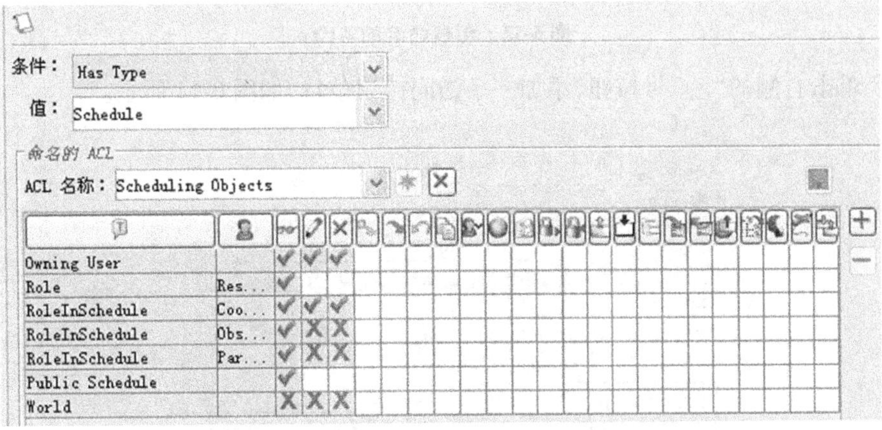

图 6-11　访问管理器中创建和管理命名的 ACL

默认的访问管理器安装后有大量的预先定义的命名 ACL。在列表中选择其他的命名的 ACL，可以看到/编辑其他的预先定义的命名的 ACL。在命名的 ACL 表中，访问者在第一列中显示，一个访问者是一个用户，或是拥有某些共性的用户的组（如拥有某一对象的组成员或项目团队里的成员等）。

(2) 创建命名的 ACL

下面实例中,以创建管理设计过程(Working)中 AutoCAD 数据集的权限为例说明如何创建命名的 ACL。

① 在规则树中选中 Has Class(Dataset),如图 6-12 所示。

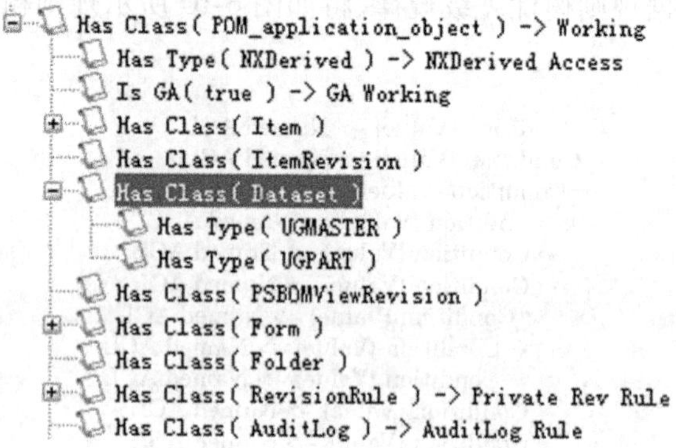

图 6-12　选择规则树上指定的规则

② 在右侧的窗口中创建命名的 ACL,条件选择 Has Type,值选择 ACADDWG,ACL 名称输入 CAD_ACL,单击右侧的创建按钮,如图 6-13 所示。

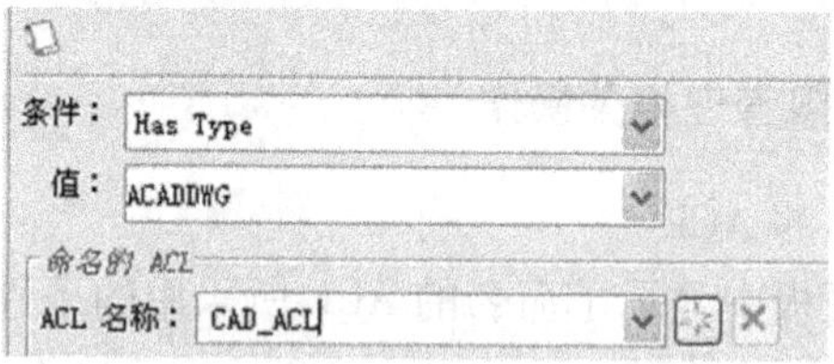

图 6-13　创建命名的 ACL

③ 单击右侧的" + "号按钮,添加一条访问控制条目,如图 6-14 所示。

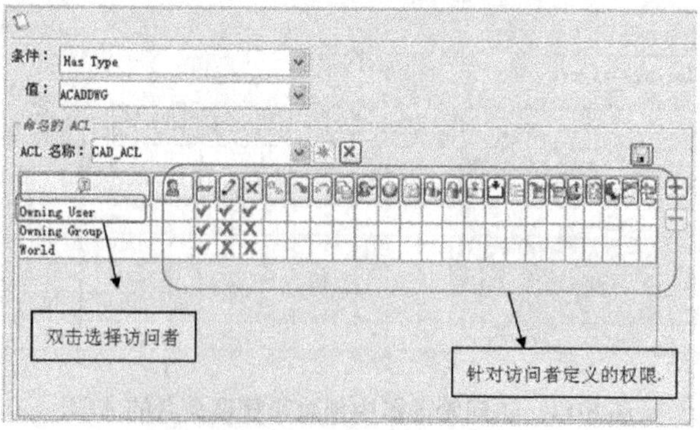

图 6-14　指定访问者和权限

④ 单击下侧的"添加"按钮,创建规则并把它添加到当前选中的规则的下面,如图 6-15 所示。

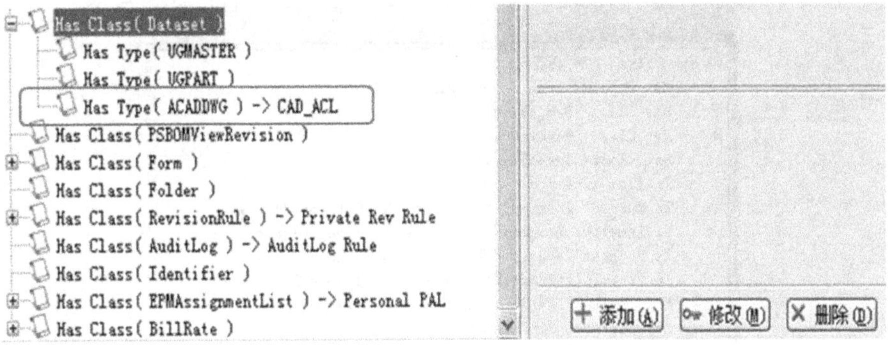

图 6-15　规则成功添加到规则树

（4）规则树修改的原则

① 不要修改 System Objects 分支上规则所引用的命名的 ACL，这些规则用于某些内部目的，更改可能会导致不可预知的后果或丢失数据。

② 不要删除或修改规则树中上面部分分支的顺序，这可能会导致不可预知的后果或丢失数据。

③ 在 Working 分支下为工作数据添加规则，这是为工作数据类型添加新规则的最合适的地方。

④ 不要修改 COTS 规则，但是可以创建一个新的规则来代替它在做修改前或做修改后导出规则树。

6.5　Teamcenter 各模块中的权限设置

6.5.1　项目中的数据权限

（1）In Project 规则的作用

Teamcenter 中的项目应用程序提供了对数据的组织、访问和管理的功能，项目组中的成员基于项目角色来实现访问控制的机制。结合访问管理器，项目管理员指派用户作为项目组成员，扩展默认安全性规则，按项目将项目数据的读取权限授予项目组成员。在图 6-16 中，项目管理员只能访问规则树中 In Project( )的项目分支。

项目管理员通过规则树中的 In Project 分支，可以

① 应用 Owning Group 条件，授予或拒绝特定用户组的访问；

② 应用 Project Teams 条件，根据用户在项目中的成员角色，授予或拒绝用户的访问权限；

③ 应用 Group with Security 条件，可以将该组分为内部组（如 OEM）和外部组（供应商），然后授予或拒绝该用户组的访问权限。

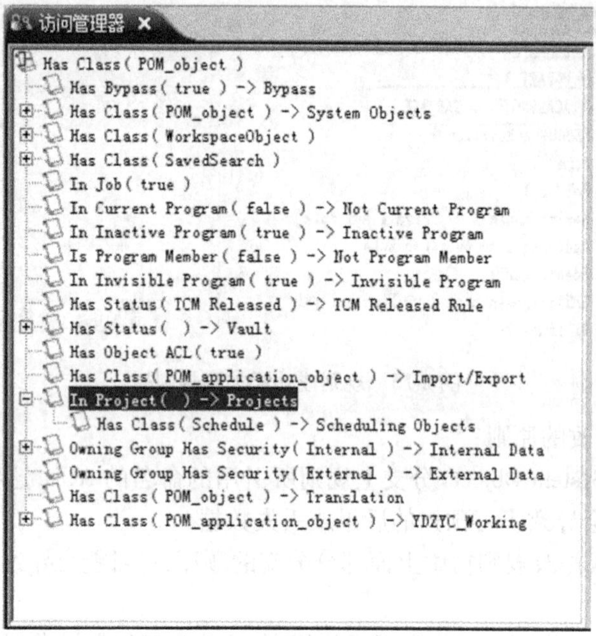

图 6-16　访问管理器规则树的 In Project 规则

（2）项目成员基于角色的权限控制

项目应用程序可以用来组织数据，而且提供了为项目小组成员授予数据访问权限的设置。通过默认的权限规则设置，例如只有特权小组成员才能为项目指派数据，可以对不同角色的用户、不同类型的数据指派在项目中的访问权限。表 6-5 是项目中角色默认的数据访问权限。

表 6-5　项目中角色默认的数据访问权限

角色名称	角色图标	描　述
项目管理员		具有项目管理角色的 Teamcenter 用户可以创建和管理项目。项目管理员可以修改项目、删除项目、为项目添加小组成员、为小组成员指派权限、从项目中移除小组成员。这些特权仅适用于项目管理员已创建的项目
项目小组管理员		具有项目小组管理员角色的小组成员可以修改项目信息。这些权限适用于项目元数据，不适用于指派给项目的数据。项目小组管理员可以将小组成员添加到小组管理员也是其成员的项目中，从小组管理员也是其成员的项目中移除小组成员。每个项目只能有一位项目小组管理员
特权小组成员		默认具有向项目指派数据或者从项目中移除数据权限的角色
小组成员		对项目中的数据具有只读权限的角色

（3）项目的安全性规则

Teamcenter 系统安装后，访问管理器规则树中包含了 6 种与项目和项目组成员相关的访问规则，分别为

· 在当前工程项目中(false) -> 非当前工程项目;
· 在非活动工程项目中(true) -> 非活动工程项目;
· 是工程项目成员(true) -> 不是工程项目成员;
· 是不可见工程项目(true) -> 不可见工程项目;
· 在项目内() -> 项目;
· 是项目成员(true) -> 项目对象。

① 在当前工程项目中规则

在当前工程项目中(false) -> 非当前工程项目规则的作用是,如果数据的所有权工程项目不是用户会话中的活动工程项目,则拒绝用户的写、删除、更改和导出权限。非当前工程项目需要设置访问权限列表,拒绝对工程项目中数据的权限,如图 6-17 所示。

访问者类型						
全体		✓	✗	✗	✗	✗

图 6-17　非当前工程项目规则

全体访问者拒绝用户的写、删除、更改和导出特权,如果数据的所有权工程项目不是用户会话中的活动工程项目。

② 在非活动工程项目中规则

非活动工程项目中(true) -> 非活动工程项目规则的作用是,如果数据的所有权工程项目处于非活动状态,则拒绝用户的写、删除、更改和导出特权。非活动工程项目需要设置访问权限列表,拒绝对工程项目中数据的写、删除、更改和导出权限,如图 6-18 所示。

访问者类型						
全体			✗	✗	✗	✗

图 6-18　非活动工程项目规则

③ 是工程项目成员规则

工程项目成员(true) -> 不是工程项目成员规则的作用是,如果用户不是所有权工程项目或共享工程项目的成员,则拒绝向用户授予读的权限。非工程项目成员需要设置访问权限列表,拒绝其对工程项目中数据的读取权限,如图 6-19 所示。

访问者类型								
全体		✗						

图 6-19　不是工程项目成员规则

④ 是不可见工程项目规则

是不可见工程项目(true) -> 不可见工程项目规则的作用是,如果数据的所有权工程项目处于不可见状态,则拒绝向用户授予读的权限。不可见工程项目需要设置访问权限列表,拒绝工程项目中数据的读取权限,如图 6-20 所示。

访问者类型				✗				
项目小组		✗	✗	✗	✗			

图 6-20　不可见工程项目规则

⑤ 在项目内规则

在项目内( ) -> 项目规则的作用是,授予对指派给项目的数据的访问权限。该默认规则适用于任何指派给活动项目的对象。项目需要设置访问权限列表,用来授予对项目数据的读权限,如图 6-21 所示。

访问者类型				✗				
项目小组		✓						

图 6-21　项目规则

项目管理员可以通过为项目创建新的命名的 ACL,或在规则树的 In Project 条件下添加规则,来创建或修改项目数据的访问规则,以满足具体的项目要求。项目管理员也可以使用项目来修改规则。

⑥ 是项目成员规则

是项目成员(true) -> 项目对象规则的作用是,指定是否评估用户在项目中的角色。此条件仅在用户是某项目的当前成员时起作用。项目对象需要设置访问控制列表,用来向项目管理员和项目小组管理员授予修改他们所属项目的权限。这些权限适用于项目元数据,但不适用于指派给项目的数据,如图 6-22 所示。

访问者类型				✗				
所有权用户		✓	✓	✓	✓			
角色	项目管理员		✓	✓	✓			
角色	项目小组管理员		✓	✓				
全体			✓					

图 6-22　项目对象规则

6.5.2　分类管理中的数据权限

访问管理应用程序的一个扩展功能是对分类管理模块的权限控制。通过规则权限的设置,可以控制分类实例对象和结构组件(包括组、子组和分类)的访问。访问管理器中的规则权限设置,会覆盖访问管理器中权限树的分支。分类管理中访问权限控制的概念和操作与在访问管理器中的概念与操作相同。图 6-23 为分类管理中的权限设置部分。

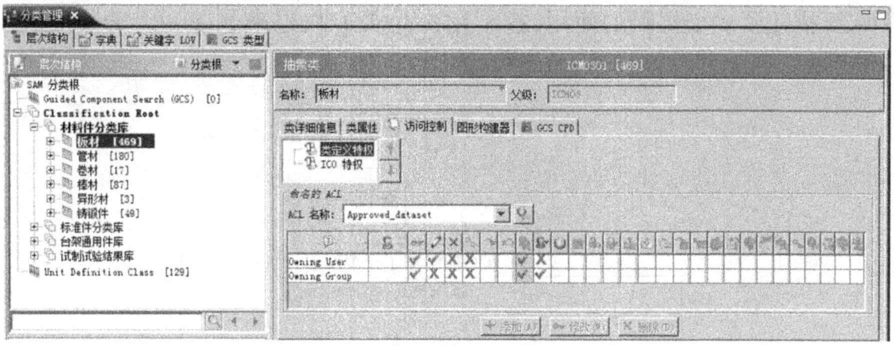

图 6-23　分类管理中的规则权限设置

（1）层次结构组件的抑制与保护

层次结构组件的拟制与保护是一种分类管理的访问安全控制方式，可以基于组、角色、特定用户控件来拟制显示个人的组织和类层次结构。定制层次树的显示，可只提供给用户工作所需的相关分类数据。组件拟制后能够同时影响分类与分类管理中的层次树的显示。当一个层次组件拟制后，该组件的子组件也会被拟制。层次组件的保护是分类管理访问安全控制的另一种方式，通过控制组、分类、和子类的创建与修改，不同的人员负责维护不同部分的层次结构及分类对象。

（2）分类实例对象保护

权限应用到组与类后，决定了哪些普通用户或组中的用户能够查看、添加或修改与组或类关联的分类实例对象。图 6-24 描述了多个权限的使用，控制用户是否有权限来更新一个分类实例对象的过程。

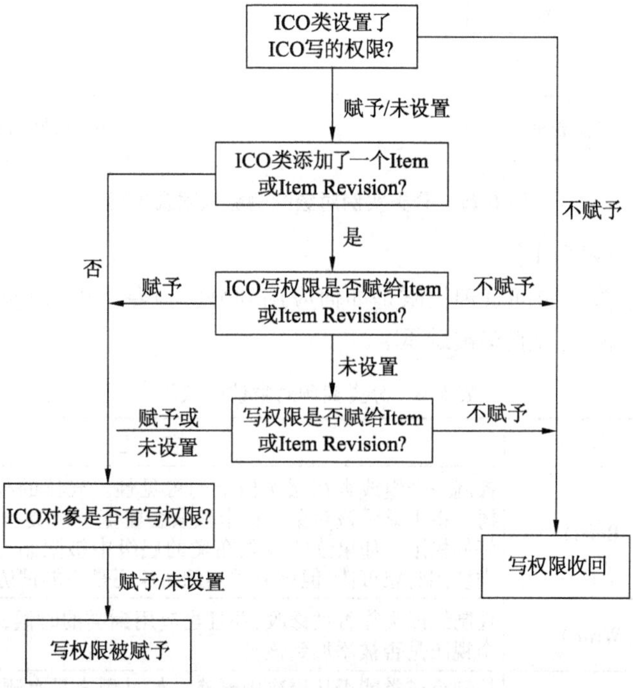

图 6-24　分类实例对象的写权限及过程

图 6-25 描述了多个权限的使用,控制用户是否有权限来删除一个分类实例对象的过程。

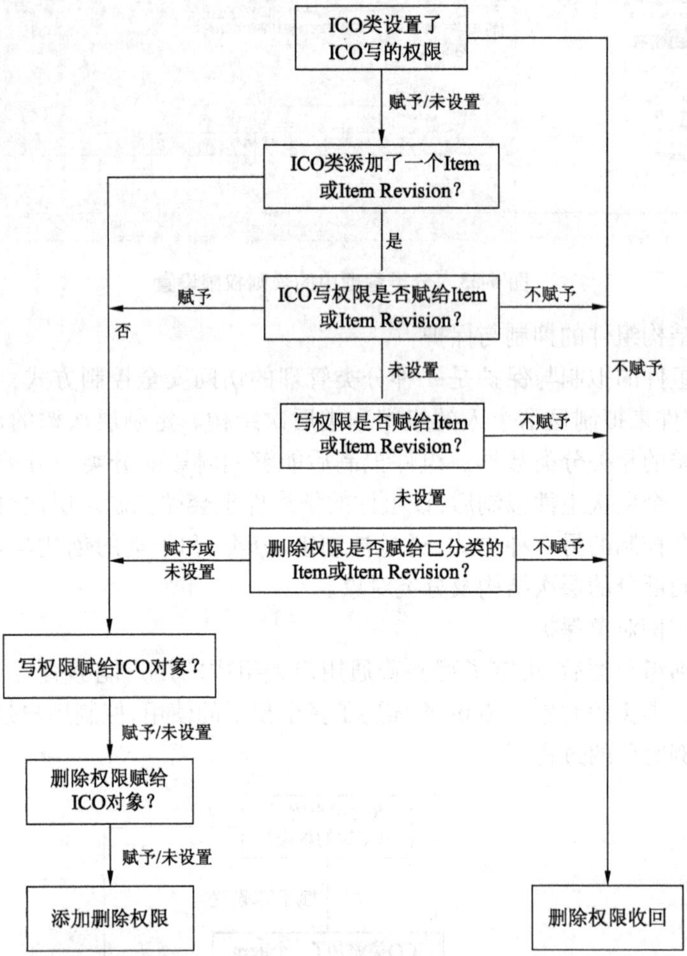

图 6-25　分类实例对象的删除权限及过程

(3) 分类访问权限列表

表 6-6 描述了多个访问管理权限是如何应用到分类对象上的,以及在分类层次内被选中的子对象的权限是否能够被继承。

表 6-6　分类实例对象访问权限

图标	权限	描　述
	读(Read)	控制一个组或类在层次树上的可见性。当读的权限被限制后,层次树上将不显示该对象。这个权限会覆盖一个类的分类对象已经设置好的权限。如果读的权限在类的层级中被限制,虽然赋予类中的分类实例对象可读,但该分类实例对象还是不能被访问
	写(Write)	控制组或类能否被修改,并且当应用到类的时候,控制多个子类和多个视图是否被添加到该类
	删除(Delete)	控制组或类能否从层次中删除。如果用户具有删除组或类下面的对象的权限,但是没有删除该组或对象的权限,则无法删除此对象

续表

图标	权限	描　述
	更改(Change)	控件来定义访问控制权限的权利
	传入(Transfer-in)	控制一个对象的所有权是否可以从一个站点传送到另一个站点
	更改所有权(Change Ownership)	此权限不同于访问管理器中的更改所有权。此权限用来在多站点协同设计中,用来授予或撤销一种权限,即是否可以选择共享的站点间的共享分类数据
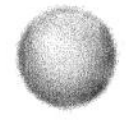	发布(Publish)	控制组或类及其子组、子类是否可以共享给其他站点。此外,如果这种权限被限制,用户将无法修改在类或组中定义的共享站点的列表
	对 ICO 进行写操作(Write ICOs)	控制对象是否可以在类中被分类并存储。也可以控制已经存在的分类实例对象是否可以被修改。只有写的访问权限赋予给部件族模板,关联到部件族成员的分类实例对象的属性才能被修改

(4) 分类访问控制实例

通过以下实例,详细描述如何应用访问控制来控制分类组件和分类实例对象。

① 为不同用户控制分类树的显示

某家制造企业生产小工具,他们使用层次化的分类结构来存储设计过程数据。设计数据在发布前,对工艺设计组是严格保密的,只有设计工作组才能查看设计数据,如图 6-26 所示。

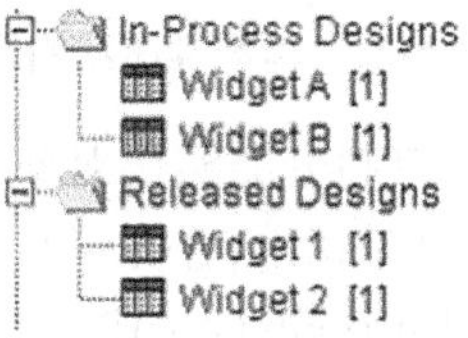

图 6-26　某公司的分类层级结构

为了拟制除了设计工作组之外的其他用户对分类层级数据的访问,设置权限来限制工艺组的数据访问。对工艺设计组进行权限控制的设置方法如图 6-27 所示。

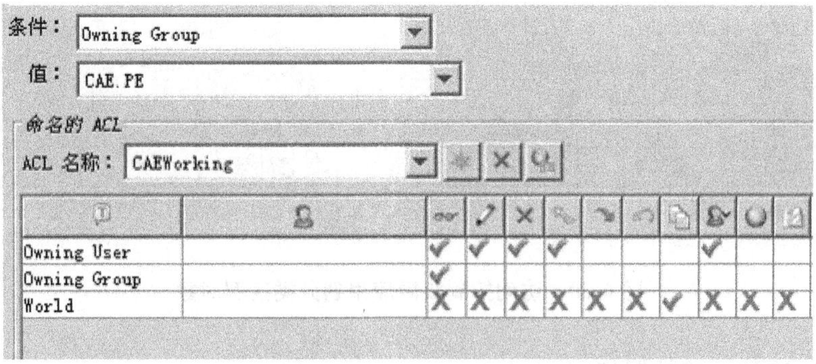

图 6-27　工艺设计组的权限控制

通过以上的访问权限设置,设计数据只有设计工作组的人能读取,其他所有人设置为不可读,工艺组以及其他组的人员只有加入设计工作组后,才能访问设计数据。另外,设计工作组的用户能够查询到受保护的设计数据。例如,John Smith 是市场部的一员,因为 Widget A 是设计组的一个子类,所以没有对 Widget A 类的读权限。然而,如果 John Smith 具有市场部、设计工作组两个角色,他就能够获得对 Widget A 数据的读权限。

② 控制层次结构定义的访问

这个公司也创建了标准件数据库，用来管理与规范该公司的设计过程，保存在标准件库中的标准件对于全公司而言都可用。这些标准件存储在标准件库中不同的存储类分支下。该公司的标准件库结构及标准件分类如图 6-28 所示。

只有标准件管理组的标准件工程师可以维护标准件库结构分支以及标准件数据，因此，对标准件库的修改权限只赋给标准件工程师，而不是全公司所有人。图 6-29 是对标准件管理组赋予写权限，公司其他用户没有写权限，但是其他组的用户可以看到标准件库的结构以及标准件数据，并能够引用标准件到装配中。

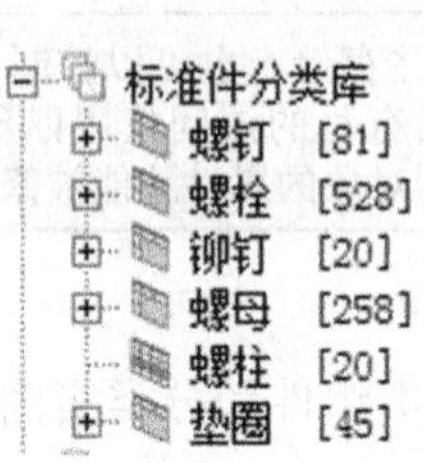

图 6-28　标准件库结构及标准件分类

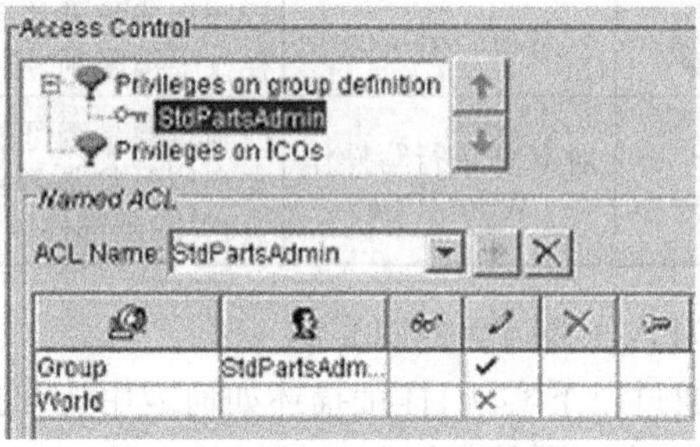

图 6-29　写权限赋予标准件管理组

③ 控制分类实例对象的访问权限

在该公司内，分类标准件的工作是将不同的标准件数据模型存储在 Widget 分支中，这项工作是由标准件工作组的成员来完成的。公司其他工作组能够访问到关联的分类实例对象，例如标准件的物理属性、三维模型，只有标准件管理组能够添加新的标准件，或修改标准件库中现有的标准件属性。对分类实例对象设置访问控制权限如图 6-30 所示。

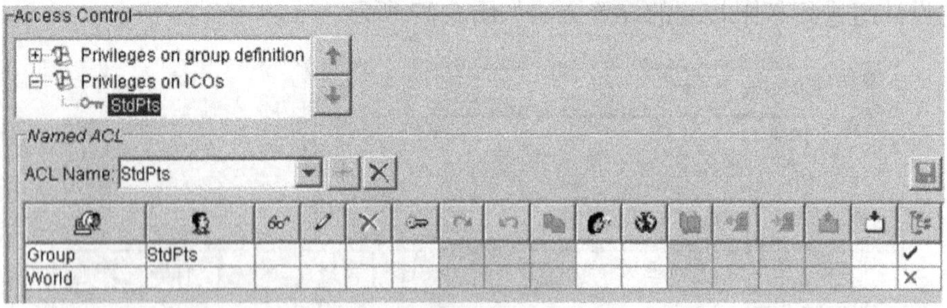

图 6-30　访问控制权限应用到分类实例对象

6.5.3　工作流程中的数据权限

根据企业中多种不同的业务流程，需要在 Teamcenter 系统中构建与之相符的流程模板。Teamcenter 提供了数种电子流程模板，可允许用户根据企业实际情形加以组合设定，建立企业研发、工程更改、物料号申请、BOM 建立等各项流程。Teamcenter 提供了多种方式来满足企业对流程定义的需求。

并行过程：由多个子流程组成，可以控制多个子流程同时开始，用来支持并行工程。

分解过程：由多个子流程组成，可以根据多个对象（如图纸等）的特性，来控制不同的对象进入不同的子流程。

自动存档过程:用来实现流程中图纸等经过审批的对象的自动存档。

审批过程:用来下发流程中的审批任务。将审批任务分配给指定的人、小组、部门或角色。

自动分发通知过程:用来自动下发各种通知,由系统自动进行。

条件过程:产生一个布尔结果(True or False)。这一功能在流程中产生一分支点,用来控制流程的不同走向。

设计数据、技术文档等企业的重要数据在电子化业务流程中完成,对于数据的访问安全性提出了更高的要求。在 Teamcenter 工作流程中需要对访问权限进行设置,保证数据在流程中的安全性。

(1) 权限 Handler 的设置

访问工作流程中数据的权限是通过 In Job 规则条件控制的,不像其他规则条件,用户不需要把访问权限树与 In Job 条件关联在一起。如果条件设置正确,系统会自动将访问权限树与工作流过程关联在一起。Teamcenter 系统使用 EPM-set-rule-based-protection 这一处理程序实现访问权限树的应用。在访问管理器中不需要单独配置 In Job 条件分支,在配置工作流程时,系统会自动获取访问权限,并添加到权限树中。

EPM-set-rule-based-protection Handler 处理程序会设置到某个流程中具体的状态或任务下面,并将控制信息传递到权限树,来决定指派命名的 ACL 起作用。例如,如果 Handler 设置在审核任务的开始中,当任务开始后,发送到流程中的数据会赋予特定的权限规则。如图 6-31 所示,在设计评审流程中,对于流程的发起者设置数据的写权限规则,在数据提交到流程前,工程师对数据具有写的权限。当流程到审核节点后,流程发起工程师只有读的权限。而流程中其他的审核工程师及领导只具有对数据的读权限,如图 6-32 所示。

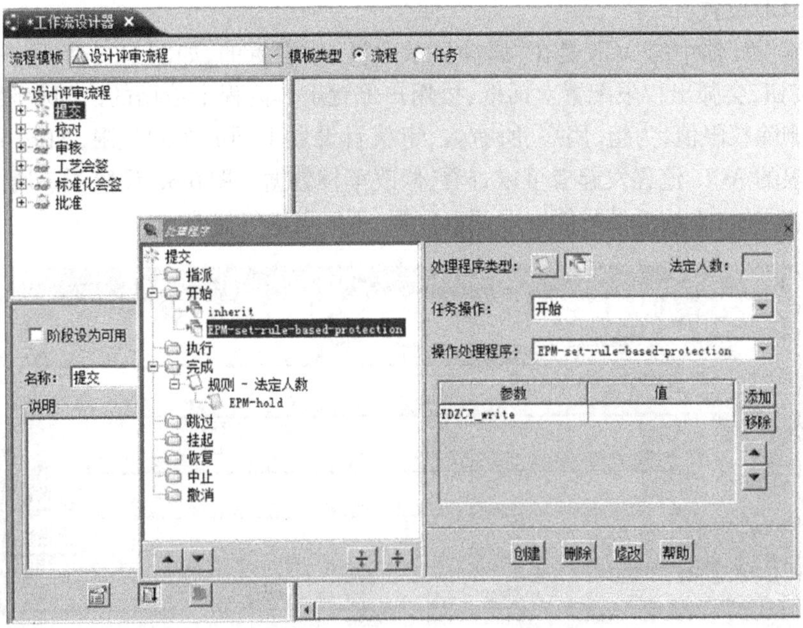

图 6-31 设置流程发起者的写权限

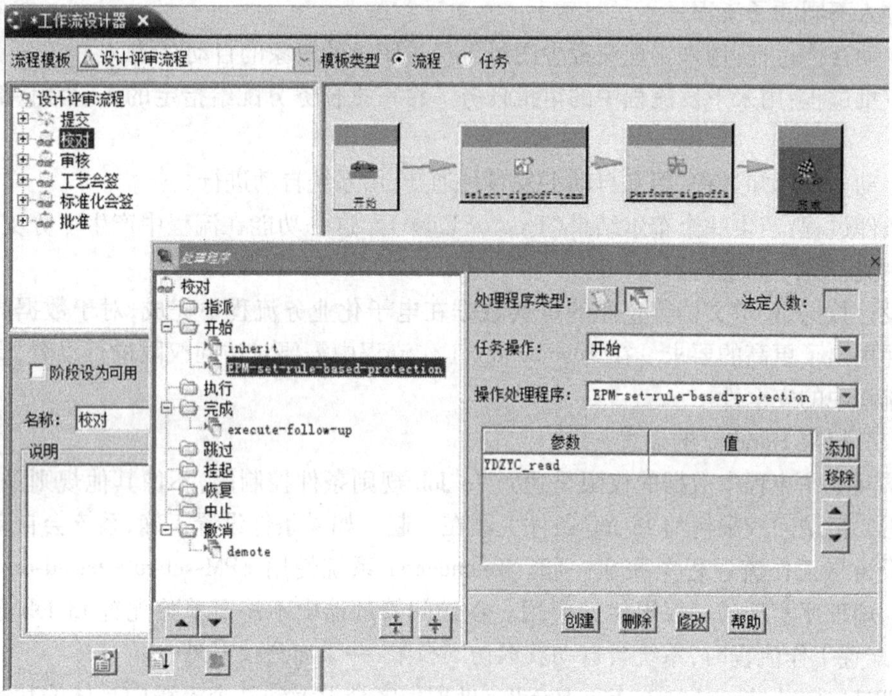

图 6-32　设置流程审核者的读权限

EPM-set-rule-based-protection Handler 的设置是在工作流设计器中实现的，在流程 root 节点或任务节点的开始状态中设置，添加设置好的 ACL 权限，ACL 权限会传递到访问管理器。此 Handler 的权限控制访问会一直影响该活动，直到活动结束，流程进入下一个节点。

（2）ACL 设置

工作流设计器中的 ACL 是在“属性显示面板”中设置的，如图 6-33 所示，单击“命名的 ACL”按钮，会弹出权限配置对话框，供用户配置工作流程中数据的访问权限。可以新建、修改、删除权限值，为组、用户、所有人、审核者设置不同的访问权限，如图 6-34 所示。创建写权限的 ACL，流程发起者可以查看、修改审核数据。图 6-35 设置了读属性，流程数据在审核节点时，审核人员只能查看评审数据，不能再进行修改。

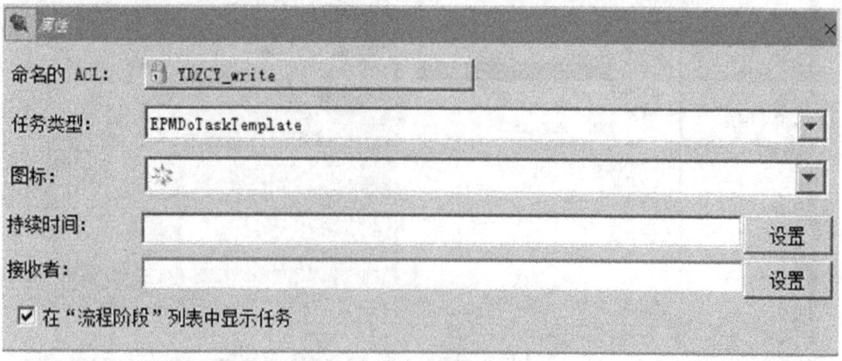

图 6-33　属性显示面板

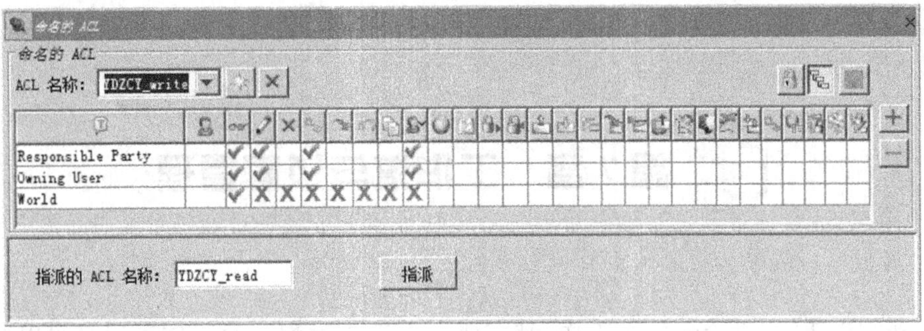

图 6-34　配置写权限的 ACL

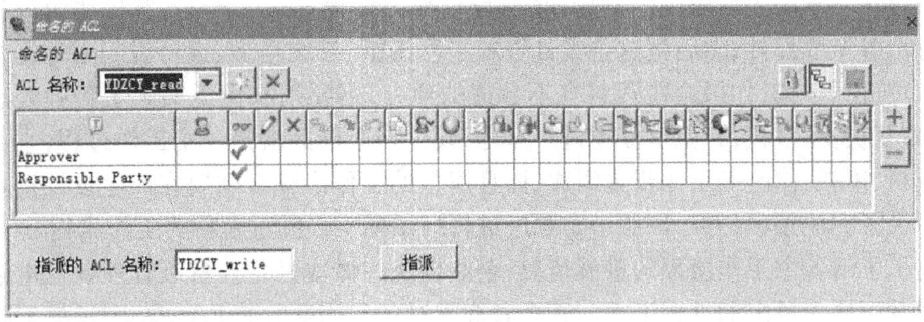

图 6-35　配置读权限的 ACL

在配置 ACL 权限时，需要设置工作流程中的 ACL 访问者类型，如表 6-7 所示，它是工作流程中常用的访问者类型。

表 6-7　工作流程中的访问者类型

访问者类型	描　述
Approver（RIG）	流程中，签发概要表中指定组与角色的审批人员，RIG 是 Role In Group 的缩写，具有 RIG 限制的访问者类型要求审核用户只在工作流程中使用
Approver（Role）	流程中，签发概要表中指定角色的审批人员
Approver（Group）	流程中，签发概要表中指定组中的审批人员
Approver	流程中的审批人员，没有组和角色的限制
Task Owner	获得对任务中目标数据进行处理的用户
Task Owning Group	获得对任务中目标数据进行处理的组
Responsible Party	表示将数据提交到流程的发起人。发起人的 Inbox 文件夹在审批过程中始终出现这个流程，发起人负责所有审批任务的分配工作（即选择审批者）

第 7 章　工作流与过程管理

在现实生活中，不论做什么工作，都需要一个工作过程。而工作过程又可以分解为各个工作步骤，每个工作步骤完成若干个操作。各个工作步骤之间，根据所要完成任务的性质存在一定的先后顺序。例如，企业设计部门要设计一个产品，首先要由设计工程师设计出各个零部件；然后把这些设计资料工程图纸、三维模型、设计说明书等提交上级技术人员进行审核；如果这些资料有不合适的地方，则要把它们返回到工程师处进行修改，再重复提交、审核，直至审核通过。这里，设计一个产品就是一个工作过程，它由产生设计资料、审核、修改等工作步骤组成，而且审核的工作步骤必须要在产生设计资料之后进行。为了完成某项任务，按照一定顺序进行一系列工作的过程称为工作流程。

为了了解各个工作流程的进展情况，企业传统的做法是企业各级管理者打电话询问进展以及下属人员定期进行汇报。管理者询问时如果当事人恰巧不在，则无法了解到准确情况，而且领导者也不可能询问到每一个当事人。比如处长不可能询问每一个工程师，而是询问设计科科长，但科长也不可能随时知道每个工程师的工作进展情况，同样地，定期汇报自然不可能是随时的，而所有这些都可能引起上级工作的延误。另外，各种资料在各个工作步骤之间传递时，有些企业是把这些资料打印出来，由工作人员递送；有些企业是在企业内部网传递资料，但无法在计算机上对这些资料进行审批、签字，最终还是要打印出来。这一切都会影响企业的工作效率，也是企业实现信息化管理的障碍。

PDM 系统的工作流程管理功能就是为解决这些问题而设置的。PDM 系统不仅管理产品数据本身，而且管理产品数据的产生过程。根据企业制定的管理规则，对产生、修改和使用产品数据的过程进行协调和控制，这就是工作流程管理。

企业在其长期的生产经营中，都会产生各种有效完成工作的业务流程和工作步骤。PDM 系统定义工作流程是建立在对企业中各种业务流程的分析结果之上的。企业中典型的工作流程有两种：审批流程和更改流程。

7.1　工作流与过程管理概述

7.1.1　基本概念

（1）产品数据的全生命周期

产品数据从生成到报废是由一系列有序状态组成的。例如，从设计开始，经过审批、发放、生产、使用、变更与报废等状态，这一系列有序的状态构成了产品数据的全生命周期，如图 7-1 所示。

(2) 过程

数据对象在其全生命周期中从一种状态变到另一个状态时应进行的操作或处理的规则集合,称为过程。过程为工作流程的基本构成单元。

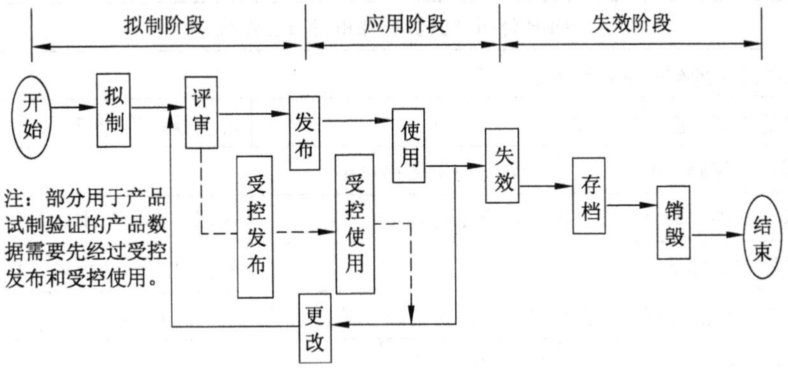

图 7-1 产品数据的全生命周期

(3) 工作流程

为了完成某项任务,按照一定顺序进行一系列工作的过程称为工作流程。

工作流程定义分为以下六步:① 一项工作分解成若干个步骤;② 设定每个步骤要完成的任务;③ 安排完成这些任务的人员;④ 设定每个步骤的启动和结束的条件;⑤ 完成任务的期限;⑥ 安排各个步骤的先后顺序等。

(4) 流程图

流程图是用于形象地表示一个工作流程的定义。

流程图由若干个节点和它们之间的连线构成,如图 7-2 所示。每一个节点代表了一个工作步骤;它们之间的连线表明完成工作任务的顺序关系;节点需要设置一些属性,以描述这个节点的特性;节点属性一般包括用户、意见、期限、启动条件及通过条件。

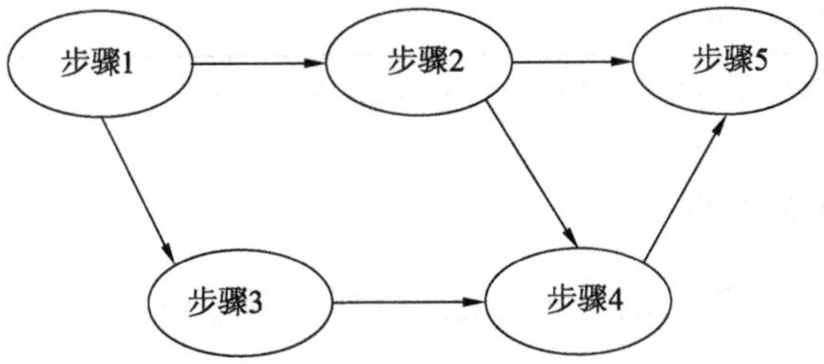

图 7-2 流程图

(5) 流程电子化

电子化的产品数据归档与发布流程,能够将设计工程师拟制的电子数据通过计算机网络自动传递给审核人进行审核,通过后再自动导入计算机数据库,自动发布给需要的部门,并自动签收、记录。

(6) 电子表单

每一个工作流都有一张电子表单,记录业务流程运作过程中的各种信息。

电子流程操作完成后产生的电子表单记录了审核人提出的详细审核修改意见,记录了归档的产品数据的元数据信息，以及电子流各操作人的电子签名，包含重要信息，因此应该作为产品数据的一部分，并在产品数据管理中长期保存，如表 7-1 所示。

表 7-1　工作流表单示例

<table>
<tr><td colspan="3">DRP 公司产品数据评审发布工作流</td></tr>
<tr><td colspan="3">本工作流所依据的业务流程是*****。(1)</td></tr>
<tr><td colspan="2">工作流当前状态: *****(2)</td><td>表单号: *****(3)</td></tr>
<tr><td>所属产品编码:(4)</td><td colspan="2">所属计算器名称:(4)a</td></tr>
<tr><td>关联零部件编码:(5)</td><td>关联零部件名称:(6)</td><td>关联零部件版本:(7)</td></tr>
<tr><td colspan="2">产品数据名称:(8)</td><td>数据开发软件版本:(17)a</td></tr>
<tr><td colspan="3">提交产品数据(请粘贴附件,注意必须采用以下模板: *****):(10)</td></tr>
<tr><td>产品数据提交人: ***</td><td colspan="2">提交时间: ******</td></tr>
<tr><td colspan="3">指定综合审核人: ***</td></tr>
<tr><td colspan="2" rowspan="2">直接主管审核意见(标准审核时间: * 工作日):(11)</td><td>直接主管:</td></tr>
<tr><td>完成审核时间:</td></tr>
<tr><td colspan="2" rowspan="2">规范性审核意见(标准审核时间: * 工作日):(12)</td><td>规范性审核人:</td></tr>
<tr><td>完成审核时间:</td></tr>
<tr><td colspan="2" rowspan="2">专业审核意见 1(标准审核时间: * 工作日):(13)</td><td>专业审核人1:</td></tr>
<tr><td>完成审核时间:</td></tr>
<tr><td colspan="2" rowspan="2">专业审核意见 n(标准审核时间: * 工作日):(14)</td><td>专业审核人n:</td></tr>
<tr><td>完成审核时间:</td></tr>
<tr><td colspan="3">接收部门签收记录:(15)</td></tr>
<tr><td colspan="3">归档发布过程记录:(16)</td></tr>
</table>

注：斜体字表示该栏内容由软件自动产生，不需要人工填写。

7.1.2　工作流程管理的类型

工作流程管理按照管理的范围和功能进行划分，可分为三种类型：任务管理、工作流管理和任务历史管理。

(1) 任务管理

这主要是管理产品设计人员在何时对哪些数据对象做了哪些设计或更改，对其他数据产生了哪些影响，应该通知哪些相关人员等。由于产品的设计往往是由一个设计组或更多的单位协同共同完成的，每个人都交互地进行着自己的任务；产品的设计也需要不断更改，每次更改可能都会影响到其他人。任务管理的主要功能就是实现设计组或各单位协调统一地进行产品设计，当设计有所变化时，就必须以一定的方式(比如电子邮件)及时通知相关人员。

（2）工作流管理

在产品设计与制造过程中，小到一张工程图纸的审批、发放或更改，大到零部件设计、分析、制造，都是面向工作群体的，同时依照一定流程行事。例如，一张图纸需要根据设计意图由设计师生成实体模型并成图，然后交给同组工作人员进行审核，未发现问题后再交由项目负责人审批、签字，最后正式发布给其他部门（如生产、组装部门），并交由图档管理部门归档。在同一个企业中，类似这样有一定约束的工作流程数以百计，千变万化，即使是工程图纸的审批、发放，对于不同部门、不同性质的图纸，其流程也不一样，更何况 PDM 系统的工作流管理要面向不同企业。所以工作流的定义与管理工作必须具备良好的灵活性，以适应各企业自身的组织、经营、管理风格。

工作流的建立涉及三方面模型的有机结合：其一是工作流模型，即建立产品设计与制造过程的有序结合；其二为资源模型，包括用户、用户组、角色与应用工具等，它们是过程中的任务执行者；最后是数据模型，用于定义和追踪提交给工作流的数据对象的类型。

（3）任务历史管理

正如数据的版本管理是维护产品数据有效性和演变过程核查的必要手段，各项任务的完成情况及其过程也应有完善的记录，便于将来查询。任务历史管理相当于日志的功能，对任务管理和工作流管理中的所有动作和事件给予记录，提供追溯的功能。在产品的研究开发过程中，往往设定一些阶段性的节点，并归档该阶段的所有相关数据，以便检查各项变更的记录，了解状态演变的前因后果。同样，新产品开发时可以吸收其中的成功经验和失败教训，并估算新方案的进度计划和资源分配。

7.1.3 工作流程管理的功能

（1）定义并建立工作流程

① 定义产品的开发流程

每个企业都有自己的产品研制开发工作流程。一般来说，新产品的开发首先需要分析市场需求，提出可行性分析报告，然后进入初步设计、样机生产、新产品鉴定等阶段。只有通过鉴定以后，才能开始定型设计，实现批量生产。上述过程只是对产品开发过程的粗略划分。实际上，在产品的生命周期中，工作流程是环环相扣的，工作流程间存在着嵌套、分支的情况，一个工作过程可以包含一个具体的工作流程。例如产品开发的初步设计阶段，可以细分为原理设计、方案设计、结构设计等过程，这些工作过程构成了初步设计的一个流程。进行结构设计时，按照设计对象的不同有两个分支流程：装配件设计流程和零件设计流程。零件设计流程还可以细分为多个子工作流程。

产品的开发流程分为串行式和并行化的开发流程。传统的开发流程主要是串行式的，如装配件设计完成以后才可以进行零件设计，零件结构设计完成后才能进行零件的加工工艺设计，最后是制造。这种设计效率低下，零件的设计错误往往在样机试制时才会发现。为提高设计效率，应采用并行化的工作流程。PDM 系统提供了可视化的工作流编辑器，可以在 PDM 中建立符合企业习惯的并行工作流程，如 CAD 设计人员完成了结构模型的设计后，可以将该模型提交给设计人员进行可装配性和可制造性分析，以便他们并行地参与，并且指定每个过程的执行人（角色），设定过程的输入和输出数据。

② 定义设计数据的审批流程

企业每天将产生大量的产品数据信息。其中有许多产品信息需要经过审批，才能发放给它们的使用者，成为指导生产的产品数据。一般审批业务流程有以下步骤：当产品信息的设计者已经完成了产品信息的制订后，就可以把这些产品数据提交审核和批准；审批人员对设计资料中的问题提出意见，连同设计资料一起返回给设计者；设计者根据审批意见对设计资料中的问题做出修改，再次提交审核和批准；在每个审批人员都批准后，产品数据就被发放，供有关人员共享。

图 7-3 表示各个设计数据的审批会签的流程。在工作流程中涉及各种人员，他们在过程中充当不同的角色，被赋予不同的工作权限。例如，只有设计部门的主管才具有审核设计文件的权利，工艺审查由高级工艺师负责，标准审查员管理标准的执行情况。在各项审查都通过后，最后由该产品开发项目的负责人批准设计方案。

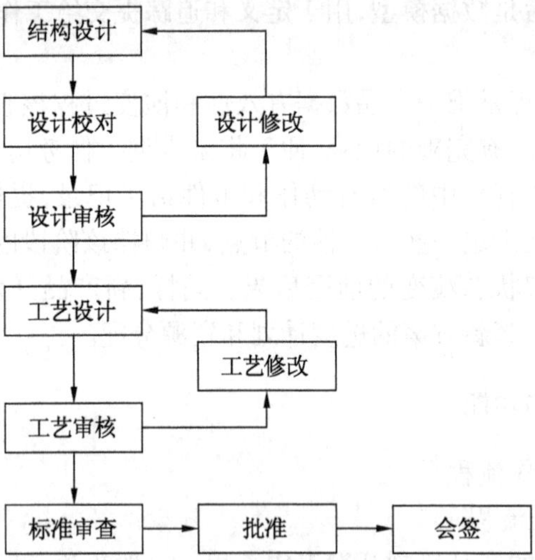

图 7-3　设计数据审批会签流程

另外，用传统的方法进行审批时，各个环节是按照串行的方式进行的。出于成本的考虑，送审的所有资料往往只做成一份，这样等待审批的产品图纸或文件在某一个时刻只能被一个审批者审阅，其他审批者只能排队等待前一个审批过程结束后才能拿到产品图纸或文件开始审批。如果某一位审批者由于某种原因暂时不在，则审批流程就会停顿下来，引起整个审批过程的延误，不能如期完成预定的工作。由此可见，传统的串行式的工作流程效率比较低。为了提高效率，应该采用并行化的审批流程。

③ 指派流程的用户

指派用户或用户组给工作流程中的每个节点，对这些用户进行角色分工，规定他们的工作权限与工作职责，并在一定的约束条件下进行工作。

(2) 工作流程的运行、监控

流程监控是专门为管理人员设定的功能，可以将每个参与人员的任务放到个人的工作任务列表单里，每个参与人员从计算机中可查看自己工作任务列表单中列出的工作任务，在流程的规定下并行地工作。它的主要功能一般分为两个部分：监控流程的进展情况和模拟流程的运行。

下面介绍PDM系统实现流程监控的方式。当要查看某个流程时，在屏幕上显示出这个流程的流程图。PDM用不同的颜色来标出各个节点任务的完成状态。例如，对已完成任务的节点用绿色来表示，正在工作的节点用白色表示，已经到期还没有完成任务的节点用红色表示等。单击流程中的某个节点，可以查看流程的有关属性，如流程公文、节点任务、任务执行人、任务开始时间和期限等。通过这些属性，管理者能够了解任务执行的详细情况。此外，管理者还可以利用PDM提供的方法对各个节点的情况进行处理。如某个节点任务的执行者有事不在时，可以忽略该节点的任务，以便下一个节点开始工作；对某个节点的任务执行者发出通知或指示等。流程监控程序一般按照一定的时间间隔自动地检测各种状态，这个时间间隔可以由用户自行设定。

流程模拟的作用是使设计人员可以构造一个模拟的流程环境，对流程进行检测。这样可以预先和及时地发现流程的问题所在，判断流程的可行性，使流程更加合理化，使企业避免由于流程不合理而造成损失。一个流程完成以后，它运行的过程都反映在流程结构图中，其中的流程属性记录了流程状态演变的过程数据并保存在电子仓库中。

（3）查看流程中文档的状态

文档的状态分为设计、送审、修改、入库、发行和冻结。在工作流运行的过程中，任何授权的用户均能看到流程执行的情况、流程中文档的确切位置和状态、浏览过程的历史记录以及执行的结果注释。管理员可以根据流程制定的各任务期限，检查各参与人员的进展情况，并及时通知下道工序人员，以保证工作的顺利进行。

PDM工作流程管理可以提高流程的执行效率，为企业信息化提供了诸多便利，但也要深刻认识到组织企业各种业务流程的重要性。如果业务流程组织得不好，即使应用PDM也不能解决根本的问题。采用PDM对工作流程进行管理，只是管理手段上有了进步。企业还应当结合PDM所提供的管理手段的特点，对原有的业务流程进行分析和重组（如原来的业务流程中必须串行执行的任务在PDM下是否可以并行地执行，原来并行执行的任务在PDM下是否可以提高并行执行的程度），使流程管理能够更好地发挥PDM系统的作用，提高流程的执行效率。

7.2 PDM系统的工作流程

工作流（过程）是一个管理对象，按照业务流程复杂程度的不同，工作流或多或少地可以被结构化。工作流中的结构元素称为过程步骤或过程活动，它们是根据电子周转文件夹中的内容应该被执行的功能。这些功能包括下达工作任务、通知、检验、条件判断和系统任务等内容。下达工作任务除了对文档进行串行处理以外，也可以进行并行的访问。同时，为了并行地进行产品开发，即并行地执行有关的子任务，这个功能也是必须具备的，如图7-4所示。对于下达工作任务、通知和检验等活动，必须明确规定活动的执行者和接收者。对于条件判断和系统任务功能，需要定义相应的逻辑表达式或方法调用（消息）。活动的执行者和接收者既可以是单个PDM系统用户，也可以是确定的用户组或角色，如图7-5所示。

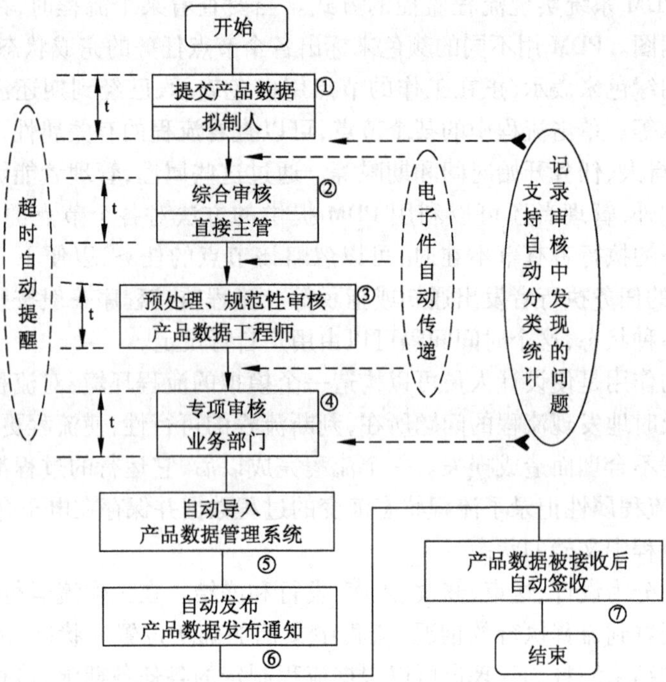

图 7-4 企业工作流程

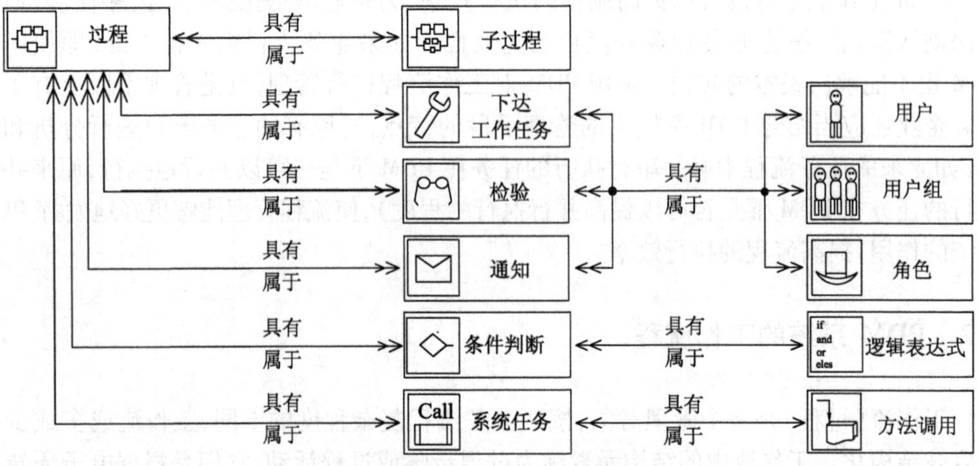

图 7-5 工作流(过程)模型

7.2.1 过程模型

在进行计算机支持下的工作流管理之前,首先应该建立过程的模型。为此,应该利用一个图形编辑器来定义各个过程步骤,并根据具体的需要将这些过程步骤连接起来。过程步骤的链接确定了过程的结构。每一个过程步骤都有一个入口和至少两个出口,其中一个或几个出口用来表示活动的成功,另一个出口用来表示活动的失败。如果过程结构已被确定,则可以将过程步骤与功能对象关联起来,后者被用来对工作流中的各个活动进行控制。利用功能对象库可以加快过程建模的速度。在功能对象库中存放着各种各样可重复使用的标准工作流对象,调用有关的对象并将其链接起来就可以很方便地建成所需要的过程模型。

功能对象下达工作任务和检验需要有执行任务的主动的 PDM 系统用户;而功能对象通知则只需要有被动的 PDM 系统用户,他们只需了解过程的结果。功能对象下达工作任务和检验,可以与作为主动执行者的 PDM 系统用户、用户组或角色相关联。一个功能对象可以与 n 个执行者相关联,反过来,一个执行者也可以属于 m 个功能。功能对象下达工作任务有很多种变形。例如,一个工作任务可以对应于一个工作步骤、一个串行的工作步骤序列或一个并行地处理过程。功能对象向执行者通知其应该执行的工作任务,对工作任务的执行过程进行监视,保存被处理文档的状态变更信息,并在必要时将这些信息存入其他的 Vault 或 Vault-Location 中。

7.2.2 面向项目组的过程管理

工作流管理模块将面向任务的项目组中属于不同部门的员工联系起来,如图 7-6 所示。每一个员工按其专业领域扮演固定的角色,角色划分的详细程度取决于企业的实际情况。一些企业将角色定义为项目负责人、检验人员和工人等;而另一些企业则将角色定义为产品开发人员、设计人员、计算人员和工艺过程规划人员等。按照不同的过程结构,将有关的人员分配给各个活动。在工作流运转以前,将电子周转文件夹分配给第一个活动。在周转文件夹中,只能包括一份文档(如工程图)或一个文档结构。所有与该过程步骤有联系的 PDM 系统用户,都可以通过计算机网络从工作流管理模块得到自己的任务清单,其中包括了电子周转文件夹中的文档所规定的所有需要执行的活动。当然,也可以在电子周转文件夹中存入一份新的文档。

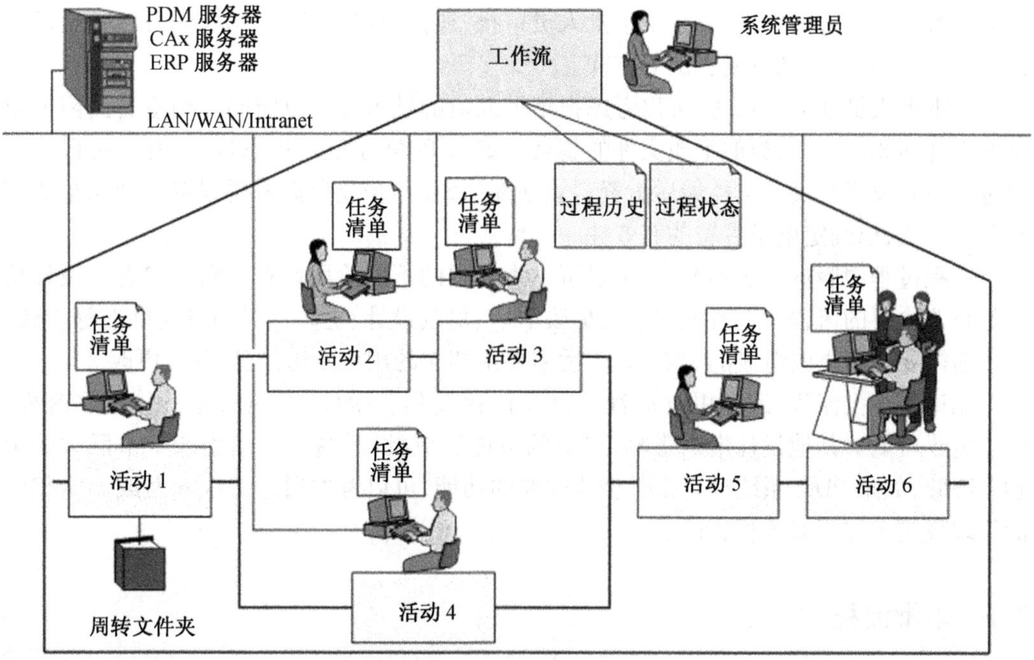

图 7-6　面向项目组的过程管理

7.2.3 PDM 系统中流程的创建

下面结合工作流程管理需要定义的几个方面，介绍 PDM 系统中流程的创建。

流程的名称应该简洁明了，使用户一目了然。比如，五级设计审批流程、八级工艺会签流程等。对于流程的使用范围，不同的企业有相应的管理制度，规定了企业有哪些文件、文件签署应按什么样的顺序以及不同阶段需要什么角色的人员签署。比如，某企业规定设计文件应该按“设计→校对→审核→工艺→会签→标审→批准→归档”的顺序进行签署，各类文件的签署顺序按照表 7-2 进行。

表 7-2 各类文件的签署顺序

文件名称	设计	校对	审核	工艺	会签	标审	批准
任务书	☆	☆	☆	–	☆	☆	☆
关键件汇总表	☆	☆	☆	☆	☆	☆	☆
零件图	☆	☆	☆	☆	○	☆	☆
产品明细表	☆	☆	☆	–	–	☆	☆

注：☆—表示必须签署；○—表示按需要签署。

将企业需求分析清楚以后，接下来创建流程模板。如任务书的流程为“设计→校对→审核→会签→标审→批准→归档”；零件图的流程为“设计→校对→审核→工艺→标审→批准→归档”。流程每一阶段否决后都可以返回上一级，也可以都返回到初始状态。具体流程应根据企业需要制定。

在各个阶段，审批人员对具体的数据文件都可以表示同意、反对和弃权三种不同的意见。若在一个阶段中，需要多个审批人员审批，还需要制定通过的原则，可以是全部同意、多数同意和一票同意或否决等方式。

当审批人员选择同意时，可以考虑把审批人员的姓名和同意时间自动签署到需要审批的文件的相应位置，类似纸质文件的签署。如果 PDM 系统不提供这一功能，可以考虑通过二次开发来实现。文档最后由资料管理部门归档，企业根据需要制定一套完整的资料管理办法，以确定电子签署的有效性。

流程过程中版本一般不变化，不过可以为流程的不同阶段设置不同的状态。设计更改是企业主要的流程。更改流程包括更改申请、更改设计、更改校对和更改批准等步骤。更改前需要分析更改造成的影响；更改后需要给相应的用户发送信息，分发更改。

无论是审批流程，还是更改流程均需要保存流程各阶段的信息，尤其是更改流程。因为更改可能对其他设计带来影响，严重的可能造成批次性报废，给生产带来巨大的影响。因此，如果 PDM 系统没有提供企业需要的功能，可以考虑通过二次开发或制定相应的管理规定来加强对流程管理。

7.3 审批流程

审批和发放是企业质量管理的重要组成部分，只有经过审批和发放许可的产品文档才能保证在使用过程中不会发生错误。发放过程是与企业的需求和企业的业务流程有关的,可以是一个多层次的结构。通常情况下,在产品形成过程中产生或更改的所有文档,都需要纳入发放过程。企业每天产生大量的产品信息,其中有许多产品信息需要经过审批,才能够发放给它们的使用者。

7.3.1 一般的审批业务流程

一般的审批业务流程有如下步骤:当产品信息的设计者已经完成产品信息的制作后,就可以把这些产品信息提交审核和批准。审批人员对设计资料中的问题提出意见,连同设计资料一起返回给设计者。设计者根据审批意见对设计资料做出修改,再次提交审核和批准。在每个审批人员都批准之后,产品信息就被发放,供有关人员共享。

用传统方法进行审批时,如果需要多位领导批准,一份送审的所有资料(出于成本考虑,往往只做一份)在各个领导中传阅审批。如果某一位领导由于某种原因暂时不在,则审批流程就会停顿,引起整个审批过程的延误。

7.3.2 PDM 系统中的审批流程

PDM 系统中审批流程管理是这样定义的。首先要按照企业制定的审批规则、审批权限和审批顺序定义相应的审批流程。在相关产品信息制作完成后,可以由设计者启动已经定义好的审批流程。他需要把送审的设计资料、审查申请以及说明等挂接到审批流程的文件夹中。这种挂接操作很简单,只需要设计者在自己的文件夹中把这些文件拖到审批流程的文件夹中即可。审批流程启动后,PDM 系统会自动依次把这些文件送到各个审批人员处,提醒他们送审材料已经送到。同时,PDM 把设计资料标记为提交状态,使所有能够访问这些设计资料的人员都只能对其浏览,不能对其修改。当某一个流程节点需要多个审批者会签时,PDM 会把送审资料拷贝到每个审批者的工作文件夹中,使多个审批者可以并行地工作,同时对一份资料进行审核,从而提高审批效率。如果某个步骤没有按时完成任务,PDM 系统也会给出相应提示,提醒任务执行者和告知项目管理者。项目管理者可以据此调整工作计划,采取某些措施,使这个流程继续运行下去。

7.3.3 基于 PDM 系统的工程图发放流程

工程图是描述产品的最重要的信息载体,它描述了一个产品或其零部件在整个生命周期中的各种状态。以对工程图的审批和发放进行管理为例来说明 PDM 系统中的审批流程管理,具有特别重要的意义。工作流管理模块的任务是,根据产品形成过程的进展,将工程图存入规定的存放位置并对访问进行控制,同时记录有关的状态标记和阶段标记。

不同的企业采用了不同的属性名称和内容对这些状态进行描述。不少企业采用发放状态和使用阶段等属性来描述产品或其零部件在整个生命周期中的各种状态。属性发放阶段描述了过程的状态,包括正在工作、正在审核和发放等状态。属性发放状态包括设计发放、标准化发放或制造发放等,它们分别对应于样品发放、试制发放或系列生产发放。按照不同的发放状态,零部件在其生命周期中有各种不同的使用阶段,如激活、非激活、冻结或失效等。

工程图的绘制可以在一个基于 PDM 系统的发放过程内进行，或另外作为一个独立的活动进行。在图 7-7 中，工程图的绘制未被纳入到工作流的管理中，设计人员并不是在项目 Vault，而是在其个人的工作环境中工作。工程图基本记录被存放在设计人员自己的 Workspace 中，工程图则被存放在其 Work-Location 中。此时，该设计人员是这份工程图的所有者，其必须已被授权激活工作流发放过程，或属于某个有权启动工作流的用户组，或是一个有权启动工作流的角色。首先，对工程图基本记录进行选择并将所选择的工程图基本记录分派给发放过程；然后，将与该工程图基本记录对象有联系的工程图作为数据对象分派给工作流。在这个活动的过程中，设计人员可以向检验人员发送一条信息。第一个过程步骤是下达检验任务单，检验人员的工作环境局限在检验 Vault 和与其相关的 Vault-Location 中。

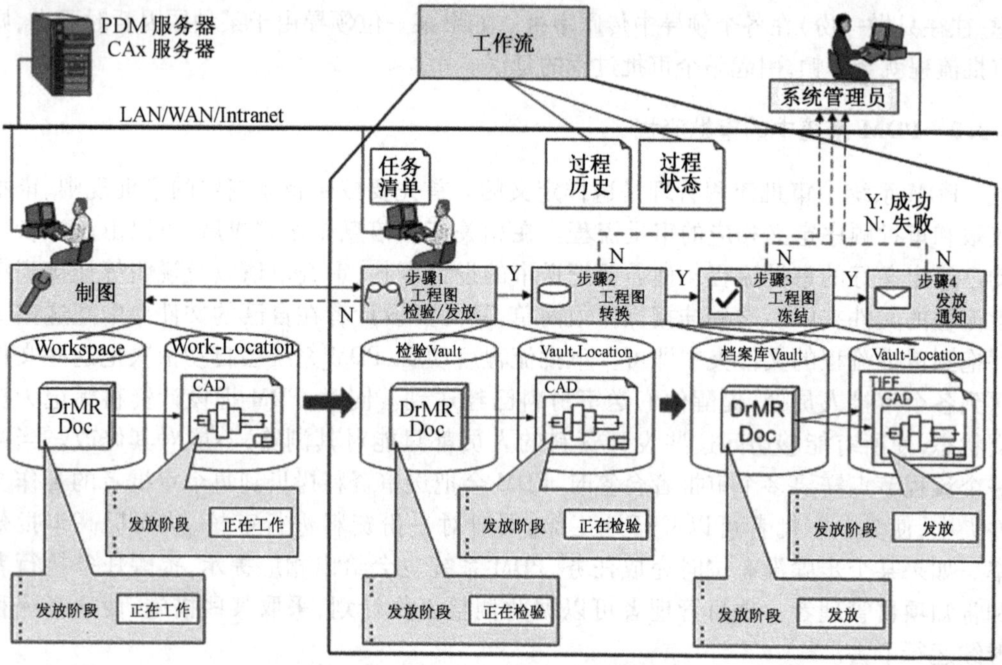

图 7-7　基于 PDM 系统的工程图发放过程

工作流中包括了所有有关的信息，以便将工程图基本记录和工程图从设计人员的工作环境转存到审批人员的工作环境中。PDM 系统的工作流管理模块将工程图基本记录和工程图对象的属性发放阶段的内容定义为正在审核。审批人员从任务清单中可以了解到审批任务的细节。此时，审批人员仅仅获得了对所审核文档的阅读权，所以他还不能在该工程图上进行直接更改。为了对存在错误的工程图进行某些标记，审批人员需要使用具有红线标记功能的浏览器。

如果被审核的工程图中没有错误，则审批人员将其发放到下一个过程步骤。审批人员结束其审批任务，并利用工作流管理模块将被审批的工程图转移到档案库 Vault 及对应的 Vault-Location 中。此时，工程图基本记录和工程图对象的属性发放阶段的内容被定义为发放。

在第二个过程步骤中，PDM 系统发出一条消息，要求从 CAD 工程图派生一个 TIFF

文件,该 TIFF 文件被作为数据对象进行注册并通过联系与工程图基本记录对象相关联。如果该活动失败,系统管理员将会得到一条出错信息;否则,执行编号为 3 的过程步骤。

在第三个过程步骤中,工作流管理模块将工程图基本记录和工程图连同 TIFF 文件存入档案库 Vault 中并打上标记冻结。此时,该对象直至下一次审核的,始终处于更改保护状态。同样,这个过程步骤也有一个指向系统管理员的出口。

在过程的第四步也是最后一步,需要执行的活动为发放通知。此时,应该根据信息分配表所指定的名单,将有关信息通知各个有关的 PDM 系统用户。在这种情况下,这些 PDM 系统用户都能通过电子邮件得到关于被发放工程图的消息。如果出于任何一种原因,发放通知的活动失败,那么系统管理员或项目负责人将会得到一条关于该活动失败的信息。当最后的过程步骤完成以后,工程图发放的过程链就告结束,工作流对象重新被设置成非激活状态。

7.4 Teamcenter 中流程管理

Teamcenter 的工作流设计器提供可视化的操作界面、灵活多样的流程任务类型,为工作流程模板提供了 13 种任务类型、8 种状态和 9 种操作类型,可组合适合各类业务流程需求的流程模板;可以通过便捷、灵活的拖拽编辑方式,快速构建流程模板;还可以导入、导出流程模板,便于流程模板的保存和移植。在图 7-8 中,上部框内为工具栏,中部框内为流程导航栏,其中树状显示流程,可快速浏览任务,并调整任务节点在树状结构中的上下位置。左下角框内为任务面板,从左至右依次是“显示任务属性面板”“显示任务处理程序面板”“显示任务签发面板”,允许为每个任务节点添加描述信息。

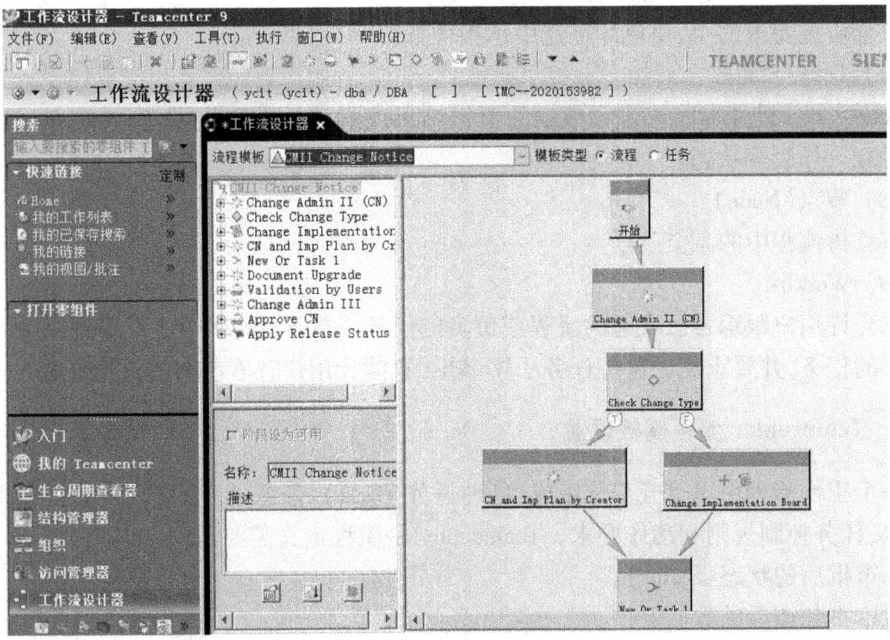

图 7-8 工作流设计器界面

7.4.1 基本概念

(1) 流程(Process)

自动化的事件过程,描述了为完成一个事件过程所需的单个任务及任务的顺序。各个任务具有时效和等级,包括串行的工作任务和需要并行完成的任务。

(2) 流程模板(Process Template)

它是工作流程的设计定义图。不同用途的流程使用不同的模板来定义,分别表示和适用于不同的事件过程。客户可以通过流程模板来定制符合自身企业要求的流程模板。

(3) 任务(Task)

它用于构建流程的基本单元。每个任务块定义了需完成这个任务的一组动作、规则、资源。

(4) 任务模板(Task Template)

任务的设计定义图。Teamcenter 根据真实世界任务的性质不同,预先制定了不同类别的任务模板,如 Do,Review,Condition,Routine 等。

(5) Handler

它构成任务的最基本的活动、规则定义和描述,分为两种类型:Action Handlers 和 Rule Handlers。

Action Handlers:用于定义一个任务的动作(Action)。Action Handlers 执行例如显示信息、搜索上个任务的结果、通知用户、设置权限、启动应用等动作。

Rule Handlers:用于将事件规则结合到流程模板的任务中。Rule Handlers 对一个动作进行条件判断控制。

(6) Resource Profile

Resource Profile 定义完成某一任务的人力资源,定义到组、角色上。在任务执行时,只有符合资源要求的组、角色才被选中承担任务。

(7) 状态(Status)

Teamcenter 使用状态来表示数据的审批结果或所处的设计阶段,例如发布、投产、预投产、停产、作废等状态。

(8) 节点(Node)

节点指流程中的某个阶段。

(9) Worklist

它允许用户跟踪自己发起的流程或负责的任务。在 Worklist 中可以看到一系列由用户负责的任务,并要求完成这些任务。Worklist 只能让用户查看参与的流程任务。

7.4.2 Teamcenter 流程模板设置

一个工作流程由以下五部分组成:各种任务(Task)、任务的先后次序、项目组织或人员、定义任务控制规则和动作要求。Teamcenter 中流程定义需要考虑以下几个方面:

· 审批后的状态(Status)。

· 审批归档后的数据保护。

· 层数(Level)。

· 流程中每一层不同人员的职责。比如有的用户只关心某一设计的存在与否或进展情况,对于这些用户可以采用通知的方式。有的用户虽然不参与审批,但需要知道文档的内容,因此可以限制其审批的权力,只允许其打开文档就可以了。而有些人需要参与审批并签字,这样的用户需要赋予其相应的权限。

· 定义每层之间的关系。每一层的票数(Signoff)和有效票数(Quorum)。

在建立流程模板以前,首先必须熟悉企业的业务流程,这就要求系统管理员在熟悉企业流程规范的基础上深入企业各部门内进行调研,了解实际过程和需求。另外,要求系统管理员对 Teamcenter Engineering 提供的建立流程的各个模块特别熟悉,尤其是有关更改流程的功能,充分利用软件的功能,避免重新设计、开发而走弯路。

(1) 系统管理员职责

系统管理员的职责是定义工作流程模板,包括定义流程的步骤及顺序(Stage)、定义流程的状态(Released Satus)、定义流程中的人员(Signoff Team)、设定权限(Access Right)、设置相应的控制机制(Handler)。

(2) 流程审核要点

① 一件工作(Job)是一个流程的真实发生。每当一个流程运行时就是一件工作。

② 一个审批者(Approver)就是一个任务的负责人。

③ 一个附件(Attachment)就是 Teamcenter 的一个与流程工作相关的对象。有两种类型的附件:目标附件和参考附件。目标附件将通过流程发放,审批完成后将加上状态。参考附件是在流程中提供参考信息,不会发放。

④ 责任人(Responsible Party)是提交流程的发起人,并且这个流程将在审批过程中始终出现在用户的 Inbox 中,同时负责有任务的分配工作(选择审批者)。

⑤ 选择审批者是指派任务的审批执行者。

⑥ 执行审批是任务的审批执行者进行审批工作。

(3) Teamcenter 状态及动作关系

任务状况用于控制和协调完成流程中每个独立的任务。Teamcenter 中有以下状态:Unassigned,Pending,Started,Suspended,Skipped,Aborted,Completed 等。而动作是转变一个任务状况到另一个的手段,Teamcenter 的状态及动作关系如图 7-9 所示。

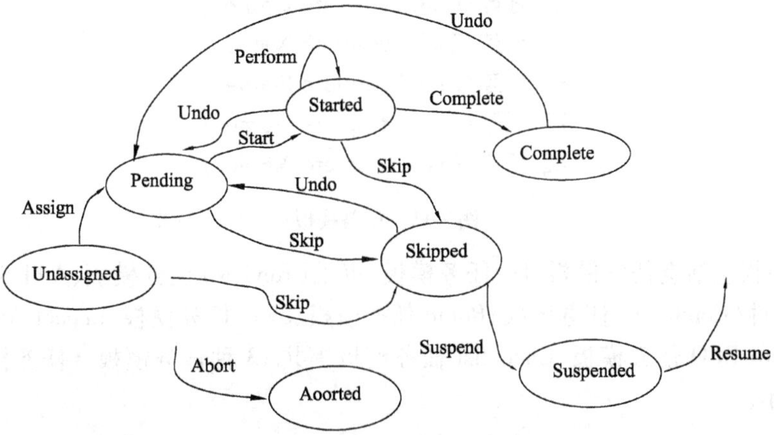

图 7-9 状态和动作关系图

(4) Teamcenter 中预设的流程及任务模板

① 流程模板(Process Template)

流程模板包括 Process, Review Process 以及所有用户创建的流程模板。这些模板供用户在创建其他新任务模板、审核流程模板及自定义流程时选用,如图 7-10 所示。

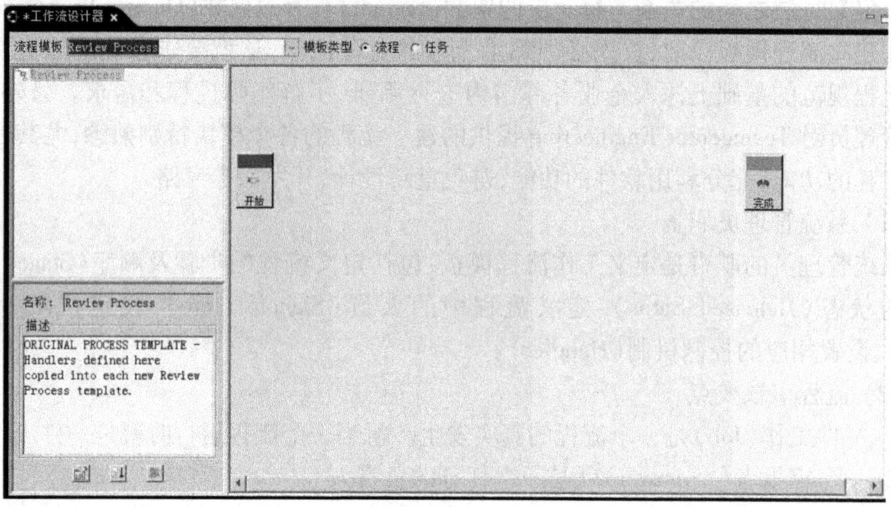

图 7-10 流程模板

② 任务模板(Task Template)

Teamcenter 预先制定了适合各种不同要求的任务模板类型,如图 7-11 所示。

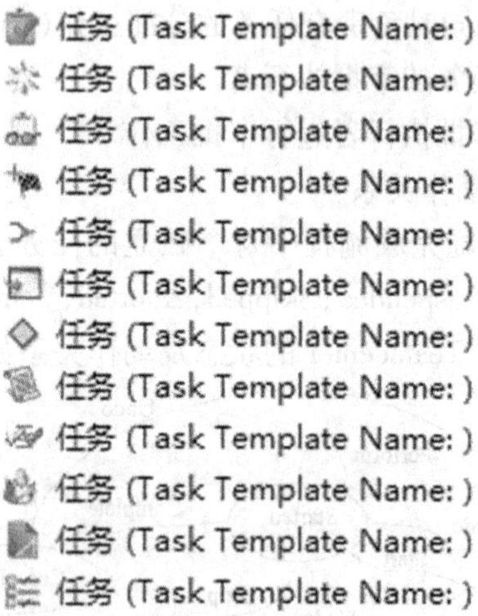

图 7-11 任务模板

任务模板包括空任务模板、Do 任务模板、审批(Review)任务模板、Add Status 模板、Or 模板、条件(Condition)任务模板、Route 任务模板、Sync 任务模板、Impact Analysis 任务模板、Prepare ECO 任务模板、Checklist 任务模板等共 13 种任务模板。任务模板简介如图 7-12 所示。

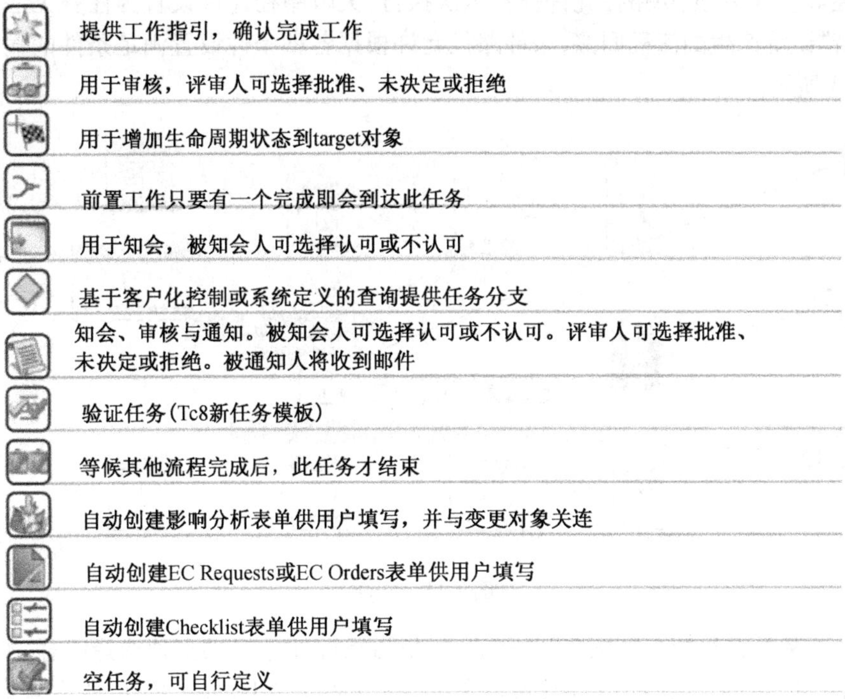

图7-12　任务模板简介

下面重点介绍几种常用的工作流任务模板。

Do 任务:是一个包含 EPM-hold handler 的任务模板。当任务开始后,EPM-hold handler 能阻止任务自动完成。这个任务模板有一个用户对话框,当任务完成后,用户可以选中对话框中的复选框表明任务已经完成。

“审核”任务:审核任务,是一个包含 select-signoff-team 子任务和 perform-signoffs 子任务的任务模板。select-signoff-team 子任务用来指定执行审核的人员,而 perform-signoffs 子任务则用来执行审核任务。在设计工作流时可以为 select-signoff-team 子任务限定执行此任务的组或角色,这样在启动流程为流程指定人员时,人员就被限定在指定的组或角色内。

“添加状态”任务:添加状态任务,用来为流程中的目标对象添加一个发布状态。在流程设计时在该任务模板属性中选定发布状态,当流程启动后,将自动完成目标对象的发布状态。

“或”任务:当多个处于同一层次上的任务中只要有一个发生就能触发它们的后续任务时,需要用 Or 任务。不管 Or 任务有多少前驱任务,只要有一个完成,系统就执行该任务,推动流程继续走下去。

“条件”任务:用于分支流程。条件属性有一个结果属性,可以设置为以下三个值:True,False,Unset。创建一个流程时,条件任务的两种后续任务根据实际需要分别把条件路径设置为 True 和 False,从而建立与 Condition Task 任务的关联。在流程设计中,“条件”任务一般需要和“或”组合使用。

(5) 路径

定制 Teamcenter 工作流模板时,PDM 提供多种路径选择,包括成功路径、失败路径、条件路径等。其中,成功路径允许任务依次执行,失败路径允许设置因任务无法完成、拒绝、代码错误等产生的流程回路,条件路径允许根据各种条件设置满足条件的输出结果,如图 7-13 所示。

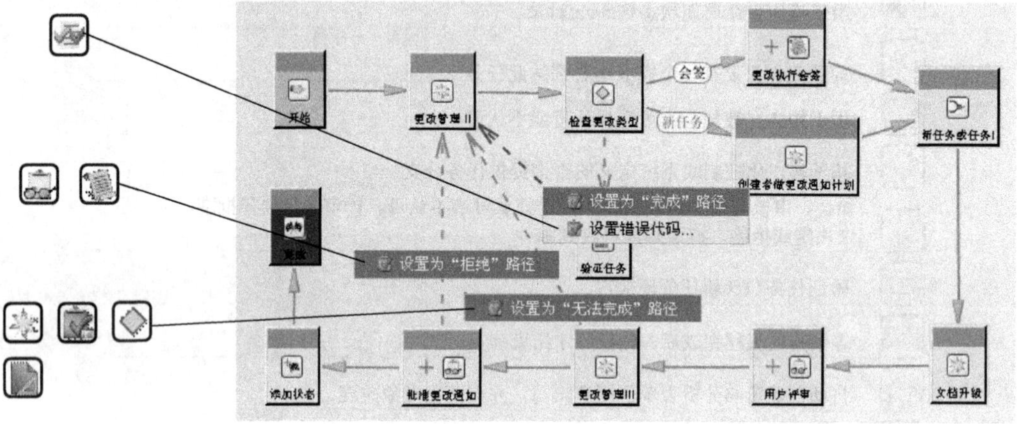

图 7-13　路径

条件任务的路径特点如图 7-14 所示,一是为条件任务提供多种选择路径,对应四种输出结果,即真、假、无法完成以及自定义结果;二是可将 Teamcenter 中所有查询条件作为任务条件,用户可根据业务需求自定义查询条件。

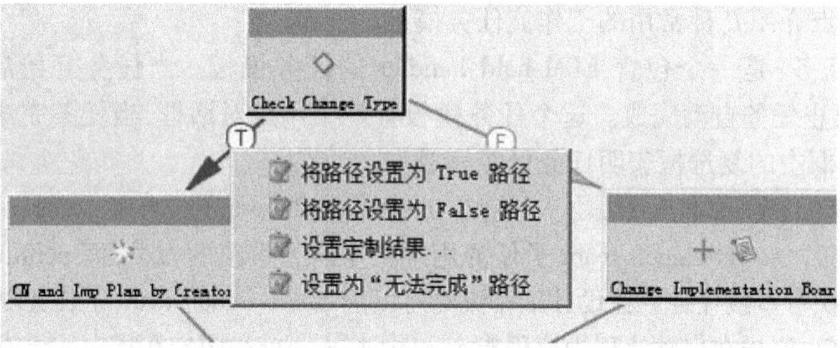

图 7-14　条件路径

7.4.3　Teamcenter 定义流程模板

Teamcenter 提供一些流程模板,但这些模板不能满足实际应用需求,系统管理员需要建立一些符合该企业实际应用需求的作业流程模板。

系统管理员登录系统,选择工作流设计器应用程序,进入工作流设计器应用程序界面,如图 7-15 所示。

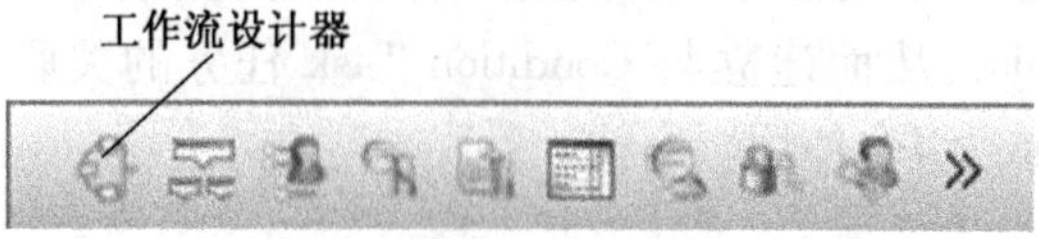

图 7-15　工作流设计器应用程序界面

（1）新建模板

系统管理员于工作流设计器应用程序中，单击菜单“文件”→“新建根节点模板”，如图7-16所示。

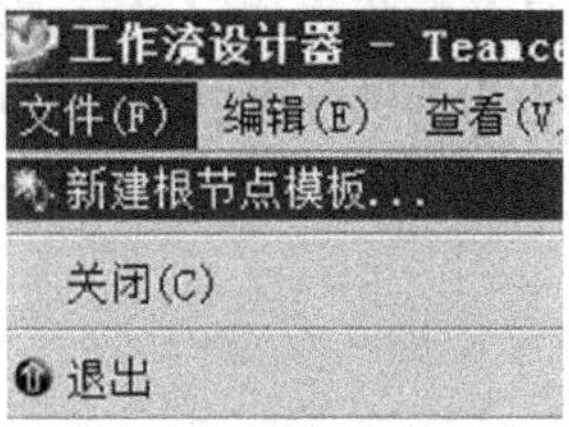

图7-16　新建根节点模板

打开新根节点模板对话框，输入模板名称。如果该流程可基于已有流程新建，可从基于根节点模板下拉框中选择已有流程；否则，默认空模板即可，模板类型选择“流程”，单击“确定”按钮，如图7-17所示。

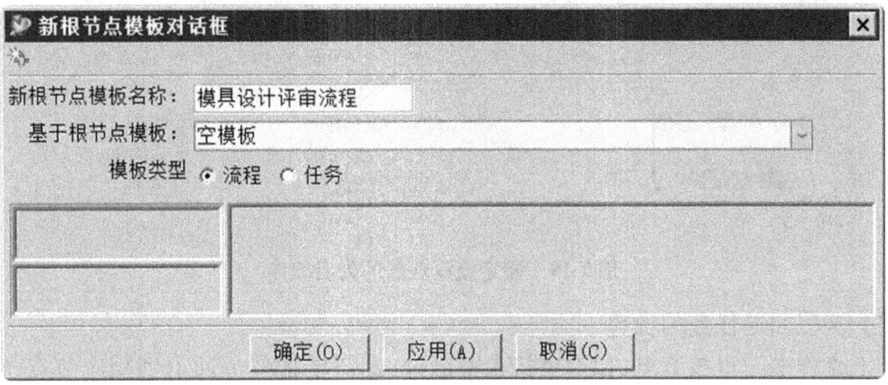

图7-17　新根节点模板对话框

这里应特别注意一个流程模板——快速发布流程模板。将Teamcenter系统环境外签署完整的、现行有效的旧数据纳入到Teamcenter中管理的时候，不需要走签署流程，针对类似情况，建立快速发布流程模板。快速发布流程模板操作流程比较简单，这里不再赘述。

（2）为新模板添加任务模板

可在新建工作流窗口中选择任务模板创建新的流程模板，添加新任务模板的方式为，在工具栏中单击需要的任务模板，移动鼠标到流程创建区域内，在空白处双击鼠标左键，任务模板将被添加到新建流程区域内；在左侧的名称文本框中修改任务名称。注意，修改完成后，鼠标要单击拥有该名称的任务或单击上侧流程树中的空白处，如图7-18所示。

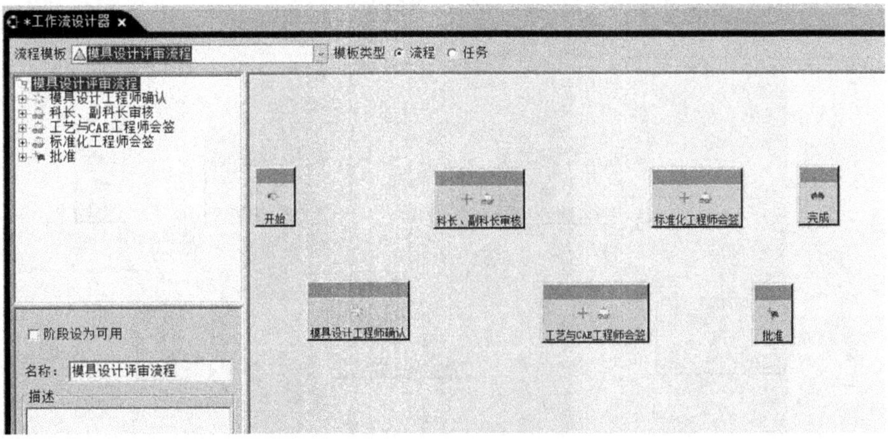

图7-18　添加任务模板

任务模板添加完成后,需要通过流程箭头指定流程任务的先后执行顺序,方法如下:选择作为前续任务的任务节点,鼠标不要松开,拖动鼠标到作为后续任务的任务节点处,松开鼠标,一个连接前后任务节点的箭头将出现在两个任务之间,如图 7-19 所示。

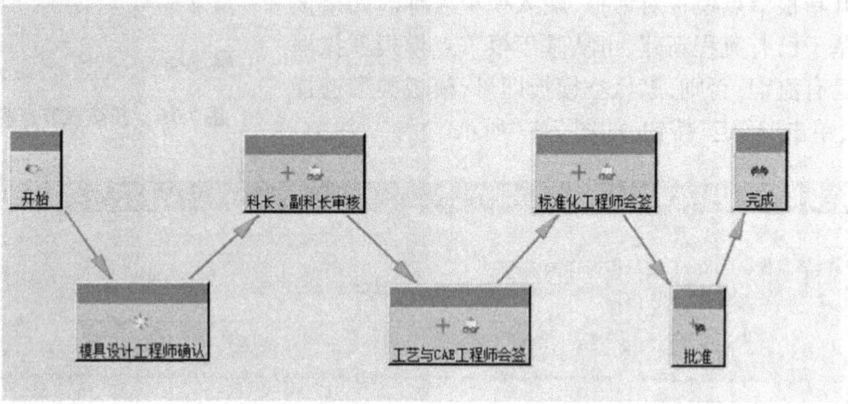

图 7-19　指定流程任务的先后顺序

(3) 流程回退任务的设置

对于流程中的审核节点,如果审核人不通过,则需要把任务回退到相应节点,这时需要设置流程的回退。Teamcenter 9 中流程回退比较简单,使用反向箭头来实现:鼠标放到需设置回退功能的任务节点处,按下鼠标左键,鼠标不要松开,拖动到流程将回退到的任务节点上,此时在原来已有连接箭头的基础上,出现一个反向箭头;选中该反向箭头,单击鼠标右键,从快捷菜单中设置为“拒绝”路径,此时反向箭头会变成虚线,表示当审核任务执行结果为拒绝时,流程路线将沿虚线箭头返回,如图 7-20 所示。

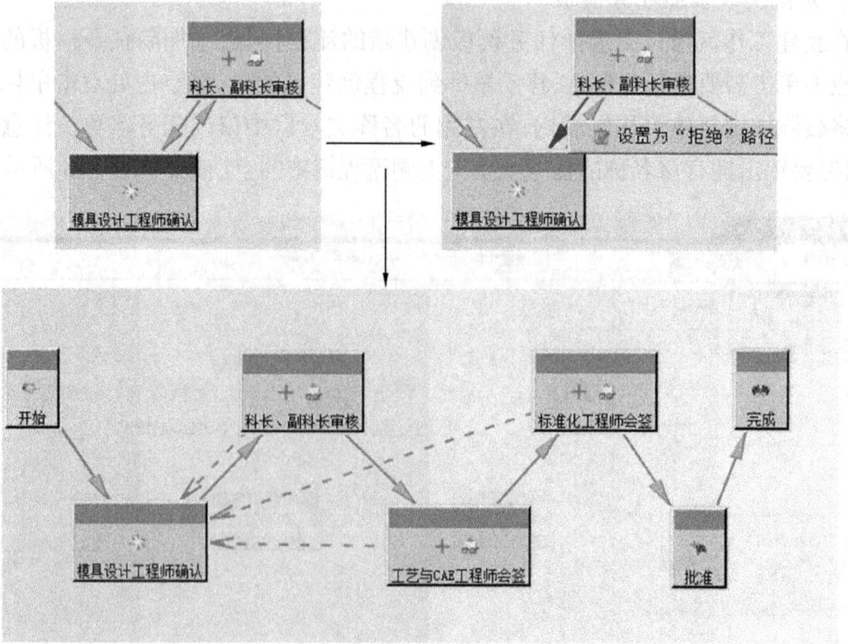

图 7-20　流程回退任务的设置

(4) 修改任务属性

① 设置任务超时提醒

设置任务超时提醒后,如果任务执行人没有在设置时间内执行任务,系统将发 Teamcenter 内部邮件通知。

任务超时提醒设置方法:单击工作流设计器左下角的“显示任务属性面板”,弹出“属性”窗口;在“持续时间”处单击“设置”按钮,弹出“设置持续时间”窗口,在其中填入持续时间。例如,如果任务收到 15 分钟后仍然没被执行,需要发邮件通知,可在“分钟”文本框中输入 15;在接收者处单击“设置”按钮,弹出选择接收者对话框,选择任务超时后将接收超时提醒的组或用户,如图 7-21 所示。

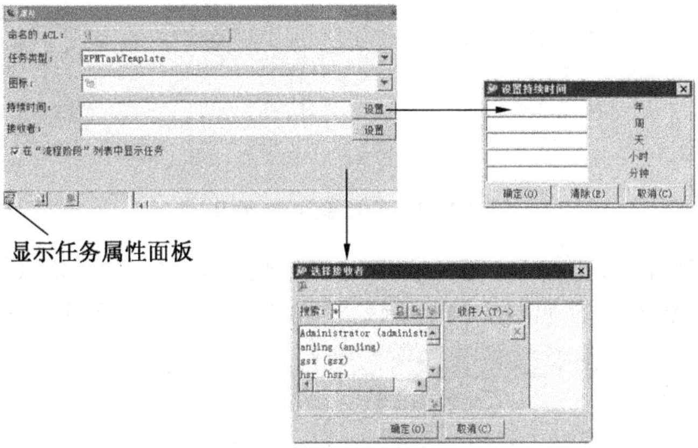

图 7-21　任务超时提醒设置

② 设置任务签发、命名的 ACL、任务处理程序

对于审核任务,可为其子任务 select-signoff-team 指定签发概要表,这样,当客户端新建工作流时,需要根据流程模板中指定的签发概要表指定任务执行人。例如,项目部标准化审核任务节点设置如下签发概要表:组为标准化组,角色为标准化人员,审核者数是 1,如图 7-22 所示。

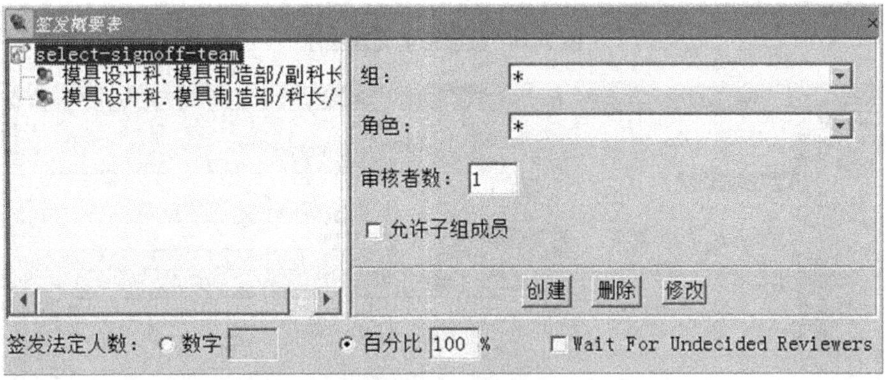

图 7-22　设置任务签发

这样,当客户端新建工作流程,指派任务执行人时,必须至少指定一位角色为标准化组标准化人员的审核者来执行审核任务。通过指定签发法定人数的数字或百分比,可设置任

务审核通过的标准:比如指定审核者数为 3,签发法定人数指定为 1,则在客户端执行该审核任务时,3 人中只要有 1 人审核通过,即使其余两人拒绝,流程也将继续执行下一任务。

同理,设置命名的 ACL 如图 7-23 所示。

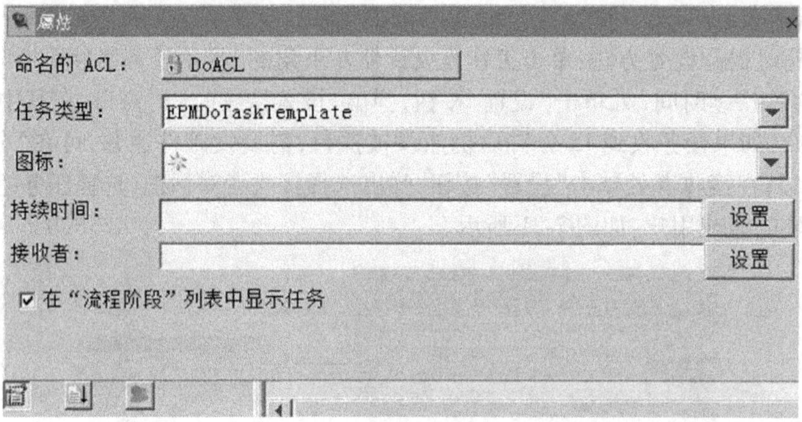

图 7-23　设置命名的 ACL

设置任务处理程序,比如 Do 任务所带附件与此 Item Revision 的关系必须是 IMAN_specification 关系,则其设置如图 7-24 所示。添加状态的设置如图 7-25 所示。

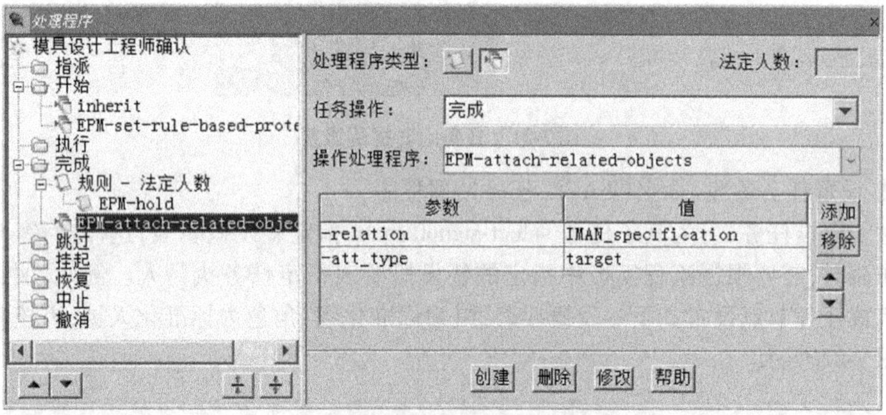

图 7-24　设置任务处理程序

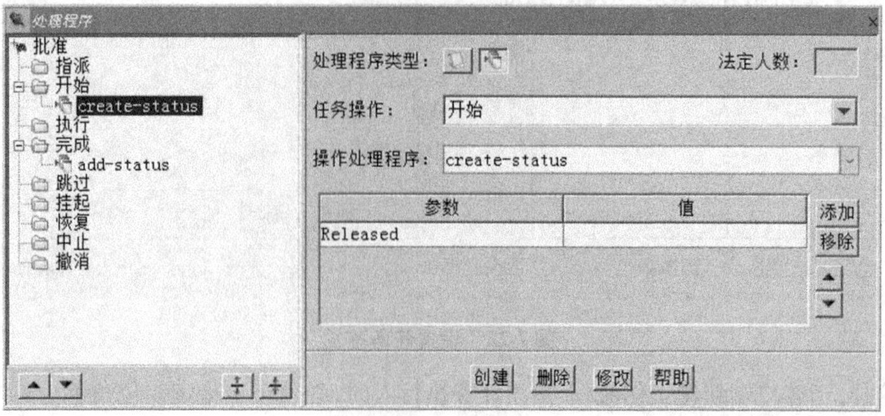

图 7-25　添加状态

③ 流程模板过滤

Teamcenter 9 中创建流程模板后，可根据权限设置流程模板过滤，针对具体的组为其指定特定的流程。通过这种方法可为不同组的用户筛选不同的流程。流程模板过滤由系统管理员来设置。

在流程模板过滤器中可为一个组指派多个流程模板，其中每个流程模板都基于一个具体的对象类型，比如基于 Item Revision 的零组件类型，为研发部这个组指派多个流程模板。这样当研发部这个组中的成员针对版本零组件新建工作流程时，可选的流程模板列表仅限于流程模板过滤器中指派的流程模板。

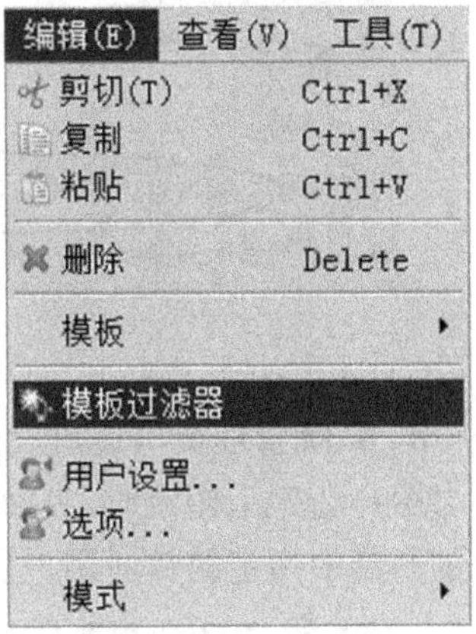

图 7-26　模板过滤器

流程模板过滤器设置方式如下：

a. 系统管理员在工作流设计器界面中，选择菜单“编辑”→“模板过滤器”，打开流程模板过滤器对话框，如图 7-26 所示。

b. 在流程模板过滤器对话框中，从“组名”下拉框中选择模具设计科模具制造部这个组，从“对象类型”中选择“ItemRevision”这个零组件类型，从窗口下方定义的流程模板中选择研发部对零组件类型为 Item Revision 的对象将使用到的流程模板，单击◀按钮，流程模板将添加到左侧的指派的流程模板中。单击“确定”按钮，如图 7-27 所示。

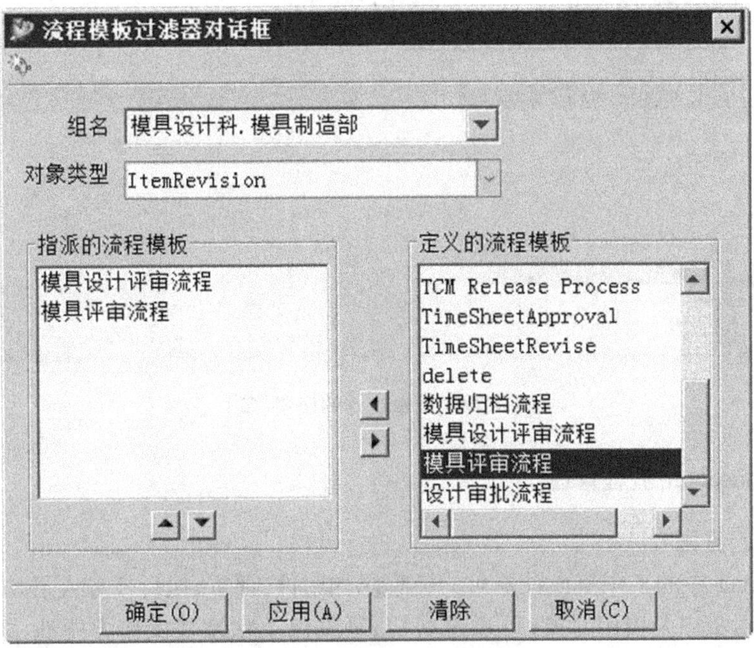

图 7-27　设置流程模板过滤

c. 默认情况下，用户新建工作流时，系统界面中会有流程模板过滤器的提示。如果选中全部，则流程模板列表将列出所有模板；如果选中指派的，则流程模板列表中的流程模板限制为流程模板过滤器中指定的针对用户所在组以及对象类型指派的流程模板，如图 7-28 所示。

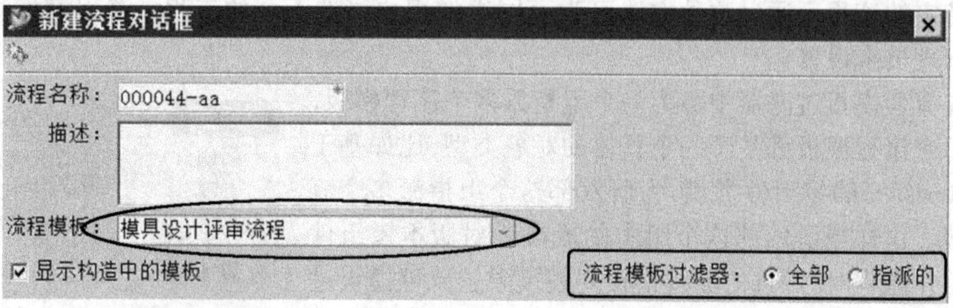

图 7-28　模板过滤的使用(一)

d. 系统管理员可通过设置系统的首选项 CR_allow_alternate_procedures 值为 none，这样当用户新建工作流时，界面中流程模板过滤器提示消失，流程模板列表中只有流程模板过滤器中指定的针对用户所在组以及对象类型指派的流程模板，如图 7-29 所示。

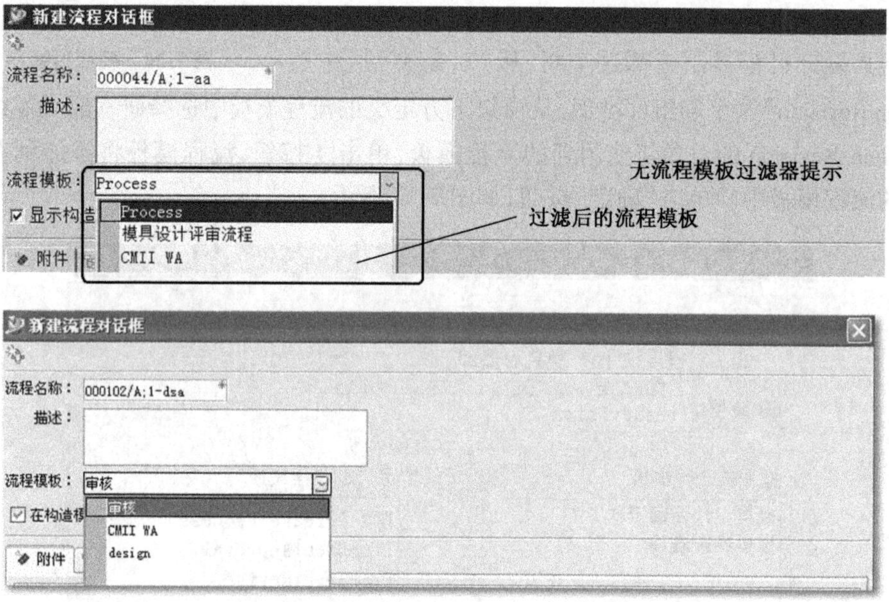

图 7-29　模板过滤的使用(二)

7.4.4　Teamcenter 流程管理

(1) 发起流程

Teamcenter 中的工作流设计器可为流程添加附件，评审、执行任务人员均可方便浏览任务的目标对象以及引用对象；可通过剪切、复制以及粘贴等操作方便地添加或剪除附件中的目标和引用对象，其工作流程如图 7-30 所示。同时，工作流设计器提供嵌入式流程查看器，流程创建者可以随时查看每个任务的详细信息。

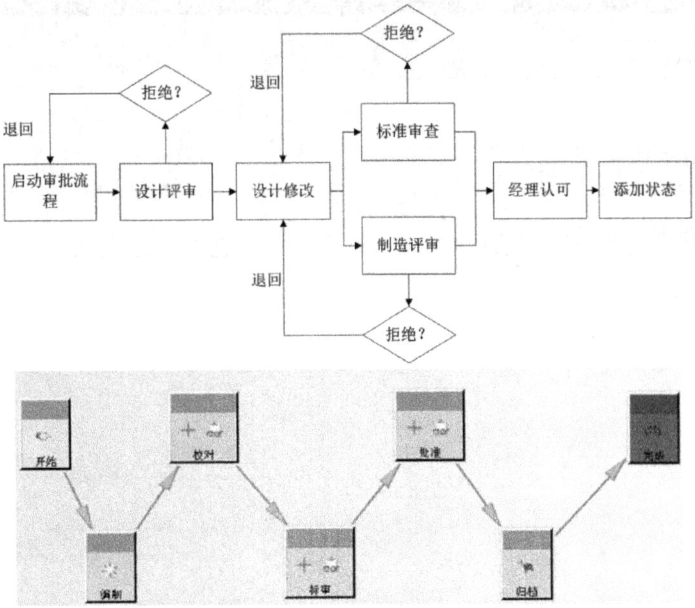

图 7-30　流程模板

① 选定一个或多个相同的 Item 对象的版本，选择“文件”→“新建”→“工作流流程”，系统出现“新建流程对话框”，如图 7-31 所示。

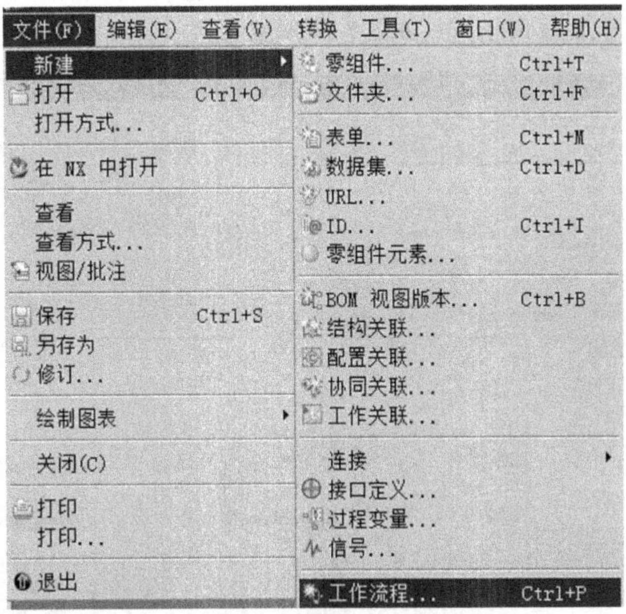

图 7-31　新建工作流程

② “流程名称”一般默认为选定对象名称，可修改；“描述”是对某对象提交流程进行详细叙述；“流程模板”是系统根据提交的对象类型设定的流程；“附件”标签页面显示“目标”和“引用”，“目标”指提交流程的对象，“引用”指参考对象，如图 7-32 所示。

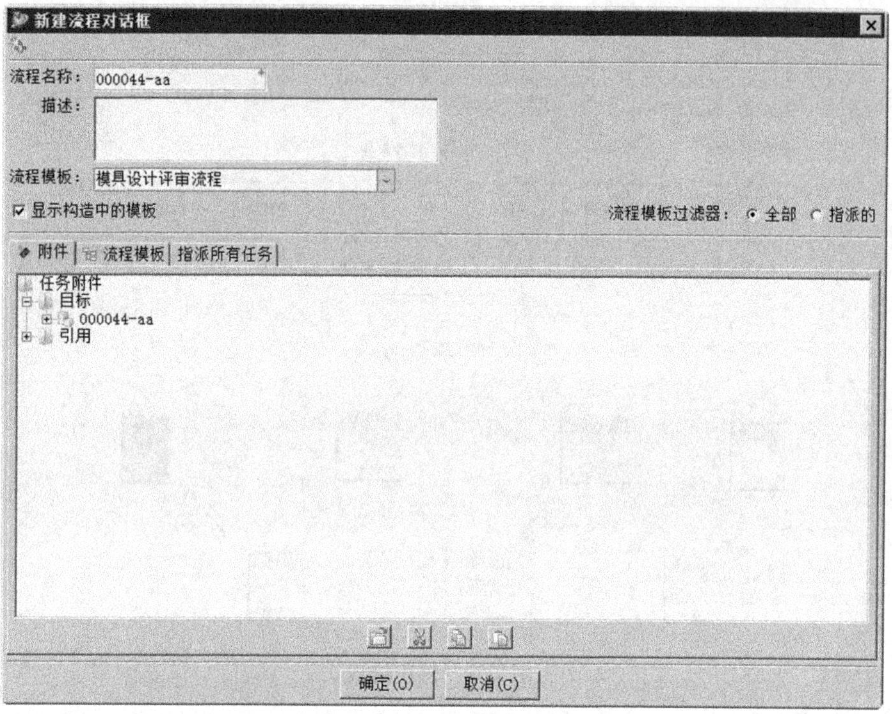

图 7-32　新建流程对话框

③“流程模板”标签页面显示整个流程中所有任务（文字和图形）节点，每个节点都有详细说明，只能显示而不能修改，如图 7-33 所示。

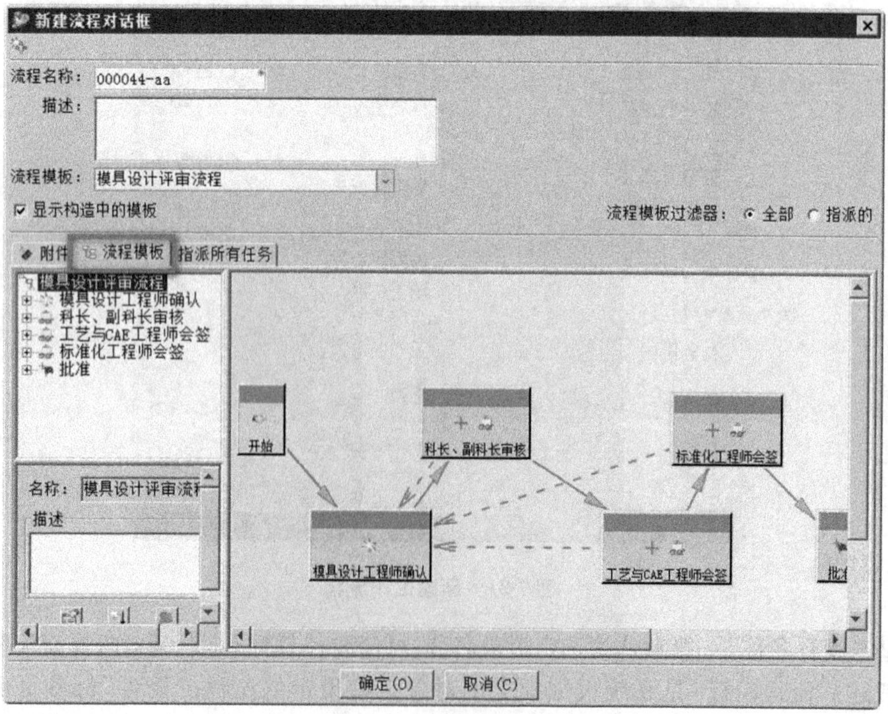

图 7-33　选择流程模板

（2）指派任务

新建流程时可以指派所有任务的执行者，任务执行者可以指定为项目组、组、角色或具体人员；可指定评审、会签法定人数，也可指定法定人数百分比，系统根据法定人数自动判断评审是否有效。对于同一会签任务，可针对人员角色分别指定评审、认可、通知等不同操作；对于评审、会签任务，可指定是否等待未决定的审核者，如图7-34所示。

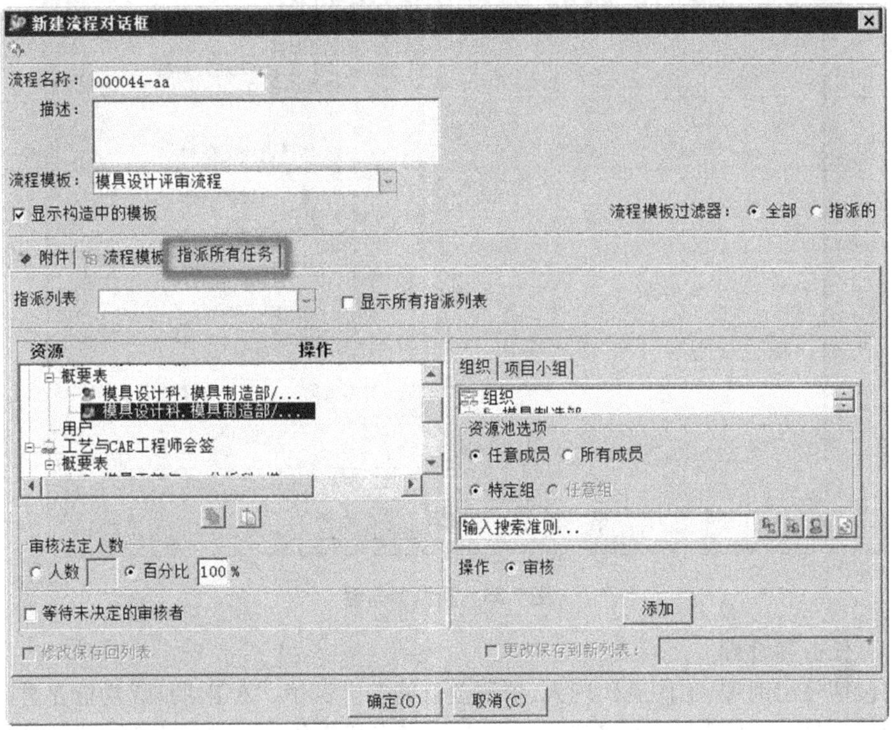

图7-34　指派任务

允许为单个零组件版本、更改版本指派参与者；可以使用EPM_create_participants为流程添加或删除动态参与者，如图7-35所示。

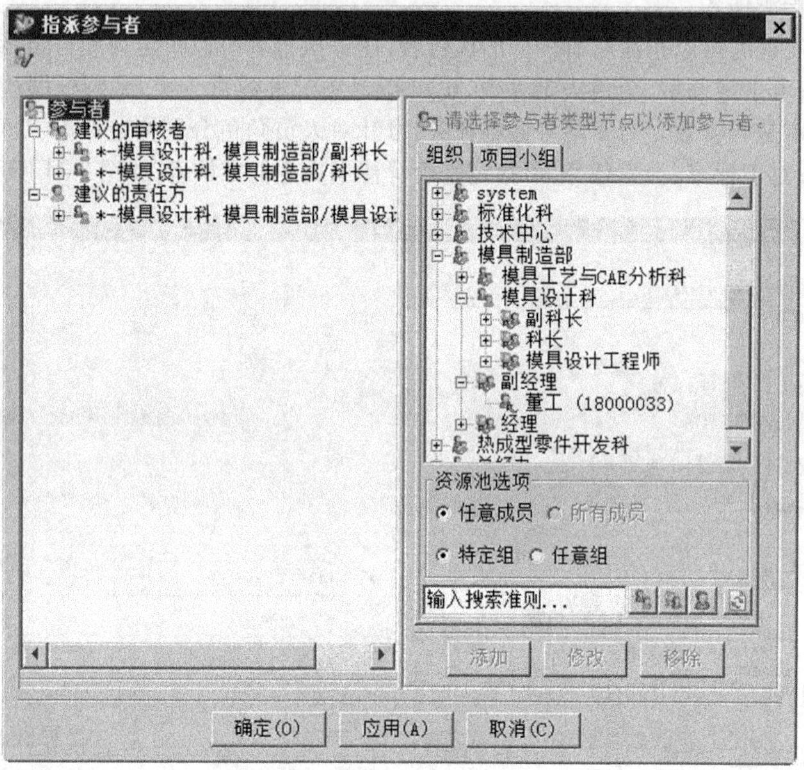

图 7-35 指派参与者

（3）任务箱管理

它包括外出助理、工作流代理人、资源池订阅等。其中，“外出助理”功能是外出人员指派助理人员，由助理人员直接代替外出人员完成其任务；“工作流代理人”的功能是外出人员指派代理人，由代理人员监管外出人员的任务，可委派签发任务，但不能执行任务；“资源池订阅”功能是通过组、角色为一个群体发送任务，成员可通过资源池订阅功能查看、执行或委派签发任务，如图 7-36 所示。

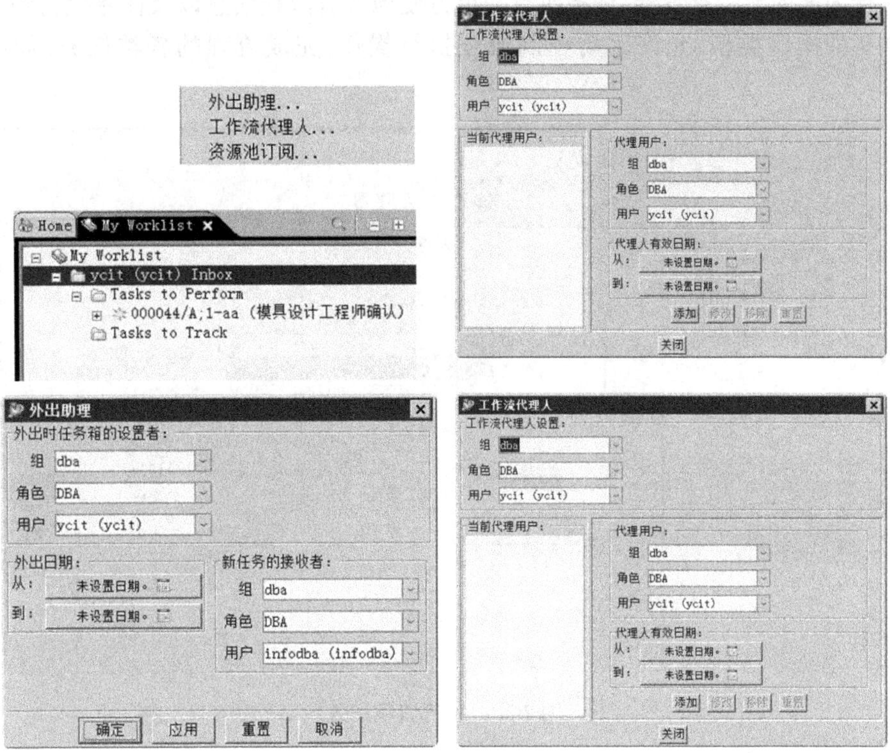

图 7-36　任务箱管理(一)

任务箱实时接收任务。它采用树状导航栏以便于查看和浏览任务信息,设置了要执行的任务和要跟踪的任务两类,便于管理和查看任务。任务视图显示了任务说明内容,指导执行人完成任务;同时,任务执行人可在注释栏添加任务执行注释,如图 7-37 所示。

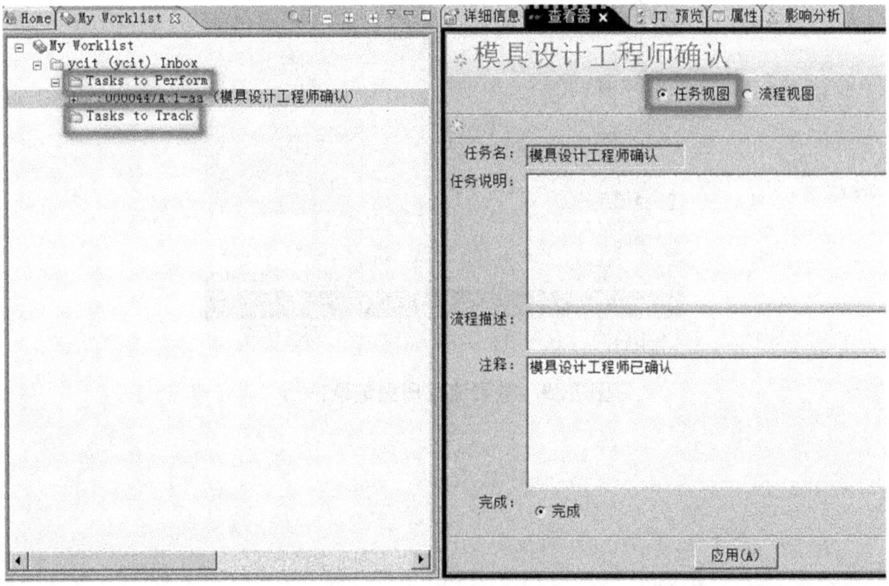

图 7-37　任务箱管理(二)

执行内嵌的流程查看器,任务执行人可方便地查看流程信息以及任务执行情况。同时提供9种操作类型,允许手动控制流程执行操作,完成流程的各类任务,如图7-38所示。

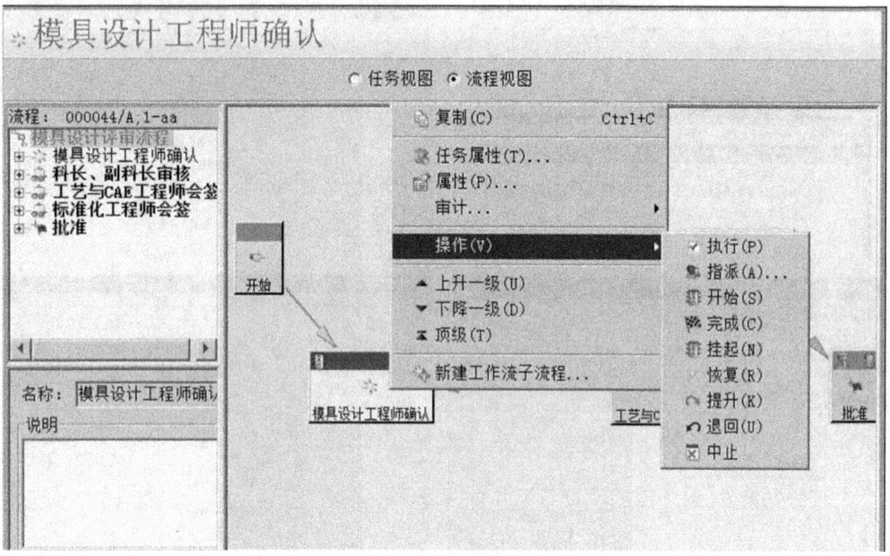

图 7-38 执行流程任务

(4) 查看流程审计报告

通过查看审计报告可以看到流程的审批记录等信息,浏览流程各节点的审批记录、注释等内容。Teamcenter 提供流程视图、审计报告、审计文件三种方式查看记录流程历史。在 Teamcenter 面板中,点击“查看”→“审计”→“文件”,即可查看到流程的历史记录,如图7-39~图7-42所示。

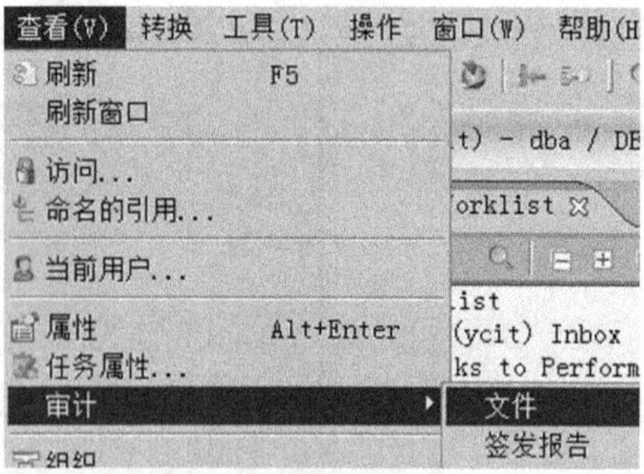

图 7-39 查看流程历史记录(一)

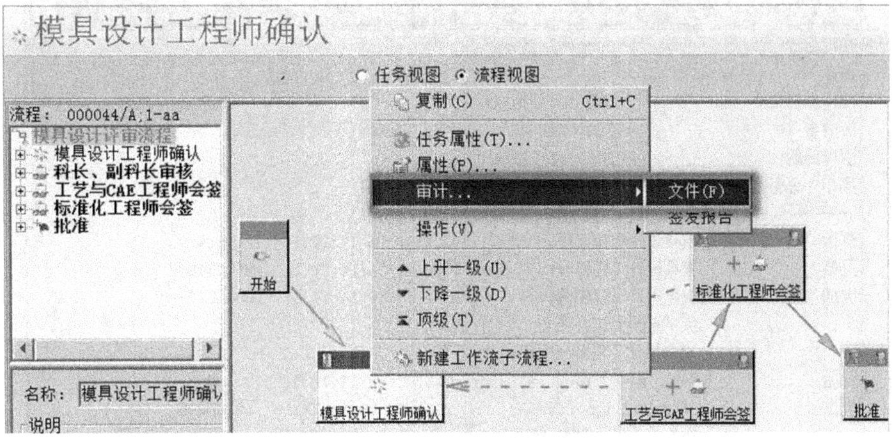

图 7-40　查看流程历史记录(二)

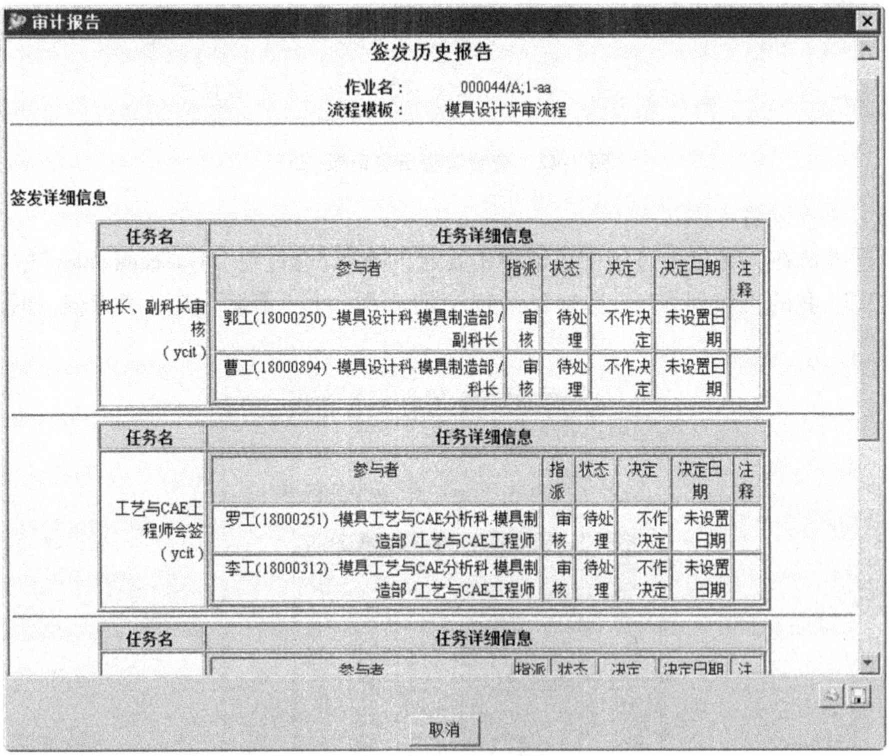

图 7-41　查看流程历史记录(三)

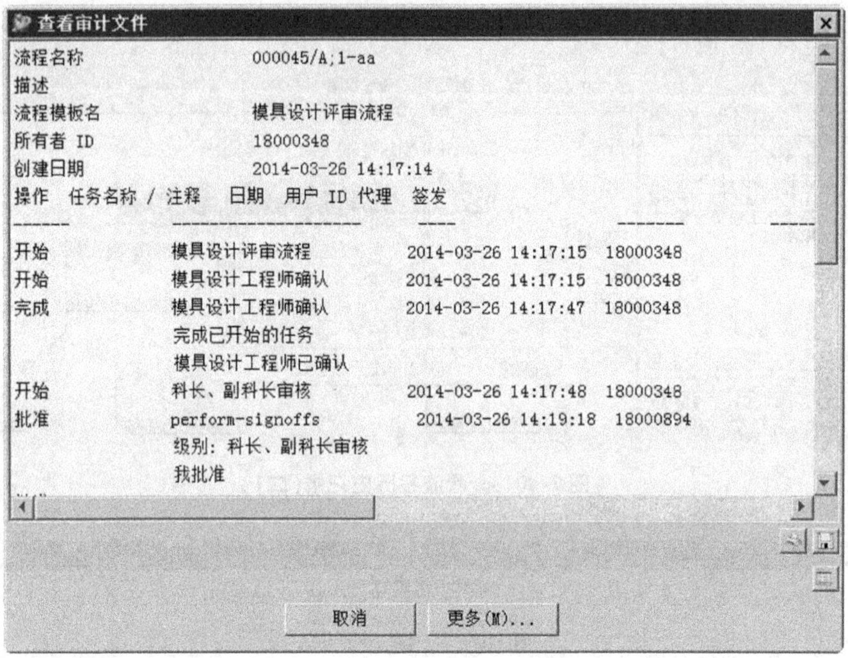

图 7-42　查看流程历史记录(四)

(5) 流程取消

设计人员在流程审批过程中可以撤销发起的流程,通过在“My Teamcenter”中选择工具栏:打开“我的工作列表”→选择已经提交的流程→按“删除”键取消流程,如图 7-43 所示。

图 7-43　撤销流程

7.5　PDM 工程变更管理

工程变更是制造业的生产过程中经常出现的重要活动,一个技术方案不太可能完美到不能再进一步改进的程度,特别是在航空、航天、汽车等制造企业领域中,产品更改几乎是一种每天都要执行的过程。工程变更必须有规范的过程约束与流程控制,所以它与流程管理是紧密联系在一起的。工程变更包括工程变更请求和工程变更指令两部分内容,变更请求只有通过提交流程管理部门审核与审批后才能实施。原信息修改后,要求通知到相关人员,并要求修改相关受影响的信息。产品开发过程中的设计变更是不可避免的;一般来说,早期的更改影响面窄、代价小,后期的更改影响面宽、代价大。

7.5.1 工程变更的意义和目的

一般认为,产品开发过程中工程变更的主要原因有以下几种:因功能方面的要求或制造方面的原因更改零部件设计;产品设计中的错误;产品的部件结构发生变化(增、减、替换零部件);零部件的用途发生变化:用户需求发生变化或错误地理解了用户需求;产品存在质量问题;开发新产品、新功能的需要等。从以上分析可以看出,工程变更不仅是一般意义上理解的对产品开发过程中错误的修正,它还是产品更新换代的原动力。

有关工程变更的研究主要分两类:工程变更工具的研究和变更方法的研究。

工程变更工具侧重于管理工程变更中的问题,研究如何借助计算机对涉及工程变更的人员、数据和流程实施有效管理;工程变更方法则研究如何减少工程变更对制造和库存管理的影响。工程变更管理的主要目的是保证产品数据使用部门能及时得到准确的产品数据,避免因使用老版本或变更中的数据而出差错。因此,从产品数据的版本管理入手研究工程变更是很有意义的,这方面比较典型的研究有 Krishnamurthy 和 Law 提出的产品设计文档的版本树模型。版本树的根节点是原始设计文档,以后每次变更后的版本都是变更前版本的子节点,同一版本经历不同变更形成不同版本。因此,文档的版本结构是树状结构,而不是线性结构。由于每个版本都记录了变更的理由,以及与上一个版本的差别等信息,这样就可以很容易地查到文档的版本状况、版本之间的差别等信息。这种方法的缺点是没有与相应的文档管理系统相结合,是被动的针对设计人员的系统,没有主动控制文档的变更,因而数据难以得到及时的更新。

工程变更方法的研究与具体企业的实际情况密切相关,随着企业产品的复杂程度、生产组织方式和开发周期等因素而变化。在一个企业行之有效的方法到另一个企业可能就行不通。因此工程变更方法的研究主要针对具体企业进行。

复杂产品的开发一般遵循自顶向下、由粗到细、逐步求精的原则,先设计整个产品的结构,其次是各大总成的结构,再次各主要部件的结构,最后是各零件的结构,逐渐细化。在设计结构的过程中,描述各零部件的文档(如设计和工艺等)也不断完善,对产品中使用的各种零部件进行分类、统计和汇总,就形成了各种 BOM 报表。产品数据管理系统的产品开发过程管理,就是对这样一个自顶向下的分解过程和文档的设计流程的管理。因为产品数据管理系统管理了产品数据本身、产品数据间的联系、产品数据与流程的关系,所以就能够判断更改产品数据的影响,这是工程变更管理必须有产品数据管理系统支持的主要原因。

7.5.2 工程变更中的要素及其关系

工程变更是由相关人员按一定流程对预发布或发布状态产品数据的更改,更改又可能影响到其他产品数据和使用这些数据的人员和组织。因此,工程变更管理的任务主要是对更改流程、人员组织和产品数据及它们之间联系的控制和管理,其目的是提高工程变更效率、减少变更错误和降低变更成本。理顺变更流程、人员组织和数据管理等要素间的关系是实施工程变更管理的基础。各要素之间的联系如图 7-44 所示。

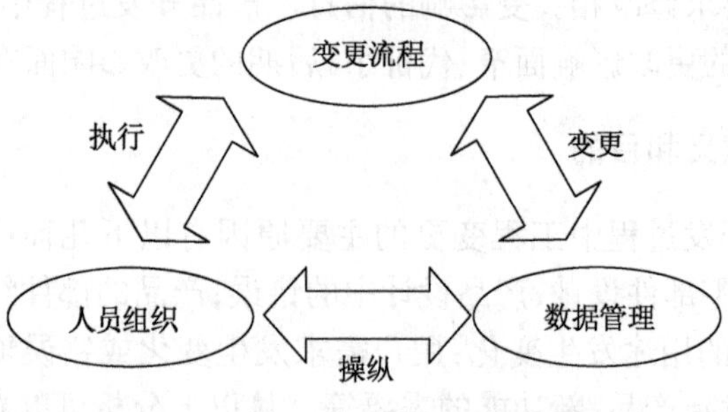

图 7-44　工程变更三要素之间的关系

工程变更管理与产品数据管理系统是相辅相成的。可以看出,变更流程、人员组织和数据管理都是产品数据管理系统的基本对象。产品数据管理系统管理所有产品数据、与产品数据间相关的所有流程,以及产品数据的使用情况。如果工程变更管理脱离了产品数据管理系统,不仅难以理顺产品数据间的复杂联系,而且难以处理产品数据与设计者、使用者之间的联系,导致产品数据的使用与变更脱节。因此,工程变更管理必须建立在产品数据管理系统的基础上,充分利用其数据管理等底层服务。从另一方面看,工程变更管理与产品数据管理系统的侧重点不同,产品数据管理系统从信息管理的角度侧重于产品数据的组织与管理,而工程变更管理则从成本与效率的角度侧重于数据变更流程、效率和成本等方面的控制和研究。因此,工程变更管理又有别于产品数据管理系统,它是在产品数据管理系统基础上的功能延伸。

工程变更的流程管理着重研究工程变更应该采取什么样的流程,如何对流程进行有效控制,加强流程间反馈的方法,以达到缩短变更周期、降低变更成本的目的。人员组织方面则着重研究如何将与工程变更相关的人员组织起来,并利用产品数据管理系统的通信服务,理顺组织、人员之间的信息交流,以保证与变更相关的任务及时得到执行,与变更相关的消息及时发送和得到反馈。数据管理则在产品数据管理系统基础上,着重研究与工程变更相关的产品数据间的联系,以确定变更的影响面和估计变更的成本,辅助变更管理人员采取可行的变更策略。

(1) 变更流程

在变更流程中,工程变更人员不仅要修改待变更产品数据的流程,以提高变更效率和减少变更错误,更重要的是正确决定待变更产品数据的使用期限、变更后的产品数据的生效日期,以及对制成品、在制品和零部件库存的处理意见,以尽可能降低变更成本。因此,变更流程的管理是工程变更管理中最关键的因素。

首先,不同的工程变更具有不同的优先级,一般情况下由于制造方面的原因或修改设计错误而产生的变更优先级高一些,而功能改进和改型设计等类型的工程变更的优先级低一些。这样通过对不同类型的工程变更,设定不同的优先级和采取不同的变更流程,就可以达到从整体上提高变更管理效率的目的。

其次,待变更产品或零部件不同,对这些产品或零部件以及相关产品数据的处理方法也不同。

最后，还需要利用产品数据管理系统对产品数据间联系、产品数据与人员组织之间的联系来界定变更的影响面，综合考虑变更的紧急程度，决定采取什么样的变更流程，如何发布变更结果。整个工程变更的流程如图 7-45 所示。

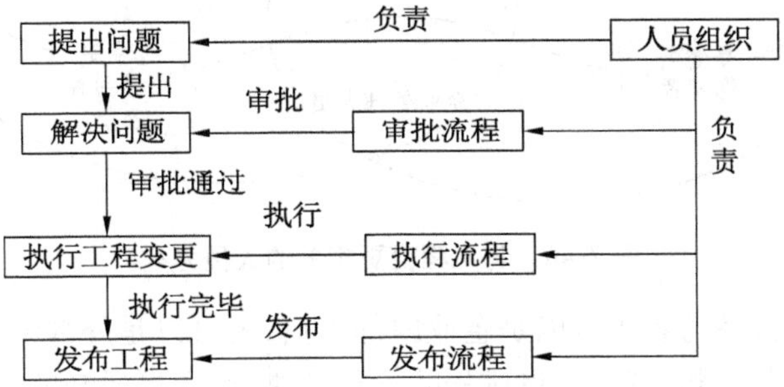

图 7-45　工程变更流程

与工程变更相关的流程分四个阶段：提出问题、分析问题、工程变更执行和工程变更发布。各阶段的主要工作如下：

① 提出问题

分析生产过程中和产品使用过程中存在的问题，经汇总后提交工程变更管理部门处理。

② 分析问题

工程变更管理部门召集相关人员进行分析，并提出处理意见；对需要变更的问题提出变更申请，在申请中需要说明变更理由和变更的数据，并将申请提交变更审批流程审批。在变更审批流程中首先要审定变更的必要性，分析问题的性质，综合考虑零部件库存、产品开发能力和成本等方面的限制，确定变更的类型和级别，将待变更数据加上变更标志，产生工程变更单，并指定一定的组织执行变更。在审批流程中，需要明确对库存零部件和待更改数据的处理意见。

③ 工程变更执行

工程变更的执行人员按一定的流程完成待变更产品数据的修改。严格的变更执行流程可以规范产品数据的修改过程，保证质量，减少错误。

④ 工程变更发布

变更完成后，不仅要替换原来的数据（原数据作为历史数据以版本方式保留）、清除变更标志，还要将已变更的消息和变更后的数据发送到所有相关的人员和组织，以便他们能及时开展工作。

（2）人员组织

人员是执行工程变更的主体，工程变更管理中的人员组织和变更流程是密切关联的。人员组织方面着重研究如何有效地组织和管理与工程变更相关的所有人员，理顺人员之间的信息交流渠道，保证与工程变更相关的所有问题都能够得到及时、充分地交流。

产品数据和人员管理的联系如图 7-46 所示。可以用不同的方法对与工程变更相关的人员进行分类：从参与程度看，有直接参与者和受影响者；从人员来源看，有企业内部人员和企业外部人员；从人员所属的组织看，有传统的按职能划分的各部门和针对某问题或产品而临时组建的动态团队。

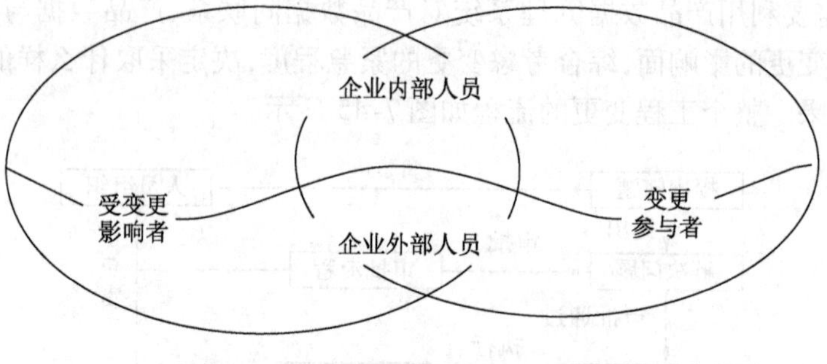

图 7-46 与工程变更相关的人员分类

工程变更的直接参与者既可以是企业内部人员,也可以是外部人员。他们负责变更问题的收集、整理、分析和反馈,变更过程的管理与执行,变更通知的发送和结果的传播。直接参与者主要有产品设计人员、零部件供应商和产品支持人员等。受变更影响者也有企业内部人员和外部人员之分,作为产品数据或产品的使用者,当产品数据需要更改或变更完成时,他们都需要及时得到通知,并且应保证他们及时得到准确的产品数据。受变更影响者主要是生产管理人员、制造部门、合作开发商或用户等。从图 7-46 可以看出,变更参与者和受变更影响者之间有交集,这意味着同一人员可以同时是变更参与者和受变更影响者。

(3) 数据管理

工程变更的数据管理着重研究工程变更相关的产品数据及其联系和管理产品数据的使用情况。产品数据主要有零部件信息和文档信息,产品数据间的联系主要有文档或零部件的版本信息、零部件间因装配而产生的联系、文档对零部件的描述关系和零部件对文档的引用关系等。任何产品数据有其设计者和使用者,产品也有其使用者,数据管理与人员组是分不开的。产品数据和人员管理的联系如图 7-47 所示。

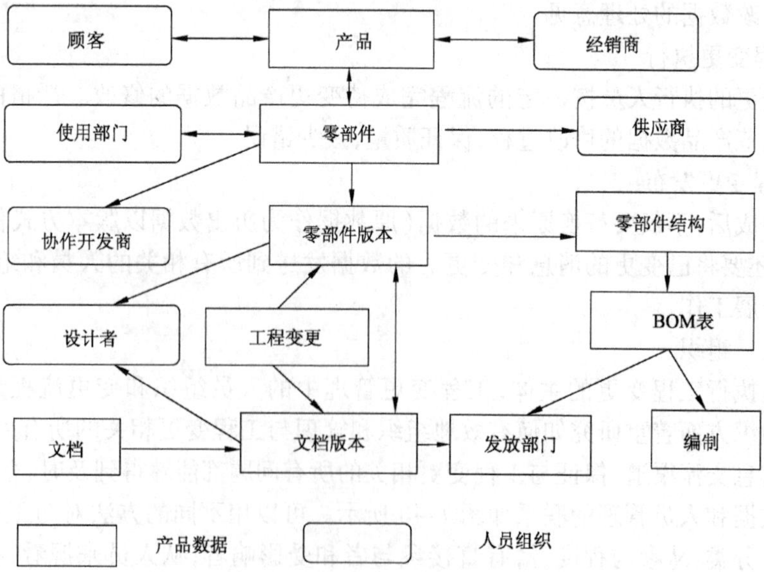

图 7-47 产品数据和人员管理的联系

图7-47中双向箭头表示箭头所指的两个对象间的联系，单向箭头表示箭头出发对象与箭头所指对象间的联系。由此可见，产品数据间的联系主要是零部件之间、零部件与文档、文档之间的联系，而产品数据与人员组织之间的联系主要是通过产品数据的设计、变更、合作开发和使用等途径建立起来的。

从产品数据间的联系看，产品是由零部件装配而成的；零部件之间的联系除装配关系外，还有替换、互换、选配和冲突等关系，这些关系是产品结构管理、配置管理和BOM表管理的基础。其中，替换关系是指在特定产品中某零部件可以代替另一个零部件并发挥同样的功能，用来替换的零部件与被替换的零部件之间的关系就是替换关系；互换关系是可以相互替换的两个零部件之间的关系；选配关系是指根据需要而选装或不选装的零部件与其上级零部件之间的关系；冲突关系指的是这样两组零部件之间的关系，如果选装了其中一组零部件，就不能再选装另一组零部件。对组成产品的所有零部件进行分类、统计和汇总，就形成了各种BOM表。与产品相关的文档分别从不同侧面描述零部件某方面的信息，如设计文档描述零部件的设计信息、工艺文档描述零部件工艺信息等；同时，同一文档也可以同时描述多个零部件，因此零部件与文档是多对多的关系。

从产品数据与人员组织的联系看，文档和零部件信息通过设计流程、变更流程、数据发布等途径与人员组织建立联系。这样，当产品数据发生变更时，根据产品数据间的联系，可以得到所有受影响的产品数据；再根据产品数据同人员组织之间的联系，就可以得到与该产品数据及受影响产品数据相关的所有人员信息。

7.5.3 PDM系统中的更改管理

（1）工程变更管理与PDM的关系

产品数据管理系统管理了与产品相关的所有数据和流程，工程变更是对处于预发布状态或发布状态产品数据的修改，因此工程变更管理所涉及的产品数据，只是产品数据管理系统管理的产品数据的一部分。与产品数据相关的流程主要有项目管理流程、产品开发流程、文档设计流程、变更申请与审批流程、变更执行流程和产品数据发布流程等，因此工程变更流程也只是产品数据相关流程的一部分。所以工程变更管理必须以产品数据管理系统为基础，利用产品数据管理系统底层服务和产品数据管理系统，以及产品数据、流程、人员组织的管理机制有效地管理工程变更中的人员组织、数据和变更流程。

工程变更管理又有不同于一般产品数据管理和流程管理的特点。产品数据管理着重研究产品数据及其关系，流程管理则着重研究通过流程提高效率、加强流程间反馈的策略，而工程变更管理的目的是降低变更的成本和提高变更效率，对产品数据管理和流程管理的利用，只是工程变更管理为达到目的而采取的手段，并不是它的最终目标。

更改设计状态产品数据的影响，一般不会超出部门或产品开发团队，而且由于产品处于设计阶段，因此不会对生产管理产生很大的影响。但更改预发布和发布状态的产品数据时，不仅会影响产品开发部门或产品开发团队的工作，而且会影响企业的生产组织、工装准备和零部件库存管理等工作，对于协作开发的产品还会影响协作企业的生产；而且由于已经开始生产，甚至产品已经上市，在变更时就必须考虑该变更对已生产出的产品、库存零部件处理的影响。因此，工程变更管理不仅涉及对变更的产品数据及流程的管理，更重要的是对变更影响的管理，综合考虑时间、成本、效益等方面的要求，对变更中的问题进行正确决策。

（2）PDM 系统中的更改管理

工程变更管理在 PDM 系统中和更改管理相对应。所谓更改，可以理解为当某个零部件或文档已经处于发放状态时，对该零部件或文档进行的修改。产品更改是一个不断重复的业务过程，该过程覆盖了企业的多个部门。对一个零件的更改除了涉及产品设计部门以外，还与工艺装备设计、工艺过程规划、制造、成本核算、采购、销售以及用户服务等部门有关。基于 PDM 系统的更改工作流管理模块应该具备一个包括以下元素的规则库：更改建议、更改评审、更改申请、更改许可、更改任务单、更改说明、更改执行、更改发放、更改通知等。

工程变更的一般过程和参考模型如图 7-48、图 7-49 所示。

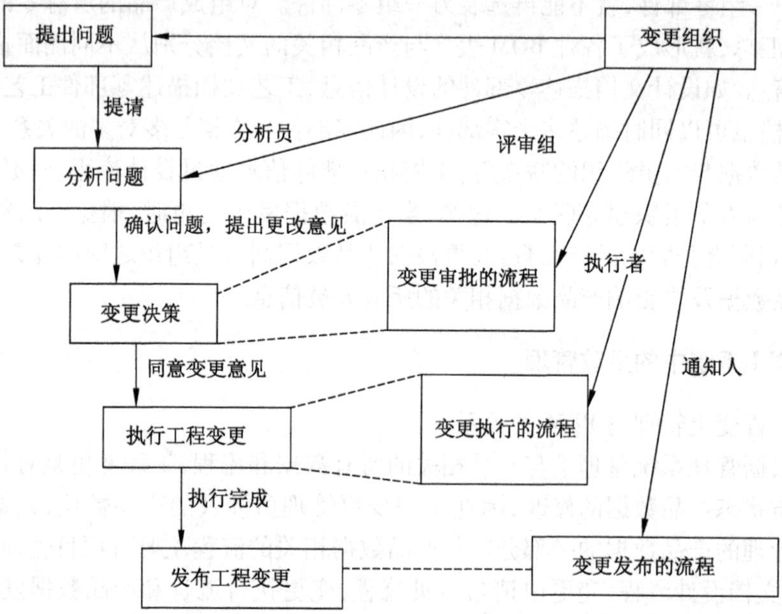

图 7-48　工程变更的一般过程

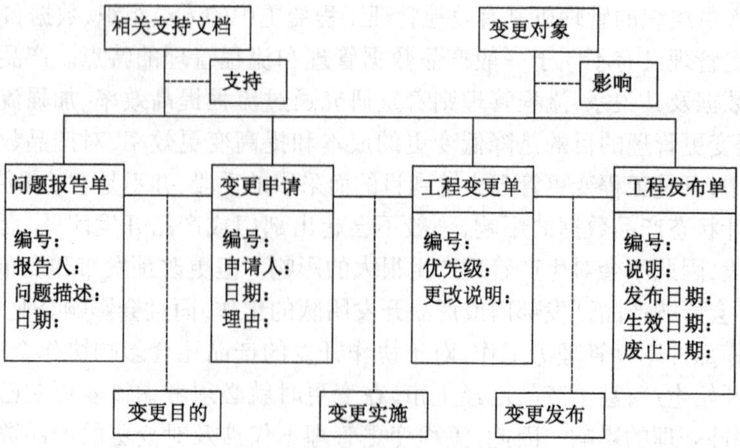

图 7-49　工程变更的参考模型

在 PDM 系统中,更改管理作为正式的控制更改的流程,提供了更改建议、控制和更改审批过程的管理。更改管理包含了所有与更改相关的信息,例如,零件更改的原因(Why)、谁要求更改(Who)、更改什么(What)、更改何时生效(When)、工程变更的成本等,更改流程中所涉及的业务部门和相关人员,更改的历史纪录等。

零件的更改管理需要通过专门的更改流程来实施。由于产品的重要等级不同,不同企业、不同产品的更改流程不尽相同。通常产品的更改流程需要反映更改所影响和涉及的业务部门。例如,某产品的更改需要通过设计部门、工艺部门、制造部门等相关人员的各级审批。在 PDM 系统中,可以按照企业工程变更的业务模式,建立相应的更改流程模板。

CMII 标准流程可以提供 PR(Program Request,问题提出)、ECR(工程更改申请)、ECN(工程更改通知)三段式标准更改流程管理模式,也可以提供 PR 和 ECR 二段式快速更改流程管理模式。

CMII 标准流程如图 7-50 所示。首先设计师提出问题,批准问题;然后创建 ECR,评价影响分析,做出变更决策;接下来有两种选择,一种按标准模式,创建 ECN,进行更改准备,批准 ECN,进行更改有效性设置,执行更改,另一种按快速模式,直接执行更改;最后关闭更改。

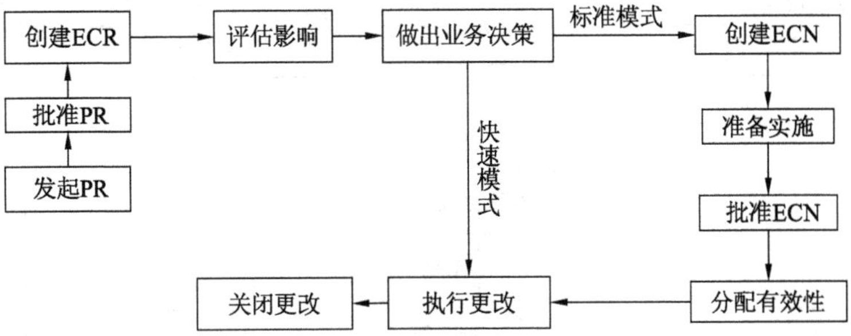

图 7-50　CMII 标准流程

PR 流程如图 7-51 所示,首先提交问题报告,指派更改专家,然后验证问题报告,接着指派分析员,最后分析问题报告并审核。

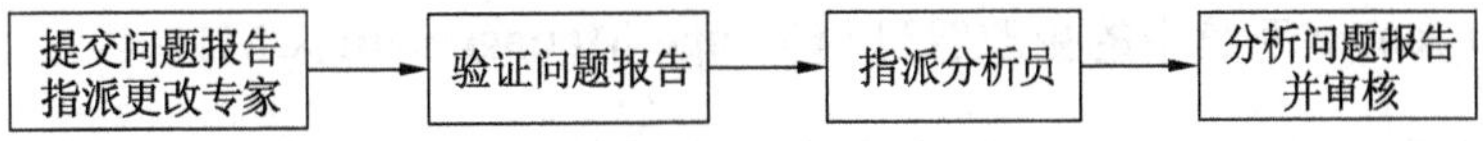

图 7-51　PR 流程

ECR 流程如图 7-52 所示。首先提交 ECR,指派更改专家;然后指派分析员,分析员完成影响分析和更改计划并提交审核;审核通过后有两种选择,其一是快速流程,执行更改,更改结束,其二是标准流程,交由工程变更评审委员会(CRB)审核;审核通过以后创建 ECN,审核拒绝后结束更改,需要调查的话再打回上一级继续审核。

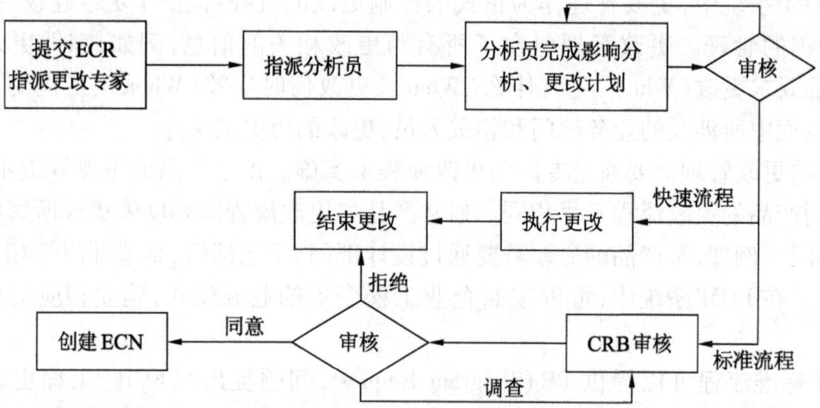

图 7-52 ECR 流程

ECN 流程如图 7-53 所示。首先提交 ECN，指派更改专家；然后指派分析员，分析员完成影响分析、更改计划；之后提交审核；审核通过后，走标准流程，具体过程见 ECR 流程。

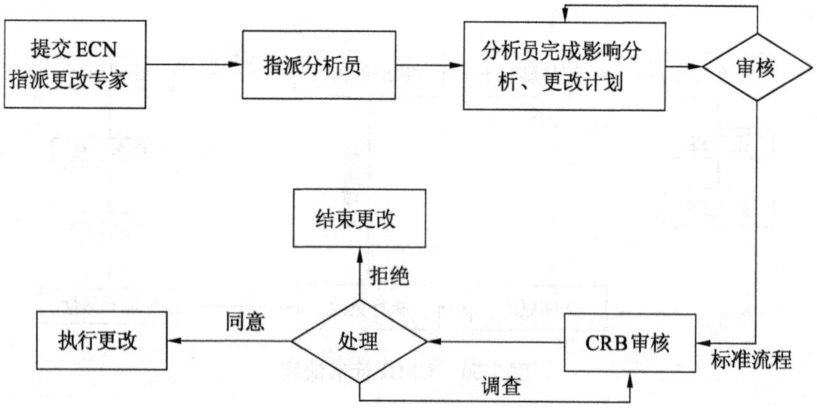

图 7-53 ECN 流程

7.5.4 Teamcenter 系统中的更改管理（Change Management，CM）

更改管理是控制对产品定义和配置进行更改的流程。使用更改查看器可以创建和管理更改流程。更改查看器提供流程中所用对象的审计历史记录，以追踪对象的各种使用情况。更改查看器可以建议、合并、审核和批准更改，追踪和报告更改历史记录，以及向组织成员通报更改情况。

通常，更改流程首先创建更改对象，这些对象充当我们使用的各类更改流程的模板。然后，更改请求在需要时由用户创建。完成更改请求并获得批准后会创建更改通知。

Teamcenter 系统中更改管理具有如下特点：① 包含了与更改相关的所有数据；② 受影响的零组件/问题零组件/解决方案零组件的相关内容；③ 记录了更改的相关信息和过程，可用于追溯零件更改的历史过程；④ 可跟踪更改流程的审批过程；⑤ 更改前后 BOM 的变化（零件的替换）；⑥ 更改的有效性设置。

同时,更改管理不仅适用于工程数据,还可以对数据库中的任何一个对象进行更改操作。

(1) 基本概念

更改:对配置、设计要求或文档的临时或永久性的更改。

更改申请(Change Request,CR):参考问题、建议的解决方案和相关信息。CR 中包含针对更改作进一步决策的充分信息。

更改指令(Change Order,CO):涉及问题、起源 CR、解决方案或相关信息。CO 包含合并更改的充分信息。

更改通知(Change Notice,CN):表示向供应商、制造商、市场销售或其他实体提供的通知,其中描述了对于单个 CO 已实施的部分或全部更改。CN 还可提供有关 CO 有效性的信息。

工作授权(Work Authorize,WA):对于处理实际零组件提供授权和指导,其结果必须符合指定的文档。可以修改此表单,以支持各企业的具体要求。

取代:手动创建的关系,以图形方式显示已删除组件以及替换它们的新组件。取代始终在父装配的关联中创建。因此,如果在不同的父装配中使用了某一个组件,就可在多个取代中使用该组件。可为零件号或数量的更改创建取代,但不能为零组件版本中的更改创建取代。

传输取代:一种特定类型的取代。其中,组件在同一受影响的零组件和同一产品的关联中从一个装配传输到其他装配的另一级。

取代报告:报告包含在特定产品内或不同产品之间,从原始零件到最新零件的取代(替换)进度。它还包含了特定产品或不同产品之间的任意特定零件的合并历史记录。

发放状态:通过工作流程发放的工作区对象的相关联状态。

顶层零组件有效性:日期或单元编号,提示发放的配置将何时用于指定顶层零组件的生产。

(2) 更改对象

更改管理通过更改对象来控制工程变更。在大多数企业中,对于不同类型的更改需要有不同的签审过程。有些更改很简单、重要等级低,只需通过某个人审批就可以;而有些更改很复杂、重要等级高,不仅需要企业内多部门、多人员的各级审批,甚至还需要企业外部的合作伙伴或供应商等的审签。Teamcenter 系统通过不同类型的更改对象来满足工程变更的业务需求。

① 更改对象

更改对象被用来控制产品在其生命周期中的定义和配置的更改。在 Teamcenter 系统中,更改对象由系统管理员在业务建模器(BMIDE)中创建,企业可以根据自身的业务需求来设置更改对象的类型,这些更改对象可以在不同的更改流程模板中使用。比较常用的有:提出问题、更改申请、更改通知、更改指令等,如图 7-54 所示。

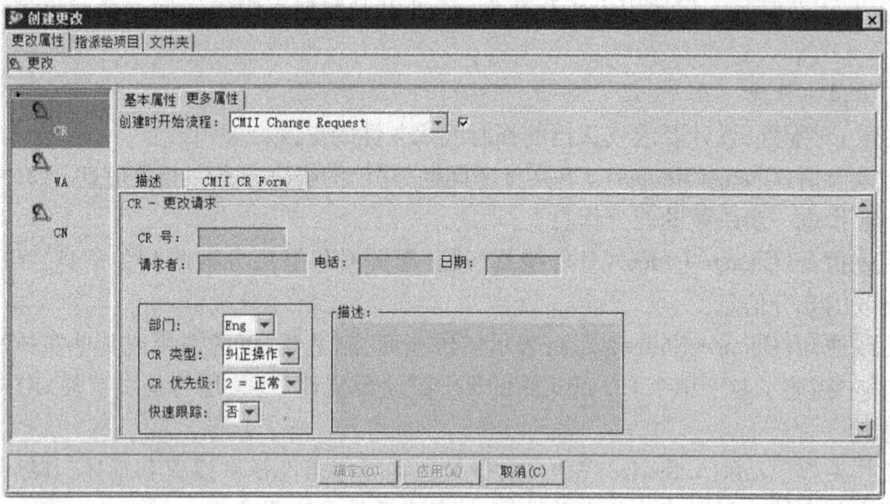

图 7-54　更改对象的类型

② 更改申请

工程更改申请由普通用户在更改查看器中创建，包含了更改申请的相关信息，如零件更改的原因、更改申请的部门和类型、重要等级、更改引起的直接和间接的成本信息、技术评审的必要性等。更改申请启动的是更改申请的流程。如果一个更改申请经过流程审批通过，表明该更改建议被采纳，更改可以进一步开展，即可以开始更改通知的创建和流程的审批。

③ 更改通知

更改通知由普通用户在更改查看器中创建。完成并授权更改后，就可以创建更改通知了。更改通知包含了零件更改的内容，并把更改内容通知给更改所影响的业务部门进行逐级审批。更改通知启动的是更改的审批流程。在更改通知中，可以进行更改的有效性设置。创建更改通知的最简单的方法是针对已批准的更改申请使用“另存为”命令，就可以将更改申请转换为更改通知。这种方法可获取更改申请中的所有可用信息，并以适当的命名约定、“更改通知”表单和属性创建更改通知对象。搜索引用器应用程序显示哪个更改请求是该更改通知的基础。

综合以上，PDM 系统更改管理中可建立更改模型如图 7-55 所示，可以自动建立更改对象间的实施关系，自动传递更改信息，也可以将多个问题报告汇总到一个更改申请中进行集中处理，还可以将多个更改申请汇总集中到一个更改通知中。

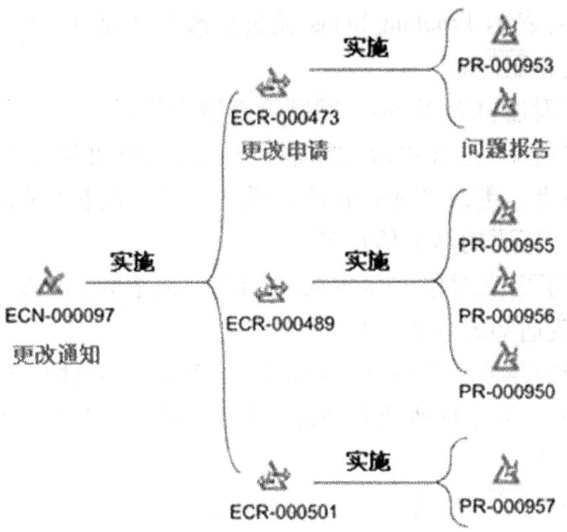

图 7-55　更改模型

④ 更改对象的查询

在 Teamcenter 系统中，更改对象被作为一种特殊的项目类型（Item Type）。如果要查找已有的更改对象，可以把项目类型设置为 EngChange，执行项目的查询。

⑤ 更改对象的结构

在更改对象的文件夹中，包含了更改相关的数据，可以把更改相关的信息放到相应的文件夹中。在更改对象中定义了需要更改的零部件（Problem Items）、替换的新零件（Solution Items），以及更改后相对应的零部件（Affected Items）。在更改对象的文件夹中，对应于更改审批流程，可以浏览分配给当前用户的任务（Tasks to Perform），以及跟踪更改流程中其他的任务（Tasks to Track），如图 7-56 所示。

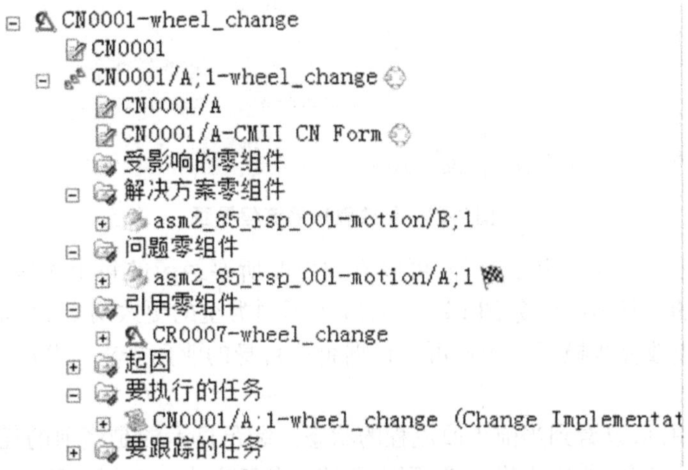

图 7-56　更改对象的结构

a. Problem Items：表示需要被更改或替换的零组件，它可以是零件或装配件。零件更改后，Problem Items 将被 Affected Item 所替换。

b. Solution Items：作为更改结果，表示在更改中产生的新的零件或零件的新版本。

c. Affected Items：表示 Problem Items 经过更改后生成的新版本，对应于 Problem Item，它可以是零件或装配件。

(3) 更改管理查看器(CM Viewer，问题管理器 TC9)

在 Teamcenter 系统中，选择更改对象后，可以进入更改管理查看器进行更改信息的浏览和更改流程的审批。更改管理查看器提供了零件更改相关的所有信息，包括更改流程和更改当前的状态、更改的基本信息等。

① 查看器：提供了更改对象的基本属性和相应的表格，可以浏览更改的基本信息。例如，更改申请和更改通知的基本信息。

如果选择的是当前需要执行的任务(Tasks to Perform 文件夹中的任务)，再选择流程查看(Process View)可以浏览更改流程当前的状态；若选择任务查看(Task View)，可以浏览该任务并执行该任务。

② 属性：在 CM 查看器中，属性显示的内容与在 My Teamcenter 中的属性显示的内容类似。通过选择合适的对象，显示其相应的属性，如类型、关系、所有者、所属组、修改的日期、发放状态等。

③ 作业流程：在 CM 查看器中，通过选择更改对象和作业流程，可以浏览详细的更改流程，如图 7-57 所示。

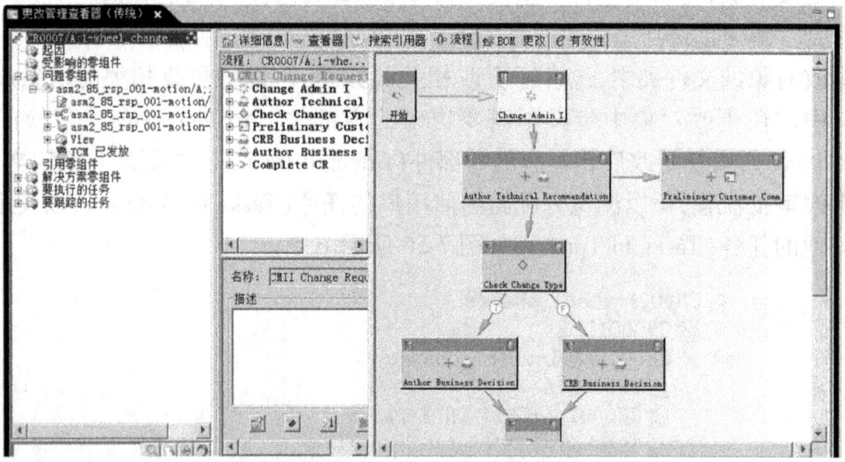

图 7-57　更改管理器流程界面

通过图形表示的完整更改流程，可以看到更改所要经历的每个阶段。在流程图中，每个阶段对应的是具体的任务(Task)。对应于不同类型的更改对象，Teamcenter 系统提供了一系列的更改流程模板。用户可以根据企业自身的业务需求，建立合适的更改流程模板。

在流程图中，可以看到当前更改流程的状态。绿色显示的是当前的任务，若灯亮，则表示需要执行该任务；若用小旗标志，则表示该任务已完成。在图 7-57 中，当前需要执行的任务是 Change Admin I。在 Teamcenter 系统中，审批任务(Review Task)包括两部分内容，首先是把任务分配给具体的人员和角色(Select-signoff-team)，然后由指定的人员执行该任务(Perform-signoffs)。执行任务时，可选择同意、否决或其他表态方式并附上意见。

④ 搜索引用器(References Tab)：在 CM 查看器中，通过选择合适的对象(Object)，可

以查看该对象在哪里被使用(Where Used)和在哪里被引用(Where Referenced)。例如,选择被更改的零件(Problem Item),可以查询它的父件。

⑤ BOM 更改:在 CM 查看器中,可以浏览产品更改前后 BOM 的变化以及新增的零件和被删除的零件。

⑥ 更改的有效性:当更改通知经审批流程被发放后,就可以进行更改有效性设置了。设置更改有效性是用来说明更改产生的新零件何时可投入生产。设置的方法通常有两种:对日期进行有效性设置或对批次进行有效性设置。

在进行有效性设置时,可选择已发放(Released)的更改通知或已发放的更改产生的零部件(Affected Item/Solution Item),并指定变更的最终产品(End Item),设置有效的生产日期或批次。

(4) 更改管理的创建和更改流程的审批

本节以具体产品的更改过程为例,阐述在 Teamcenter 系统中更改对象的创建和更改流程的审批过程。

案例背景:某公司,市场反应某种型号概念车(最终产品)的轮胎(零件)不够防滑,希望增加粗糙度。工程设计部门确认问题后提交工程更改申请(CR),更改申请通过专门的流程审批生效后,设计工程师创建更改通知(CN),把需要更改的按钮和相关技术文档作为附件提交到审批流程中。更改通知根据预先定义的流程进行逐级审批,最终更改得到批准,更改通知被发放,进行更改的有效性设置。

① 查找需要更改的零件,创建工程更改申请(CR)。

查找需要更改的零件,启动结构管理器,浏览按钮及周边零件的三维模型;创建工程更改申请(CR)输入更改申请的基本属性,启动更改流程,如图 7-58 所示。

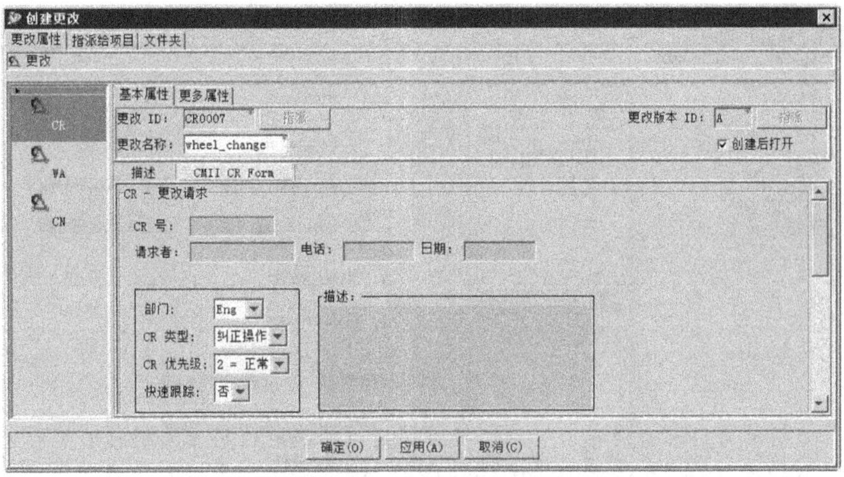

图 7-58　创建工程更改申请

② 添加相关更改数据到更改申请的文件夹,如图 7-59 所示。

图 7-59　更改申请文件夹

③ 进入 CM 查看器,浏览更改流程状态,如图 7-60 所示。

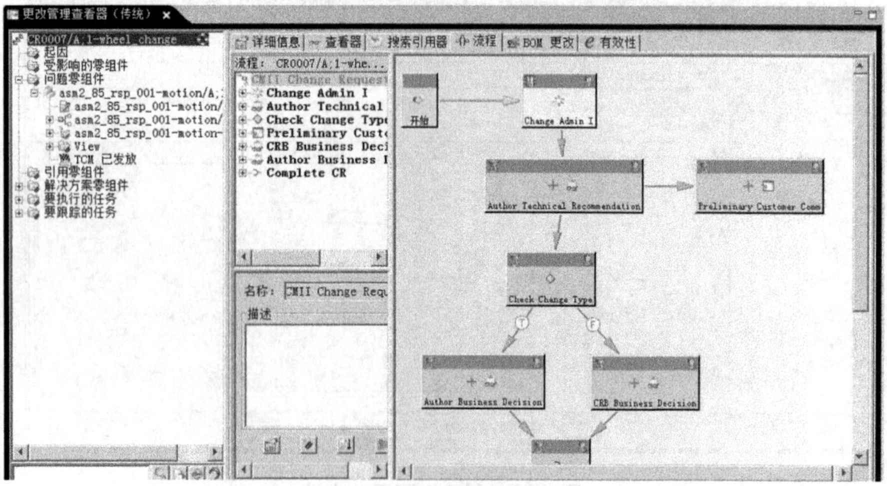

图 7-60　浏览流程状态

④ 进入更改流程,进行流程审批,直至更改申请通过,如图 7-61 所示。

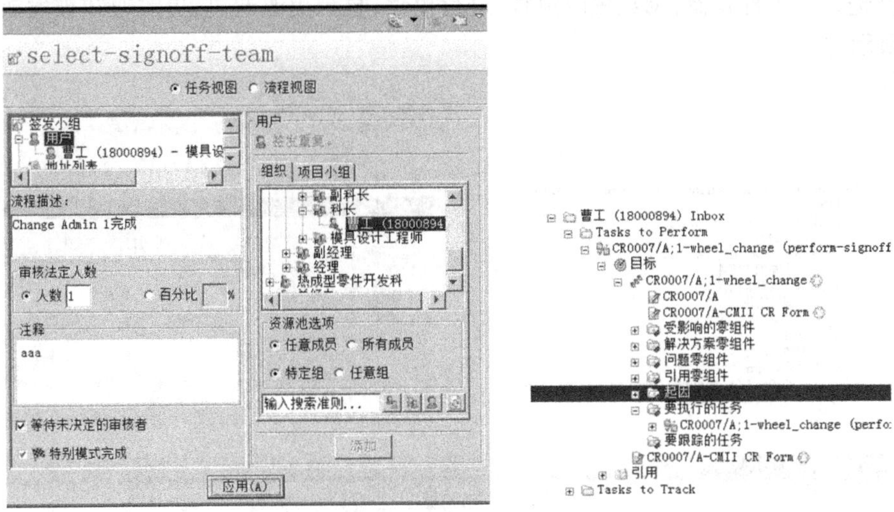

图 7-61　更改申请流程

⑤ 以 asm2_85_rsp_001-motion/A;1 为基础,创建零件新版本 asm2_85_rsp_001-motion/B;1,如图 7-62 所示。

图 7-62　创建零件新版本

⑥ 创建工程更改通知 CN,输入基本属性,启动更改申请通知流程。

⑦ 添加相关数据到更改通知的文件夹,如图 7-63 所示。

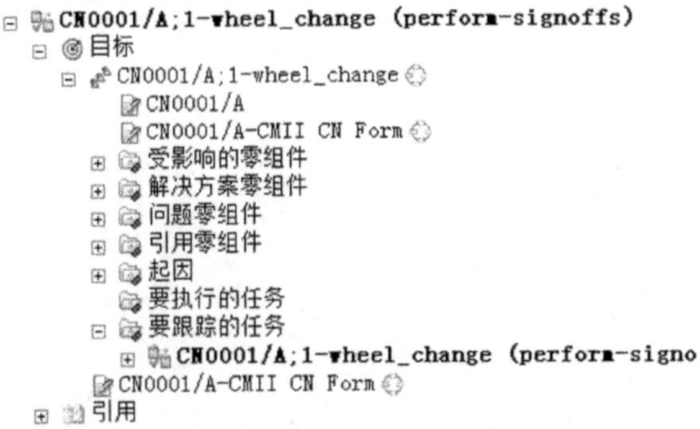

图 7-63　更改通知文件夹

⑧ 进入 CM 查看器，浏览更改流程，进行审批，直至更改通过，更改通知被发放，如图 7-64 所示。

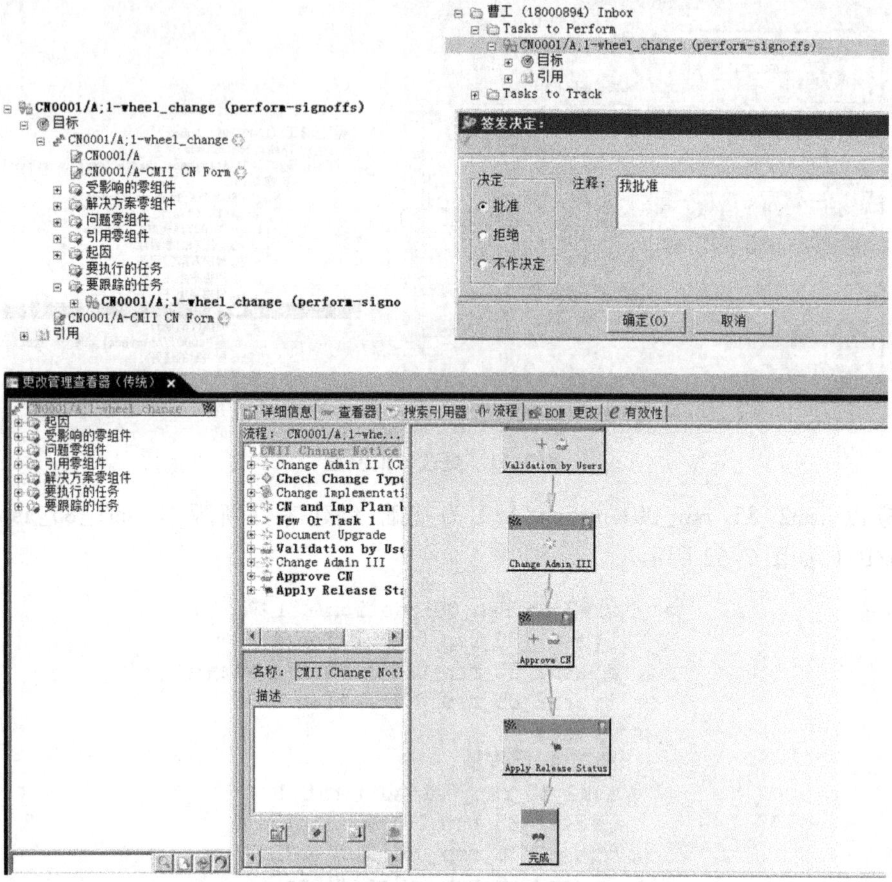

图 7-64　更改通知流程

⑨ 设置更改的有效性，如图 7-65 所示。

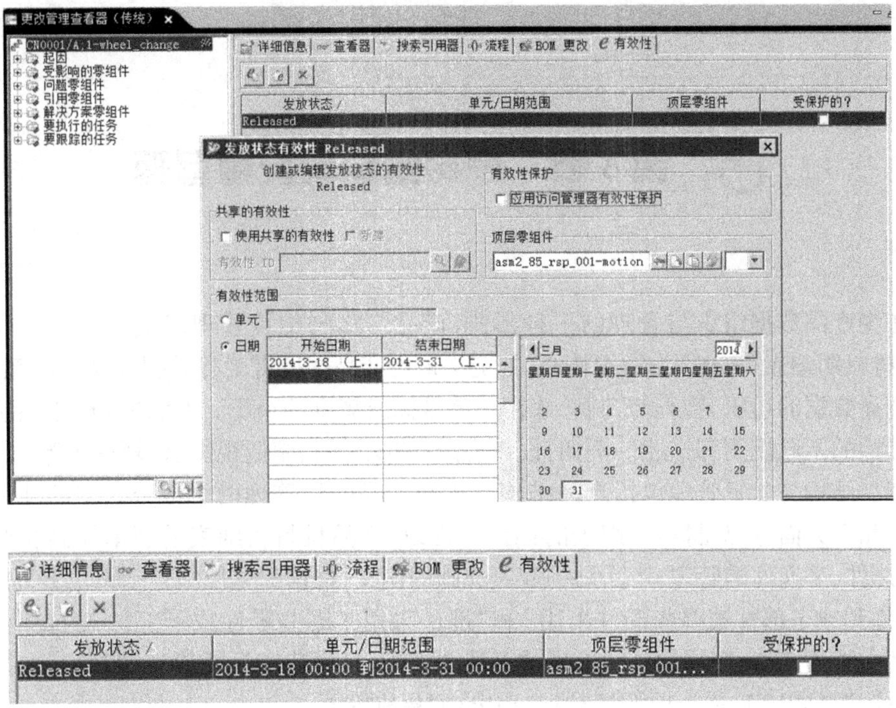
更改管理查看器（传统）
CN0001/A;1-wheel_change
起因
受影响的零组件
问题零组件
引用零组件
解决方案零组件
要执行的任务
要跟踪的任务
详细信息
查看器
搜索引用器
流程
BOM 更改
有效性
发放状态
单元/日期范围
顶层零组件
受保护的？
Released
发放状态有效性 Released
创建或编辑发放状态的有效性
Released
有效性保护
应用访问管理器有效性保护
共享的有效性
使用共享的有效性
顶层零组件
asm2_85_rsp_001-motion
有效性范围
单元
日期
开始日期
结束日期
2014-3-18
2014-3-31
三月
2014
星期日星期一星期二星期三星期四星期五星期六
1
2 3 4 5 6 7 8
9 10 11 12 13 14 15
16 17 18 19 20 21 22
23 24 25 26 27 28 29
30 31
详细信息
查看器
搜索引用器
流程
BOM 更改
有效性
发放状态
单元/日期范围
顶层零组件
受保护的？
Released
2014-3-18 00:00 到2014-3-31 00:00
asm2_85_rsp_001...

图 7-65　设置有效性

第 8 章　产品结构与配置管理

作为产品数据组织与管理的一种形式,产品结构与配置管理以电子仓库为底层支持,以材料明细表(BOM)为组织核心,把定义最终产品的所有工程数据和文档联系起来,实现产品数据的组织、管理与控制,并在一定目标或规则约束下,向用户或应用系统提供产品结构的不同视图和描述。例如,设计视图、装配视图、制造视图、计划视图等。

产品结构与配置管理包括产品结构管理与产品配置管理两个部分。它的基本功能有以下几个方面:产品材料明细表的创建与修改;产品材料明细表的版本控制和变量定义,可选件、替换件的管理;产品结构配置规则的定义;根据配置规则自动输出 BOM,支持对"零件和或子部件被哪些部件采用"和"部件采用了哪些零件或子部件"的查询;支持对产品文档的查询,产品材料明细表的多视图管理,系列化产品结构视图管理;支持与制造资源计划(MRPII)或企业资源计划(ERP)的集成等。

8.1　零部件管理

8.1.1　Part/Part Number

Part,即零部件,是构成物料清单(Bill of Material,BOM)的基本单元。ERP,PDM 系统(及各种具有零部件管理功能的 IT 系统)中的每一种 PART 都需要一个唯一的 Part Number,即物料编码,或物号,或零部件编码,或项目编码,简称 PN。Part Number 也可以称为 Item Number,但 PN 更通用。根据 PN 可以检索该零部件的厂家型号、类别、功能与性能参数、价格、库存等相关信息。

各种装配件、制造中间件都要分配 PN,任何要做采购、生产计划和制造的实物都需要 PN。对于构成可变的成套设备或整机,例如一台计算机,CPU、硬盘、内存、显示器等都是可变的,具体配置要到客户订货时确定;这种 Part 的 PN 又称为 Model Number,简称 MN。客户订单中的 MN 必须根据订货合同转换为明确的 PN,才能进行生产和发货。不同的 PN 表示两种零部件的外形、接口或连接方式、功能不同。两个 Part 是否应该采用两个不同的 PN,要看这两个 Part 的 form,fit,function 是否不同,其中 form 指外形,fit 指该 Part 与其他 Part 的接口或连接方式,function 指 Part 的功能。

物料编码必须是唯一的。也就是说,一种物料不能有多个物料编码,一个物料编码不能有多种物料。而实际工作中,经常出现混用一个旧 PN 的错误。例如,有一个显示卡进行了设计更改,更改后的新显示卡功能大大加强了,可在 Pentium 586 以上 PC 中使用,但不能支持某些特殊品牌显示器。这种情况下新显示卡往往错误地使用了旧 PN,对不能采用新卡的特殊显示器容易错发新卡。

在 ERP 系统中,每一个 PN 都有一条主数据(Master Data)记录,说明 Part 的各种特征,包括 Part 的编码(PN)、分类、描述、计量单位、成本、属性、库存数量等。与此相对应,产品结构信息记录 Part 在特定产品中与其他 Part 的连接关系,不是 Part 的主数据。一种 Part 可以在很多产品中使用,因此可以有多条产品结构信息。

案例一:某种热缩套管计量单位错。

该 Part 编码发布上网时计量单位为 PCS,而且 1 PCS = 1 m,某产品 BOM 清单中的热缩套管数量 2 PCS,而实际上该产品仅需要 2 cm。就是这样一个单位,将物料需求放大了 50 倍,这种套管的库存几年都用不完。

当到库房去调查时,成堆的热缩套管真是触目惊心。库管员说这种套管去年一年仅领用一卷(50 m)。

原因分析:该热缩套管计量单位定义为 1 PCS = 1 m 是不合理的,容易导致使用者误解,应该改为 1 PCS = 1 cm。

启示:Part 数据必须谨慎定义、正确使用。

案例二:电缆类 Part 数从 10 000 个减少到约 3 000 个。

由于更新换代,某企业电缆类 Part 总数超过 10 000 个,但其中有大量 Part 已经停产,还存在大量功能、外形相似的 Part。经过整理,最后保留有效状态的结构件 Part 约3 000 个。

启示:如果不进行有效控制,容易产生大量无用的 Part,严重影响用户使用,并降低 ERP 和 PDM 系统性能。

8.1.2 物料描述规则

每类物料的描述均由物料类别的专有属性组合而成,不同类别的 Part 有不同的 Part 描述规则;每类物料组成编码描述的专有属性固定,不能随意更改。以电解电容为例,27 表示物料大类,02 表示物料小类,后面五位表示流水号,000001 表示普通电解等,如表8-1 所示。

表 8-1 电解电容物料描述

小类	编码	描述规则
贴片电阻	2601 *****	类型,阻值,额定功率,封装
	260100001	贴片电阻,OR, ±5% ,1/8 W,0805
电解电容	2702 *****	类型,容值,温度,等级,耐压,尺寸
	270200001	普通电解,470 UF,105 ℃,16 V,8 * 12 mm

8.1.3 零部件来源及物料类型

零部件来源分为自制件、采购件、外协件、标准件等。

自制件指本企业生产装配的零部件。采购件指从供应商处采购得到的零部件。由本企业设计、其他企业加工得到的零部件,称为外协件。由于需要从外协供应商处采购,因此外协件也可以属于采购件。标准件指结构、尺寸、画法、标记等各个方面已经完全标准化,并由专业厂生产的常用的零部件,如螺纹件、键、销、滚动轴承等。

物料类型是具有相同基本属性的集合,决定物料的财务属性和仓库管理属性,如原材料、半成品、成品、客供料、返修品、资产/低值易耗品、费用辅料等。

8.1.4 零部件生命周期

零部件从分配编码开始,一般都要经历正常使用、因停产或修改设计等原因而限制使用、最终完全不再使用的过程。零部件生命期的这些不同阶段可以看作是不同的零部件状态。

不同的零部件状态也意味着零部件相关属性随之变化。通过状态设置可以控制零部件在生命周期中的某个阶段是否可以销售、生产、采购、库存交易等,同时还可以用于数据分析。自制件零部件状态和采购件零部件状态如图 8-1、图 8-2 所示。

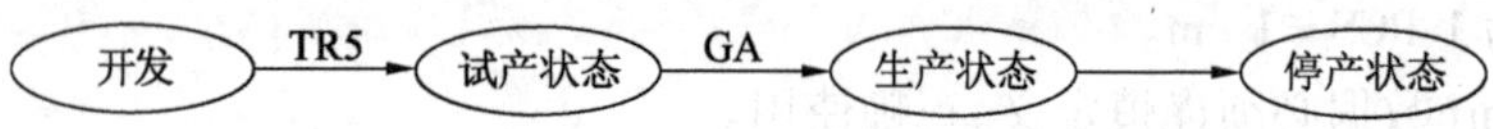

图 8-1 自制件零部件状态

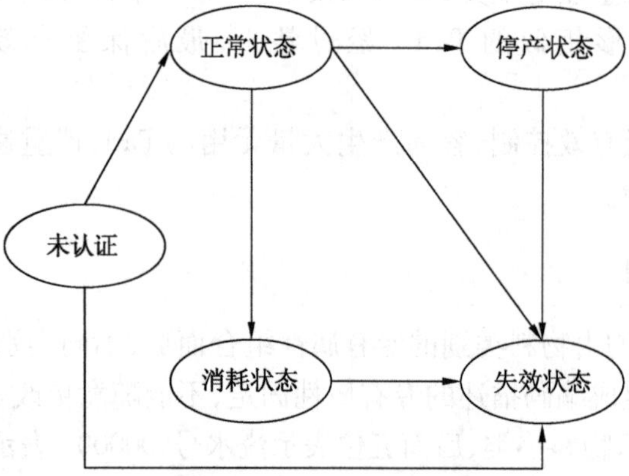

图 8-2 采购件零部件状态

8.2 BOM 管理

8.2.1 BOM 定义

BOM 是物料清单,表达产品或部件(称为父项 Part)由哪些其他 Part(称为子项 Part)构成,以及这些子项 Part 的数量、位置等信息。它在物料采购、产品制造、产品销售、财务成本、技术支持、产品研发等企业核心业务工作中被广泛应用。

(1) 狭义的 BOM

狭义的 BOM 通常称为物料清单,就是产品结构(Product Structure),仅仅表述的是对物料物理结构按照一定的划分规则进行简单的分解,描述了物料的物理组成。对于狭义的 BOM,一般按照功能进行层次划分和描述。

狭义 BOM 的不足之处：由于没有加上工艺成分，根据功能划分 BOM 层次结构，非常容易出现歧义。各人根据自己的理解或现实生产情况的不同，对于同一产品可能做出不同的 BOM 定义。

(2) 广义的 BOM

广义的 BOM 通常是产品结构和工艺流程的结合体，二者不可分割。离开工艺流程谈产品结构，没有现实意义。为客观科学地通过 BOM 来描述某一制造业产品，必须从制造工艺入手，只有这样才能准确描述和体现产品的结构。

广义的 BOM = 产品结构 + 工艺流程。二者结合的方法是，首先确定产品的工艺流程，然后描述每个工序（工艺流程的组成部分）上所使用的物料。由于生产组织方式的不同，各子物料有相应的生产子工艺流程，同样每个工序上存在物料的使用；这样就根据生产组织方式决定了 BOM 的层次，如图 8-3 所示。

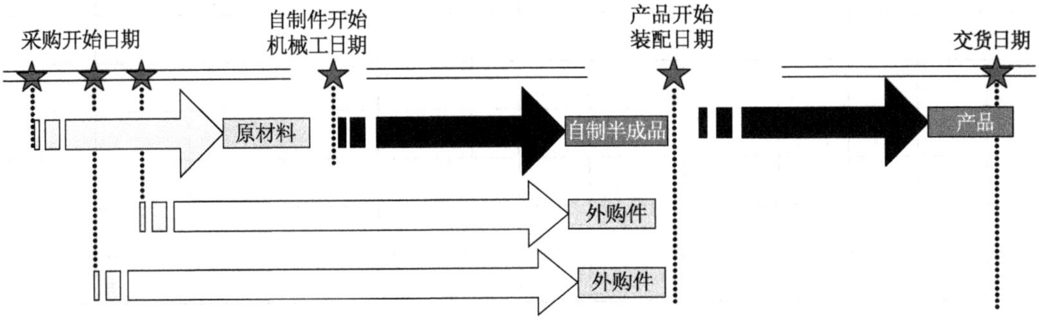

图 8-3 广义的 BOM

广义的 BOM 在 ERP 中的应用缺陷是没有体现“资源”的优势。工序中人力资源和设备资源甚至资金（成本）资源都没有得到体现。在 ERP 应用系统中，BOM 的概念已经开始扩展，真正体现“资源”的意义。

(3) 扩展的 BOM

扩展的 BOM 在传统意义的 BOM 基础上更加深入地体现了“资源”的意义，已经变成 Bill of Manufacturing，不仅仅包含工艺流程和产品结构，更多的是加入了对设备、人工和资金信息的集成和体现。

扩展的 BOM 公式：BOM（Bill of Manufacturing） = 工艺流程（Routing） + 产品结构（Product Structure） + 资源（设备、人工、资金等）。

扩展的 BOM 实现技术关键就是如何将设备、人工和资金等信息体现在 BOM 中；ERP 概念的引入和计算机数据库技术的不断进步为 BOM 概念的扩展提供了可能。扩展工艺流程和产品结构的信息，便可以非常轻松地将“资源”体现在 BOM 的实现上。

8.2.2 BOM 表

BOM 是一张扁平的二维表，横向各行称为字段或域，纵向是子项。

（1）BOM 表实例，如表 8-2、表 8-3 所示。

表 8-2 BOM 表实例（一）

产品料号	品名	规格	单位	经济产量	前置天数	成本	新增日	更改日	工程图号

阶层	子件料号	品名	规格	单机用量	损耗率	供应商号	成本	生产日期	失效日期	制控说明	工程图号	备注

表 8-3 BOM 表实例（二）

总成产品明细表

明细表								产品编号	P00001453			版本号：	V000	1/1
构成	流水号	编码	名称	L	R	开发部推荐试制材料						表面处理及使用标准	参考号、包括主机厂零件号、日本小图号、供应商名称及零件号	备注、包括工艺
						供应商	材料考核标准	材料名称	牌号	颜色	色号			
0	P00001453		总成										P00001453	
1	P00001444		配光镜										P00001444	
2	P00001443		调光支架										P00001443	
3	P00001442		反射镜										P00001442	
4	P00001441		饰圈			拜耳公司	AES供货商保证值	ABS+PC	AC707	明灰	03N001		P00001441	
5	P00001440		内配光镜				不锈钢化学成分						P00001440	
6	P00001439		遮光罩										P00001439	
7	P00001438		灯体										P00001438	
7/1	P00001442		反射镜										P00001442	

（2）单层 BOM 与多层 BOM。

单层 BOM：只含有一个层次的子项。

多层 BOM：包含多个层次的子项。

二者的优缺点比较如表 8-4 所示。

表 8-4 单层 BOM 与多层 BOM 的优缺点比较

	优 点	缺 点
单层 BOM	① BOM 表更改简单,一处更改其他相应之处也更改(因为单层 BOM 相同的关系只记录一次); ② 数据库冗余少; ③ 可直接与 ERP 进行 BOM 数据的交换	① 结构可能产生不准确的情况,因为一处更改可能造成其他产品也被更改; ② 容易产生 BOM 表中层次循环,如 B 为 A 的子件,C 为 B 的子件,如果不小心把 A 配为了 C 的子件,便产生了 BOM 表内的层次循环,此时查询该结构将产生错误; ③ BOM 生成速度慢(与多层 BOM 相比)
多层 BOM	① 查询简单快捷; ② 产品间结构不相互影响,产品内部部件结构不相互影响	① 顺序号的维护非常困难; ② 数据冗余大; ③ BOM 结构的设计必须由部件到小部件再到零件的由大到小的过程加以完成; ④ 与 ERP 进行数据交换比较麻烦

混合型 BOM 兼有单层 BOM 和多层 BOM 的特点,它的多层性表现在不同产品的 BOM 在表中用产品号加以区分,而在同一产品内部混合型 BOM 的结构仍是一个单层 BOM。混合型 BOM 的采用使得在同一产品内具有单层 BOM 的优点,同时可以使不同产品的 BOM 不互相影响。

8.2.3 BOM 分类

BOM 作为企业进行设计、加工、管理的核心,不同的部门有不同的要求。例如,生产部门只需要描述自制件信息的制造 BOM,工艺部门只需要工艺 BOM,物资部门只需要原材料和标准件的采购 BOM。设计部门应提供涵盖以上各个 BOM 的设计 BOM。

在产品的整个生命周期中,根据不同部门对 BOM 的不同需求,主要存在以下几种 BOM:

- 工程物料清单 EBOM(Engineering BOM);
- 计划物料清单 PBOM(Plan BOM);
- 制造物料清单 MBOM(Manufacturing BOM);
- 成本物料清单 CBOM(Costing BOM)。

(1) EBOM

EBOM 主要是设计部门产生的数据,产品设计人员根据客户订单或者设计要求进行产品设计,生成产品名称、产品结构、明细表、汇总表、产品使用说明书、装箱清单等信息;这些信息大部分包括在 EBOM 中。EBOM 是工艺、制造等后续部门的其他应用系统所需产品数据的基础。

(2) PBOM

PBOM 是工艺设计部门以 EBOM 中的数据为依据,制定工艺计划、工序信息、生成计划 BOM 的数据。计划 BOM 是由普通物料清单组成的,只用于产品的预测,尤其用于预测不同的产品组合而成的产品系列;有时是为了市场销售的需要,有时是为了简化预测计划,从而简化主生产计划。另外,当存在通用件时,可以把各个通用件定义为普通型 BOM,然后由各组件组装成某个产品;这样一来,各组件可以先按预测计划进行生产,下达的 PBOM 产品可以很快进行组装,满足市场要求。

(3) MBOM

MBOM 是制造部门根据已经生成的 PBOM,对工艺装配步骤进行详细设计后得到的,主要描述了产品的装配顺序、工时定额、材料定额以及相关的设备、刀具、卡具和模具等工装信息,反映了零件、装配件和最终产品的制造方法及装配顺序,同时也反映了物料在生产车间之间的合理流动和消失过程。PBOM 和 MBOM 也是提供给计划部门(ERP)的关键管理数据之一。

(4) CBOM

CBOM 是财务部门根据设计部门、工艺部门和制造部门的数据信息进行汇总核算形成的财务报表。成本 CBOM 给出了产品的成本信息,包括采购成本、制造成本、总采购成本、总制造费用及分摊点管理费用。在价值分析方面,CBOM 对于通过减少小项目成本来降低产品的总成本,或考察上升的原因,都有一定的价值。

(5) EBOM 与 PBOM 的区别

EBOM 与 PBOM 主要是根据它们来源的应用系统来分类的。EBOM 主要来源于 CAD 系统;PBOM 主要来源于 CAPP 系统,或直接来源于 PLM 系统。它们都是对产品结构中零部件的属性描述,都是作为 PLM 系统中的单一产品数据源。作为整个系统的底层数据核心和所有相关产品数据的共同访问源,单一产品数据源能保证产品数据的一致性、最新性、完整性、无冗余性和可靠性。它们的区别主要表现在以下方面:

① 数据来源不同。设计 BOM 与计划 BOM 主要区别反映在产品 BOM 的数据来源不同。设计 BOM 是主要针对产品设计活动过程所反映的产品设计属性的一种技术描述文件,即来源于 CAD 系统;计划 BOM 则是主要对产品工艺实施规划过程以及制造生产过程中所反映的产品属性的一种生成计划文件,即来源于 CAPP 系统。

② 所反映的具体内容不同。设计 BOM 一般指设计信息,如 CAD 系统中二维图纸的标题栏信息和明细表信息;计划 BOM 一般指工艺信息,如 CAPP 系统中的工序加工、工艺路线、工时定额、材料定额以及机床、刀具、夹具、模具和量具等工装方面的信息。

(6) EBOM 和 MBOM 的区别

虽然 EBOM 和 MBOM 都包含着产品结构信息,但也存在很大差异。

① 组成不尽相同。MBOM 是设计和工艺的综合,除常规的产品构成物料外,还有与产品相关的消耗品(如毛坯、工艺用品、用剂)和加工工具(如夹具、刀具、量具等);而在设计物料清单上出现的物料并不一定在制造物料清单中就不会出现,如制造物料清单中的虚拟件在设计物料清单中通常不会出现。

② 反映内容的侧重点不同。设计 EBOM 和 MBOM 虽然都反映产品的结构,但是 EBOM 重点反映产品的组成,而 MBOM 则除了反映产品的组成外,重点反映产品的制造层次和制造过程。

③ 作用不同。MBOM 是管理文件,是生产、销售计划的基础,它与工艺、设计、生产能力、库存等都有联系;而设计物料清单纯粹是技术文件,只是设计输出结果之一,不能用于生产计划。

④ MBOM 所包含的信息更多,主要包括产品结构、工艺路线、工时定额、材料定额以及机床、刀具、夹具、模具和量具等工装方面的信息。

(7) BOM 结构转换

BOM 结构变换可以归纳为增加零组件、删除零组件、BOM 结构调整和 BOM 结构细化分解等内容。对应上述四种 BOM 结构的转换操作,定义四种 BOM 结构转换算子,分别是组合算子、删除算子、调整算子与分解算子。结合运用四种算子,就可以实现 BOM 变换过程中可能发生的结构转换。四种算子的图形化描述如图 8-4 所示。

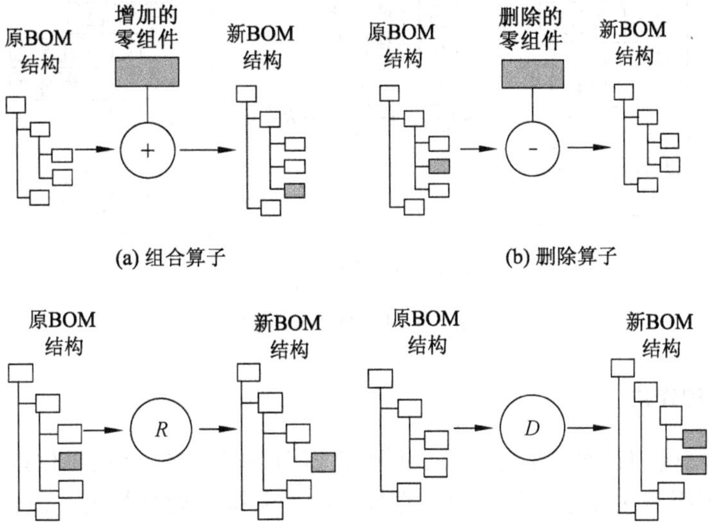

(a) 组合算子　　(b) 删除算子

(c) 调整算子　　(d) 分解算子

图 8-4　BOM 结构转换算子

EBOM 去掉外协件、外购件,根据工艺要求增加工艺件或调整 EBOM 的结构,对不易加工的组件进一步分解,完成 EBOM 向 PBOM 的转换。工艺设计部门根据 PBOM 的分派进行工艺设计,去掉不需要制造的虚拟件,添加工艺过程以及工艺所需的物料、子装配件信息,完成 PBOM 向 MBOM 的转换。利用 BOM 结构变换算子,变换过程如图 8-5所示。

四种 BOM 结构变换算子使 BOM 结构变换过程保持了信息的继承性和一致性。

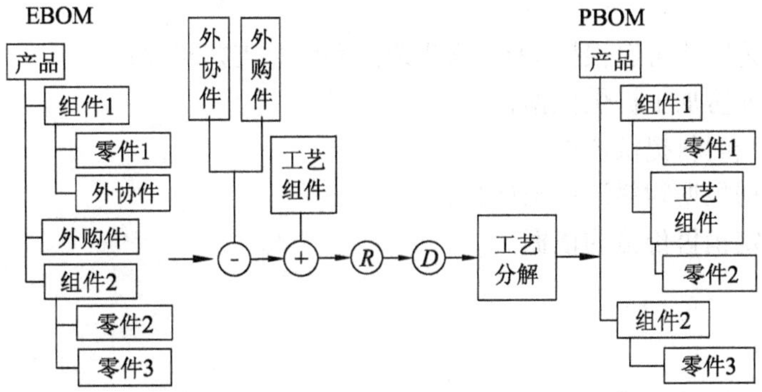

(a) EBOM向PBOM转换

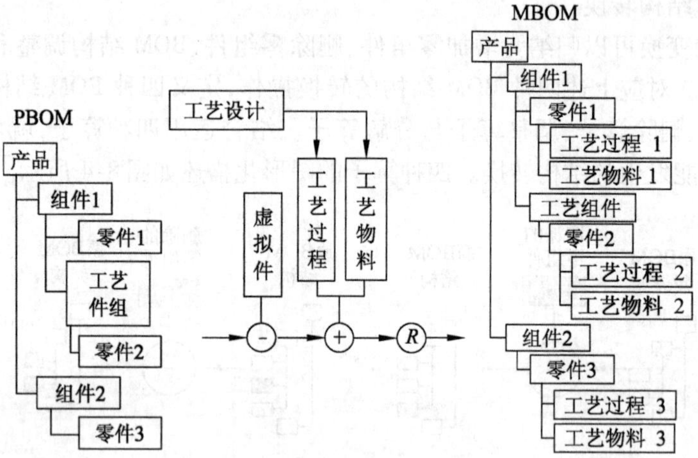

(b) PBOM向MBOM转换

图 8-5 BOM 结构转换

8.2.4 BOM 的作用

作为产品结构的技术性描述文件,BOM 是 PDM/MRPII/ERP 信息化系统中最重要的基础数据,其组织格式设计及其合理性直接影响到系统的处理性能。因此,根据实际的使用环境,灵活地设计合理且有效的 BOM 是十分重要的。BOM 不仅是 MRPII 系统中重要的输入数据,而且是财务部门核算成本、制造部门组织生产等的重要依据,因此 BOM 的影响面最大,对它的准确性要求也最高。正确地使用与维护 BOM 是管理系统运行期间非常重要的工作。此外,BOM 还是 CIMS/MIS/MRPII/ERP 与 CAD,CAPP 等子系统的重要接口,是系统集成的关键。因此,用计算机实现 BOM 管理时,应充分考虑它与其他子系统的信息交换问题。BOM 信息在 MRPII/ERP 系统中被用于 MRP 计算、成本计算、库存管理。

综上所述,BOM 的主要作用如下:

① BOM 生成物料需求计划(MRP)的基本信息,是联系主生产计划和物料需求计划(MPS)的桥梁;

② 物料工艺路线可以根据 BOM 来生成产品的总工艺路线;

③ 为采购外协加工提供依据;

④ 为生产线配料提供依据;

⑤ 成本数据根据物料清单来计算;

⑥ 提供制定销售价格的依据。

8.3 产品结构管理

8.3.1 基本概念

(1) 零件

零件是构成固定、功能性能一致、一般不能拆解的基本物料。从产品数据的角度来看,零件是构成企业物料清单的基本单元。

(2) 部件

部件是按照一定的装配工序把组成部分连接而成的不具备独立用途的物料。

(3) 整件或整机

整件或整机按照一定的装配调测工序把组成部分连接而成的具有独立用途的产品。

(4) 成套设备

成套设备能独立完成规定功能,是由若干整件或较小成套设备相互连接而成的。

(5)产品结构

产品结构可以分为完整产品结构和具体产品结构。完整产品结构包括一个产品的所有可能的零部件,其中包括这些零部件的不同版本;具体产品结构包括构成一个具体产品的所有零部件。

比如,一支笔由笔帽、笔杆、笔芯组成,其各有两种颜色——红与黑,则这种笔的完整产品结构包含有六个零件,其中笔帽、笔杆、笔芯各两种。对于这种笔中具体的红帽、黑杆、红芯的笔,其产品结构是具体产品结构,由三个零件构成。

8.3.2 产品结构树

相互关联的一组零件按照特定的装配关系组装起来即构成部件,一系列零件和部件有机地装配在一起则构成产品;将产品按照部件进行分解,部件再进一步分解成子部件和零件,直到零件为止,由此形成的分层树状结构,称为产品结构树。产品结构树以树状方式描述产品结构,其中根节点表示产品,叶节点表示零件,中间节点表示部件。产品结构树上的节点分别代表了产品及其零部件,节点间的层次关系描述了产品的组成。

在一个覆盖整个企业的计算机支持的产品形成过程中,按照产品的复杂程度不同,存在着成百上千的工程图、计算书、工艺过程规划、NC 程序以及其他的产品定义、生产描述和生产控制的文档。目前,PDM 系统提供了两种方法对这些信息进行分类。第一种方法是每一种零件和部件定义一个零部件基本信息对象,并按照产品的结构将零部件基本信息对象联系起来;第二种方法是为每一种零部件定义一个虚拟文件夹,将与该零部件有关的文档都和该虚拟文件夹相关联,同时按照产品的结构将虚拟文件夹结构化(产品-文档关系管理)。

8.3.3 产品结构管理

企业人员在产生和修改产品数据的时候,经常需要查阅产品资料,而在大量的产品资料中通过计算机文件系统找出自己所需要的资料要花费大量的时间。当某个零部件进行了修改时，所有使用了这个零部件的产品资料都要进行相应的修改，这就需要在所有产品资料中进行“此零部件被哪些部件采用”的查询，这种查询不是仅仅依靠查询文件名所能做到的。在企业中，还有许多与查询产品资料直接相关的问题。如何组织、管理产品数据，成了现代企业要提高生产效率所必须解决的问题。产品结构管理就是组织、管理产品数据的一种有效形式。产品结构管理包括如下三部分：

(1) 产品结构层次关系管理

产品结构管理中的层次关系管理主要满足对单一、具体产品所包含的零部件的基本属性的管理，并要维护它们之间的层次关系。利用 PDM 系统提供的产品结构管理功能可以有效地、直观地描述所有与产品相关的信息。

在产品结构树中，每个零件、部件对象都有自己的属性，如零(部)件标识码、名称、版本号、数量、材料、类型(自制件、外购件)等。在 PDM 中查询零部件时，可以按照单个或多个属性进行单独或联合查询，以获得零部件的详细情况，如按照类型为“外购件”的属性查询，可得到采购部门关心的信息。通过建立零件与部件间的关联关系建立产品结构的层次关系。通常随着产品复杂度的不同，这种层次关系少则两三层，多则六七层不等。在设计、生产过程中，产品的构件经常有修改情况出现，不仅有个别层次的修改，甚至还有结构关系的修改。在 PDM 中完成上述修改需要区别不同的情况，较简单的情况(如还未形成版本进)可直接修改，复杂的情况(如对已发布版本的数据进行修改)则需要按照工程更改规定的过程进行。

图 8-6 给出了产品结构及其基本属性的示例，图中表示了产品零部件之间的层次关系及每个节点所包含的相应属性。产品结构树可以分层展开，走不同的分支，直观地找到自己所要的数据，而不用考虑其物理位置；还可以自由选择结构树的分解层次数，展开自行设定的层次中的零部件，在需要时输出相应的 BOM。

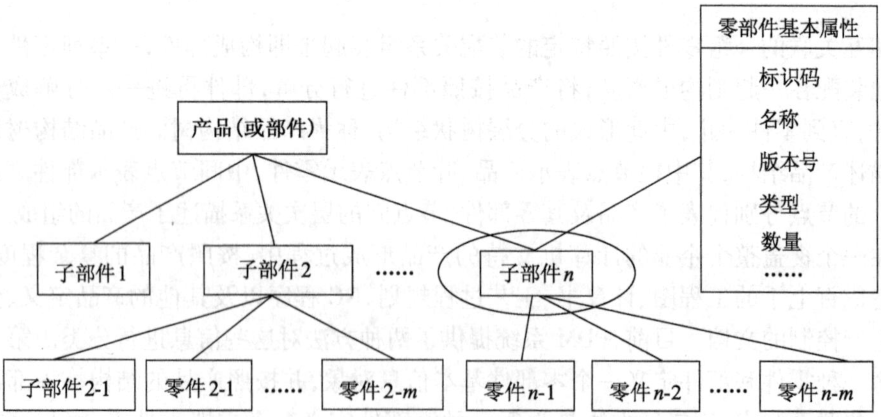

图 8-6　产品结构及其基本属性

(2) 基于文件夹的产品-文档关系管理

在产品的整个生命周期中,与产品相关的信息是多种多样的,这些信息以文件或图档的形式存在,统称为文档。它们包括设计任务书、设计规范、二维图纸、三维模型、技术文件、各种工艺数据文件、制造资源文件、合同文书、技术手册等。在 PDM 系统中,文档与对象(如产品、部件、零件)是关联的。把文档与产品结构的零部件相关联,就形成了产品结构信息树。不过,在 PDM 系统中,对象(产品、部件、零件等)与文档并不直接发生联系,而是通过文件夹作为连接对象与文档的桥梁,借助文件夹的分类管理来实现对对象的各种不同文档(如图纸、数据文件等)的分类管理,可以通过合理建立设计过程、制造过程、更改过程等,对每一个过程建立一个专门的文件夹来管理该过程中涉及的文件。一个文件夹可以包含多个文件,文件夹与文档的关系就像计算机操作系统中文件夹与其包含文件的关系。产品以及零部件对象可以有多个文件夹,这些文件夹管理着多个不同的文件,如图 8-7 所示。这种管理方式能更好地完成从设计、制造到销售整个生命周期的信息管理工作。图 8-8 表示了对象、文件夹、文档间的关系。

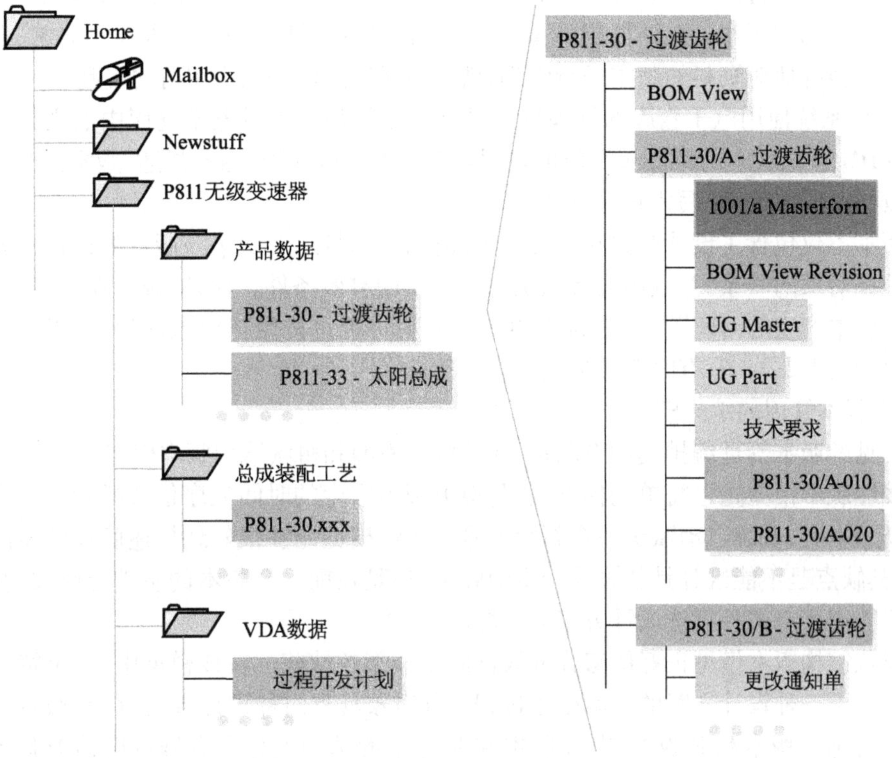

图 8-7　产品-文档关系管理

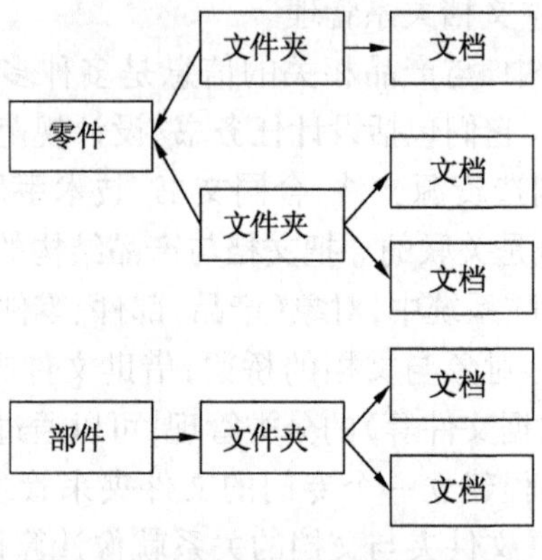

图 8-8　对象、文件夹、文档间的关系

(3) 版本管理

通常产品的设计过程是一个连续的、动态的过程。一个设计对象在设计过程中不断地被修改、完善,直到产品废弃。产品每经过一次修改就会产生新的版本,因此一个文档会有多个不同的版本。在计算机环境下,对产品资料的修改是非常方便和非常频繁的。如果不能很好地对资料的版本进行管理,就会造成产品数据在应用时的混乱。

PDM 系统使用电子仓库的管理程序进行版本管理。当对电子仓库中的文件进行修改时,PDM 会把版本的特征属性(如版本号、版本的修改权限、版本描述、版本修改人和版本修改的时间等信息)写入该文件的记录。

版本不仅包含了设计对象在当时的全部信息,而且还反映了该版本的设计对象和与其相关联对象的联系,并且还应有识别每个版本的有效条件。此外,版本应有标识号,一种是按版本产生的时间顺序,记为 A,B,C,…;另一种是按照正整数的顺序,以时间的先后依次记为 1,2,3,…;有时两种形式混合使用。

① 版本管理的编排模型

常见的版本管理编排模型有两种:线性版本模型和树状结构版本模型。

线性版本模型是最简单的模型,它是根据版本产生的时间顺序依次排列的。当产生一个新版本时,系统自动赋予一个新版本号。线性模型能够很好地描述版本顺序产生的情形,其缺点是不能区分是新设计产生的版本,还是在前一个版本的基础上修改的版本,即它不能用于有多种可选设计方案的情况。

树状结构版本模型正好能够弥补线性版本模型的缺陷。在该模型中,一个特定的路径就反映了一种设计方案的版本衍生过程。某对象具有两种设计方案,在 B 版本基础上形成了可选 C 版本和 E 版本;在 C 版本和 E 版本的基础上分别有修订后的 D 版本和 F 版本。它既是其一版本的修订版本,又是两种设计方案的终止版本。

② PDM 中版本号的管理

在 PDM 系统中进行版本管理主要做以下工作:避免版本混乱;反映各版本之间的关系和继承性;限定版本在各个阶段的修改权限。

按照版本管理的编排模型,编排版本号一般分为两种方式:线性编排和树状编排。线性编排比较简单,它根据版本产生的时间顺序编排版本号。原始资料的版本号可以设为 a0,a 表示 a 系列,数字表示同级版本顺序。这个资料的第一个版本的版本号为 a1。有了 a1,a2 版本,则下一个版本号就是 a3。从这样的版本号可以看出版本的时间顺序,但无法知道它的父版本是哪一个。a3 可以是对 a0,a1,a2 中任意一个修订的结果。因此,在这个资料的版本属性集中需要有记录其父版本的属性。树状编排是根据一个版本号产生下一级的版本号,好像从树干上分出的一个树枝。如从 a2 产生一个下级版本,则其树状编排版本号为 a2.1。从这样的版本号中,不仅可以看出版本的时间顺序,也可以知道它的父版本是哪一个,如图 8-9 所示。

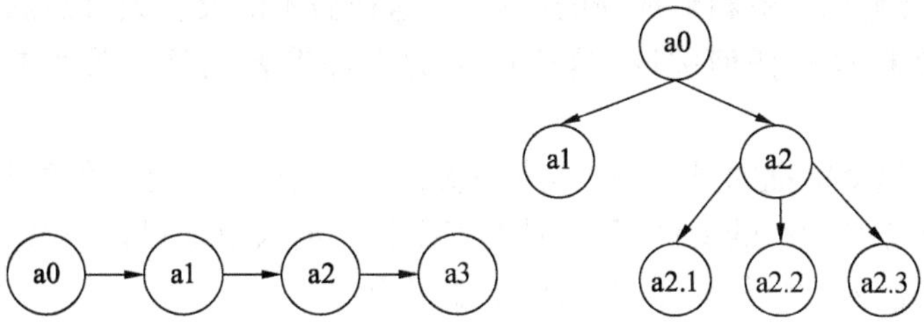

图 8-9　线性版本结构和树状版本结构

新建的文件是正在设计之中的资料,还没有达到可以使用的状态。所以,它位于其作者的私人文件夹中,其他人无权访问。经过注册操作,这个文件被放入电子仓库中。此时,这个文件没有经过修改,所以它的版本号先设定为初始值,如 a0。

处于“签入”状态的文件已经放入电子仓库中,属于可以共享的文件。其他人可以对这种文件进行引用、浏览,也可以通过签入操作对其进行修改。

对于状态为“修改”的文件,PDM 不允许再对其进行签出操作,以此来保证在同一时间内只有一个人对此文件进行修改,从而避免了混乱。由于拿去修改的文件只是这个文件的复制文件即副本,所以仍然可以对这个文件进行引用、浏览。

当一个文件从电子仓库中被签出时,电子仓库的管理程序会记录这个文件的版本变化情况,并可以自动地给出它的版本号。对于现有的版本通过签出操作,操作者从电子仓库中得到这个文件的副本,然后将该副本放在操作者的私人文件夹中,对这个副本进行修改之后,如果用签入操作把它再存放入电子仓库中,则在电子仓库中将产生这个文件的新版本。

版本经“分支签出”操作将产生被操作版本的下级版本。被操作版本是这个下级版本的上级版本。下级版本号的编制原则是用一个圆点和一个数码跟在上级版本号后面,作为新的版本号。数值也按照修改的先后顺序编排,先小后大。例如,上级版本号是 a2,则它的第一个下级版本号是 a2.1;再对 a2 进行操作检出,产生第二个下级版本号是 a2.2;此时对 a2.1 进行检出操作,产生同级版本号 a2.3。

版本经“签出”操作将产生现有版本的同级版本。假设电子仓库中有一个文件 a0 和它的现有版本 a1,a2,a3,a2.1,a2.2,则对 a0,a1,a2,a3 中的某一个进行修改都将产生其同级的新版本 a4。若对 a2.1 进行修改,则将产生其同级新版本 a2.3。

一个文件经过反复修改最后定型,通过审批后成为发布版本。发布版本的版本号可以用大写的字母 A,B,C 等表示。发布了的版本正常情况下不可以随便进行修改,所以对它无法使用检出操作。

发布版本由于某种原因可能也需要进行修改,例如,发布版本经过生产或使用发现了重大的错误,或是根据客户的要求进行修改等。对发布版本进行修改,实际上是产生新的版本系列,所以使用“新版”操作。对发布版本进行修改后,其版本号的拉丁字母发生改变。例如,对于发布版本 A 进行修改后,其版本号变为 B 系列;第一个 B 系列文件的版本号为空,设定为 b0,相当于 B 系列的源文件,第二个 B 系列文件的版本号是 bl。

如果从电子仓库中取出文件的目的不是为了对其进行修改,而仅仅是为了浏览,则可以用复制操作把它复制到自己的文件夹,这种操作不会产生文件的新版本。使用复制的文件,也可以参考以往资料形成新的设计,但这样做不能反映设计更新的连续性,参考资料和新设计资料没有任何关联,这样产生的文件需要用注册操作把它存入电子仓库中。

一个文件在提交审批的过程中,不应当被任何人修改,此时文件的状态应当标记为冻结。对于处于冻结状态的文件,只有具有审批权力的人员才可以对其进行批注或圈阅等审批操作。任何人员对其只能浏览,而不能引用。

在版本描述属性中,记录有当前版本的上一版本号。这个信息给出当前版本的导出版本,反映了各版本之间的关系和继承性。通过给出版本号,结合电子仓库对签入文件的管理功能,就可以避免覆盖同名文件。

以上是以文件为例,讲解了版本号管理的过程。PDM 的版本管理不仅仅是针对文件,而是针对所有产品对象。零件的设计资料有不同的版本,由零件的不同版本配置出的产品结构也会有版本的变化。PDM 系统通过版本管理,自动建立与维护各种产品对象的版本,完整地记录产品对象的变化历史。使用者不必担心在修改的过程中是否会覆盖过去的设计或影响到其他人使用此设计的资料。这对于进行并行设计的团队来说是非常重要的。

③ PDM 中版本状态的管理

PDM 的版本管理可以管理事物对象和数据对象的动态变化情况,前者如零件、部件、文件夹等,后者如各种文档。一般来说,对这些对象采用的是线性版本模型,按照时间顺序系统自动赋予一个版本号,且不允许赋重复的值。

按照设计对象所处的不同状态,版本有不同的状态名,其版本状态变化如图 8-10 所示。

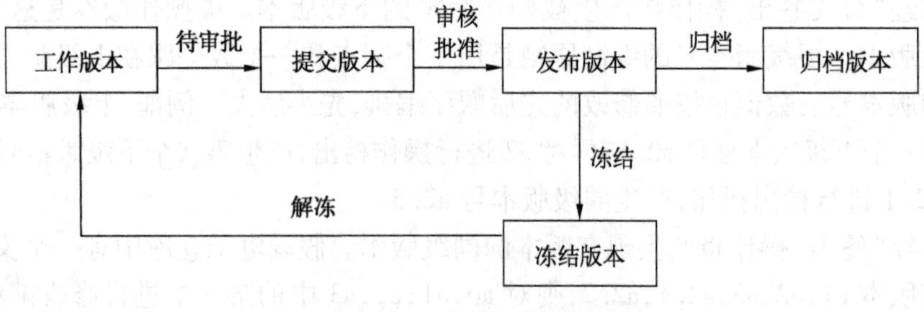

图 8-10　版本状态变化流程图

设计阶段对象的版本称为工作版本。工作版本驻留在设计人员私有的电子仓库中,被设计者修改,其他用户不能访问,并且也不能被引用。

当设计工作完成以后,设计者需要将该对象的版本提交到共享的公共电子仓库以待审批。这种存放在共享电子仓库中待审批的版本称为提交版本。提交版本不允许修改或删除，其他用户可以查看，但不能引用。

提交版本经审核批准后，成为发布版本。发布版本放在专门的电子仓库中，所有用户只能对它进行查询，而不能修改。

在设计的某阶段时间内，若需要版本保持不变的状态，可以将它冻结起来，称为冻结版本。冻结版本一般存放在项目电子仓库中。处于冻结状态的版本不允许有更新、删除等操作；但是一旦冻结版本解冻后成为工作版本，即可对它进行操作。提交版本是审批阶段的冻结版本，它和冻结版本一样，都能被设计者引用，成为设计者开展下一步工作的基础。

不再改变的版本需要归档保存。版本归档后便成为归档版本。

8.4 产品配置管理

单一形式的材料明细表和简单的版本管理并不能满足企业复杂产品信息管理的需求，BOM 作为企业进行设计、生产、管理的核心，不同的部门要求有不同的形式和内容。例如，生产部门需要只描述自制件情况的制造 BOM 表；采购部门需要原材料及标准件的采购 BOM 表；设计部门作为产生 BOM 表的部门，应提供涵盖以上各方面信息的、最为全面的设计 BOM 表。设计 BOM 表信息与其他 BOM 表信息的关系相当于集合概念中的全集与子集的关系。另外，针对产品设计中的同一产品的不同批次及同一批次中的不同阶段，如设计、制造与组装等，需要有不同的 BOM 描述。为了满足上述要求，必须将产品结构中的零部件按照一定的条件进行重新编排，得到该条件下的特定的产品结构，称为配置，其中的条件称为配置条件。用各种不同的配置条件形成产品结构的不同配置，称为产品结构的配置管理。

配置管理一方面继承了产品结构主要功能，另一方面在产品结构构件中增加了配置项（即配置条件）、结构选项、互换件、替换件、供应商等。通过提供结构有效性、配置变量、版本有效性管理，能描述更为复杂的产品配置。此外，还可提供 BOM 多视图管理，通过 BOM 的提取支持与 MRPII 或 ERP 的集成。配置管理通过建立配置规则实现对产品结构变化的控制与管理。因此，产品配置管理的目标如下：

① 集中管理产品数据资源及使用权限。

② 统一管理产品生命周期内全部数据的有效性。

③ 各部门材料清单（BOM）的一致性。

④ 提供用户关心的不同类型的产品配置信息。大多数令人满意的产品是用户自己配置的产品，所以要增加用户可选性，这就使配置复杂化。

⑤ 灵活的产品数据配置模式。为了降低成本，要求零件替换灵活，尽量选择标准零件或可用的替代品，以最低的成本来满足设计的要求，其目标是最多的产品类型、最少的零件数。

8.4.1 基本概念

（1）产品结构配置

利用事先建立的完整产品结构，按照满足用户所需功能的要求设计或选择零部件，把这些零部件按照它们的功能、某种组合规则（如装配关系等）和某种条件进行编组，形成一个具体的产品，称为产品结构配置。

如前所述，笔的完整产品结构各有两种颜色的笔杆、笔帽和笔芯构成，共六个零件。通过产品结构配置，按照笔杆、笔帽和笔芯的装配关系和各种颜色组合的配置条件，可以产生表 8-5 所示的八种不同的具体产品结构。

表 8-5　笔的具体产品结构组合

红杆红帽红芯	红杆红帽黑芯	红杆黑帽黑芯	红杆黑帽红芯
黑杆黑帽黑芯	黑杆黑帽红芯	黑杆红帽红芯	黑杆红帽黑芯

在产品设计的整个生命周期中，虽然产品结构有可能按各式各样的要求进行重新配置，但产品零部件对象仍然与那些定义它们的数据保持连接关系。黑色笔杆可能与红色笔帽和红色笔芯配置成一个具体产品，黑色笔杆也可能与黑色笔帽和黑色笔芯配置成另一个具体产品；但是在电子保险箱中，只有一份黑色笔杆数据资料。各个配置中的黑色笔杆对象都记录了指向同一份数据资料的指针。

（2）配置条件

配置管理中的条件称为配置条件。

（3）产品结构的配置管理

用不同的配置条件形成产品结构的不同配置，称为产品结构的配置管理。

为了便于读者理解配置的概念，再举一个汽车示例，如图 8-11 所示。汽车由发动机、车门、操作设备和其他附加部件组成。发动机有四种，分别是 1.5 L，1.8 L，2.0 L，2.4 L；车门有三种规格，分别是两门、四门、六门；操作设备有手动、自动两种；其他附加部件有空调。

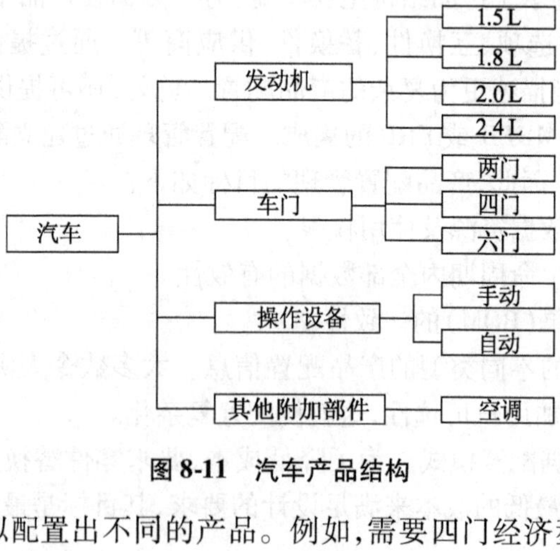

图 8-11　汽车产品结构

根据不同需要可以配置出不同的产品。例如，需要四门经济型的汽车，可以通过设置配置变量 =（排气量 =1.5 L& 门 = 四门）。如果加上颜色等其他属性，通过变量配置，根据已有的产品结构树可以配置出成百上千种不同类型的汽车，如图 8-12 所示。

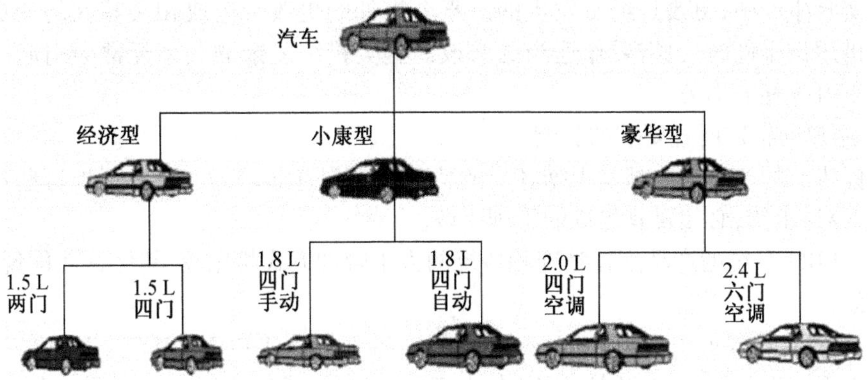

图 8-12　不同条件下的汽车产品

8.4.2　PDM 系统中的产品配置管理

从前面生产笔的产品结构配置可以看到，仅仅三个零部件和两种配置条件，就可以配置出八种不同的产品结构。如果一个产品的零部件很多，再加上其他可选条件，如零部件的不同型号、不同版本、不同颜色等，如此进行复合配置的产品结构的数量将是巨大的。对如此大量的产品结构进行手工管理，工作量巨大且容易出现错误，这是在企业中常常出现的问题。另外，在设计和生产过程中还会不断出现各种更改，产品结构也随着时间不断变化。只要某一处更改，就会影响一系列具体产品结构，因此必须找出所有受影响的零部件或产品的资料进行相应的修改；否则不论哪一份资料没有修改，都会造成生产上的损失。如果采用计算机，按照各种不同的配置条件进行配置，将使得生产从无序到有序，大大提高生产、管理的效率，降低产品的成本，从而赢得竞争优势。

(1) 传统企业中，手工产品结构配置管理中存在如下问题：

① 企业各类人员查阅产品资料要花费大量时间。

产品由很多的零部件组成，企业各类人员要查询有关产品的资料，就要花费大量的时间。如何形象地描述产品全部数据的相互关系，使产品各部分之间的关系一目了然，成为一个重要的需求。

② 产品配置信息不准确。

这是一个令设计、制造和管理部门非常头痛的问题。产品配置信息是生产制造的原始依据，不同用户有不同的配置要求。如果产品配置发生了错误，则会直接影响采购、制造和装配等部门，造成不必要的损失。面对多品种、小批量的市场需求，迫切需要先进的配置方法。

③ 设计和制造的材料清单不一致，这样会造成返工和浪费。

为了指导设计、生产部门，必须提供配置好的产品材料清单。不同的部门有不同形式的材料清单（BOM 表）：设计部门关心的是全配置 BOM 表，生产部门关心的是自制件 BOM 表，采购部门需要的是原材料 BOM 表，供应部门需要的是协作件 BOM 表。采用人工管理，企业要花费大量的时间和成本才能完成这些报表，还容易发生错误，并且当设计和制造、采购供应的材料清单不一致时，就会造成返工和浪费。

④ 在设计和生产过程中，各种更改会造成产品配置信息的混乱。

在实际生产中,更改是经常发生的。某个零件的更改会造成相关零件的变更,或其他产品借用该零件时,也需要作适当的修改。这类错综复杂的关系经常会引起混乱,甚至造成不可弥补的损失。

⑤ 用户的特殊配置要求的影响。

单件生产的产品往往都是根据客户的特殊要求配置而成的。手工管理这些数据,工作量大、容易出错,必须要有先进的管理手段。

(2) PDM 系统的产品配置管理和传统的人工管理方式相比较,其优越性体现在以下几个方面:

① 配置管理保证了不同 BOM 表的一致性,特别是设计 BOM 与制造 BOM 的一致性。

由于不同部门要求的 BOM 表不同,人工管理这些 BOM 表时一方面要花费大量的人力和时间,另一方面还容易出现错误,延误生产,造成损失。利用 PDM 的配置管理功能,可以按照产品所处的不同阶段进行配置,得到在不同阶段的产品结构视图,由此形成所需要的 BOM 表。各 PDM 用户可以网络共享这些 BOM 表,避免错误的发生。

② 配置管理保证了产品配置信息的准确性。

面对产品市场的激烈竞争,企业应该考虑各个层次客户的不同需求,对产品相应作不同的配置要求。另外,对于单独订货的单件特殊产品,还应按照特殊的配置进行生产,在这种情况下更能体现配置管理的优越性。配置管理不仅具有产品结构管理的主要功能,而且它还在产品结构构件中增加了互换件、替换件、配置项(即配置条件)、结构选项、供应商等,通过提供结构有效性、配置变量、版本有效性管理,能够描述更为复杂的产品配置。此外,配置管理还可以提供 BOM 的多视图管理,通过 BOM 的提取支持与 MRP I l 或 ERP 的集成。

8.4.3 产品配置规则

跟踪管理产品结构随时间变化的情况是对 PDM 提出的重要需求之一。PDM 系统的产品结构配置管理功能就是为了解决这种问题而设置的,主要用来解决手工产品结构配置管理中存在的问题,实现对产品配置信息的有效管理。

产品结构配置管理是通过建立配置规则实现对产品结构变化的控制和管理。

产品结构配置的规则如下:用一个完整产品结构可以配置出多个具体产品结构实例,人工为每种产品定义一个产品结构不太切合实际。因此,需要定义一组条件及规则,据此构造不同的产品,由系统自动配置出适当的产品结构。

产品结构配置管理通过产品结构配置规则进行产品结构配置。产品结构配置规则是进行产品结构配置时选择零部件的准则。

产品配置规则包括三种,分别是变量配置规则、版本配置规则、有效性配置规则。

(1) 变量配置规则

当某个产品形成系列产品时,在不同型号的产品中存在着许多具有相同用途、相同名称但不同规格、不同型号的零部件。这些零部件的某些属性具有多个可选的属性值,以适应不同型号的产品。图 8-13 是 BT8 摩托车的完整产品结构,其中发动机型号有 A100,A80,A60,A50 四种。根据功率和发动机型号等技术参数设定 BT08 摩托车的配置选择表和配置条件及配置变量,如表 8-6 和表 8-7 所示。

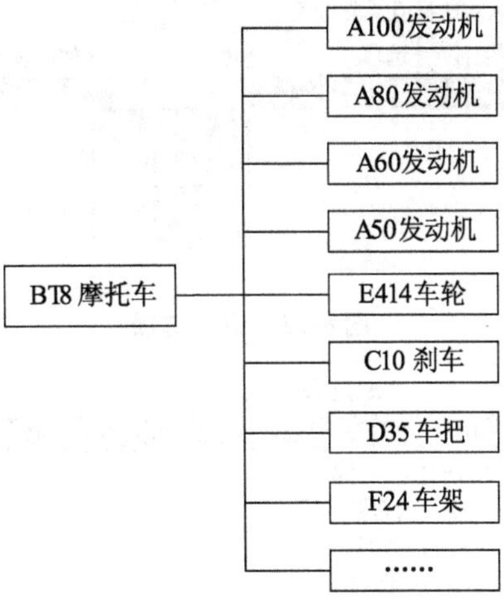

图 8-13　BT8 摩托车完整产品结构

表 8-6　配置选择表

		规则 1	规则 2	规则 3	规则 4
条件 1	功率	125	100	100	<60
条件 2	档次	豪华	豪华	普通	低档
条件组合方式		AND	AND	AND	OR
选择发动机型号		A100	A80	A60	A50

表 8-7　配置条件及配置变量

变量名	变量值
功率	125,100,50
档次	豪华,普通,低档
发电机型号	A100,A80,A60,A50

以卫生间装配示例,其装配的完整产品结构包括抽水马桶、普通浴缸、冲浪浴缸、淋浴头、瓷砖、大理石、塑料地板、立式水槽、普通水槽、豪华双水槽,如图 8-14 所示。设计者希望根据房屋的豪华程度定义选项为豪华型、小康型、经济型。其中,豪华型包括抽水马桶、冲浪浴缸、大理石、豪华双水槽;小康型包括抽水马桶、普通浴缸、瓷砖、普通水槽;经济型包括抽水马桶、淋浴头、塑料地板、立式水槽。

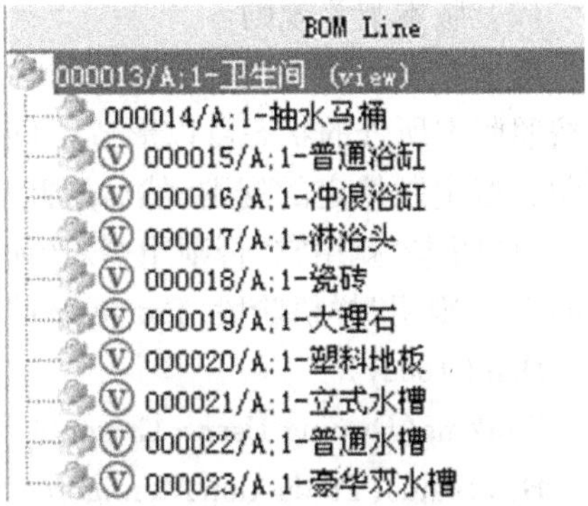

图 8-14　卫生间装配完整产品结构

实践验证结果:在 Teamcenter 的结构管理器中,"设置选定模块的选项值"分别选择"豪华型""小康型""经济型"(见图 8-15),则结构管理器中会显示预期结果,如图 8-16 ~ 图 8-18 所示。

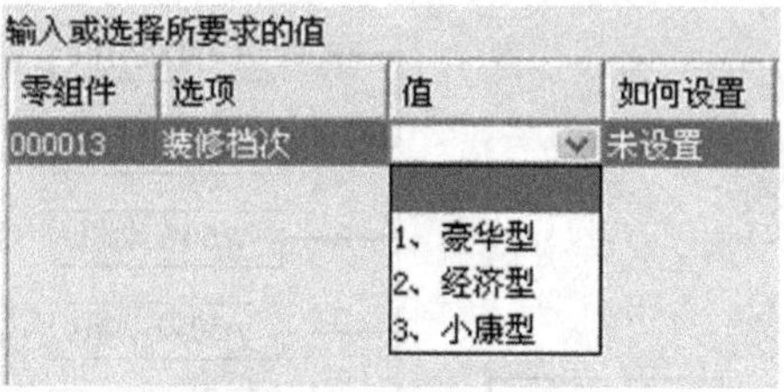

图 8-15　设定选项

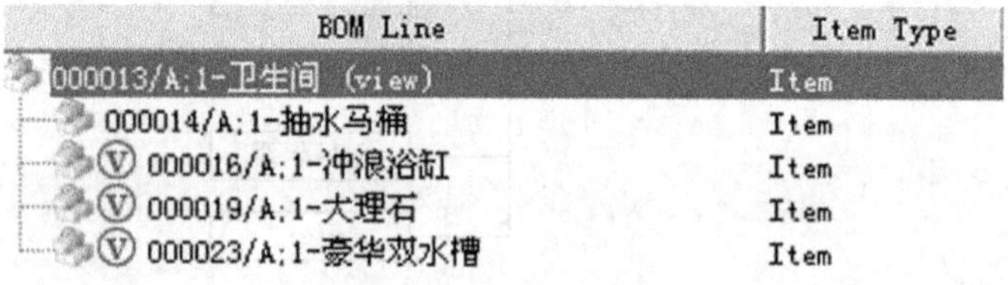

图 8-16　豪华型装配

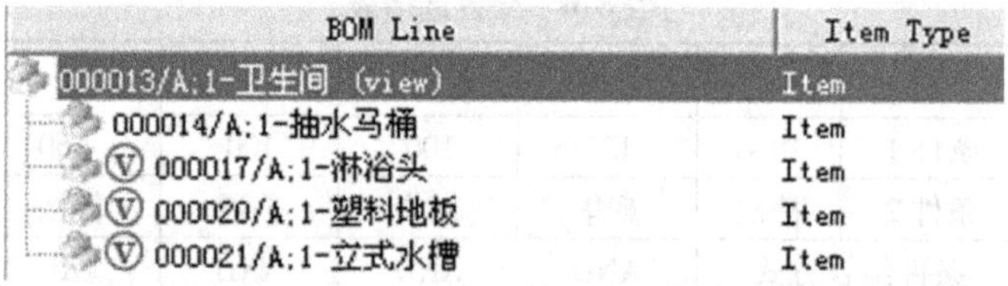

图 8-17　经济型装配

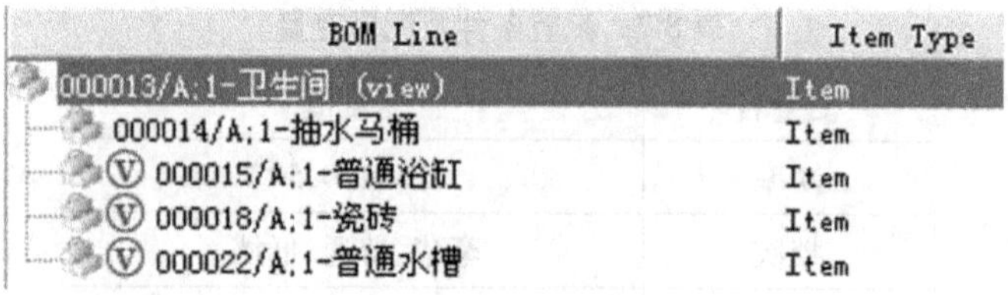

图 8-18　小康型装配

（2）版本配置规则

版本在产生过程中具有不同的状态，如工作状态、提交状态、发布状态、冻结状态等，而按照版本所处的状态可以形成不同的配置。这里首先要求读者根据版本规则的八种控制类型定制特定的规则，然后用此规则进行配置验证。比如，定制 Training 规则：如果有“工作版本”就用它，否则用“投产阶段（Production）”，否则用“预投产阶段（Pre-production）”，否则用“样机阶段（Prototype）”。规则如下：

Date（Today）

Working（Owning User = Current）

Has Status（Production，Configured Using Released Date）

Has Status（Pre-production，Configured Using Released Date）

Has Status（Prototype，Configured Using Released Date）

如果一个挂靠在 assem 装配结构下的零件 cmp1，分 A 和 B 两个版本已发布，A 版本已发布为 Pre-production 状态，此时如果 B 版本已发布为 Prototype 状态，则调用此规则后，显示面板显示 A 版本，如图 8-19 所示；如果 B 版本已发布为 Production 状态，则调用此规则后，显示面板显示 B 版本，如图 8-20 所示。

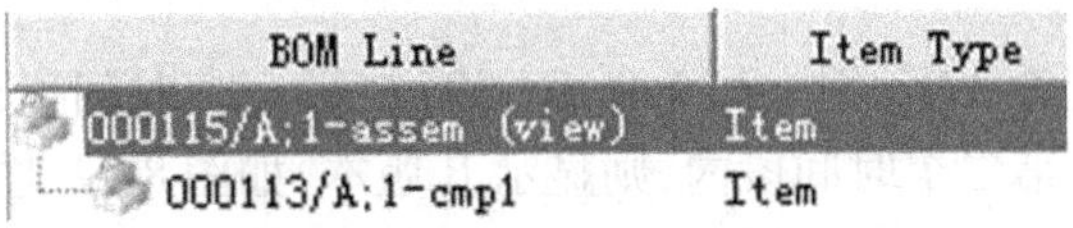

图 8-19　显示结果（A 版本）

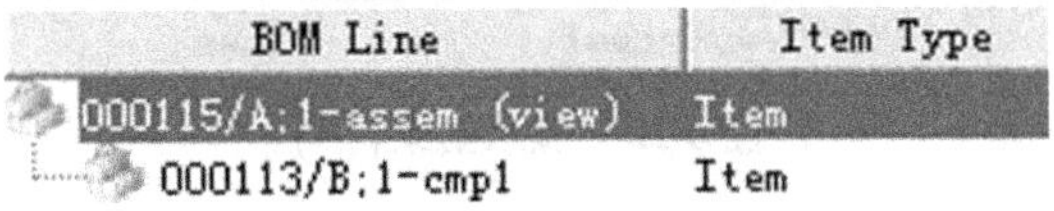

图 8-20　显示结果（B 版本）

（3）有效性配置规则

产品结构中的零部件可能具有多个版本，各个版本的生效时间、有效时间可能不同。有时在产品结构树的不同层次上分别有一个零件的不同版本或同一版本分布在结构树的不同层次上，由此形成了不同的配置情况。其中，反映有效性的配置条件称为配置项；有效性配置中的配置项可以是版本的有效时间配置项、修改序号的有效时间配置项、零（部）件的有效个数等；配置项的数据类型可以是字符型、数字型或它们的混合型。

例如，零件 com1 挂靠在装配结构 assem 中，其有两个版本，分别为 A 和 B，如图 8-21 所示，其生效时间如表 8-8 所示。对装配结构设置生效时间，如果设置在 2013 年 4 月 1 日 16：55—2013 年 4 月 1 日 17：00，则对于零组件 com1 来说，显示 A 版本；否则显示 B 版本。

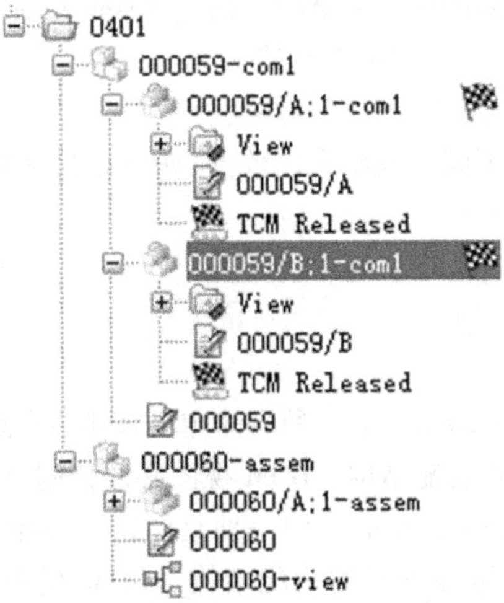

图 8-21　装配结构

表 8-8　生效时间

配置项/版本	起始时间	结束时间
Cfg1/A	2013 年 4 月 1 日 16：55	2013 年 4 月 1 日 17：00
Cfg1/B	2013 年 4 月 1 日 17：01	2013 年 4 月 1 日 17：08

实践验证结果：

① com1 的 A,B 版本分别设置生效时间为 2013 年 4 月 1 日 16:55—17:00,2013 年 4 月 1 日 17:01—17:08。

② 设置有效日期为 2013 年 4 月 1 日 16:59(在第一个时间段内),则装配结构中显示 com1 的 A 版本;在第二个时间段内,则显示 B 版本,如图 8-22、图 8-23 所示。

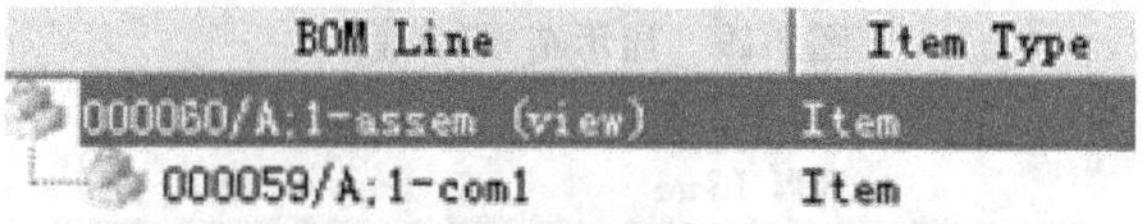

图 8-22　显示结果(一)

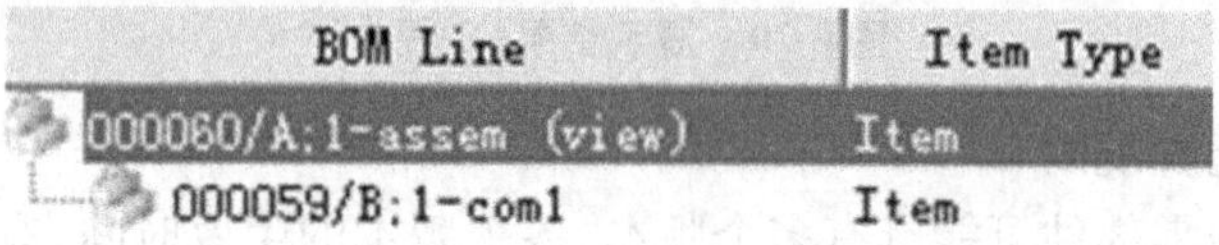

图 8-23　显示结果(二)

按照表 8-8 的定义,产品在 2013 年 4 月 1 日 16:59 的结构树与在 2013 年 4 月 1 日 17:05 的结构树之间是有差异的。

8.5　Teamcenter 中产品结构与配置管理

在 Teamcenter 中产品结构与配置管理同结构管理器(SE)模块相对应,结构管理器面板中的产品结构树即是企业中用到的 BOM。通过 Teamcenter 的结构管理器可以实现:

① 结构管理器用来创建编辑 BOM 结构;

② 通过变量配置条件,用来配置产品结构;

③ 按照不同规则显示不同开发状态的数据,如设计数据和冻结数据;

④ 提供报表的输出功能;

⑤ 通过 JT 快速浏览数模,定位组件、部件。

8.5.1　基本概念

① BOM 视图:它是 Teamcenter 中一种具体定义零组件(装配件)信息的数据对象,它存放了该零组件(装配件)的装配结构。BOM 视图必须依附于零组件,否则无使用意义。

② BOM 视图版本:它是 Teamcenter 中一种具体定义零组件版本(装配件版本)信息的数据对象,它存放了该零组件版本的装配结构。BOM 视图版本必须依附于零组件版本,否则无使用意义。

零组件版本下有一个 BOM 视图版本,表示这个零组件版本是一个装配件,其装配关系必须将 BOM 视图版本发送到结构管理器中打开查看、配置和保存。

它在 Teamcenter 中的对应关系如图 8-24 所示。

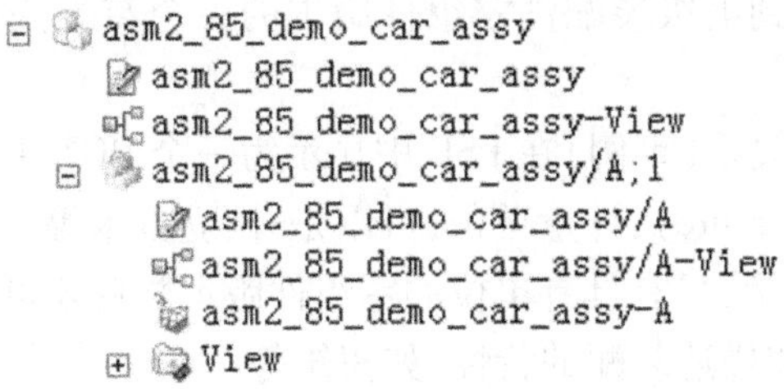

图 8-24　对应关系

不同的用户经常需要以不同的方式查看产品的结构。如设计者可能需要按照子系统的组织方式查看装配结构,制造者需要结构能反映装配的工艺顺序。为了更好满足用户的需求,针对上述不同用途存在不同的产品零部件明细表的构建形式,所以 Teamcenter 中通过定义不同类型的 View 来分别表示。例如,类型 sCAD 用于表示产品设计明细表,类型 sPBOM 可用于表示总装明细表,如图 8-25 所示。

BOM 视图也可以为一个零组件版本创建多个不同类型的 BOM 视图版本,如图 8-26 所示。

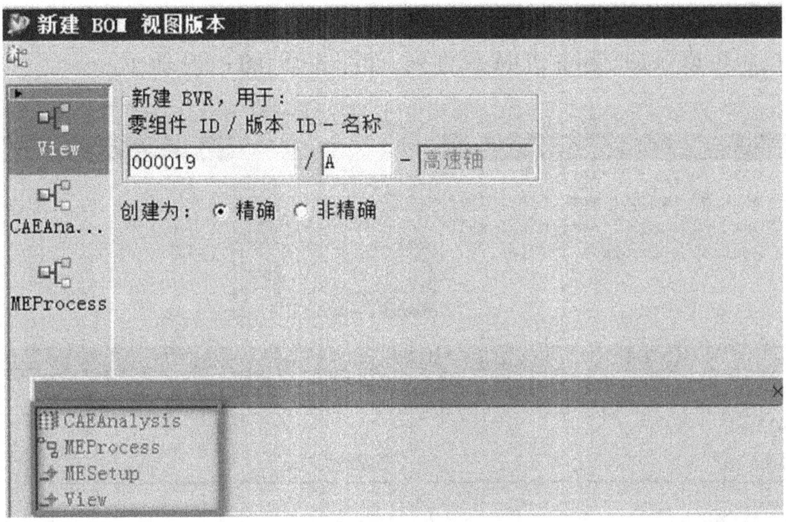

图 8-25　BOM 视图

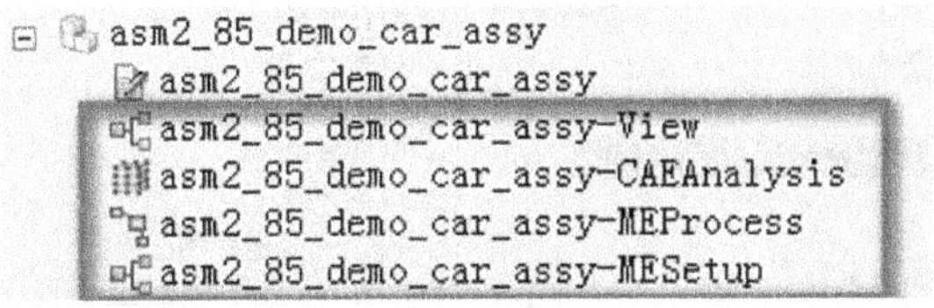

图 8-26　创建多种类型的 BOM 视图

③ 非精确装配(动态)允许工程师按照他们希望的配置来查看产品结构。

④ 精确装配(静态)在控制配置的情况下非常有用。

⑤ 事例:在 Teamcenter 中当添加一个零组件版本到一个装配件(零组件版本)时,就

是创建一个零组件版本到上级装配件零组件版本的一个装配关系(事例)。事例保存在 BOM 视图版本中。

⑥ BOM Line:装配关系(事例)在 PSE 中显示为一个 BOM Line。

⑦ UOM(Unit Of Measure):计量单位,可以是升、立方米等。

⑧ Quantity:装配数量,只有具有单位的零组件版本数量才可以是小数。

⑨ Note:用于记录和描述装配的特性,如扭矩等。

零件属性表中的属性信息都可以通过系统配置在结构管理器界面上显示出来,如图 8-27所示。

图 8-27　零件属性表中的属性信息

8.5.2　Teamcenter 中的 BOM 管理

(1) BOM 编制与基本维护

① 手工编制 BOM

在结构管理器中通过剪切、复制、粘贴、增加、删除零部件,可以移除单个零件或整个子装配部件,也可以添加、删除 BOM 属性列,如图 8-28、图 8-29 所示。

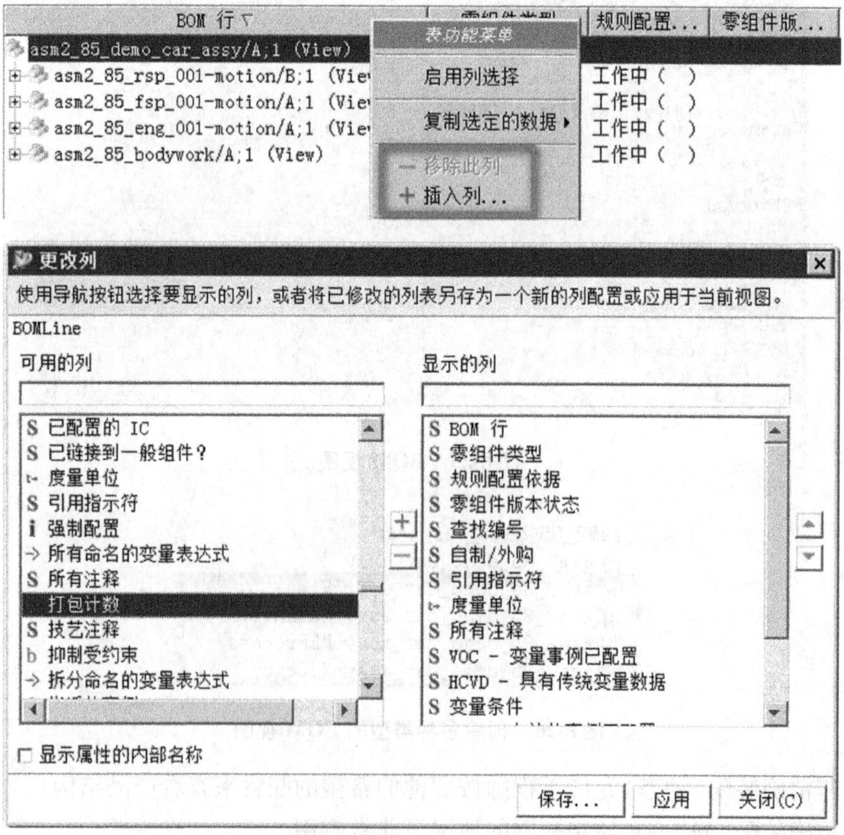

图 8-28　BOM 中更改列

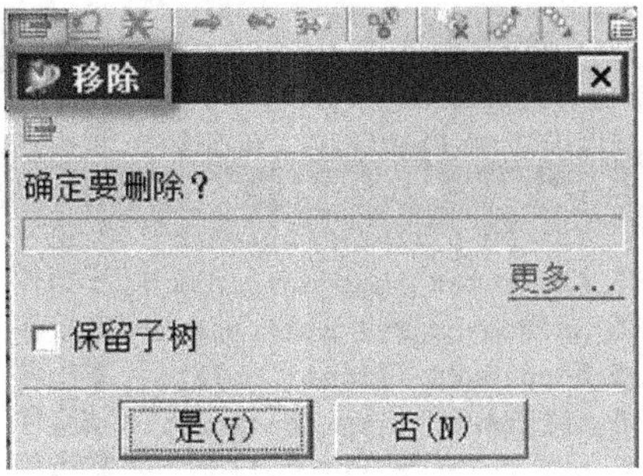

图 8-29　移除 BOM 结构

② 克隆 BOM

整体或部分克隆已有的 BOM,无须打开 CAD 系统即可快速生成全新的 BOM。编辑修改克隆的 BOM 不会影响已有的 BOM,如图 8-30 所示。

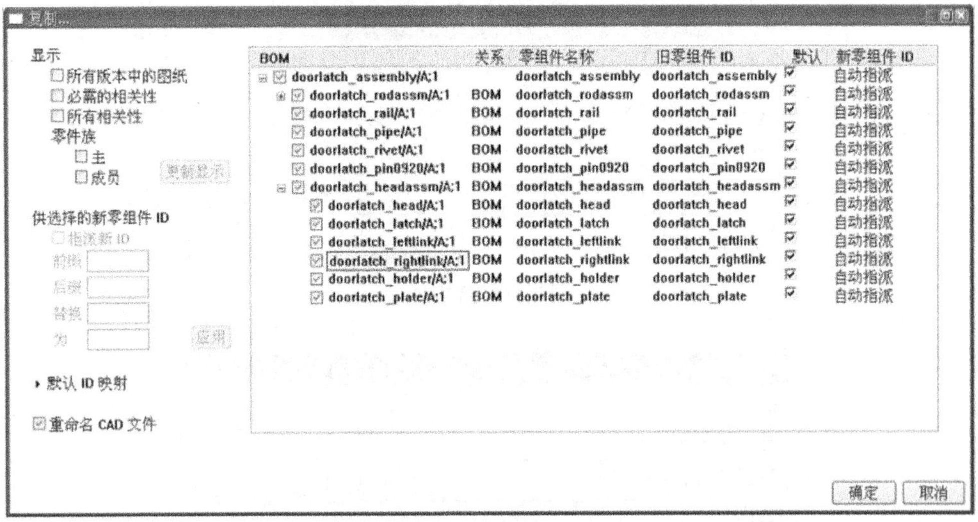

图 8-30　克隆 BOM

③ 替换件管理

通过粘贴、添加方式为指定的 BOM 行增加替换件,为产品 BOM 零部件增加可选择性和灵活性,如图 8-31 ~ 图 8-33 所示。

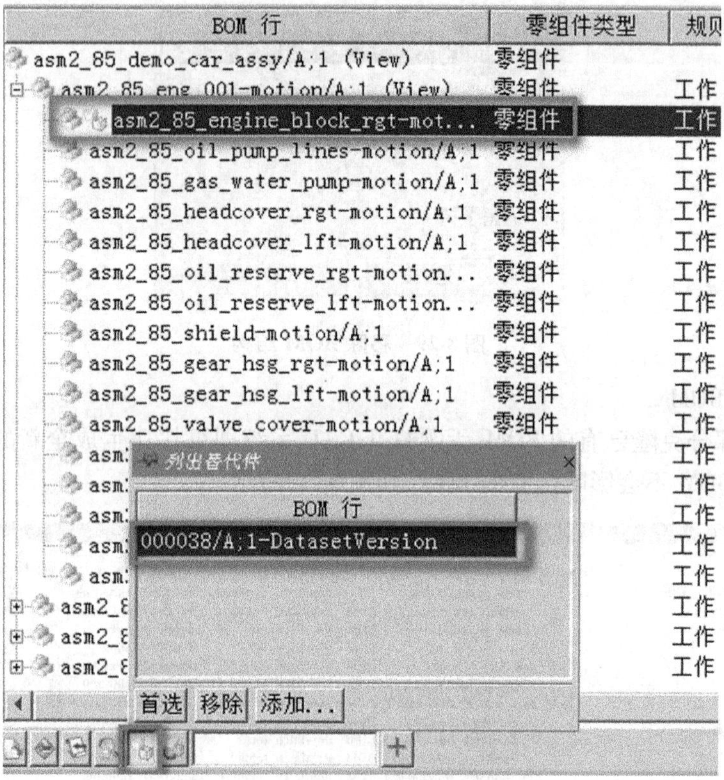

图 8-31　替换件

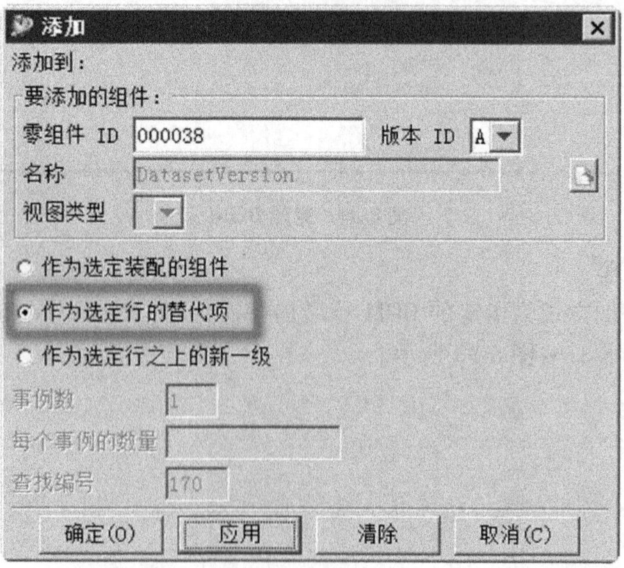

图 8-32　粘贴替换件

图 8-33　添加组件

④ 管理全局备选件

全局备选件提供跨 BOM 视图的能力，在所有 BOM 视图版本中有效。它为 BOM 更改和零部件替换提供了全局一致性，避免遗漏。产品工程师可以为零件设置全局备选件，以表达在任何装配下可以用一个零件替换当前零件。此操作可以在结构管理器下完成，也可以在 My Teamcenter 中完成。

在结构管理器下，在 BOM 行中可以显示备选件列表。

设置全局备选件操作步骤：

a. 在 My Teamcenter 中，选择要设置全局备选件的零件，右击选择菜单“管理全局备选件”。

b. 在结构管理器下打开装配件，选定装配件下需要设置全局备选件的零件，点击窗口左下角“管理全局备选件”按钮，打开列出管理全局备选件的窗口，如图 8-34 所示。

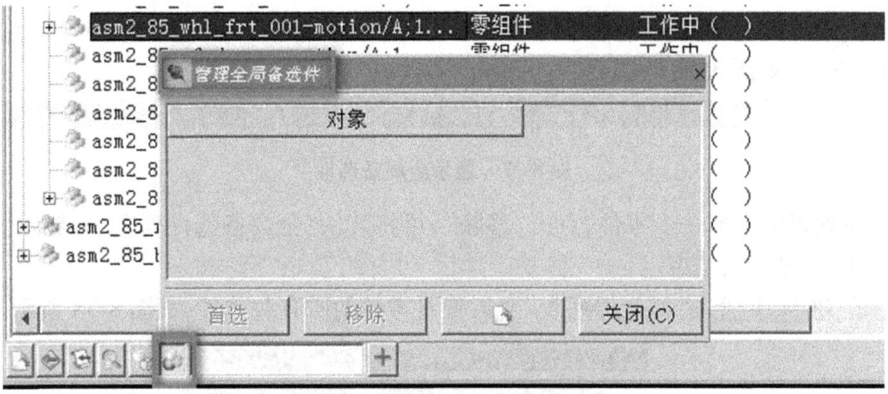

图 8-34　打开管理全局被选件

c. 在打开的窗口下点击“添加零组件作为全局备选件”，输入查询条件，选中零件的全局备选件并双击，如图 8-35、图 8-36 所示。

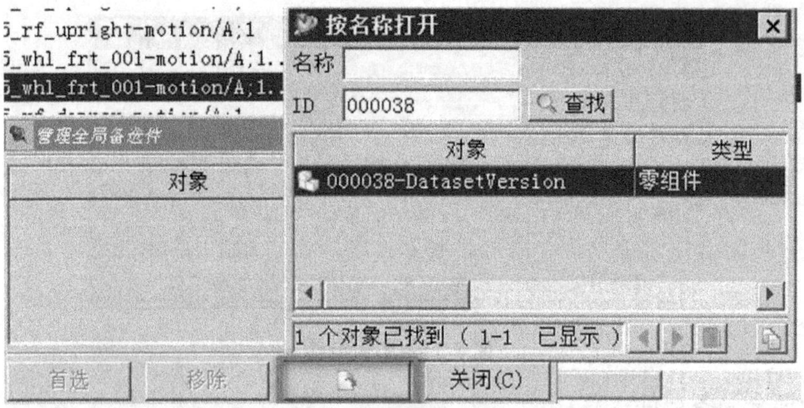

图 8-35　查找备选件(一)

图 8-36　查找备选件(二)

d. 设置了全局备选件的零件，在 BOM 结构中会以高亮的形式显示，BOM 行图标旁边出现图标，如图 8-37 所示。

图 8-37　显示全局备选件

e. 在列表中选择一个零件，点击"移除"，可将其从"全局备选件列表"中删除。

f. 点击"保存"，结束。

g. 在 BOM 中插入"替代件列表"可以查看零件的所有替代件，如图 8-38 所示。

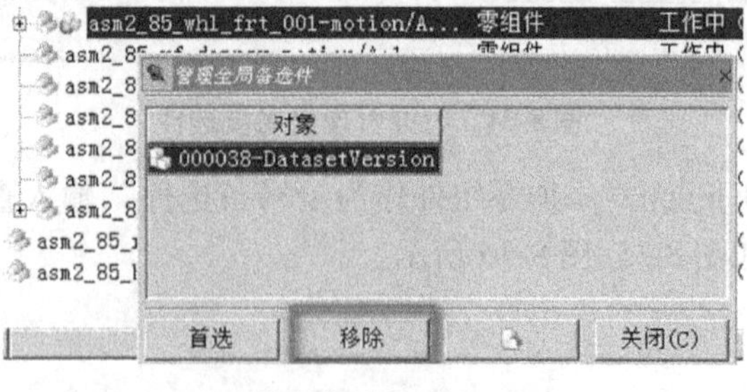

图 8-38　管理全局备选件

⑤ 重复件打包管理

打包与解包可增强 BOM 在各业务中的适应性。把装配中使用的大量相同零部件打包,导出的 BOM 直接用于下游制造、ERP 等系统和业务使用。打包、解包命令如图 8-39 所示,结构管理器中打包的显示效果如图 8-40 所示。

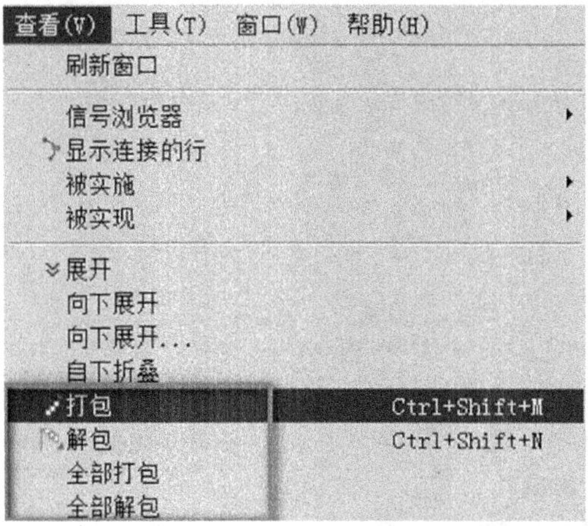

图 8-39　显示打包/解包命令

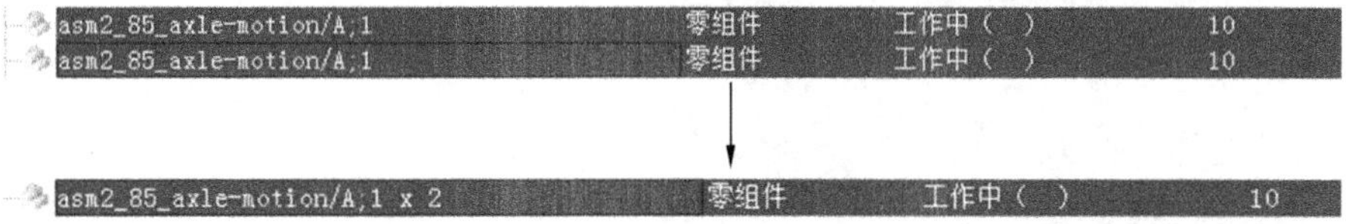

图 8-40　打包的显示效果

⑥ BOM 可视化批阅管理

把装配结构发送到结构管理器中,结构管理器左边的矩形框控制装配件中每个零件的显示/隐藏。点击右边面板中的“查看器”,即可显示装配结构的轻量化模型;在“查看器”工具栏中,可以对轻量化模型中每个零部件添加批注、标记、放大等功能,如图 8-41 所示。

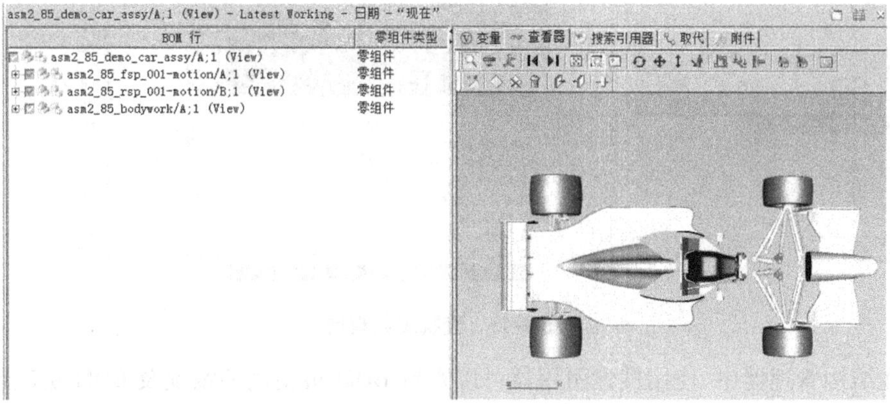

图 8-41　BOM 可视化批阅

⑦ BOM 浏览管理

结构管理器中,“工具”菜单下提供 BOM 管理多种功能,结构管理器面板下可以树状结构显示 BOM。其中,"展开"功能针对不同层级展开或折叠指定的 BOM 行,有效性功能根据不同的 BOM 配置显示有效零部件,显示功能显示 BOM 基本信息,如图 8-42 所示。

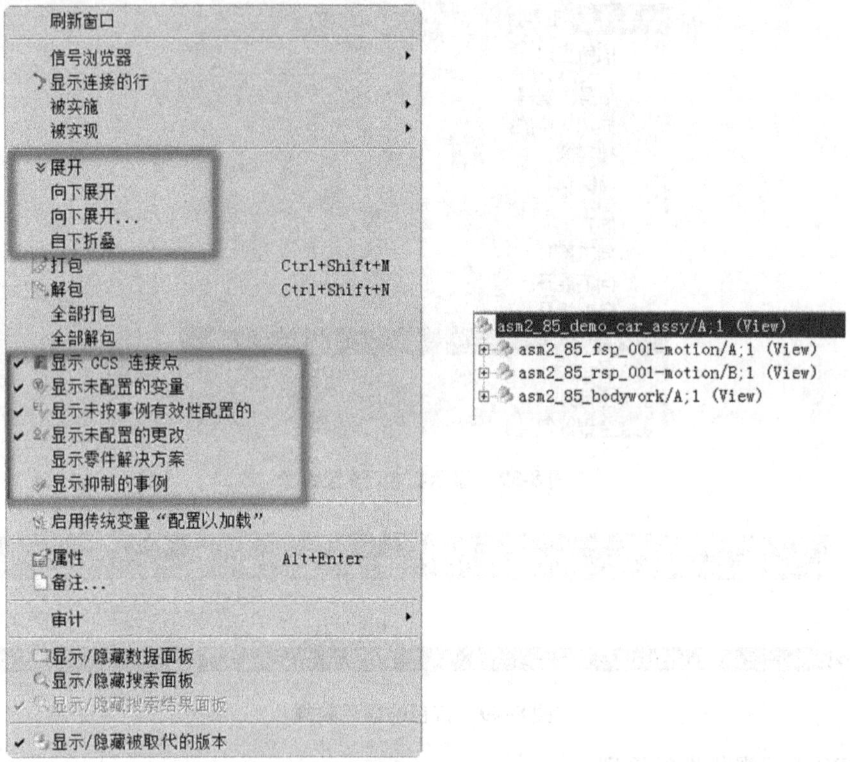

图 8-42　BOM 浏览管理

⑧ BOM 查询管理

使用查找工具,用户可以自定义查询规则,然后点击"查找";执行查找后,在结构管理器中显示当前定位的 BOM 行,如图 8-43 所示。

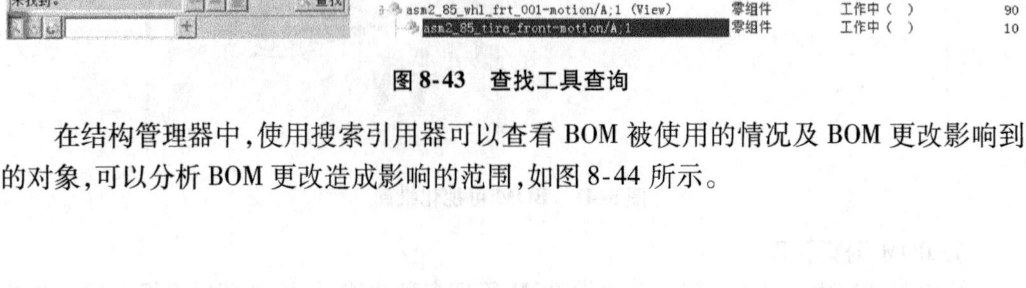

图 8-43　查找工具查询

在结构管理器中,使用搜索引用器可以查看 BOM 被使用的情况及 BOM 更改影响到的对象,可以分析 BOM 更改造成影响的范围,如图 8-44 所示。

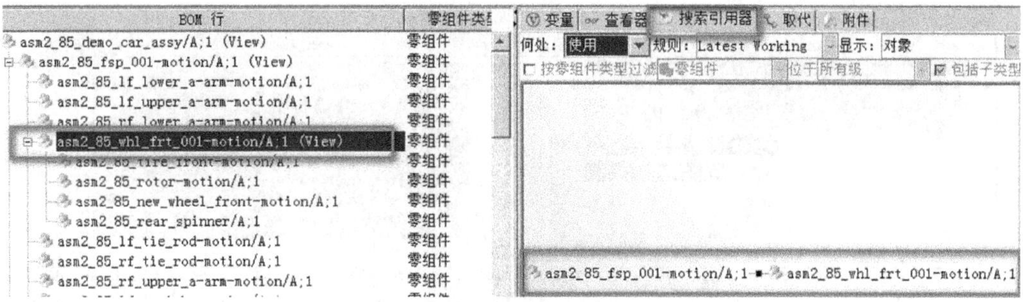

图 8-44　搜索引用器查询

（2）BOM 比较

BOM 比较可以用于确认工程零部件的更改情况，验证同一零件在不同视图中的一致性，发现 BOM 不同配置结构之间的差异。

BOM 比较让用户可以看到两个产品结构之间的零部件的变化情况。用户可能关心在单层装配结构上零部件的变化，也可能想了解整个产品结构中所有零部件的差别。例如，相关的多个视图、产品的不同变量配置。

BOM 比较的特点包括以下几个方面：① 区别不同 BOM 配置之间的零部件的数量、版本、查找编号等属性变化；② 比较不同 BOM 版本之间的变化；③ 检出不同 BOM 视图之间的差异；④ 提供多层级、多粒度 BOM 比较，有针对性地比较 BOM 之间的差异；⑤ 提供可视化比较 BOM 功能，直接比较几何视图之间的差异。

BOM 比较层次分为：

单层——只比较产品结构的第一层。

多层——先对顶层进行单层次的比较，然后对匹配的子装配件进行下一层次的比较（配置），层层推进直至整个产品结构。

最底层——只比较最底层的零件，忽略中间层次的部件。

BOM 比较如图 8-45 所示。

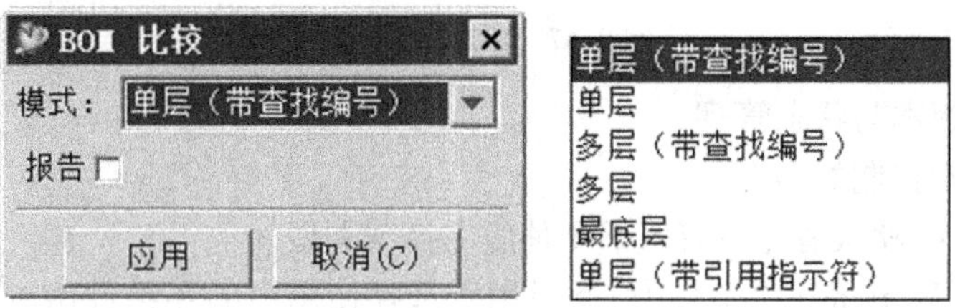

图 8-45　BOM 比较

① 多层（带查找编号）比较

多层比较如图 8-46 所示。

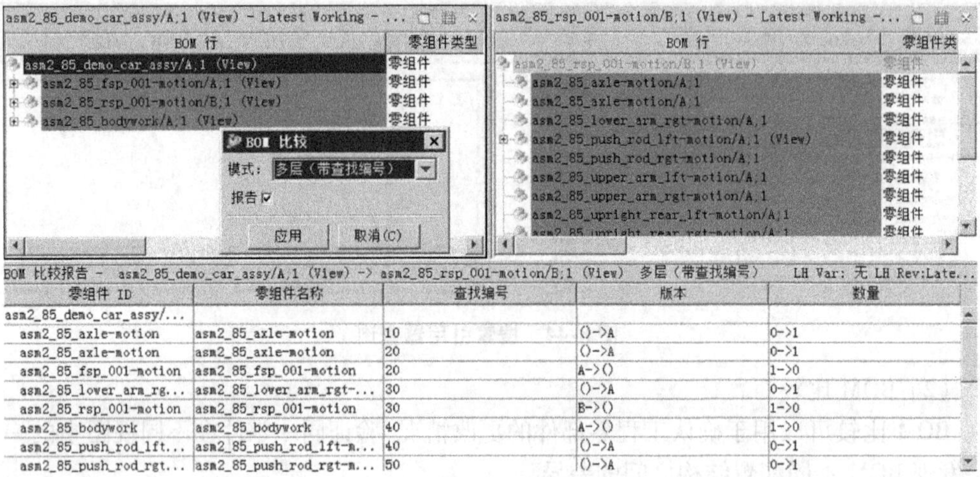

图 8-46　BOM 多层比较

② BOM 图形比较

BOM 图形比较如图 8-47 所示。

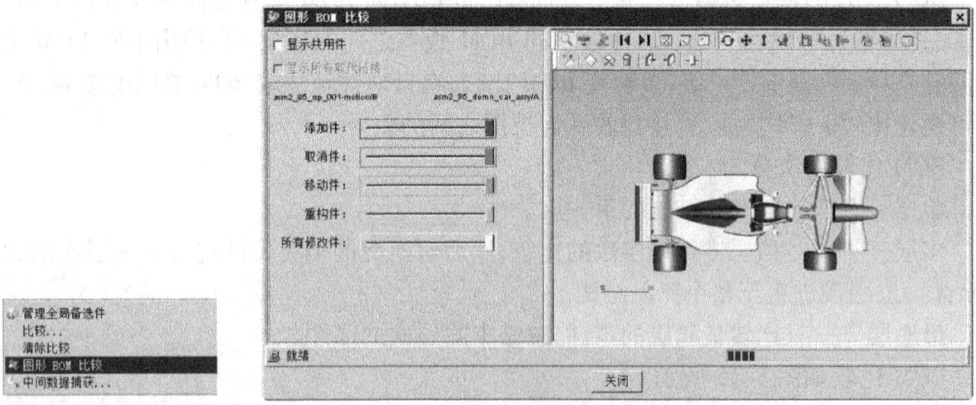

图 8-47　BOM 图形比较

(3) BOM 版本与状态管理

① 版本规则控制类型

Teamcenter 中默认情况下有以下 8 种版本控制类型。

工作阶段（Working）："工作中"条目用于选择使用中的零组件版本（那些没有任何发布状态的版本）。根据其创建日期，选择零组件最新的"工作中"版本。

归档状态（Status）："状态"条目用于选择已经以某一特定状态发布的零组件版本——任意发布状态、选定状态、发布日期、有效日期、有效单元编号。

取代、替代（Override）："替代"条目允许以特定的零组件版本替代那些将由其他准则选中的版本。要使用的零组件版本只是简单地复制到"工作区"文件夹中，后者再在"替代"条目中被引用。

精确模型（Precise）："精确"条目用于选择在精确材料清单中精确指定的零组件版本。此条目对非精确材料单没有影响。

最近版本（Latest）："最新"条目用于选择零组件版本，而不考虑其是否处于"已发布"状态。此时不区分"工作中"的版本和具有状态的版本。

日期（Date）："日期"条目用于指定配置日期。

产品系列号（Unit No.）："产品系列号"条目用于指定当使用单元编号生效性配置具有状态的零组件版本时供匹配使用的单元编号。

终结 Item（EndItem）："顶层零组件"条目用于验证专门应用于该顶层零组件的规则所指定的单元编号（或日期）。顶层零组件通常指的是最终产品，或是带有自己的单元编号或序号的产品的主模块或子系统。

② 使用版本规则配置 BOM

通过设置版本规则显示不同的 BOM 配置。如图 8-48 所示，零组件有 A，B 两个版本，其中 A 版本已发布；版本规则示例如图 8-49 所示，在结构管理器界面上当总装配件采用版本规则为 Latest Working（如果有精确版本就使用它，否则使用工作中的版本；如果没有工作中的版本就使用具有任意状态的版本）时，可以看到此零件显示为 B 版本的状态。

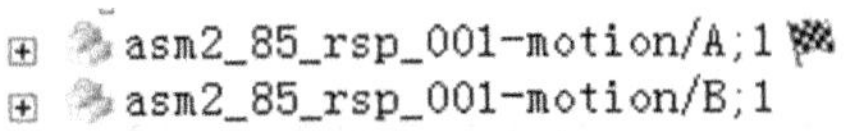

图 8-48　D00-127-33A 支撑筋分为 A，B 两个版本

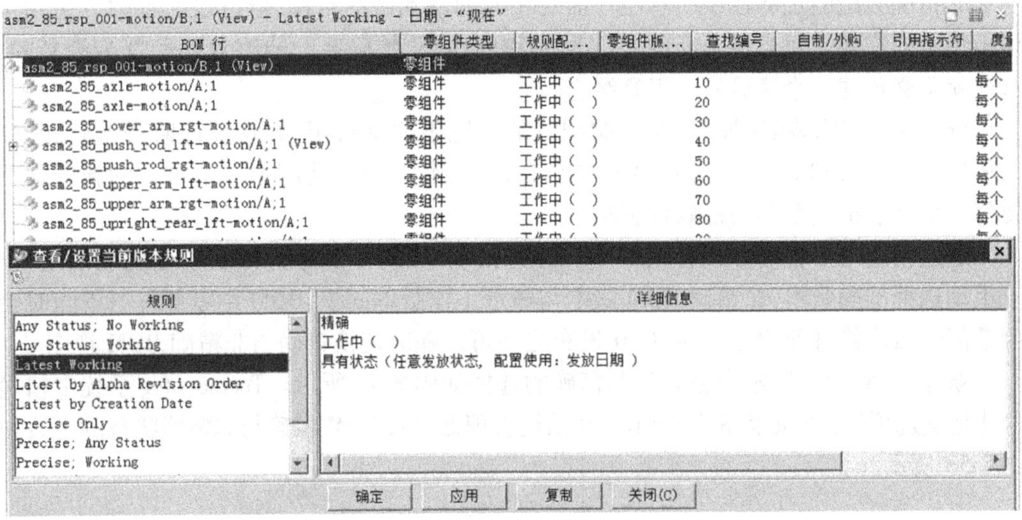

图 8-49　采用 Latest Working 版本配置时的显示结果

③ 版本规则的创建

Teamcenter 系统允许用户自定义版本规则。在 Teamcenter 系统结构管理器中，点击"工具"→"版本规则"→"创建/编辑"菜单项，即可根据状态、精确/非精确、工作中、单元号、日期等规则条目创建新的版本规则，如图 8-50 所示。

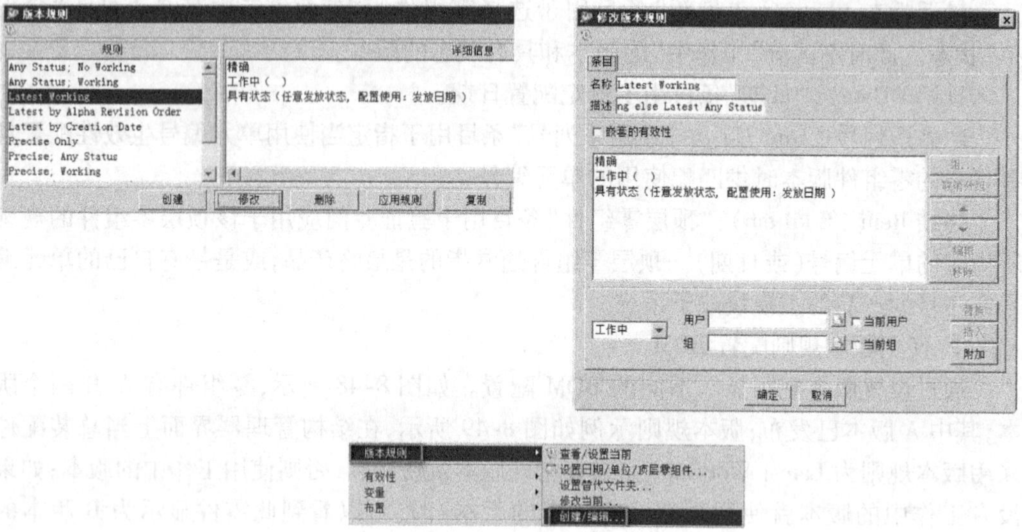

图 8-50　创建版本规则

④ 精确与非精确 BOM

Imprecise –非精确装配(动态)允许工程师按照他们希望的配置来查看产品结构。例如,查看正式生产而已经发放,或包含最后工作的零部件的版本。

非精确装配的优势在于所有用户面对相同的基本产品结构,但可以配置它以适用于他们特定的需要。每当一个新的零件发放和创建,非精确装配能够自动配置为最新的,这样就不必创建一个拷贝后手工升级它。

Precise – 精确装配(静态)在控制配置的情况下非常有用,如在设计阶段,当父装配发放后(不再修改),一个小小的变动会导致所有版本变化;装配中一个单件的新版本需要每一个父装配直至顶层都修订版本。

通过精确与非精确方式管理 BOM 视图:精确 BOM 不随零部件版本变动而改变,要求手动选择准确版本;非精确 BOM 版本与最近工作版本同步,BOM 中零部件版本随时会因零部件版本修订而改变。在 BOM 发布之前可以随时切换精确与非精确 BOM 视图。

新建 BOM 视图版本中精确与非精确的选择如图 8-51 所示。Teamcenter 系统中精确与非精确选项的设定如图 8-52 所示。在结构管理器中对 BOM 精确与非精确状态的更改如图 8-53 所示。

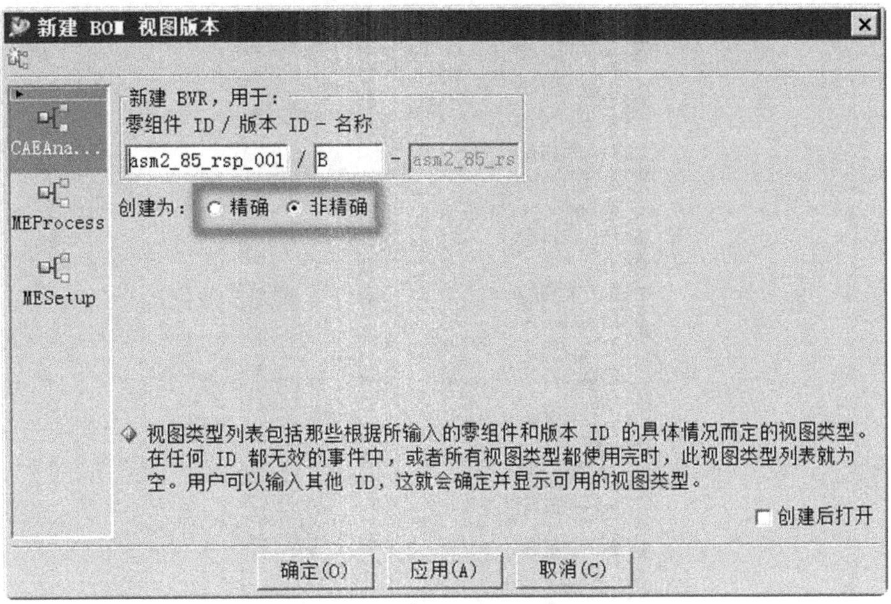

图 8-51 新建 BOM 视图版本中精确与非精确的选择

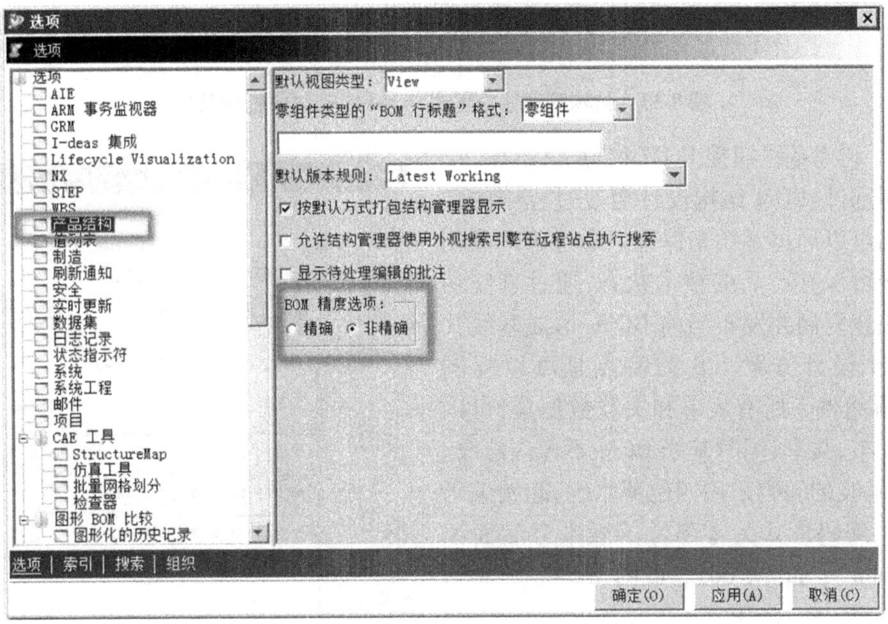

图 8-52 Teamcenter 系统中精确与非精确选项的设定

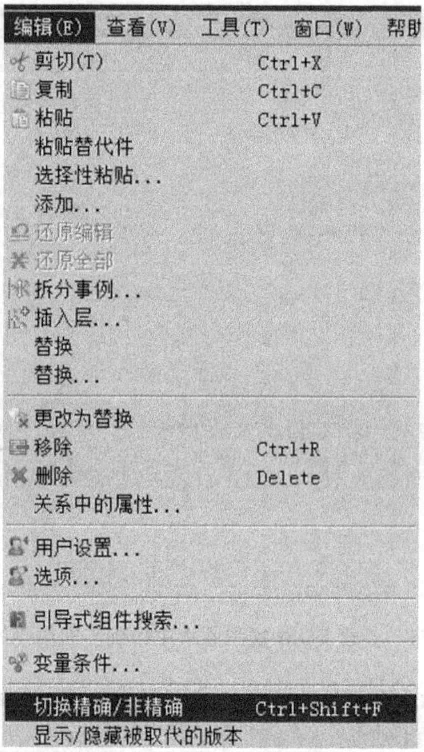

图 8-53　结构管理器中更改 BOM 精确与非精确状态

⑤ 利用基线捕捉 BOM 状态

零部件、BOM 结构设计更改过程中的技术状态可以通过基线来保存。通过为产品创建基线可保存产品的技术状态；通过基线功能可快速复制并发布当前 BOM，形成基线共享 BOM 设计方案。它的特点是可以复制 BOM 零组件下所有表单和关联数据集，可以快速发布、共享，同时基线 BOM 不允许修改。例如，基线的编码采用四位流水码，起始编码为 001，编码形式为零部件的版本号后面添加“. nnn”，如 A. 001，如图 8-54、图 8-55 所示。

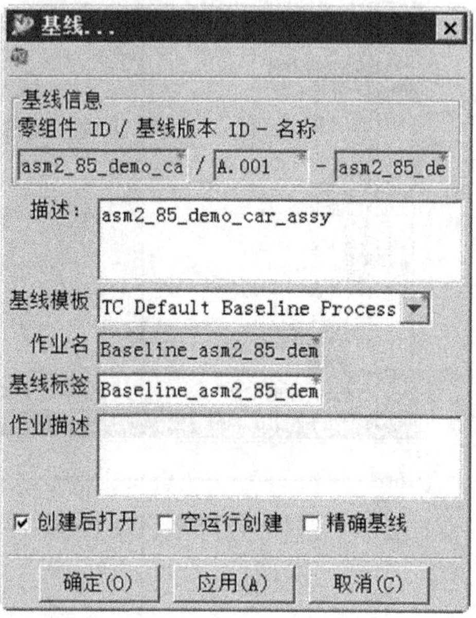

图 8-54　利用基线捕捉 BOM 状态(一)

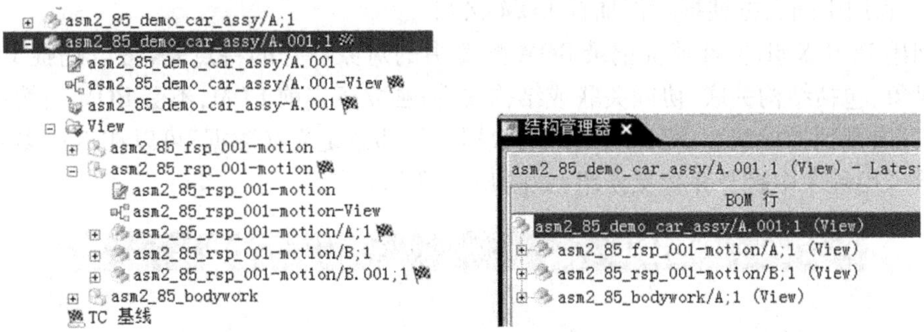

图 8-55　利用基线捕捉 BOM 状态(二)

⑥ 利用快照捕捉 BOM 状态

通过快照功能快速复制当前 BOM 配置中的零组件,存放在快照文件夹下。它的特点是,所有当前 BOM 配置使用的零部件版本都关联到快照文件夹下;多个重用零组件自动打包处理,仅关联一个零组件;同时创建快照不受 BOM 及其零部件状态影响。在 My Teamcenter 下,点击“文件”→“新建”→“快照”菜单项,如图 8-56、图 8-57 所示。

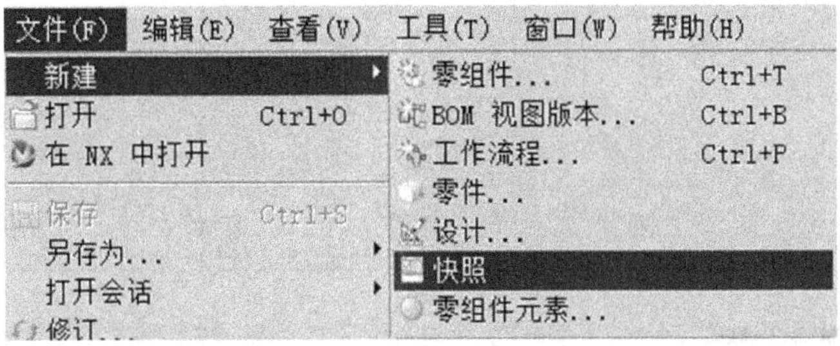

图 8-56　利用快照捕捉 BOM 状态(一)

图 8-57　利用快照捕捉 BOM 状态(二)

⑦ 利用中间数据捕捉功能捕捉 BOM 状态

利用 PLM XML 文件捕捉记录 BOM 配置中的对象。它的特点是,可以捕捉 BOM 中任何对象,包括结构关联、协同关联或结构线等;独立于当前 BOM,不受 BOM 后续更改的影响,可追溯到捕捉状态;可以利用中间数据域外部系统交换数据;可以在 NX、多结构编辑器等应用程序中打开并直接使用,如图 8-58 所示。

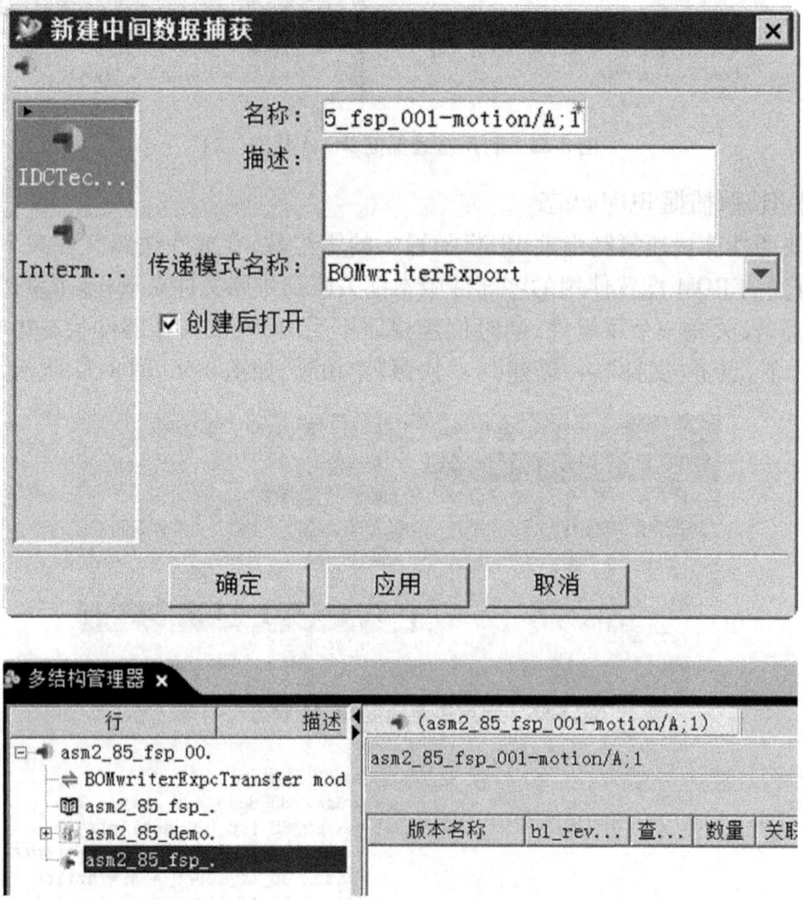

图 8-58 利用中间数据捕捉功能捕捉 BOM 状态

(4) BOM 有效性管理

① 使用版本有效性配置 BOM

版本有效性功能通过设定时间段或单元 ID 来控制发布状态的有效性,以达到对已经发布版本在产品生命周期中阶段有效控制的目的,如图 8-59 所示;同时,版本有效性只针对有发布状态的零部件版本,如图 8-60 所示。

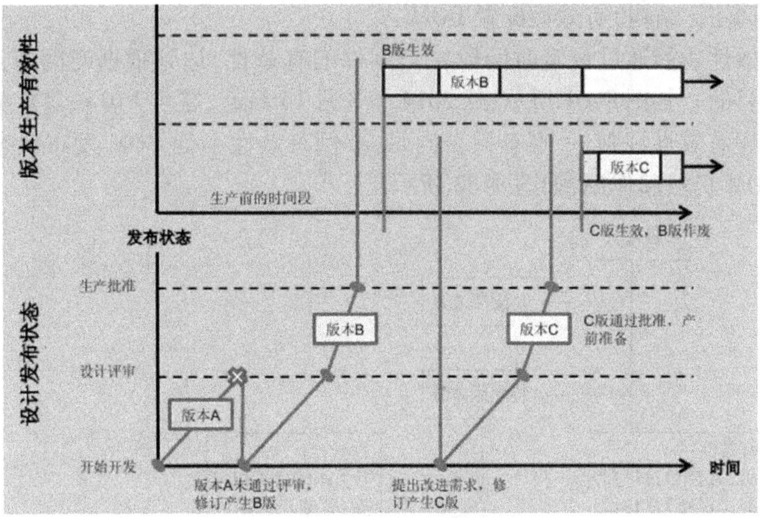

图 8-59　版本有效性

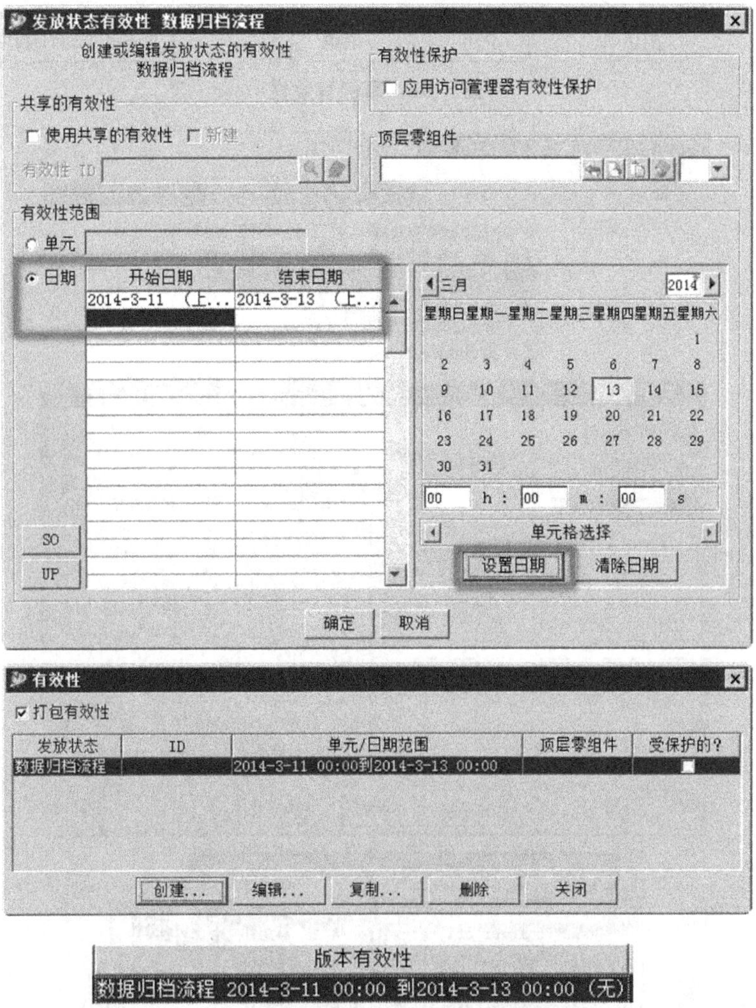

图 8-60　使用版本有效性配置 BOM

② 使用事例(结构)有效性配置 BOM

事例有效性功能通过设定时间段控制零件的有效性,达到根据时间节点控制 BOM 版本配置的目的。如图 8-61 所示,从 2014 年 3 月 14 日起,零件 P10 被零件 P30 取代;零件 P20 未设置有效性规则,一直有效。同时,事例有效性不受 BOM 发布状态影响,对于发布后的 BOM 仍然起作用,如图 8-62 所示。

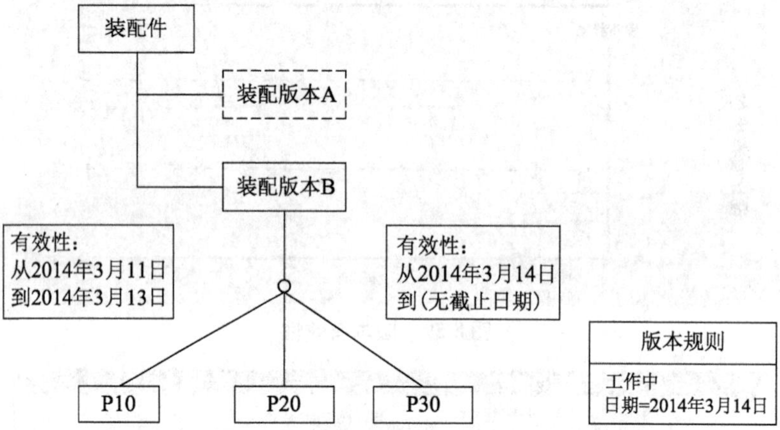

图 8-61　事例有效性

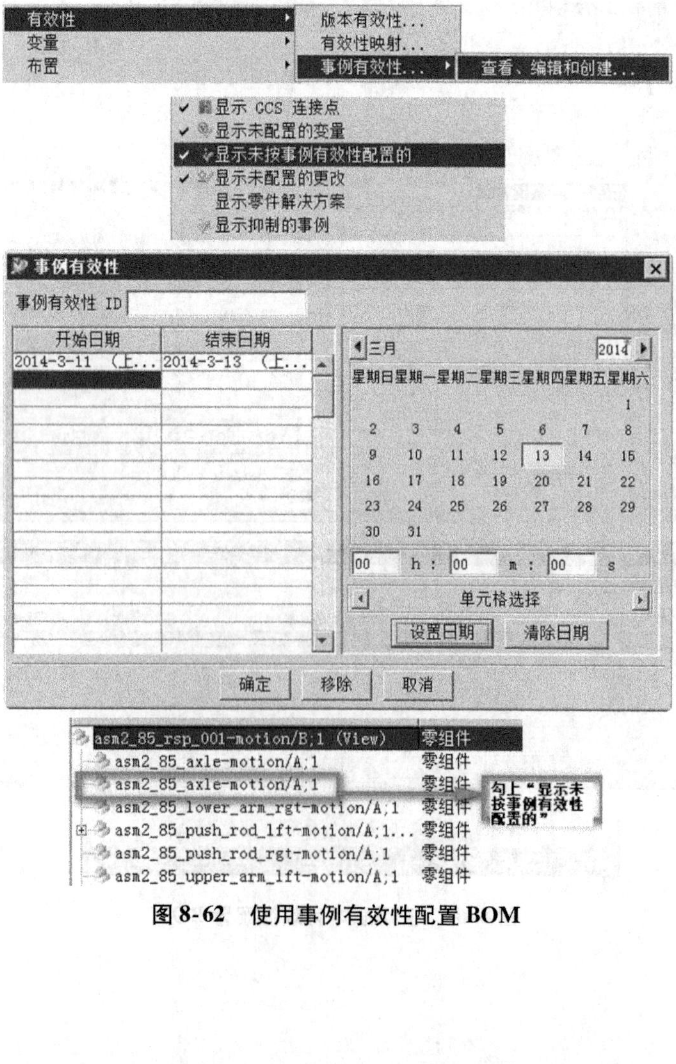

图 8-62　使用事例有效性配置 BOM

(5) BOM 视图管理

① 视图版本与状态管理

BOM 视图版本修订与零组件版本修订同步,装配 BOM 视图版本与子装配 BOM 视图版本之间可独立管理,不会相互影响;可以选择 BOM 视图修订,产生新零部件版本,也可以选择零部件版本修订产生新 BOM 视图版本;BOM 视图版本状态通过工作流程控制、审批、发布,同时 BOM 视图版本状态的发布不会影响零组件及子装配 BOM 视图状态。如图 8-63 所示,伴随零部件 asm2_85_rsp_001-motion 从 A 版本升级到 B 版本,其装配视图从 doorlatch≥asm2_85_rsp_001-motion/A_view 升级到 doorlatchasm2_85_rsp_001-motion。

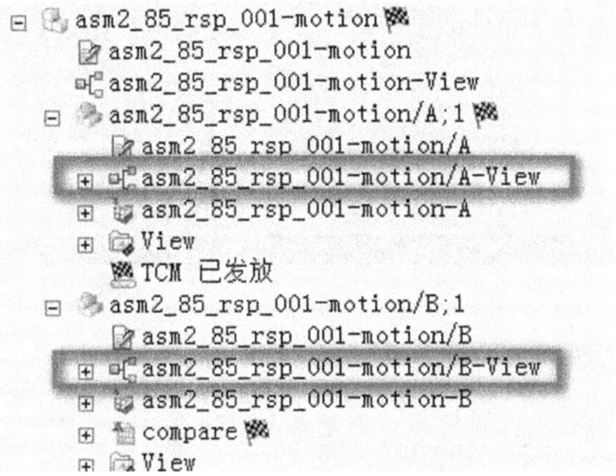

图 8-63　版本修订和视图修订

② 多视图管理

Teamcenter 提供了多种 BOM 视图类型,满足了产品生命周期不同阶段、不同系统对产品 BOM 配置的需求,如设计、制造、ERP 等。各种 BOM 视图之间保持独立,为满足某生命周期阶段需求而修改 BOM 类型时不影响其他 BOM;用户可以通过 BOM 比较功能查看多视图 BOM 之间的差异,确保 BOM 配置的准确性,如图 8-64 所示。

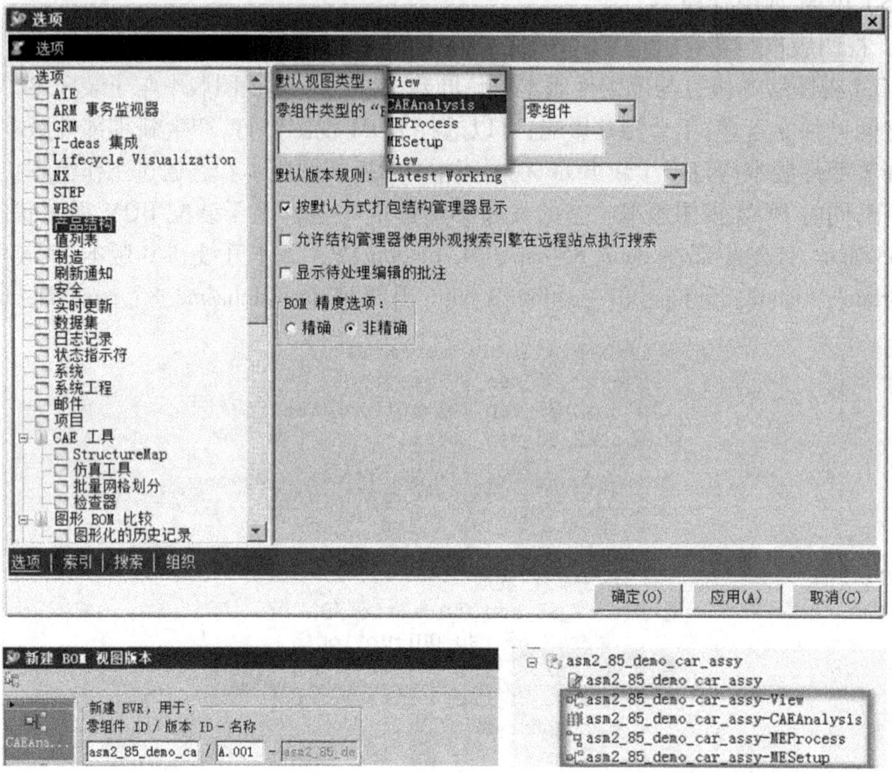
选项
选项
AIE
ARM 事务监视器
GRM
I-deas 集成
Lifecycle Visualization
NX
STEP
WBS
产品结构
值列表
制造
刷新通知
安全
实时更新
数据集
日志记录
状态指示符
系统
系统工程
邮件
项目
CAE 工具
StructureMap
仿真工具
批量网格划分
检查器
图形 BOM 比较
图形化的历史记录
默认视图类型：
View
CAEAnalysis
MEProcess
MESetup
View
零组件类型的“
零组件
默认版本规则：
Latest Working
按默认方式打包结构管理器显示
允许结构管理器使用外观搜索引擎在远程站点执行搜索
显示待处理编辑的批注
BOM 精度选项：
精确
非精确
选项 | 索引 | 搜索 | 组织
确定(O)
应用(A)
取消(C)
新建 BOM 视图版本
新建 BVR，用于：
零组件 ID / 版本 ID - 名称
asm2_85_demo_ca
A.001
asm2_85_demo_car_assy
asm2_85_demo_car_assy
asm2_85_demo_car_assy-View
asm2_85_demo_car_assy-CAEAnalysis
asm2_85_demo_car_assy-MEProcess
asm2_85_demo_car_assy-MESetup

图 8-64　多视图管理

第9章 分类管理

9.1 PDM系统的分类管理

分类管理的实施从本质上来说就是企业标准化工作的软件管理过程。PDM分类管理模块将已整理导入系统的数据,依据标准化工作制定的主参数(如用途、尺寸等重要信息)进行分类,从而实现设计人员方便快捷的选用,避免重复设计和相似设计,提高设计产品的标准化程度,降低产品成本。

9.1.1 分类管理的概念

PDM系统需要管理大量的数据,为了较好地建立、使用与维护这些数据,PDM系统提供了快速方便的分类和检索管理功能。分类管理是将所有产品的零部件按其设计、工艺或功能等属性上的相似性进行分类,形成零件组,并在成组技术和零件组管理的基础上,借助类的管理模式,对零部件、产品等对象进行有效管理。它打破了过去仅以隶属关系管理产品及零部件的纵向管理方式,引入以功能、用途、结构等特征因素进行分类的横向管理方式,优化了企业对零部件、产品等信息的管理,使用户能够在分布式环境中高效地查询文档、数据、零件、标准件等对象。

9.1.2 分类管理的功能

针对企业的实际需求,PDM系统分类管理模块提供了基于分类属性管理零部件的方式。定义零部件、产品类所定义的相关主参数,即用途、尺寸等重要信息的提示;在产品设计以及分类统计等实际应用中,可以通过特征值实现快速的分类和查询。具体功能如下:

① 以零件与零件组的方式管理和组织企业的产品、零件、部件以及相关的信息;

② 提供了基于属性的相似零件、标准零件及相关文档的检索,实现了相似对象的快速检索,避免了重复设计和相似设计;

③ 提供了对企业各项信息的访问权限的控制,为特定用户或用户组定制属性访问权限,显示不同的属性或隐藏部分属性。

9.2 Teamcenter中分类管理

9.2.1 Teamcenter分类管理概述

Teamcenter分类管理功能分为两个模块:分类和分类管理。分类模块由企业设计工程师使用,从分类库根据属性参数检索设计数据,应用到设计部件中。分类管理是分类的前提,由 Teamcenter 分类库管理员操作。分类管理首先要设计分类的依据,比如预分类对象的相关主参数用途、尺寸等重要信息,利用系统分类管理模块建立分类属性字典并进行零件组的建立。建立好零件组后即可将零件数据进行分类。

企业产品数据(即标准件、技术数据和制造设备)分类后,使组件数据更易查找和检索,并允许重用现有零件以及合并或删除重复、过期零件,从而可以节约设计时间、降低成本。在图 9-1 中,在企业 PDM 系统中构建标准件库、材料库,标准件库又由国标库、企标库组成,工程师通过属性检索紧固件的属性,查看分类简图和轻量化数据。分类用来创建和维护基于用户的工作区对象属性值的层次分类结构。通过分类,用户可以向分类层次结构中添加分类对象(ICO)、对工作区对象进行分类、查找和检索分类对象、修改分类对象的属性值以及从分类层次结构中删除分类对象。

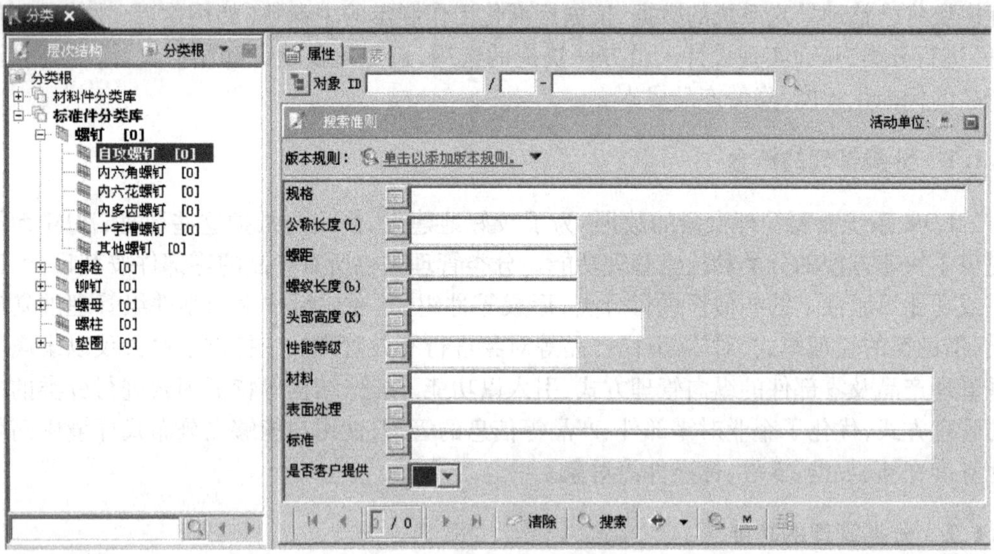

图 9-1 分类主界面

9.2.2 Teamcenter 分类管理的功能

Teamcenter 中的分类管理为企业使用的各种国标、行标、企标件、电子元器件、材料件以及企业设备资源(工装、检具等)提供分类管理功能。通过分类管理,可以将企业的标准件、原材料的工程参数进行统一管理,方便设计过程的重用和借用。分类管理可以实现的功能有以下几种。

(1) 分类结构树管理

用户可以根据要管理的标准件、材料件、零部件数据及管理需求建立数据的分类规范,在分类模块中建立分类结构树来管理 Teamcenter 系统中的标准件、材料件、零部件、通用件、电子元器件等基础数据,如图 9-2 所示。

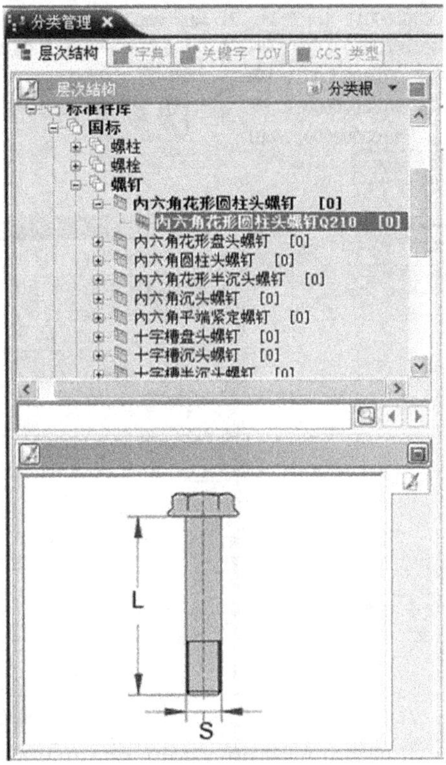

图 9-2　分类结构树

（2）分类属性管理

在建立数据分类规范及实现分类结构树时，可以针对每一组零部件特点进行分类，规划不同的属性参数，以更好地描述零部件特征，为数据查看及检索提供帮助。在将标准件、材料件、零部件等数据发送到分类库时，可以根据已有规划维护每一个零部件的属性。

（3）分类数据检索

工程师既可以通过属性查询窗口、表窗口来检索零件数据，也可以通过属性参数、件号等模糊检索的方式查找到符合条件的零件。查询功能的主要依据是属性，属性是标准件、材料件等数据的固有特征，通过查询属性值来达到分类数据检索的目的。

（4）分类数据查看

结合可视化软件，在零件分类页面，工程师可方便地查看零部件的预览图、分类属性。对于正在查看的已分类数据，工程师还可以根据需要将数据发送到其他模块查看数据信息。例如，将数据发送到“My Teamcenter”，可以查看当前数据的所有版本及属性；将数据发送到“结构管理器”，可以查看当前数据最新版本的结构信息，如图 9-3 所示。

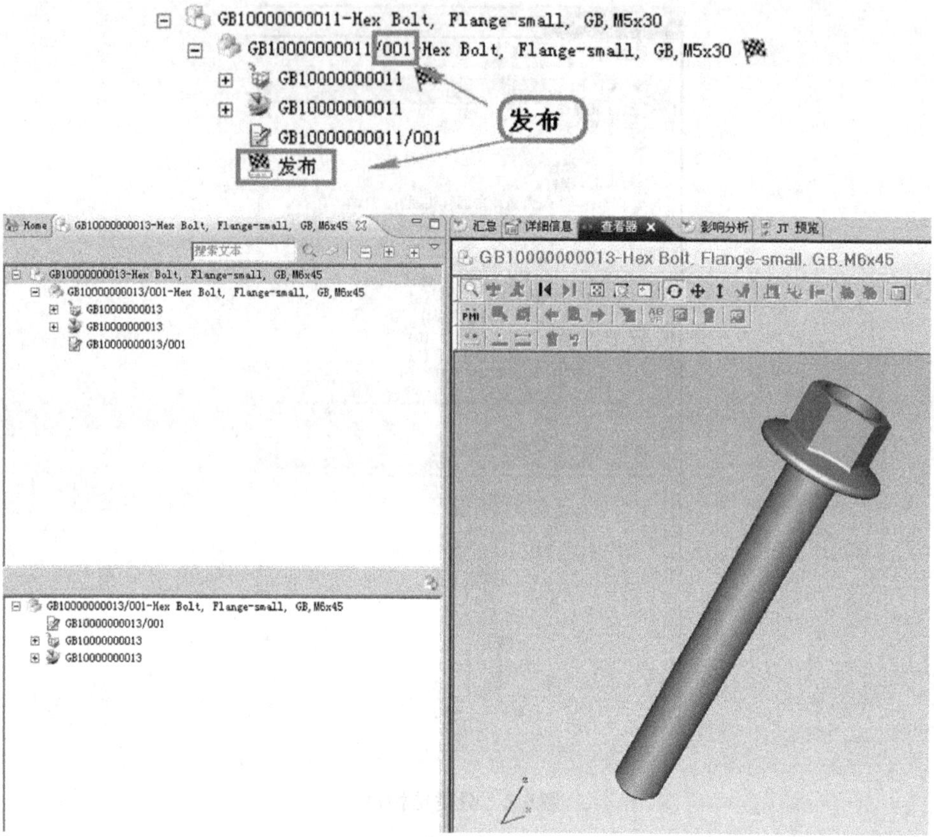

图 9-3　分类数据查看

9.2.3　Teamcenter 分类管理的术语

在 Teamcenter 分类管理中涉及的相关概念有以下几种。

组(Group):相关类的集合,在分类层次结构中处于最高级。标记为标准件的组可以用来组织企业使用的所有标准件,也可以在组中嵌入其他组。例如,如果紧固件是标准件,则可以创建名为紧固件的组,并使紧固件组关联为标准件的子组。组的嵌套级别没有限制。

类(Class):代表分类层次结构中的下一级。类用来定义与类关联的所有存储类的复合属性,这些复合属性反过来也定义类。一个类可以有多个别名,不仅可通过其主要名称进行搜索,还可以通过其别名进行搜索。这些名称会在分类层次结构中的类工具提示信息中指出。类分为抽象类与存储类。

抽象类(Abstract Class):用于合并存储类中的通用属性,分类实例对象不能存储于抽象类中。抽象类通常用于存储共享一组主要特征(属性)的对象。指派给抽象类的属性由所有子类继承。抽象类可使其他抽象类和存储类作为子项。

存储类(Storage Class):存储类的属性由父类的继承属性和存储类的自定义属性组合构成,存储类可形成对具体零部件等信息的定义。分类实例对象能够存储在存储类中。存储类可在层次结构中保留父项、子项和叶节点位置。

视图(View):与存储类或抽象类相关联,用于为特定用户或用户组定制类属性访问权限。可以对不同的用户或组显示不同的属性或隐藏部分属性。视图用于启用和禁用基于用户和组对存储类及其属性的访问权。视图对象由分类库管理员创建与维护。

分类实例对象(ICO):ICO 是 Teamcenter 中 Item 对象在分类系统内的表示,它通过分类数据来扩展对象。ICO 指定了在分类层次结构中某个特殊存储类的属性值。

属性(Attribute):查询功能的主要依据,属性是固有特征,用来描述和识别一组对象中的某一对象。

分类层(Hierarchy):定义企业的分类层次及具体类的属性、访问权限、视图等。

属性字典(Dictionary):定义企业所有需求的属性信息,为具体类的属性的添加提供依据。

值列表(LOV):属性格式中的一种,显示为下拉菜单,简化用户的输入。

9.3 Teamcenter 分类管理配置

分类管理使用分类层次树对企业的产品数据进行分类。系统管理员会使用分类管理来定义组、类、视图形成分类层次树。当关联一个类时,同时要定义特征属性和特征属性的格式,以确定存储信息的类型。Teamcenter 系统中分类库管理员在分类管理模块中创建分类库结构,设置属性参数等分类信息。在分类管理中主要的配置任务如下:

① 创建与维护一个包含组、类、视图的分类层次结构;

② 创建与管理属性字典来存储属性,达到重用的目的;

③ 创建与管理值列表,从而可以选择属性值;

④ 控制对组、类、分类实例对象的访问权限;

⑤ 通过多站点方式共享层次数据、类、视图、属性和值列表定义;

⑥ 导入和导出分类数据;

⑦ 配置在资源管理器或结构管理器中的导航组件搜索。

9.3.1 创建分类层次结构

分类层次结构及其组件、类和组是使用分类管理应用程序进行定义和维护的。分类层次结构树是分类层次结构的图形化显示,既可以通过 ICS_hierarchy_sort_option 首选项来控制层次结构树的显示,又可以导出分类层次结构来实现分类库的系统迁移与部署,以用于各种数据库或作为创建新层次结构的基础。

选择分类管理中的层次结构,进入层次结构设计界面,如图 9-4 所示。

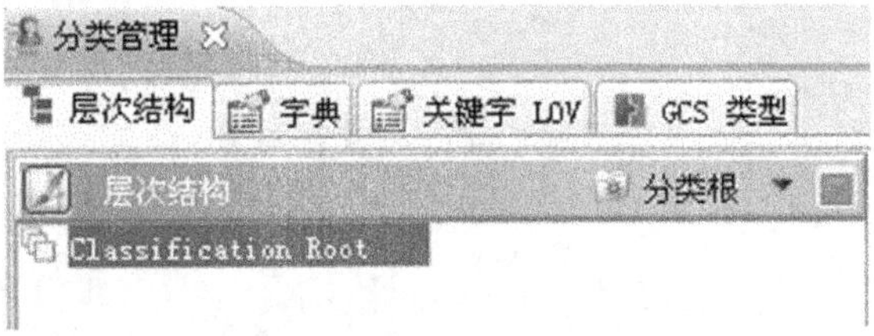

图 9-4 进入"层次结构"

(1) 建立组

根据企业基础数据归类,以组的形式创建标准件、材料件、电子元器件、工装等零件类型。在分类管理中,组的作用相当于 Windows 中的文件夹,它是所有相似零部件的集合。建立组的详细步骤如下:

① 新建组。选择“Classification Root”,点击下方的“添加组”按钮,创建新的组;或点击右键在快捷菜单中选择“Add Group”,如图 9-5 所示。

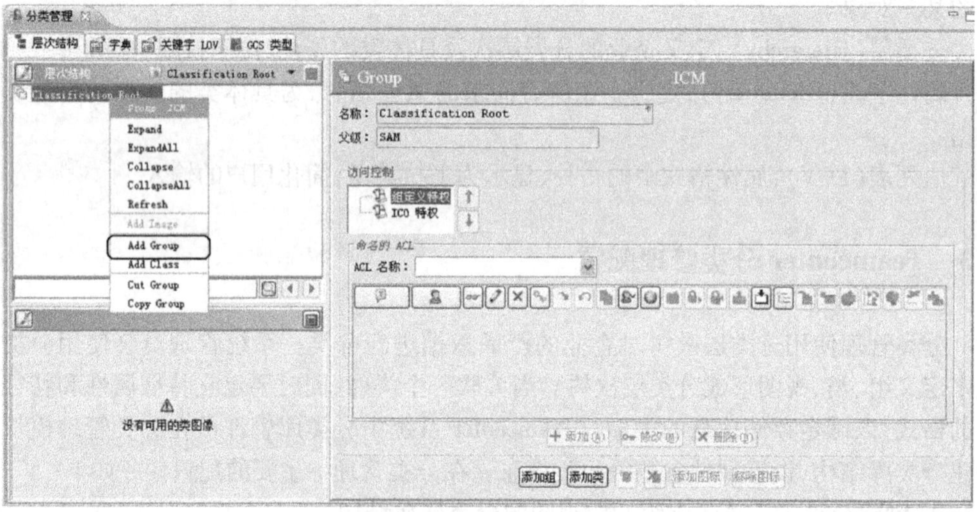

图 9-5 “添加组”按钮

② 指派组 ID。弹出“添加新组”窗口,手工输入或指派组的 ID。手工输入的组 ID 可以由 32 位数字与字母组成,如图 9-6 所示。

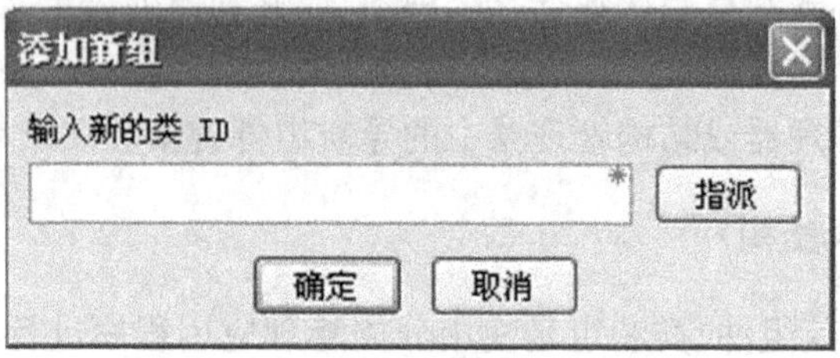

图 9-6 指派组 ID

③ 输入组的信息,如名称、访问权限,可为该组添加、移除图片、图标,如图 9-7 所示。

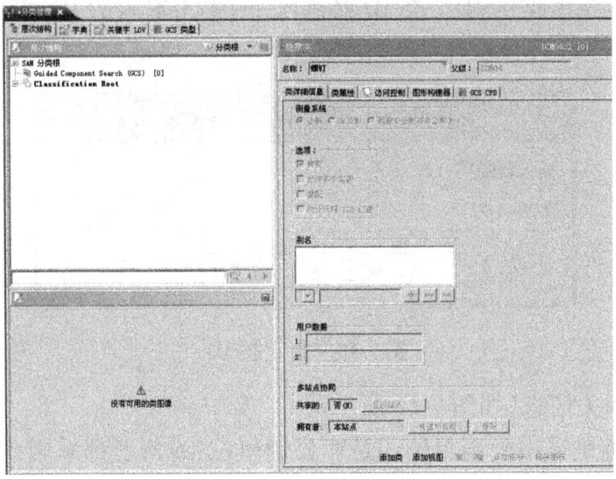

图 9-7　创建组界面

④ 单击“保存”，查看创建的新组，如图 9-8 所示。

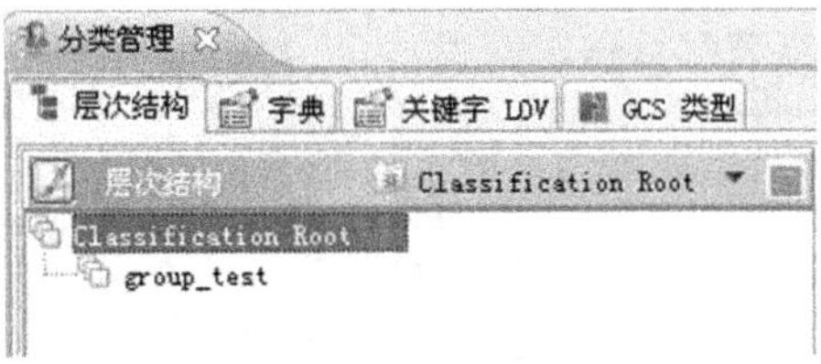

图 9-8　保存组

（2）建立抽象类与存储类

将企业实际用到的零件进行分类，在 Teamcenter 系统中创建具有共同属性的一类对象。建立抽象类与存储类的详细步骤如下：

① 单击下方的“添加类”按钮，创建新的类；或右键单击组，在快捷菜单中选择“Add Class”，如图 9-9 所示。

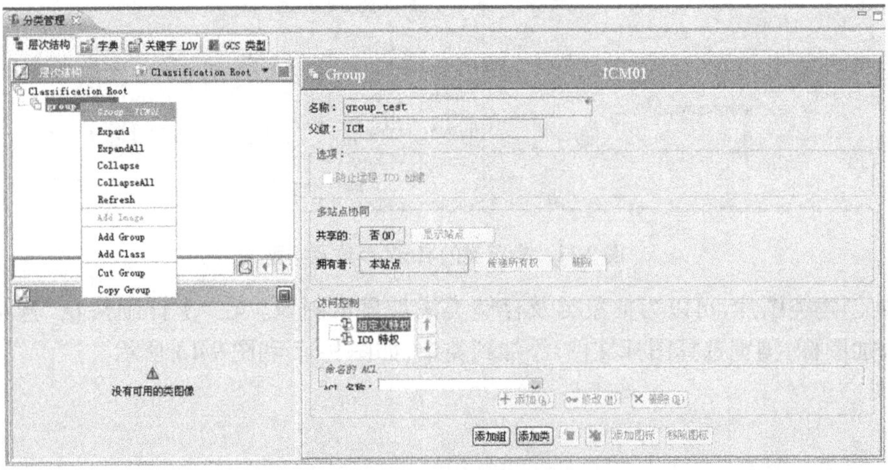

图 9-9　“添加类”按钮

② 手工输入或指派类的 ID。类 ID 必须唯一,手工输入的 ID 可以由 32 位数字与字母组成。

图 9-10　指定类 ID

③ 填写类的相关信息,如图 9-11 所示。

测量系统:该类是采用公制单位还是非公制单位,或两者都采用。

选项:如果勾选"摘要"复选框,则该类为抽象类,不可添加分类实例;如果不选"摘要"复选框,则该类为存储类,可添加分类实例。

允许多个实例:允许对同一类添加同一对象的多个实例。

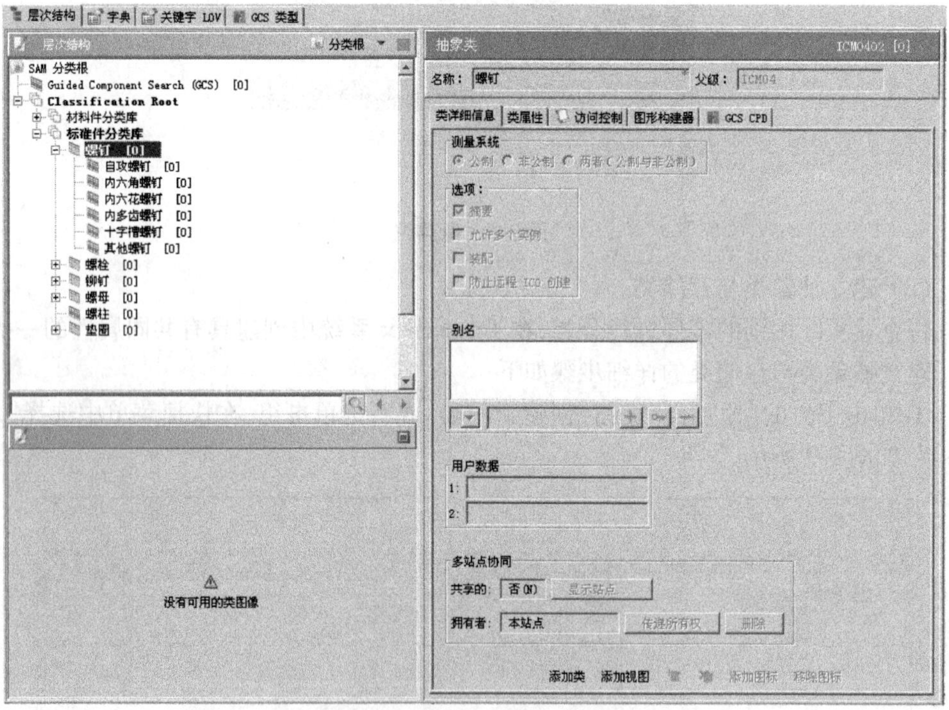

图 9-11　指定类的名称、单位及类型

④ 创建类图片,可以为抽象类及存储类添加显示图像。在"类详细信息"选项卡中单击添加图标,浏览选择图标文件,添加到类中,如图 9-12 和图 9-13 所示。

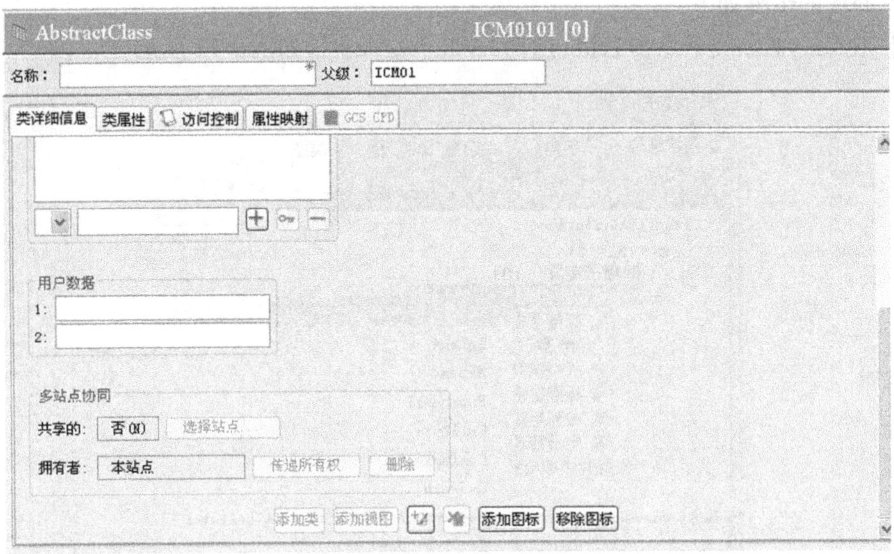

图 9-12　为类添加图像

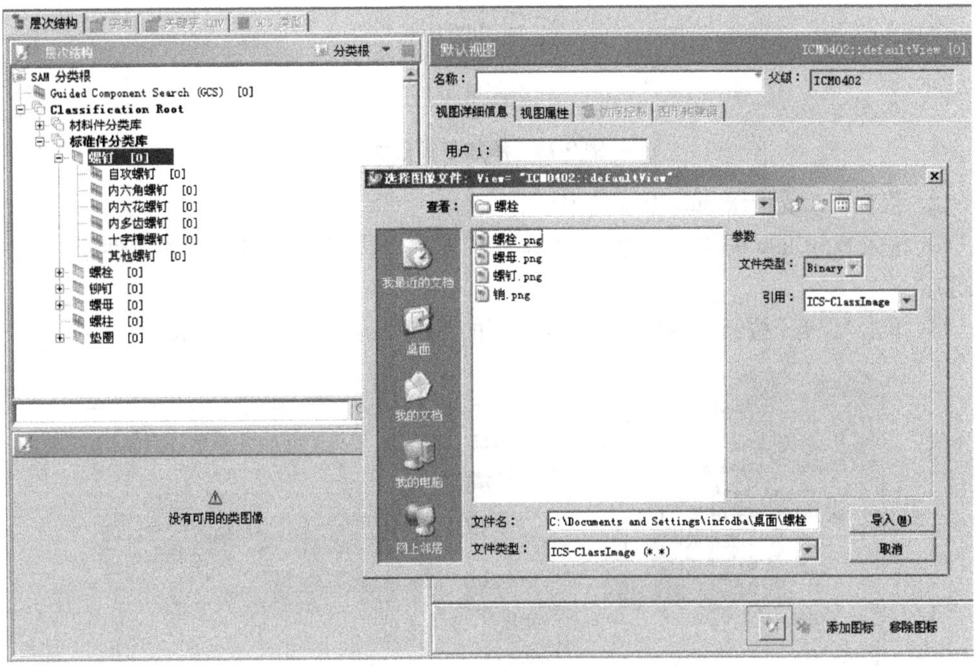

图 9-13　图片预览效果

9.3.2　创建 SubClass

SubClass 是分类管理中分类层的页节点，即不可再分的类。对于存储类或抽象类，它们都可以互相集成，依次嵌套，而 SubClass 则不能。它只能存在于抽象类下，对不可扩展的零部件进行描述，如标准件。SubClass 与抽象类和存储类的另一重要区别为，SubClass 可以选择性地继承上一级抽象类的属性，而抽象类和存储类是完全集成所有的属性。建立 SubClass 的步骤如下：

① 在某一抽象类下点击右键，选择“Add SubClass”，如图 9-14 所示。

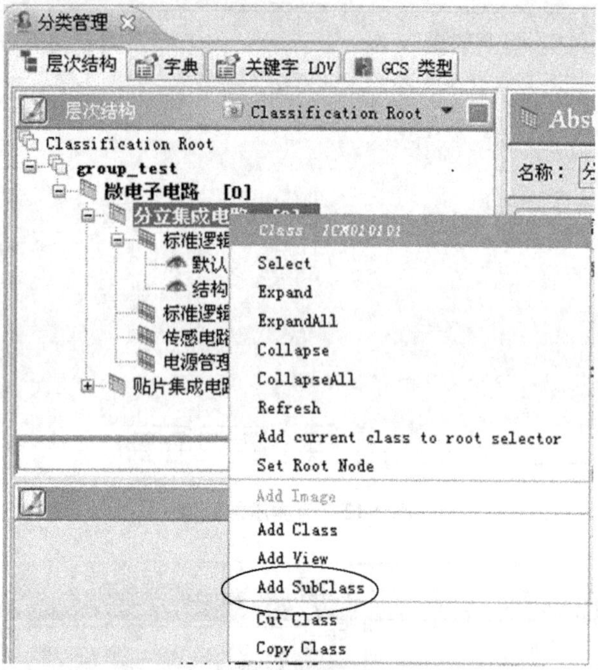

图 9-14 添加子类命令

② 手工输入或指派 SubClass 的 ID。

③ 输入 SubClass 的相关信息，从类属性列表中选择属性添加到视图属性中（同创建视图）。

④ 单击“保存”按钮，在抽象类下生成新的 SubClass，如图 9-15 所示。

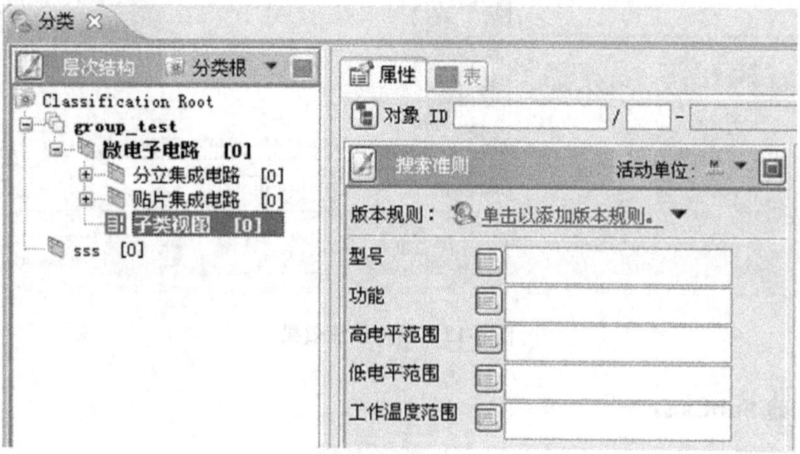

图 9-15 子类在分类应用程序中的显示

9.3.3 创建属性字典

属性是固有特征，用来描述和标识一组对象中的某一对象。例如，可用螺母高度和螺纹直径属性来区分一组螺母中的特定螺母。在类中所看到的属性来自于由分类管理员预定义的属性字典，这些属性定义不管出现在哪个类或视图中都是一样的。因此，每次使用时螺纹直径属性都有相同的格式、名称、描述及合法值，从而保证其在整个层次结构中的一致性。创建工作区对象分类实例的方法是，将对象与特定类相关联并向该类所对应的属性赋值。创建属性字典的步骤如下：

① 属性字典的创建是在分类管理的“字典”选项卡中设置的，如图 9-16 所示。

图 9-16 “字典”标签

② 需要为每个属性指定 ID、属性名称、简称、默认注释等信息，如图 9-17 所示。

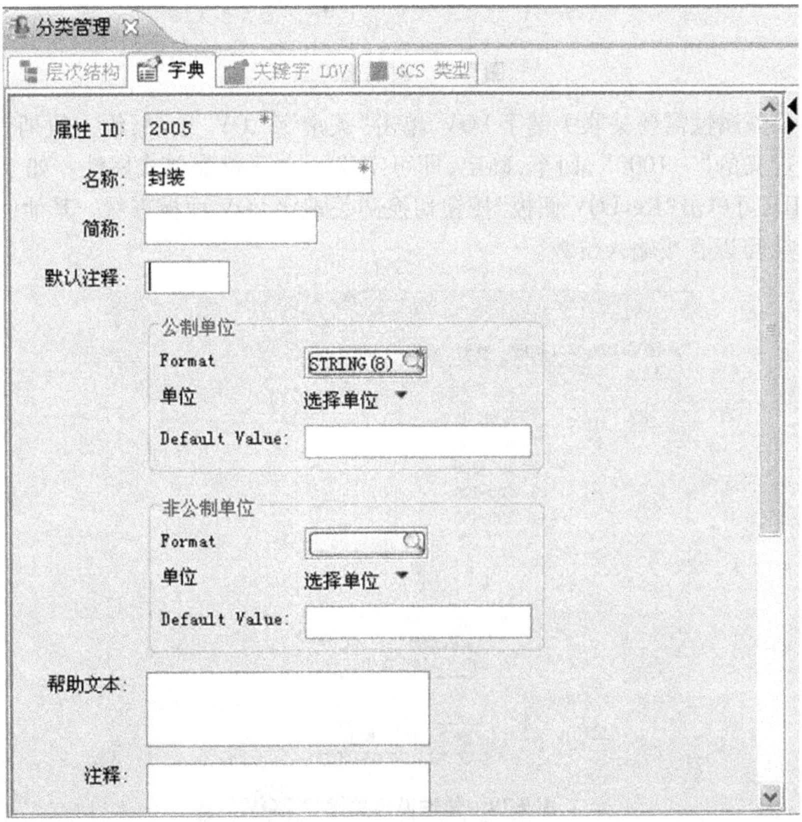

图 9-17 输入属性定义信息

③ 对于属性格式的定义，有五种方式（见图 9-18）：关键字 LOV、整型、实型、字符串型和日期型。

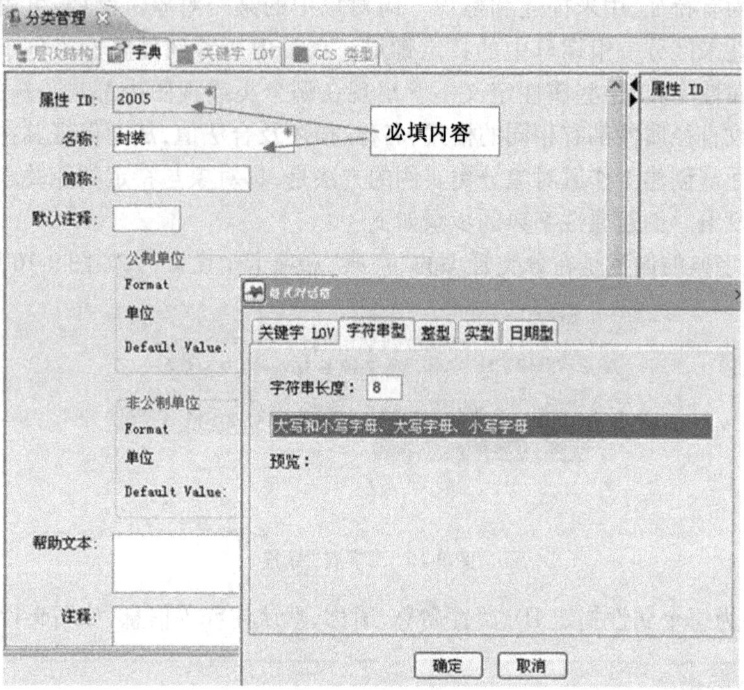

图 9-18　属性值类型

④ 如果该属性需要关联关键字 LOV，单击"关键字 LOV"选项，输入值列表的 ID，如图 9-19 中定义的"－1000"，回车，确定，即可定义一个下拉菜单式属性。如果忘记确切的值列表 ID，可单击"KeyLOV 面板"按钮切换到关键字 LOV 面板查看。其他四种格式的定义较简单，可以直接输入位数。

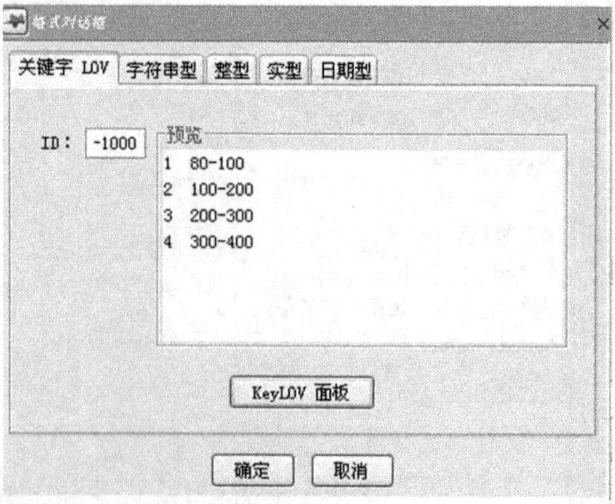

图 9-19　属性设为关键字 LOV

⑤ 为属性选择单位：单击单位旁边的小三角，列出所有的可选单位。最后单击工具

栏“保存”按钮,完成创建新属性。

9.3.4 值列表的定义

为了方便零组件的查询,系统采用了属性定义的方式来实现,如图9-20所示。所有属性的定义都是由系统管理员添加并定义的。其中,属性值固定的属性是以下拉菜单的形式组织的,称为值列表。值列表的定义步骤如下:

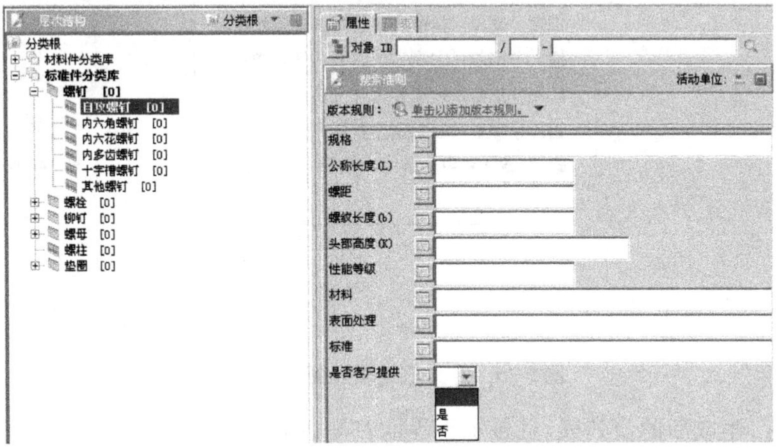

图9-20 分类管理中的值列表

① 值列表的创建是在分类管理中的“关键字LOV”选项卡中实现的,如图9-21所示。

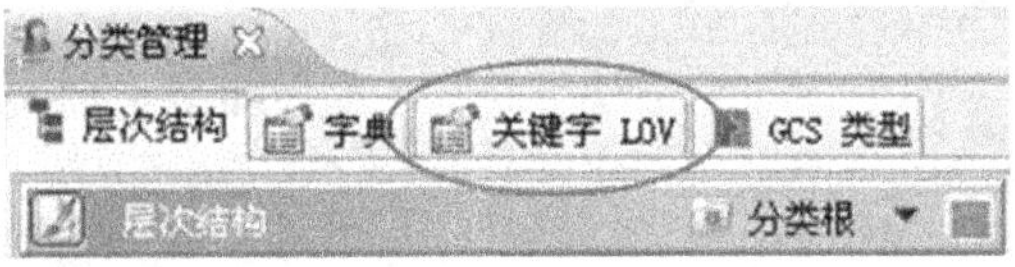

图9-21 关键字LOV

② 进入值列表定义的界面,添加LOV属性值,如图9-22所示。

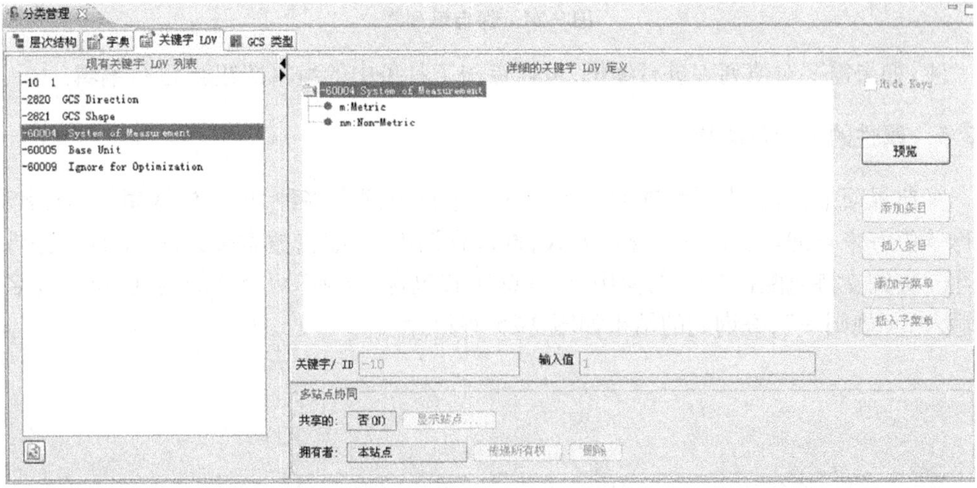

图9-22 值列表定义界面

③ 输入值列表的名称以及各项条目，同时可以使用右侧的按钮来添加、删除、插入条目，如图 9-23 所示。

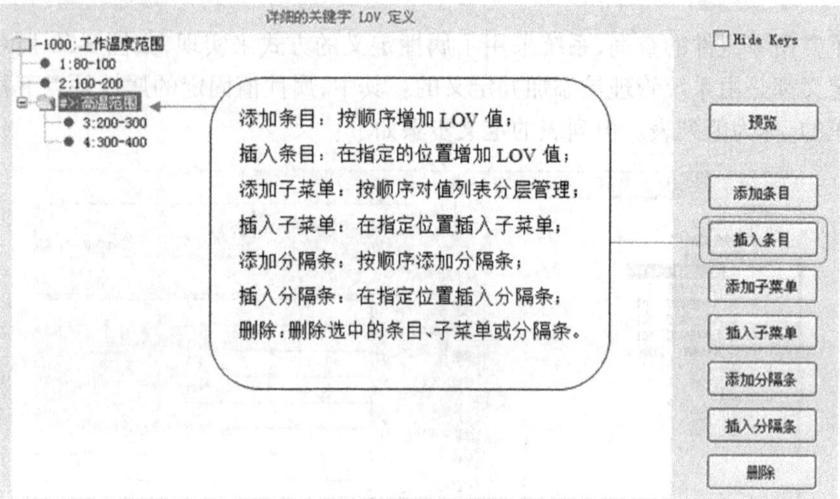

图 9-23　定义值列表界面功能按钮

④ 保存，生成新的值列表，且显示于界面左侧，如图 9-24 所示。

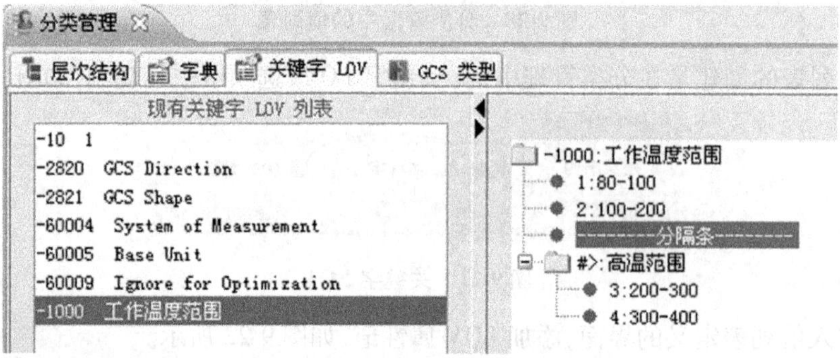

图 9-24　保存值列表

注：如果需要对值列表进行编辑，可以点击工具条中的编辑按钮进行编辑。

9.3.5　属性的查询与添加

字典界面中，右侧为属性查询的工作区。查询方式有多种，可以根据属性 ID、名称、简称单位等来查询。选择一种查询方式，输入查询内容，点击搜索按钮，查询符合条件的属性。查询支持通配符“ * ”的使用，如查询所有包含“规则”两个字的属性，可以在名称中输入“ * 规则 * ”，查询到的结果如图 9-25 所示。

图 9-25　使用通配符查询属性

如果要给存储类或抽象类添加类的属性，可选择类属性，单击下侧的“添加属性”按钮，弹出“添加属性”对话框，从中搜索符合要求的属性；也可按不同的准则搜索，如 ID、名称、简称等，支持模糊查询，从搜索结果中选择符合要求的属性，可一次多选，单击“确定”按钮，属性将被添加到类属性面板中，如图 9-26 所示。父类的属性会被子类集成，继承的属性会显示到继承属性面板中。

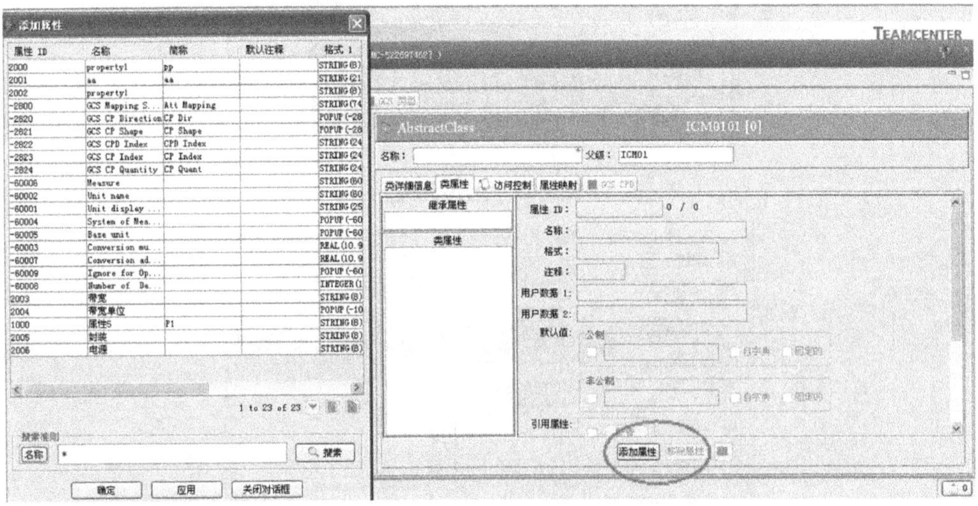

图 9-26　为类添加属性

9.3.6　创建属性单位

创建属性单位的步骤如下：

① 分类库管理员登录系统，进入分类管理应用程序；双击层次结构中的根节点，选择“Unit Definition Class”；点击右上角的 SAM 分类根旁边的小三角，单击“添加属性单位”；在弹出定义条目名称对话框，保留默认值，单击“确定”按钮，如图 9-27 所示。

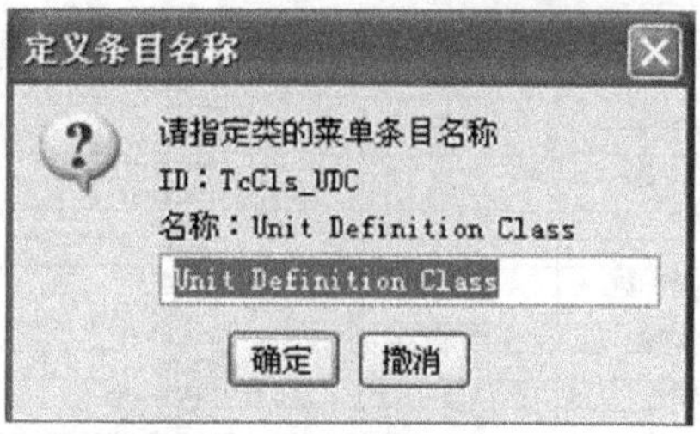

图 9-27　定义条目名称

② 打开分类应用程序，同样单击层次结构右上角分类根旁边的小三角，从下拉框中选择“Unit Definition Class”，如图 9-28 所示。

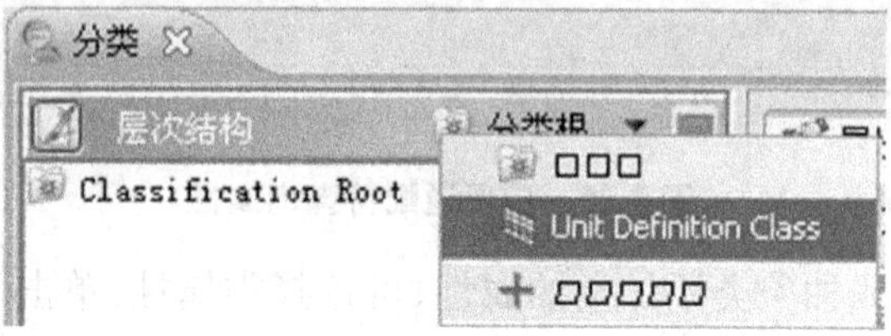

图 9-28　分类应用程序中添加单位

③ Unit Definition Class 类将出现在分类的层次结构面板中。双击该类，其属性会显示到右侧的属性面板中，如图 9-29、图 9-30 所示。

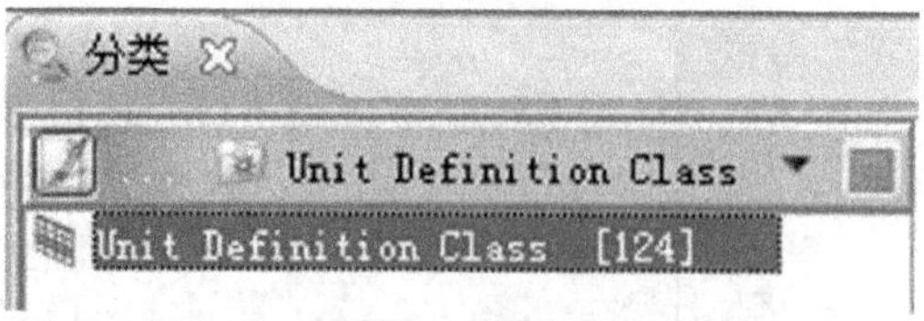

图 9-29　选择分类

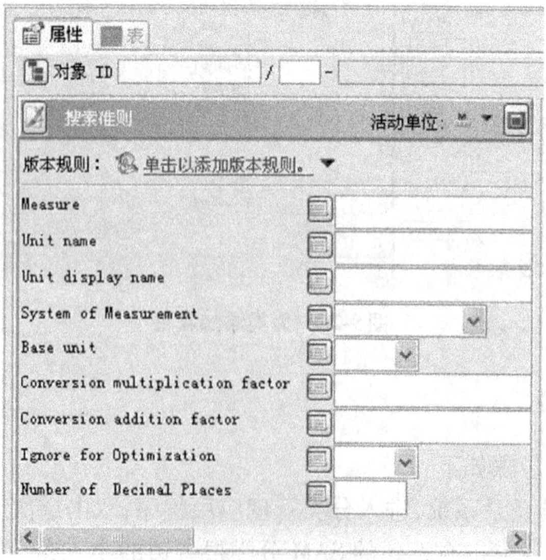

图 9-30　显示分类属性

④ 单击工具栏中的创建按钮，弹出"创建分类对象"对话框，输入 ICO ID，单击"确定"按钮。为新创建的分类实例添加属性值，如图 9-31 所示。

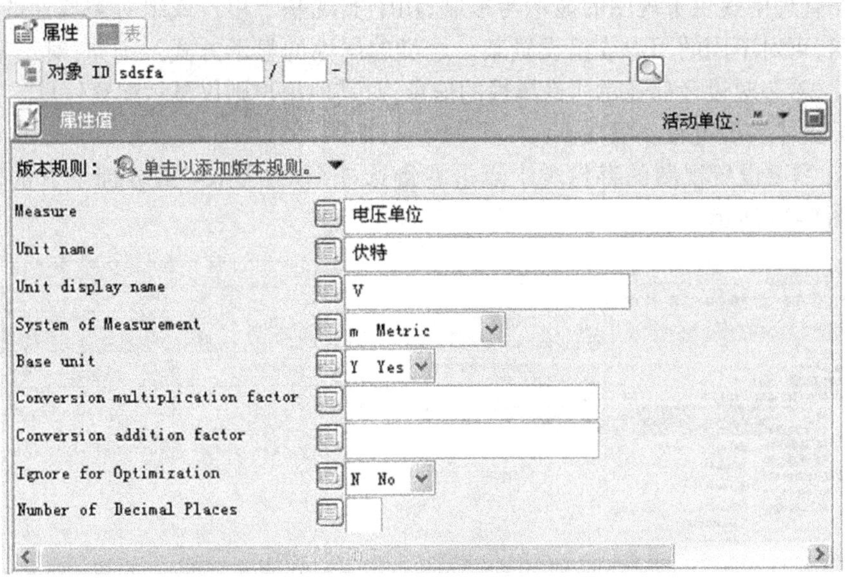

图 9-31 为分类实例添加属性

⑤ 单击工具栏中的"保存"按钮，单位添加完成。在分类管理应用程序中创建属性时，可使用刚刚创建的单位，如图 9-32 所示。

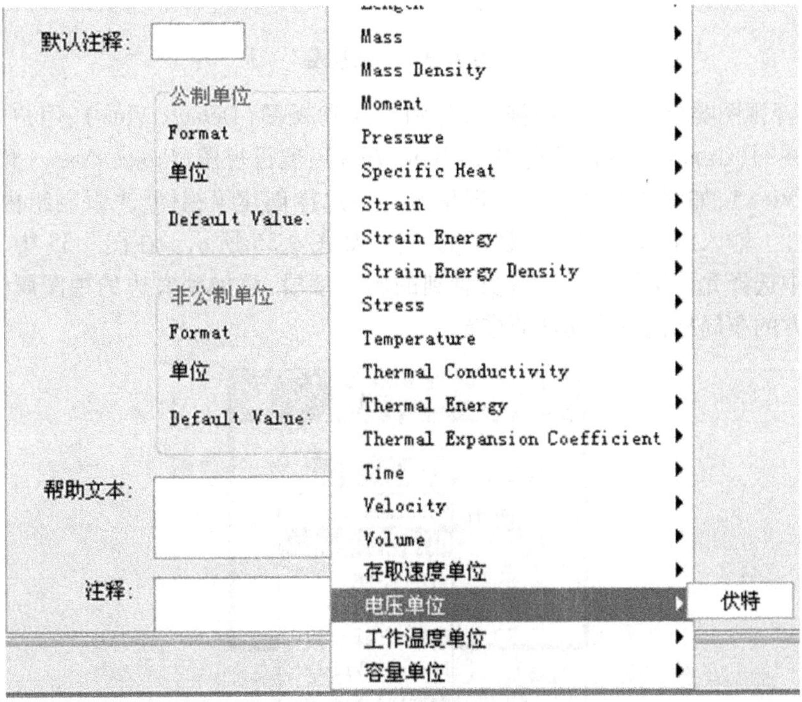

图 9-32 应用新创建的单位

9.3.7 建立视图

分类管理中提供了视图的显示与拟制，用于实现基于用户或组对类属性的访问权。通过视图，可对不同的用户或组设置某一个类的属性的显示方式。例如，对于某一类产品的属性，希望对设计部显示所有属性的信息，对其他用户则仅显示配置信息。

（1）具体实现过程步骤如下：

① 在需要设置视图的存储类上点击右键选择"添加视图"或界面下方的"添加视图"，如图 9-33 所示。

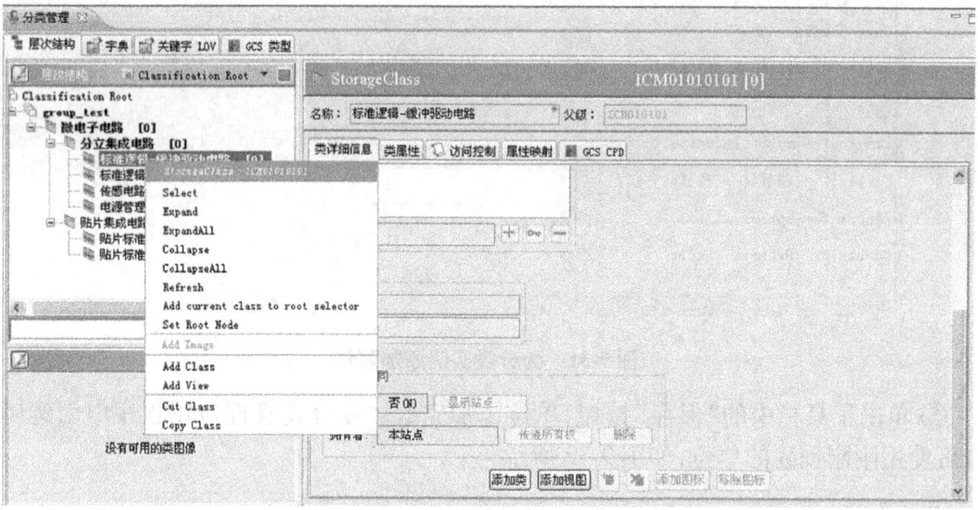

图 9-33 添加视图

② 选择视图类型，共有 6 种视图，分别为缺省视图（Default View）、用户视图（User View）、组视图（Group View）、角色视图（Role View）、项目视图（Project View）和映射视图（Mapping View），如图 9-34 所示。一般情况下会选择创建组视图，来限制组内人员所能看到的属性。输入组 ID 及视图中显示的属性，如图 9-35 所示。在图 9-35 中，从左边类属性列表中选择允许结构设计组人员看到的属性字段，添加到右边的视图属性列表中，可选择下方的布局标记更改属性的排布。

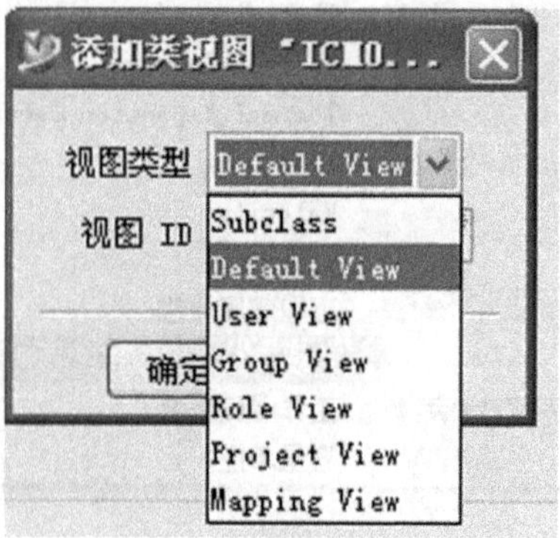

图 9-34 视图类型选择

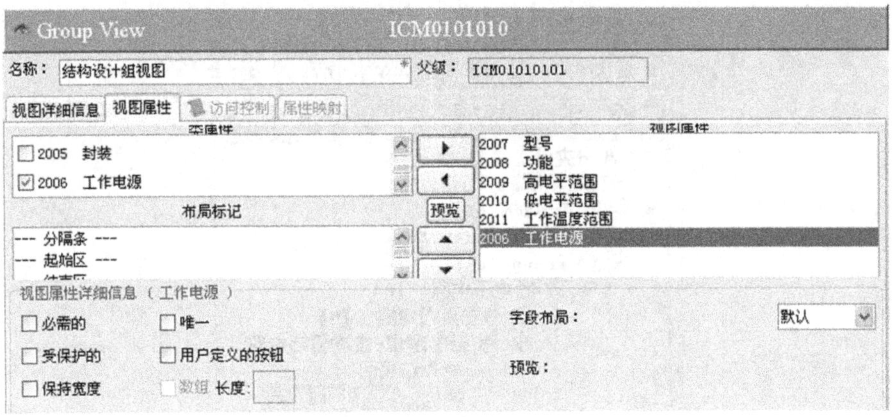

图 9-35　配置视图中的属性

（2）添加一个缺省视图，比较不同视图的现实效果：

① 添加缺省视图，如图 9-36 所示。

图 9-36　添加缺视图

② 选择显示产品的配置属性，如图 9-37 所示。

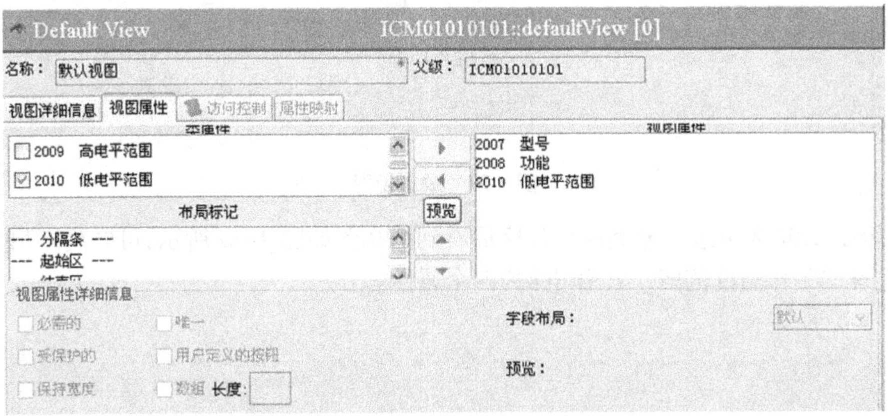

图 9-37　显示产品的配置属性

③ 保存视图，如图 9-38 所示。

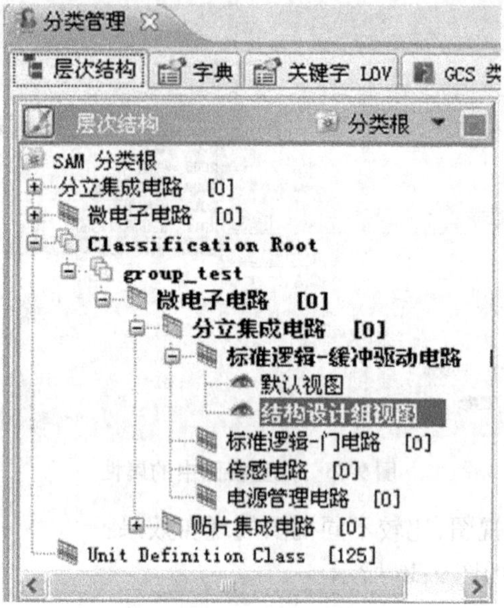

图 9-38 视图添加到分类树

视图属性设置好后，在分类中，不同组中的工程师查看对应不同部门的产品属性的显示结果。系统普通用户查看到缺省视图，如图 9-39 所示。

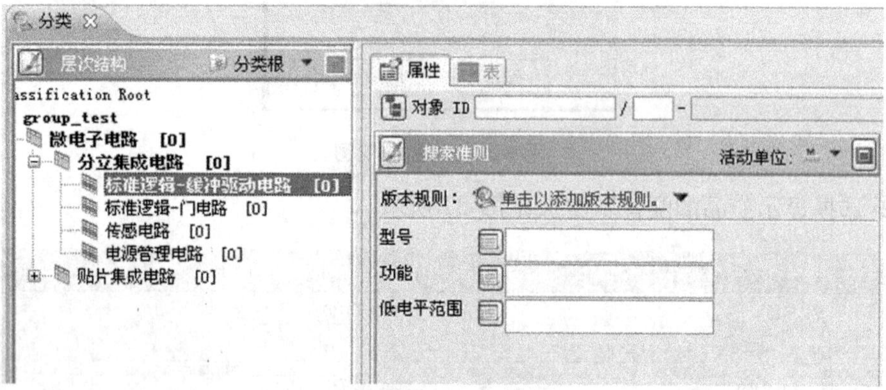

图 9-39 缺省视图

结构设计组人员进入分类应用程序后看到的视图如图 9-40 所示，可看到“功能”“高电平范围”“工作温度范围”“工作电源”四个属性。

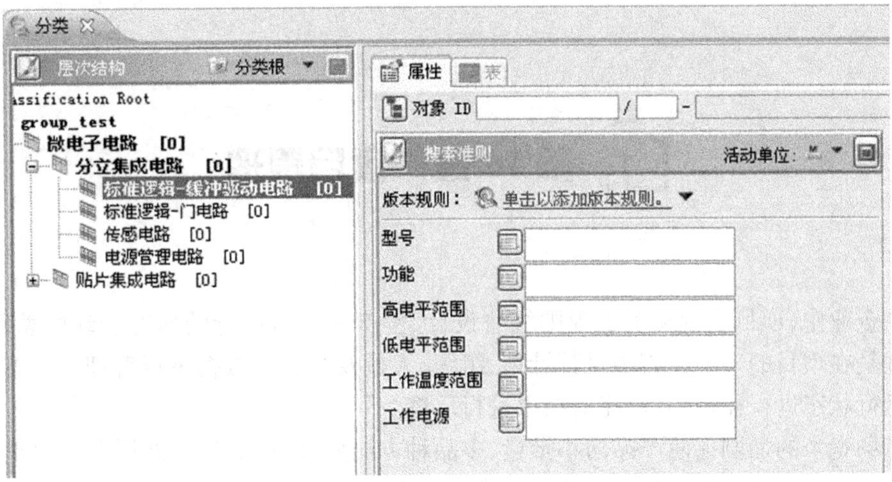
分类
层次结构
分类根
assification Root
group_test
微电子电路 [0]
分立集成电路 [0]
标准逻辑-缓冲驱动电路 [0]
标准逻辑-门电路 [0]
传感电路 [0]
电源管理电路 [0]
贴片集成电路 [0]
属性
表
对象 ID
搜索准则
活动单位:
版本规则:
单击以添加版本规则。
型号
功能
高电平范围
低电平范围
工作温度范围
工作电源

图 9-40　结构设计视图

第 10 章 项目管理

在企业中,项目是就某个工程围绕着设计、生产和制造进行的所有活动的总称。项目管理是在项目的实施过程中对其计划、组织、人员及相关的数据进行管理与配置,对项目的运行状态进行监控,并对完成结果进行反馈。

市场竞争的加剧促使产品向小批量、多品种方向发展,产品的更新周期明显缩短,这些变化使企业中的产品数据变得庞大和复杂。如何有效地管理产品数据是现代企业面临的挑战。近年来,随着项目管理学科的兴起和逐步成熟,其理论和技术已经影响到产品研发、生产、经营管理等方面,企业提出了对产品整个开发过程中的时间、成本、质量、人力资源、采购和合同等进行协调和控制的新要求,即对产品开发进行管理。PDM 系统的项目管理为控制项目开发时间和费用、协调开发活动和保证项目的运行提供了一个良好的可视化工具,其功能逐渐为企业所重视,成为企业实施高效、成功的 PDM 所不可缺少的核心功能。

10.1 项目管理的概念

项目管理是建立在工作流程管理基础之上的一种管理。项目管理包括项目自身信息的定义、修改以及项目相关的信息,如状态、组织等信息的管理。每个项目中的各个阶段又分成不同的状态,如工作状态、归档状态等。项目管理的内容应该包括项目和任务描述、研制阶段的状态、项目成员的组成和角色的分配、研制流程、时间管理、费用管理、资源管理等。

项目管理的任务有两个方面:

(1) 项目组织

根据项目任务的特点制定项目计划、配置资源、安排时间、组织人员、分解并分配任务以及进行项目费用成本核算等,保证项目按计划顺利完成。

(2) 项目控制

在项目的实施过程中对其计划、组织、人员、资源以及相关的数据进行管理与调度,对项目的运行过程和状态进行监控,及时发现项目实施中出现的问题并做出反应,同时对其加以记录。

PDM 软件系统不同于其他应用软件,PDM 运行体现的是企业中一整套的运行管理模式。在产品数据管理中包含 70% 的管理和 30% 的软件,其中 70% 的管理在 PDM 系统中应主要体现在项目管理中。任何企业在实施 PDM 时,都应该按照项目管理中的项目组来下达任务、分解任务、监控任务;如果对一个项目没有宏观的把握,很难将项目实施成功。反之,若采用项目管理在任务分解阶段将项目分解为图文档式里程碑标志,在任务执行时就能随时监控。这不但对项目起到一个积极的作用,管理者也能够充分发挥自身的作用,在 PDM 系统中甚至可以渗透进管理者的人文关怀,从而体现企业文化。

10.2 项目模型

10.2.1 项目模型的作用

在 PDM 系统中,为了对项目进行管理,需要建立与设定项目模型,在项目模型中对项目的任务、人员和时间安排进行描述:

① 利用用户管理功能组织项目组,安排项目组成员在项目中的角色。

② 利用流程管理功能,把分解后的项目子任务分配到各个流程之中,设定完成任务的人员、角色和计划时间。

项目管理模块通过运行流程来完成项目任务,并通过对流程的控制管理实现对项目实施过程的控制管理。在项目的实施过程中,通过流程监控得到项目运行状态的反馈。

10.2.2 项目模型的内容

项目模型一般包括项目文件夹、项目用户组和项目时间表,分别用来对项目的任务、人员和时间安排进行描述。

项目文件夹中存放各种与该项目直接相关的资料。例如,在项目开始时,项目文件夹有项目任务书、项目说明书、产品研制说明书等;随着项目的进展,还会添加汇报报告、任务调整说明书、产品检测报告等。

项目用户组描述的是参加项目活动的所有成员,以及对用户角色规定其任务与职责、赋予相应的数据操作权限。项目用户组的设定一般是由部门主管指定项目负责人,再由项目负责人指定参加项目的成员,并安排他们在项目中的授权机制,授予用户权限。

项目时间表用来描述项目的进度情况。项目完成的最后期限是根据产品的交货期和企业的整体任务来确定的。项目组成员完成任务的时间安排是按照完成这种任务的统计时间来安排的。

10.3 项目组织与执行

10.3.1 人员组织及任务划分

图 10-1 说明了围绕项目的人员组织关系。首先,针对项目要求定义相关的角色,并根据角色规定其任务与职责,赋予相应的数据操作权限;其次,将有关人员进行分组;最后,建立用户/用户组与角色之间的直接联系。

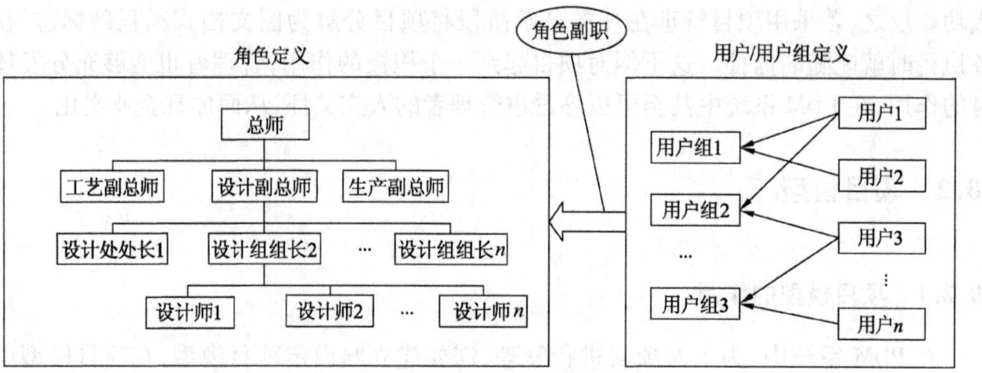

图 10-1　基于项目的人员组织关系

10.3.2　项目执行流程

在项目执行前,应根据任务的性质、承担部门等对项目进行任务分解,把任务分成不同的层次,如子项目、子任务等。项目管理模块能够建立项目任务之间的树状层次关联及其之间的约束关系。例如,只有当所有的子任务都完成了,它们的父任务才能完成等。

项目分解完成后,整个项目的执行过程就可以划分成若干阶段。每个阶段都要完成一定的工作任务,并达到一定的目标。

项目任务的各个阶段都有两种状态:工作状态和归档状态。工作状态是指某工作阶段的工作任务还没有完成。归档状态是指当工作完成后,项目阶段的状态由工作状态变为归档状态,并把这个阶段所产生和处理的产品数据进行归档。应该注意的是,在划分项目的各个阶段时,要设定每个阶段结束所必须达到的标准,用以明确项目所处的阶段和控制项目在产品生命周期中状态的转变。

项目的任务是通过工作流程来完成的。项目的每个阶段就对应于流程中的节点。每个节点的任务也是通过工作流程来完成的。项目负责人通过定义流程,把经过分解的项目任务分配到流程中的各个节点,把项目用户组成员分派到每个节点,从而把项目任务具体落实到每个项目用户组成员。

在企业的项目管理中存在多个项目同时执行的情况,因此实施时在时间上有可能重叠。这样项目用户组成员的组织及其分布就会更加复杂,人员在项目中的角色只在项目执行的阶段有效。在指定某个项目用户组成员完成某个项目的工作任务时,需要考虑他们在时间上的承受能力。项目与用户组、用户的关系如图 10-2 所示。

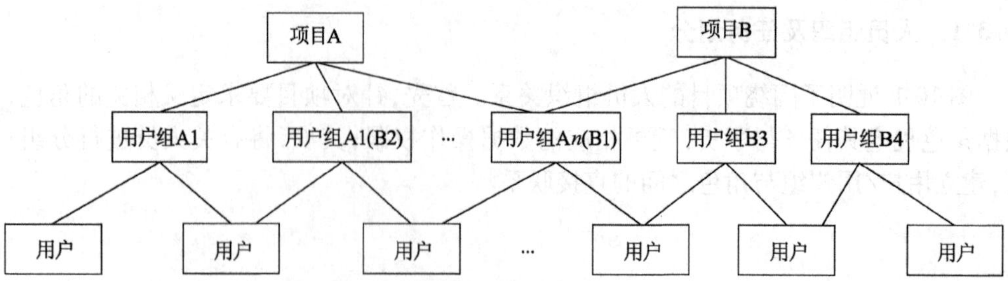

图 10-2　项目与用户组、用户的关系

10.4 PDM项目管理

10.4.2 PDM系统项目管理相关概念

(1) 项目管理基本要素

包括事件(任务)、人员、过程(工期)、结果(交付件)。

(2) 项目管理基本概念

① 项目:是用项目管理的思想对某个产品的开发全过程进行控制的事件,其要素包括时间、数据、人员。

② 任务:是指项目中分解成为一系列小的事件,其要素包括时间、数据、人员;阶段任务下可以包括小任务。

③ 项目团队:完成项目的项目组成员的集合。

④ 工期:指项目或任务的计划时间。

⑤ 甘特图:用图形的方式显示项目时间计划和进度的方法。

⑥ 项目输入:主要存放影响项目的输入文档,如立项的依据、要求、变化的依据等。

⑦ 变更记录:记录项目调整、历次变更情况。

⑧ 任务输入:主要存放影响该任务的输入文档,如任务参考、要求等。

⑨ 任务输出:主要存放该任务完成的数据,包括文档和产品结构。

⑩ 启动条件:表达任务之间的前置/后续、并行关系。

⑪ 结束条件:用任务输出数据的归档作为本任务是否可以结束的依据。

⑫ 项目模板:是预先设定的项目框架,以便快速建立新项目。

⑬ 项目输入/输出文件夹:可以把各任务中的输入/输出文档集中汇总在设定的文件夹体系中;项目结案后,项目中产生的文档将以输入/输出文件夹的架构显示在文档库中。

(3) 项目管理流程

① 创建项目

操作步骤:新建项目、任务调整、添加团队成员、人员安排、工期安排。

② 项目执行

执行过程:启动项目、启动任务、项目调整、完成输出(导入、新建、注册、检出/检入、删除文档、启动流程,创建新版等)、结束任务、结束项目。

③ 项目调整

在项目执行过程中,可以根据进展情况对项目进行适当调整,包括工期调整、人员调整、项目或任务属性调整等。

项目调整的流程一般是,生成提案→提案批准→项目解锁→项目调整→项目锁定。在项目锁定时,不允许对项目作调整。

④ 项目跟踪

可通过列表、甘特图对项目进度进行跟踪。在每次登录时,系统自动弹出消息窗口,提示该用户近期需要启动和结束的任务。可以让项目跟进人员同时监控多个项目,提示这些项目近期需要启动和结束的任务。

⑤ 查询

通过项目查询,可以了解多个项目的进行状况;查询项目文档,还可以在工作列表中根据查询条件筛选出满足条件的项目或任务。查询结束后,可以以项目树、甘特图、列表的形式表现,并输出 Excel 文件。

10.4.1 PDM 系统项目管理结构分析

项目管理在 PDM 系统中的应用正在不断完善,许多 PDM 系统将工作流管理作为企业活动状态跟踪和监控的工具,或与专业项目管理软件(如 MS Project)集成实现项目的规划、监控和跟踪功能。与一般工程相比,产品开发项目的管理要支持不同的地点、不同角色的开发人员使用多种工具进行信息交互与协作,并对项目进行全面规划和跟踪,单纯靠工作流管理或专业的项目管理软件并不能对产品开发项目提供完整的技术支持。PDM 系统中项目管理功能模块的设计要结合项目管理方法,充分考虑到产品开发的实际需求,提供灵活的项目建模和运行控制方法,以实现对开发过程的控制。

图 10-3 是一个项目管理模块结构设计的例子。从图中可以看出,整个项目管理模块通过网络、数据库及其他 PDM 应用工具,由项目定义层对项目立项,定义项目的基本信息;然后由计划编制层对计划建模,将任务层层表达,确定任务之间的关系,形成了可执行的任务流;项目执行层通过任务表管理器的任务表视图了解工作任务和进度信息,并对任务进行相关操作;项目监控层监督项目的运行,提醒并通知相关人员,在需要的时候可对项目安排作相应调整。不同层次、不同角色的项目人员拥有不同的权限。PDM 数据库中存放了项目计划模型、运行过程信息、项目文档等信息。项目管理各模块与 PDM 其他模块如工作流管理、文档管理、人员管理等协同执行,确保产品开发项目的顺利完成。

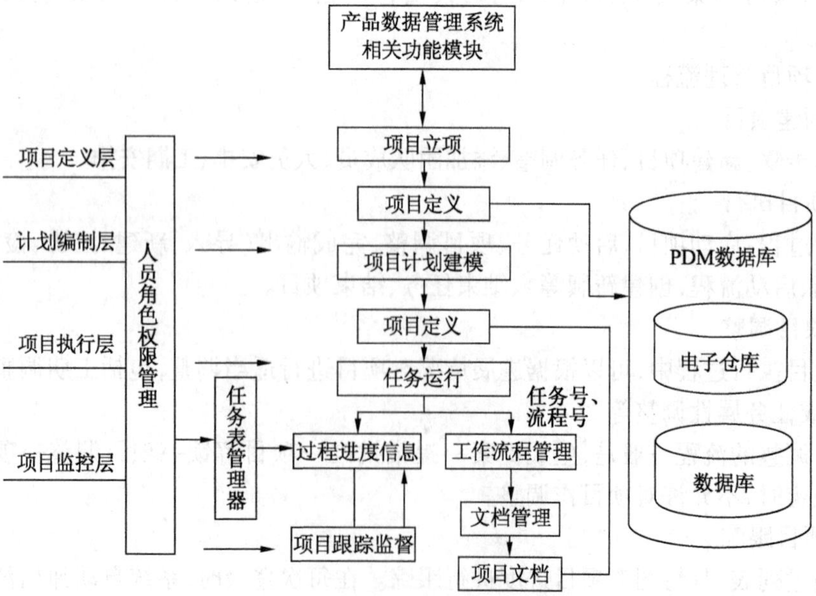

图 10-3 项目管理模块结构设计

10.5 Teamcenter 项目管理

项目管理解决方案是 Teamcenter 产品家族的一个重要组成部分，实现企业的项目和计划管理，以及详细的运行执行，并实现项目管理与 Teamcenter 其他解决方案的集成。为了满足增强企业责任性的要求，Teamcenter 提供的项目管理解决方案将 Teamcenter 的知识管理、过程管理和项目管理功能，以及管理统计报表演示板功能集成在一起，从而增强企业监测、控制和改善每个上市产品开发计划执行性能的能力。Teamcenter 项目管理模块提供的解决方案如图 10-4 所示。

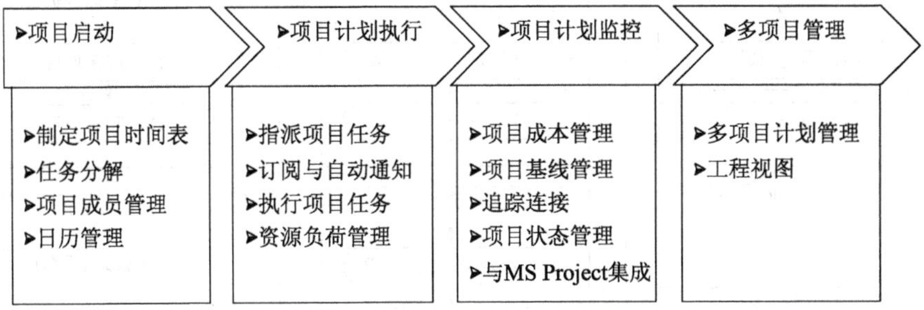

图 10-4 Teamcenter 项目管理解决方案

10.5.1 Teamcenter 项目管理模块介绍

(1) Schedule Manager 主界面

在 Teamcenter 系统中，项目管理模块也称为“Schedule Manager”，用于计划和跟踪 Teamcenter 中的活动。当从任务表中选择任务时，时间表管理器会以甘特图的形式显示相应的任务栏，如图 10-5 所示。

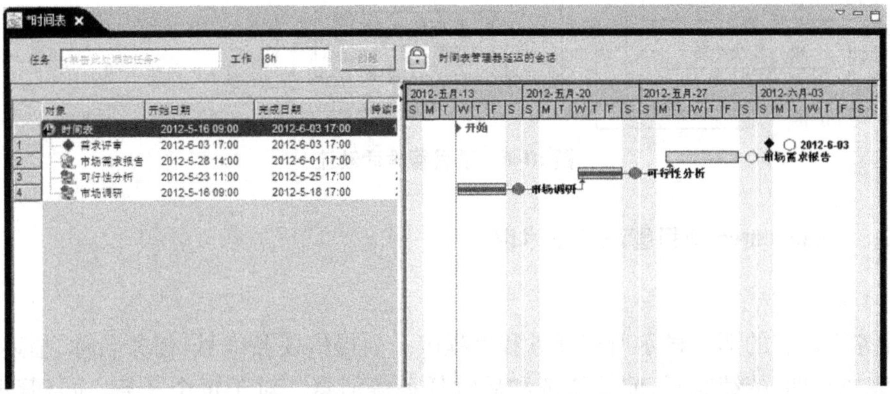

图 10-5 Teamcenter 项目管理功能界面

在项目管理功能界面中包括了两个视图。

① 任务表(Task Table)：用表格形式显示了所有的任务和里程碑。视图中各列显示了任务编号、任务名称、描述、起始时间、完成时间、持续时间、前置任务和结束任务等信息。每个任务被自动分配一个任务编号。

② 甘特图(Gantt Chart):按周、月、季或年显示项目进度和查看时间表,并以可视化方式直观呈现项目任务信息。使用鼠标可以操控甘特图中的项。

(2) Schedule Manager 工作流程

Teamcenter 系统的项目管理过程分为系统配置、项目计划、时间表计划、集成化的时间表管理、工作流定义、进度表执行、项目数据分析、进度修改等几个阶段。完成当前阶段任务后,会依据程序流程进入到下一个阶段任务;若项目计划有变或进度需要修改,则返回到前一阶段进行相应操作,更新计划表数据。具体的项目进度活动流如图 10-6 所示。

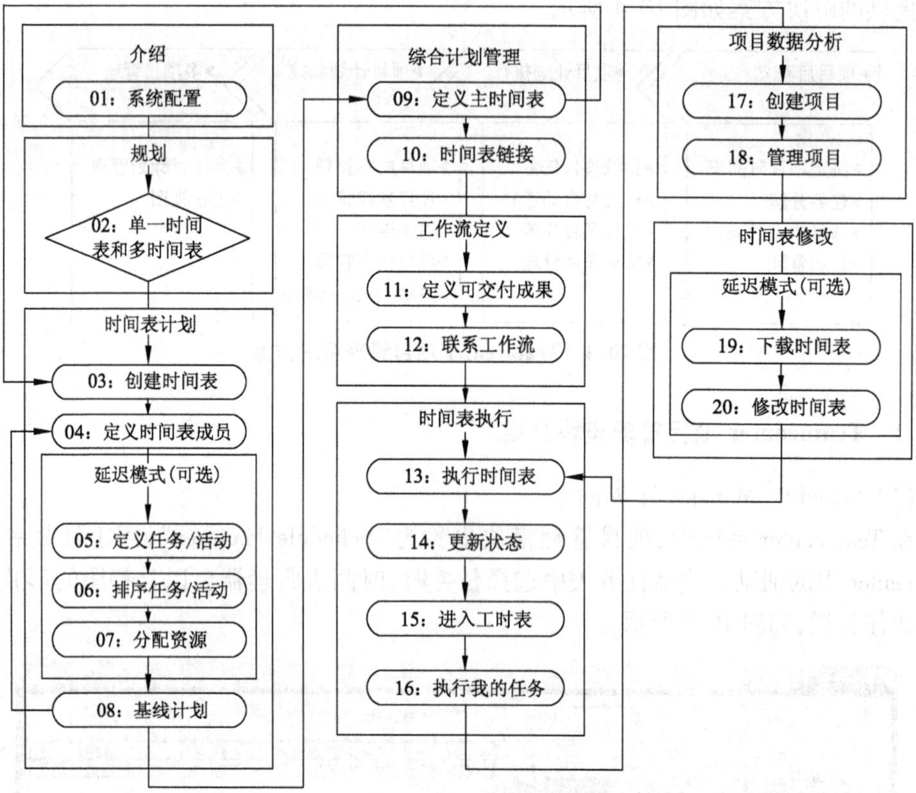

图 10-6 项目管理活动流

10.5.2 Teamcenter 项目管理基本术语

(1) 任务表

任务表以表的形式显示所有任务和里程碑。列提供任务编号、任务名称、描述、开始日期、完成日期、持续时间、前趋任务和后续任务等信息。对于每个任务,项目管理都自动为其指派一个任务编号。

(2) 时间表模板

时间表模板包含一个或多个子时间表模板。使用创建时间表中描述的过程,并将现有时间表模板用于该新时间表,根据时间表模板创建时间表。从时间表模板创建时间表时,会将子模板内的所有任务复制到新时间表中,但不包括对子模板或主模板的引用。

时间表模板技术为快速创建新的时间表提供了捷径,因为它允许借鉴以往类似的时间表建立新项目计划。可指定新建时间表是否是模板;时间表模板可用于创建新的时间表,新的时间表集成时间表模板的属性以及任务设置。可随时把时间表更改为时间表模板,也可随时把时间表模板更改为普通时间表。

(3) 时间表基线(Schedule Baseline)

时间表基线报告显示了一个时间表与所选择的时间基线之间的差别。一个时间表基线表示时间表在某一时刻的快照,通过这个报告,可以将时间表与当初的计划进行比较,了解哪些任务拖延了或哪些任务提前完成了。

(4) 大图(Big Picture)

大图报告用一个甘特图格式提供了一个覆盖管理汇总表,可以容易地标识出不一致和跨越多个相关努力的相互关系。

(5) 跨时间表任务(Cross Schedule Task)

跨时间表任务报表提供一个成员任务跨越指定时间表的概述。该报表可以日期范围、状态、成员和时间表过滤后产生。

(6) 里程碑分析(Milestone Analysis)

里程碑是指持续时间为0的任务。使用里程碑可标识关键日期或关键交付件,评价阶段成果,回顾已完工计划执行情况,修正预算依据和方法。

(7) 时间表概述(Schedule View)

时间表概述报告显示了对时间表总结的信息,包括里程碑、延迟的任务、时间表参与成员。

(8) 工作流倒计时(Workflow Countdown)

工作流倒计时报告显示了时间表中工作流任务的进程。

(9) 交付件倒计时(Deliverable Countdown)

交付件倒计时报告显示了时间表中交付物的进程。

(10) 任务报告(Task Report)

任务报告提供被分配到选定资源的任务列表。

10.5.3 Schedule Manager 的基本任务

项目负责人通过 Schedule Manager 创建项目的工作内容与时间进度,包括描述项目工作的详细任务、时间约束和资源配置。在时间进度的各个节点上,可以设置时间表快照(基线),并添加里程碑。每个项目的时间进度都与日历绑定,可以跟踪到工作日(或小时)、节假日和休假期。Schedule Manager 需要和流程管理结合,时间表的节点绑定到工作流的各个节点。

(1) 创建项目时间表

可以在 Schedule Manager 中创建时间表,也可以在 My Teamcenter 中创建时间表,但只能在 Schedule Manager 中查看和管理时间表信息。创建项目时间表可以有三种方式,分别为使用新建时间表向导创建、使用模板创建和使用时间表模板创建。

关于时间表的操作如下表10-1所示。

表 10-1　和时间表有关的操作

操作	描　述
创建时间表	针对某项目,通过创建项目时间表,开始对项目的管理工作
删除时间表	删除时间表后,将删除该时间表中的所有任务、依赖关系、成本和资源指派
变动时间表	当项目的计划时间安排发生变化时,可以使用变动时间表功能更改时间表的开始和完成日期。对主时间表变动时间表,将会变动子时间表
重新计算时间表	使用重新计算时间表选项重新计算时间表的任务及其依赖关系
搜索时间表	在 Teamcenter 中搜索时间表,搜索结果取决于用户与时间表的关系: ① 创建时间表的人员始终可以查看时间表; ② 仅当设置了已发布时间表选项时,时间表成员才能查看时间表; ③ 仅当设置了已发布和公共时间表选项时,非时间表成员才能查看时间表

(2) 任务分解与添加

Teamcenter 工程师可以将任务添加到时间表。如果该时间表是主时间表且包含子时间表,则可以将任务添加到主时间表或任何子时间表中。添加任务的方式有三种:使用任务框、使用文件菜单和使用任务表。任务变化后,可以在任务表或属性对话框中更新任务属性。

(3) 订阅与自动通知

工程师可创建通知,以向用户本人、小组成员,甚至小组以外的人通知重要事件,如完成日期、里程碑和任务完成情况。创建通知规则时,工程师不仅可以指定通知接收方,还可以包含与通知有关的消息文本。工程师可以根据现有的通知规则集创建通知,可以同时为时间表和任务创建通知。系统中的任何用户、定制电子邮件地址、时间表成员或组成员都可以接收通知。表 10-2 是系统定义的通知或发放规则。通过二次开发,也可以添加自定义的通知规则。

表 10-2　发放或订阅通知

已发放通知或订阅规则	描　述
时间表的已发放通知或订阅规则	当任务添加到时间表时 当任务从时间表删除时 当时间表快到期时 当时间表过期时 当时间表的开始日期更改时 当时间表的结束日期更改时 当时间表的状态更改时 当时间表的状态更改为…… 当时间表的优先级更改时 当时间表的优先级更改为……

续表

已发放通知或订阅规则	描　述
任务的已发放通知或订阅规则	当任务被删除时 当任务快到期时 当任务过期时 当任务的开始日期更改时 当任务的结束日期更改时 当任务的状态更改时 当任务的状态更改为…… 当任务的优先级更改时 当任务的优先级更改为…… 当任务的工作量估计更改时 当任务的完成的工作更改时 当工作就绪时 当用户被指派给此任务时

工程师可以根据需要定义任务的状态通知。当满足订阅规则的状态或触发事件出现时,系统自动发送关于任务或项目的状态信息给订阅用户,如图10-7所示。

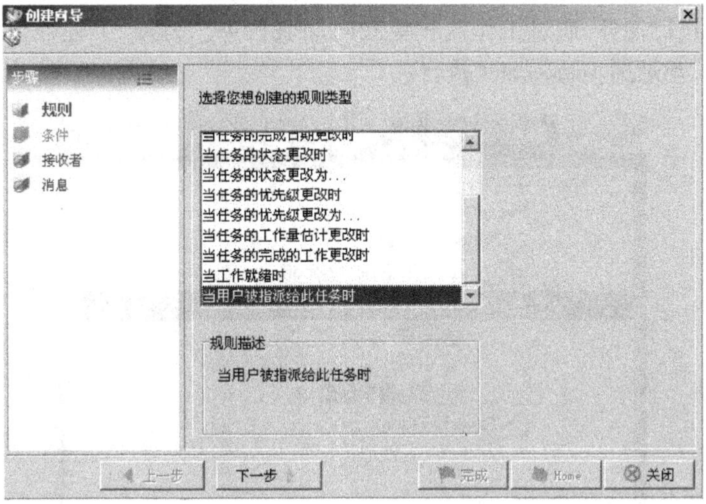

图10-7　自动签发状态信息

项目管理提供时间表、任务自动通知功能,工程师自定义时间表状态以及相应的通知规则。当符合通知规则的状态出现时,系统自动通知用户,如图10-8所示。订阅和自动通知的功能相似,唯一的区别是工程师可以将订阅仅发送给自己。

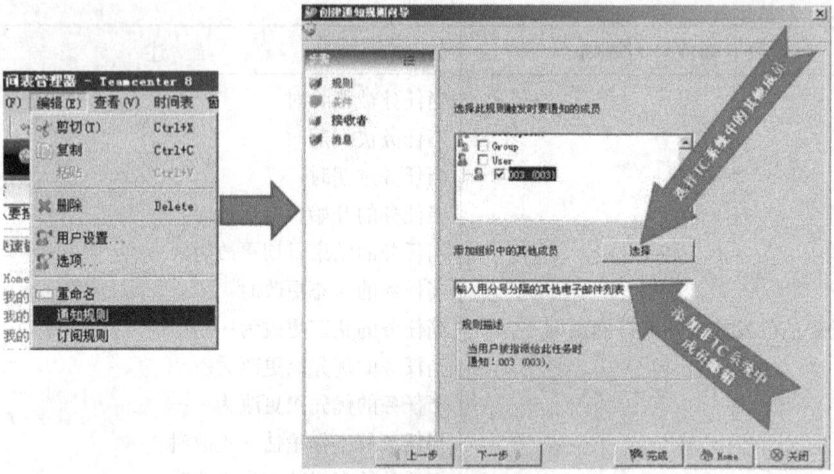

图 10-8　系统自动通知用户

（4）执行项目任务

工程师可以配置 Teamcenter 时间表任务，以在满足特定条件时启动关联的工作流。设置好的触发规则或条件会创建工作流程。如果存在工作流程任务更新，则会向 Teamcenter 时间表任务发送一则通知，从而更新时间表任务。如图 10-9、图 10-10 所示，可以直接在任务箱执行任务，通过工作流程更新时间表任务。另外，工程师也可以通过邮件接收任务通知，登录到 Teamcenter 执行。

图 10-9　从任务箱查看任务信息

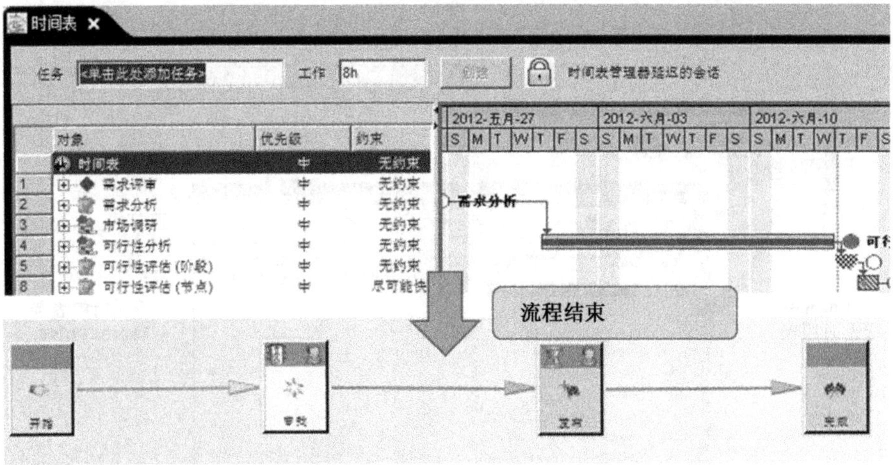

图 10-10　通过工作流更新任务表

（5）追踪连接

时间表管理器提供追踪连接功能，与需求管理等程序集成，可在时间表、任务对象和需求、零组件等对象之间建立追踪连接，并为追踪连接的对象添加追踪标识，使追踪连接在项目、计划任务与工作对象之间建立可视关联关系；也可建立项目、任务交付件（项目成果）之间的追踪连接；还可准确定位并查看项目成果。在图 10-11 中，使用可追踪性报告随时查看与对象有关的任务或与任务有关的对象，可通过“转至对象”快速打开需要浏览的对象或任务。

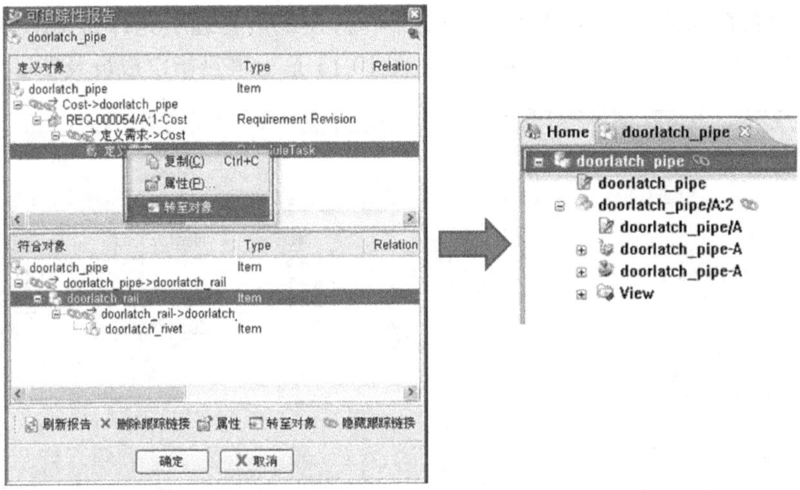

图 10-11　项目与工作对象的追踪

（6）与 MS Project 集成

与 MS Project 集成功能实现了 Teamcenter 与 MS Project 间的数据转换。Teamcenter-Microsoft Project 插件允许 Microsoft Project 用户与时间表管理器直接交换数据。在图 10-12 中，可以将 Project 项目文件（如时间表）导入 Teamcenter 中，也可以将 Teamcenter 中的项目计划导出到 Project 中。

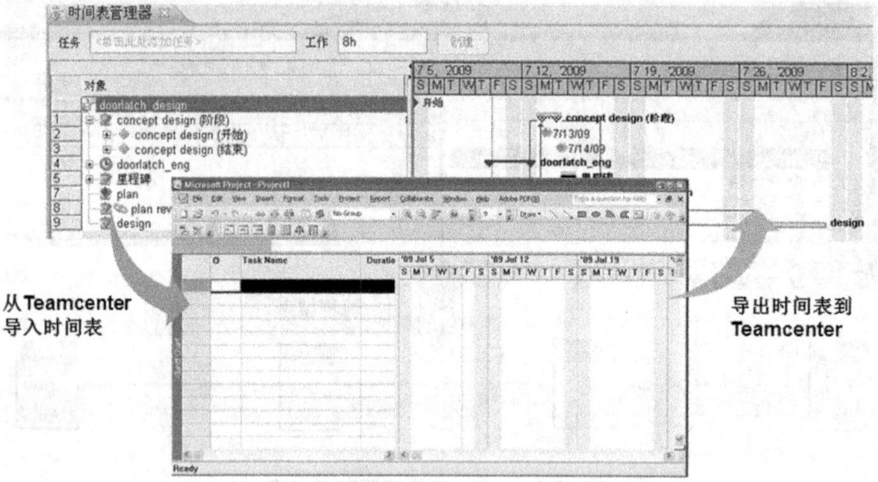

图 10-12　Project 与 Schedule Manager 的集成

10.5.4　Schedule Manager 的管理功能

在 Schedule Manager 中可以实现的管理功能包括:项目成员管理、日历管理、资源负荷管理、项目成本管理、项目基线管理、项目状态管理和多项目计划管理。

(1) 项目成员管理

在创建项目时间表时可以同时指派项目资源,以便有充足的可选资源,增加项目计划的精确度和完整性。根据不同的项目任务,需要为成员指定角色并赋予不同的访问权限,以满足项目数据共享、安全管理的需求。同时,在成员管理中允许为每个参与者制定工资费率和工作日历,以便计算项目成本。图 10-13 是为项目指定成员及费率。

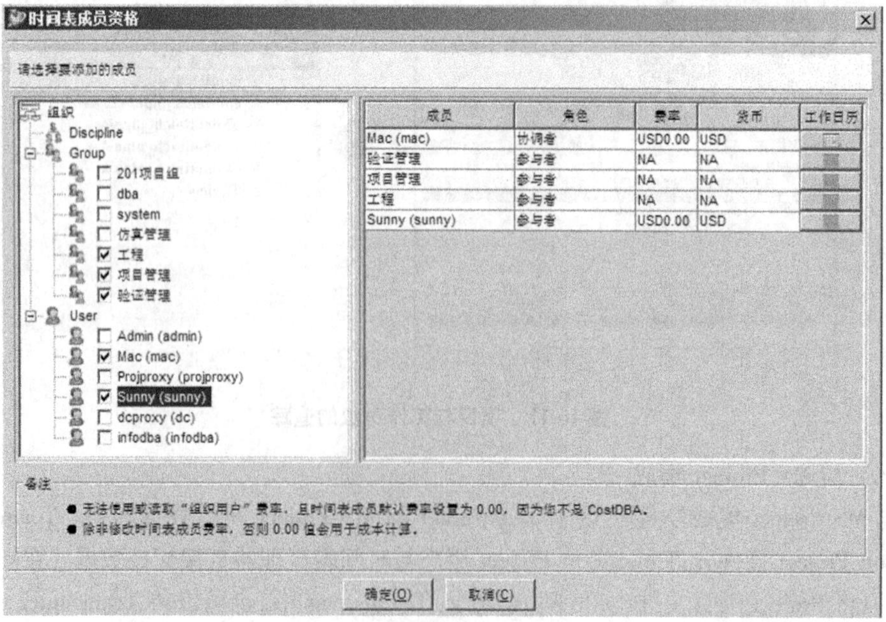

图 10-13　指定项目成员及费率

（2）日历管理

时间表日历管理提供了细粒度的工作日历管理功能，允许为每一个用户和每个项目定制工作日历；允许把每个工作日划分成多个工时段分别管理，实现任务及资源的精细管理。图10-14为时间表日历管理的主界面。使用时间表用户工作日历，可为单个用户设置休息日、假日和每日工作时间。工作时间由工作日历优先顺序确定。例如，将用户指派给任务时，按如下方式确定该用户的工作时间：

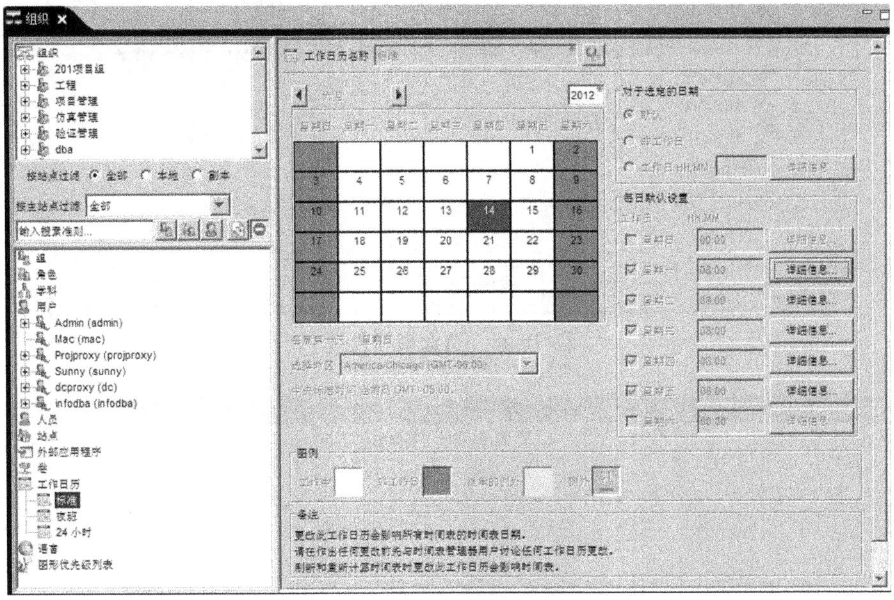

图10-14　日历管理主界面

① 如果存在时间表用户工作日历，该工作日历将确定用户工作时间；

② 如果不存在时间表用户工作日历，但存在用户工作日历，则根据用户工作日历确定用户工作时间；

③ 如果时间表用户工作日历和用户工作日历均不存在，则使用时间表工作日历。

（3）资源负荷管理

资源图以条形图的方式展现数据，该图显示在特定开始日期和结束日期之间的用户工作负荷或任务。将鼠标光标悬停在资源图中的某个条形上时，工具提示会显示任务名称和时间表名称、完成的工作和估计工作量、完成百分比以及该条形的日期。工程师可以通过组织应用程序或时间表管理器应用程序两种方式查看资源图，在组织中也可以查看所有人员的资源使用情况，便于掌握企业资源总体使用情况、指派新的任务或调整原来的任务。在组织应用程序中，工程师还可以更改开始和结束日期，以定制资源图。在任务指派窗口，可直接查看用户资源使用状况，也可以条形图的方式查看资源负荷情况，如图10-15、图10-16所示。

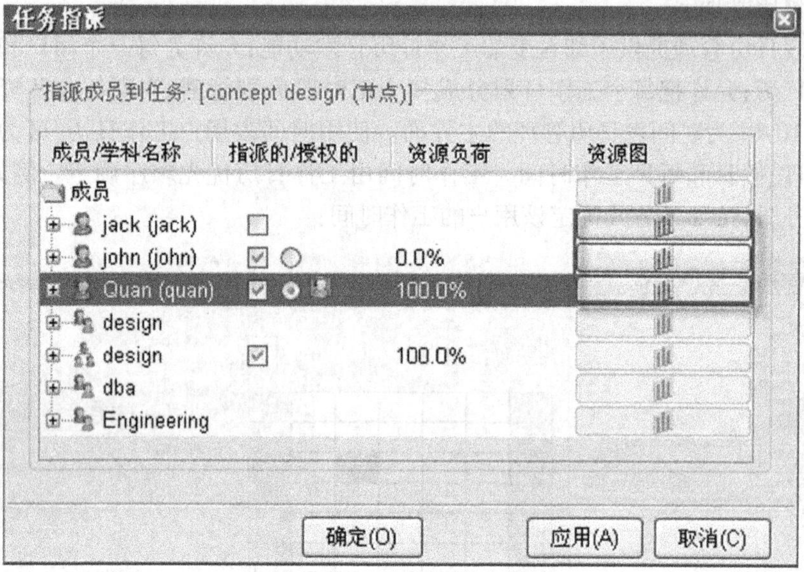

图 10-15　资源负荷管理

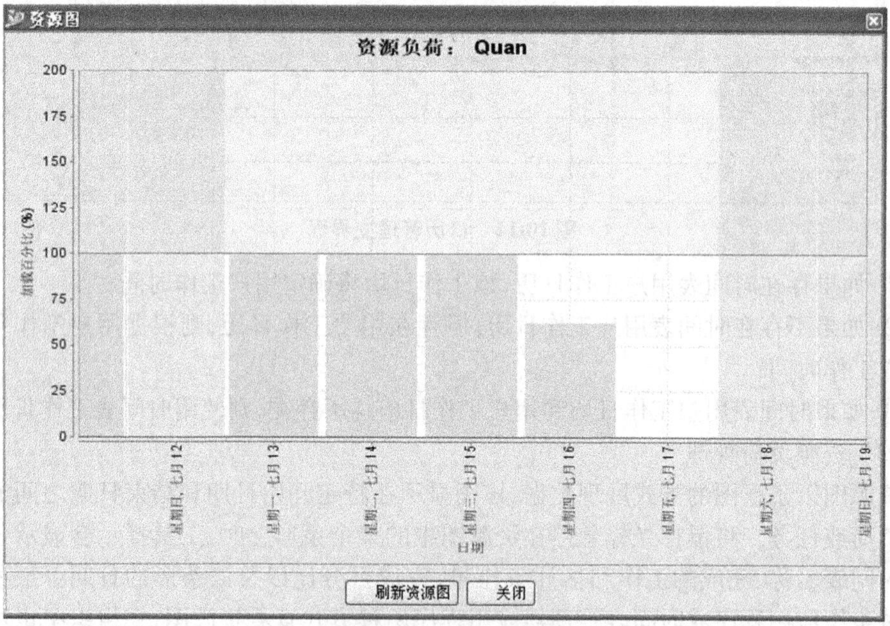

图 10-16　条形图显示

（4）项目成本管理

时间表管理器允许站点在与时间表和任务相关定义和跟踪成本。成本跟踪包括定义计费率、资源成本和固定成本。根据任务指派的资源和资源费率计算完成任务的估计成本以及实际成本，如图 10-17 所示。准确控制每个任务乃至整个项目的总成本，包括控制人力资源成本、固定成本等，从而灵活计算项目成本。项目成本管理也提供了费率管理功能，允许用户自定义项目中各种单位资源成本，可用于计算任务及项目总成本，如图 10-18 所示。

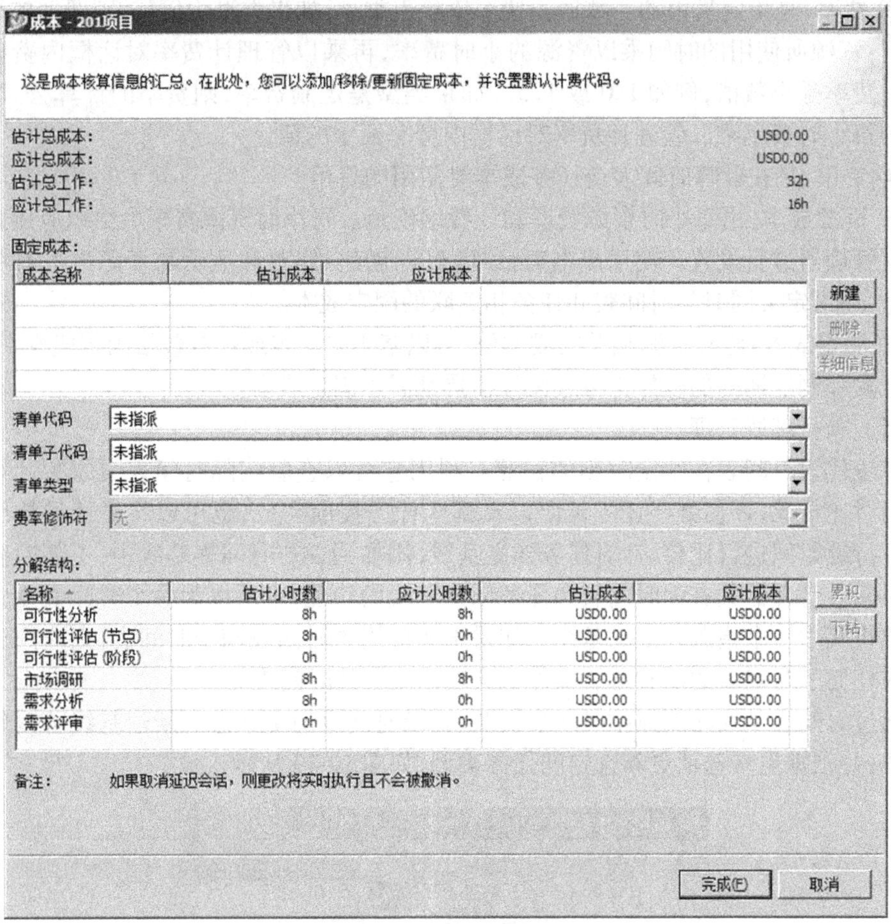

图 10-17　项目成分分解

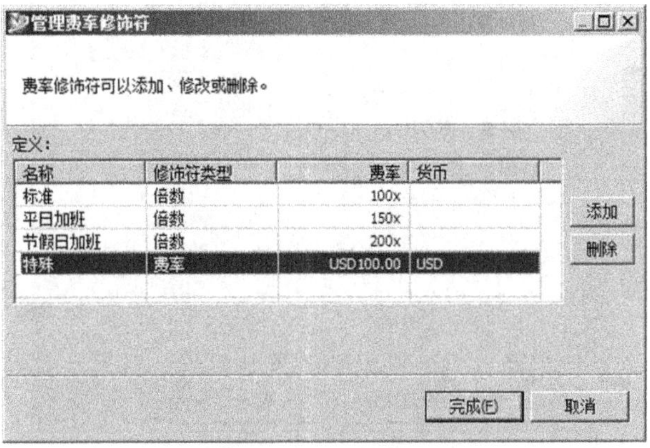

图 10-18　费率计算

与项目成本管理有关的概念如下：

① 计费率：由计费类型、费率和货币来定义，与资源成本计算信息配合使用来计算时间表和任务的成本。

② 类型：可以是倍数或定制费率。

③ 费率:是指定货币的小数值。费率依赖于类型;如果类型为倍数,则费率的计算公式如下:资源所使用的时间乘以资源的小时费率,再乘以管理计费率对话框内费率框中的值。费率是小数值,例如 1.0 或 1.5。如果类型是定制费率,则费率的计算公式如下:资源的每小时费率乘以管理计费率对话框内费率框中的值。

④ 货币:是在计算时间表或任务成本时使用的货币。

⑤ 资源成本:由每小时资源费率和计费率确定。每小时资源费率由组织应用程序和时间表管理器进行设置。使用成本对话框,可以创建、修改和显示与资源成本有关的成本信息,还可定义同时与时间表和任务相关联的固定成本。

⑥ 固定成本:除与资源相关的成本外,可以基于时间表或任务包括固定成本。例如,产品开发和制造期间的软件许可或硬件租赁都属于固定成本。

(5) 项目基线管理

基线代表时间表在给定时刻的快照。利用它可以查看实际时间表与原始计划的时间表的对比情况,评估哪些任务延误以及哪些任务提前完成;也可以将估计的持续时间与实际持续时间进行比较,针对任务建立基线,添加到现有时间表基线中,更新时间表基线。时间表管理器具有为时间表和任务创建基线的功能,也可以为一个时间表创建多个基线并将其中一个指派为活动基线。如果正在使用主时间表和子时间表,则应用于主时间表或任何子时间表的所有基线操作也会应用于其他时间表。

通过时间表基线功能抓拍时间表快照,记录时间表历史状态。新建基线可以复制现有基线,并根据更新选项更新选定的任务类型,如图 10-19 所示。

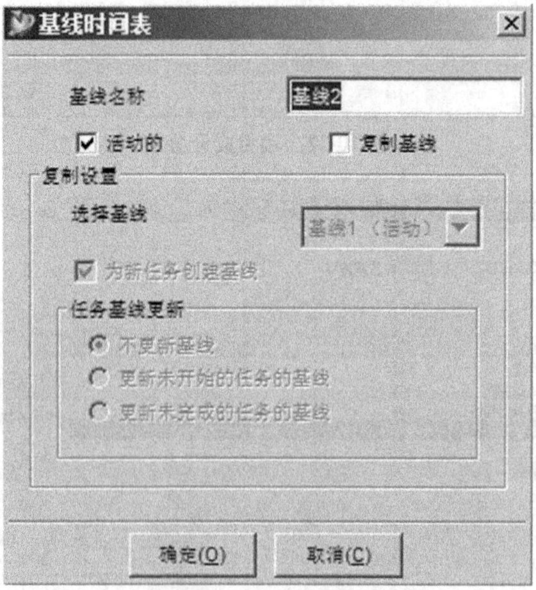

图 10-19 创建基线

系统也提供便捷的基线状态设置、基线编辑管理功能,如图 10-20 所示。

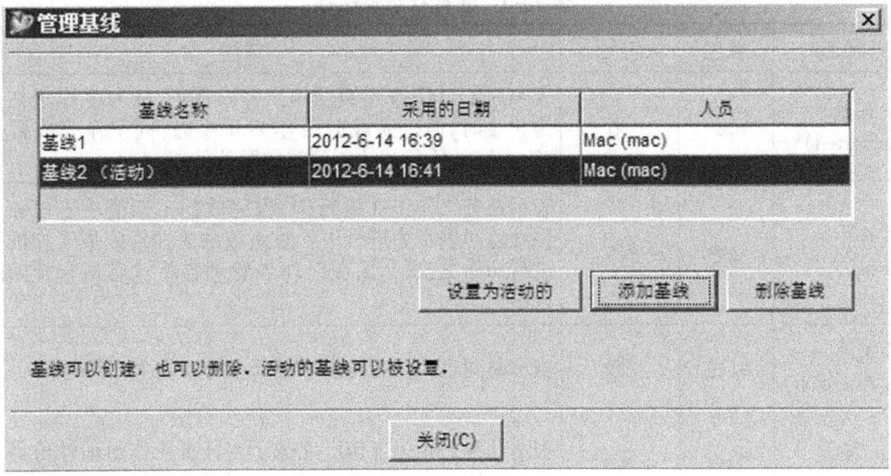

图 10-20　基线设置

（6）项目状态管理

任务表通过任务名称旁边的彩色指示符来显示任务状态。项目状态管理为时间表和任务提供了多种状态标识，包括进行中、完成、延迟、需要注意、放弃等可视化标识，可直观地显示任务当前状态。任务开始后，指示符显示任务的当前状态，如图 10-21 所示。

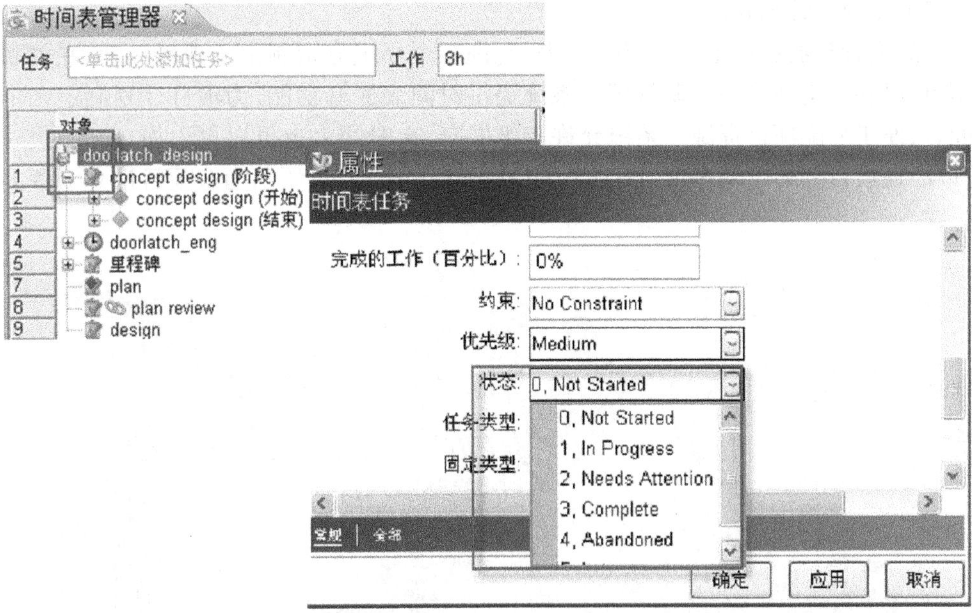

图 10-21　任务状态显示与设定

在时间表有效期间，时间表管理器可以更新任务状态。例如，如果任务状态为未开始，并且输入了完成的工作或工作完成百分比的值，时间表管理器会将状态改为进行中；如果输入的工作完成百分比值为 100%，时间表管理器会将任务状态改为完成。

表 10-3 描述了各个任务状态以及指派给指示符的颜色。

表 10-3　任务状态及图标

任务状态	颜色	符号	描述
未开始 (Not Started)	无	无	表示尚未对任务开展任何工作。例如,任务工作量估计设置为 8 小时,但是完成的工作为 0 小时,则工作完成百分比为 0%。这是任务初始创建时的默认状态
进行中 (In Progress)	绿色		表示任务工作正在进行中,当完成的工作值小于任务工作量估计值时表示为进行中。对完成的工作或完成工作的百分比进行初始更改,会促使时间表管理器将状态从未开始改为进行中
须关注 (Needs Attention)	红色		表示时间表协调者需要审核任务并解决全部问题
完成 (Complete)	蓝色		表示任务的相关工作已完成。当任务工作量估计值等于完成的工作值或者任务状态更改为完成时,均会显示为完成的状态
已废弃 (Abandoned)	灰色		表示没有对任务执行进一步的工作,完成的工作值不再发生变化。时间表管理器不会自动将任务的状态更改为已废弃
延误 (Delayed)	黄色		表示任务的完成日期已到,但工作完成百分比却没有达到 100%。时间表管理器不会自动将任务的状态更改为迟的

(7) 多项目计划管理

时间表管理器提供主次项目时间表,允许多个小组分别制定子项目计划,并关联到主项目计划中,实现统一协调管理。系统提供时间表嵌套功能,为项目计划制定多个子时间表,便于分配项目资源。系统允许多级嵌套,次时间表也可以再添加自己的次时间表,以实现项目分解以及多项目计划时间表管理。图 10-22 所示为多项目计划管理的实现方式。

图 10-22　多项目计划管理

第 11 章 PDM 应用集成

11.1 概述

PDM 系统的应用目标是将所有与产品形成过程有关的计算机应用系统有机地集成起来，即在信息化孤岛之间构筑起桥梁，从而满足产品开发过程中的所有相关人员对整个企业中不同信息的需求。集成是制造业信息化的主旋律，如表 11-1 所示。以 PDM 系统为平台进行 CAX，ERP 等系统的集成，可以最大限度地发挥这些应用系统的效率。

表 11-1 集成是制造业信息化的主旋律

集成的空间跨度	部门内	企业内部门间	企业间
集成的时间跨度	产品制造过程中的不同阶段	产品制造过程	产品全生命周期
集成的重点	信息	过程	知识
主要集成技术	LAN CAD/CAM/CAPP	Internet/Intranet ERP/ PDM 数据库	EAI 数据仓库 项目管理 网格技术

要实现 PDM 系统与各个应用系统的紧密集成，不仅需要有一个性能良好的 PDM 系统，还需要 CAD 系统有良好的集成接口。PDM 与 CAX 软件的集成，应考虑以下功能的实现：

① 在 PDM 系统中提供 CAX 文件的数据对象，能对数据对象进行定义、元数据描述和存储。

② 能在 PDM 系统中执行相关操作，如文件复制、删除、查找、浏览、签入、签出等。

③ 能在 PDM 系统中对 CAX 文档进行技术状态的管理，如版本管理、审核、发放、归档等。

④ 能在 PDM 系统中对产品或部件的 CAD 文件生成产品结构树，并进行产品结构配置。

⑤ 能对产品设计、分析、制造全过程的 CAX 软件应用进行管理。

⑥ 从集成的要求上考虑，以上的各项功能不只是 PDM 系统提供，CAD 软件中也应具备相应功能。如 CAD 软件应能访问 PDM 系统的电子仓库；能够生成版本和相关文件并存储到电子仓库；能够基于 PDM 系统提供数据安全访问机制；能够基于 PDM 系统的产品配置规则加载装配结构等。

11.1.1 PDM 是企业信息集成的纽带

(1) PDM 系统与 CAX,ERP 等系统进行集成的原因

① PDM 提供了产品数据管理而不是处理功能,产品数据的处理离不开各种应用工具,如 CAD,CAPP,CAE 等。

② PDM 管理数字化的产品模型,该模型将被 ERP/MRPII 用于指导产品开发。

③ 客户需求及其变化和新产品开发任务往往由生产管理部门提出,有可能需要进行设计工作。

④ 产品使用过程的维护,包括备件/配件的提供等需要从 PDM 获得符合要求的版本。

需要 PDM 集成的与产品开发相关的各种应用工具如图 11-1 所示。例如:CAX 系统,如 CAD,CAPP,CAM 等;协同工具,如 E-mail、工作流管理系统、电子白版等;生产管理系统,如 MRPII,ERP 等;项目管理工具,如 MS Project 等。

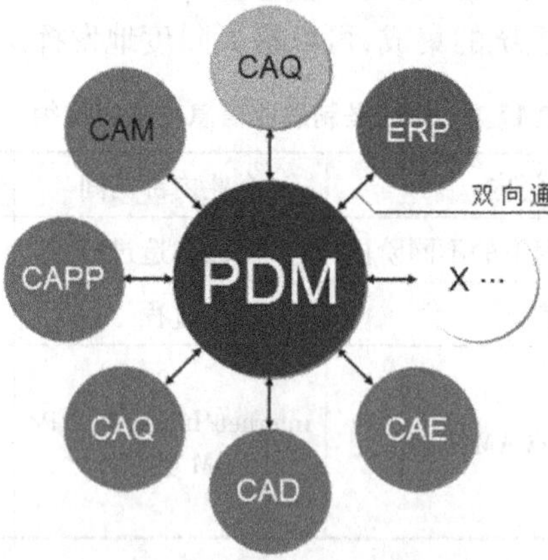

图 11-1 PDM 系统集成图

(2) 应用集成的模式和层次

① 应用集成的模式主要分为两种:封装模式以及接口和集成模式。

封装模式。产品数据的集成就是对产生这些数据的应用程序的集成。为了使不同的应用系统之间能够共享信息以及对应用系统所产生的数据进行统一管理,只要对外部应用系统进行"封装",PDM 就可以对它的数据进行有效管理,将特征数据和数据文件分别放在数据库和文件柜中。所谓"封装"是指把对象的属性和操作方法同时封装在定义对象中,用操作集来描述可见的模块外部接口,从而保证对象的界面独立于对象的内部表达。对象的操作方法和结构是不可见的,接口是作用于对象上的操作集的说明,这是对象唯一的可见部分。"封装"意味着用户"看不到"对象的内部结构,但可以通过调整操作即程序来使用对象,这充分体现了信息隐蔽原则。由于"封装"性,当程序设计改变一个对象类型的数据结构内部表达时,可以不改变在该对象类型上工作的任何程序。"封装"使数据和操作有了统一的管理界面。

接口和集成模式。包含产品结构信息的数据还有其特殊性,这是因为"封装"不能了解文件内部的具体数据,而 PDM 的产品结构配置模块必须掌握产品内部的结构关系。

PDM 集成这类数据有两种不同层次的模式:接口模式和集成模式。

接口模式能够根据 CAD 装配文件中的装配树,自动生成 PDM 中的产品结构树。通过接口程序破译产品内部的相互关系,自动生成 PDM 的产品结构树;或从 PDM 的产品结构树中提取最新的产品结构关系,修改 CAD 的装配文件,使两者保持异步一致。

集成模式通过对 CAD 的图形数据和 PDM 产品结构树的详细分析,制定统一的产品数据之间的结构关系。只要其中之一的结构关系发生了变化,另一个就自动随之改变,始终保持 CAD 的装配关系与 PDM 产品结构树的同步一致。PDM 环境提供了一整套结构化的面向产品对象的公共服务集,构成了集成化的基础,以实现以产品对象为核心的信息集成。

② 应用集成的层次分为三种,分别是封装、单向集成和双向集成。

封装:电子文件保存在 PDM 中,在需要时启动应用工具编辑,并能够将修改后的电子文件保存回 PDM 系统。

单向集成:它在封装的基础上,提供集成接口从电子文件中提取的管理信息,如图纸的图号、名称、材料等。

双向集成:一般只在同一软件公司提供的产品上才可以实现。在 PDM 和应用系统中都可以处理产品数据,并能够保证数据的一致性。

③ 应用集成的方式分为四种,分别是 API 函数接口、交换文件、共享数据库、共用数据库。

API 函数接口:由 PDM 调用应用提供的 API 函数来获取需要的信息。

交换文件:应用系统与 PDM 预先约定,双方按约定输出或读入标准格式的交换文件。

共享数据库:同样是预先约定,只是输入/输出都是基于共享数据集。

共用数据库:应用系统与 PDM 使用的是同一个数据库。

11.2 PDM 是 CAD/CAM/CAPP 的集成平台

目前,已有许多性能优良的商品化的 CAD/CAPP/CAM(3C)系统。这些独立的系统分别在产品设计自动化、工艺过程设计自动化和数据编程自动化方面起到了重要的作用。但是,采用这些各自独立的系统,不能实现系统之间信息的自动化传递和交换。

用 CAD 系统进行产品设计的结果是只能输出图纸和有关的技术文档,这些信息不能直接为 CAPP 系统所接收。进行工艺过程设计时,还须人工将这些图样、文档等纸面上的文件转换成 CAPP 系统所需的输入数据,并通过人机交互方式输入 CAPP 系统进行处理,处理后的结果输出成加工工艺规程。而当使用 CAM 系统进行计算机辅助数控编程时,同样需要人工将 CAPP 系统输出的纸面文件转换成 CAM 系统所需的输入文件和数据,然后再输入到 CAM 系统中。由于各自独立的系统所产生的信息需经人工转换,这不但影响工程设计效率的进一步提高,而且在人工转换过程中难免发生错误并给生产带来很大的危害。即使是采用 IGES 或 STEP 标准进行数据交换,依然无法自动从 CAD 中抽取 CAPP 所必需的全部信息。对于不同的 CAM 系统,人们也很难实现从 CAPP 到 CAM 通用的信息传递。

CAD 系统无法把产品加工信息传递到后续环节,这阻碍了计算机应用技术的进一步发展。目前,只有把 CAD 和生产制造结合成一体,才能进一步提高生产力和加工精度。随着计算机应用的日益广泛和深入,人们很快发现,只有当 CAD 系统一次性输入的信息能在后续环节(如 CAPP,CAM 中)一再被应用,才是最经济的。所以,人们首先致力于把已经存在的 CAD,CAPP,CAM 系统通过工程数据库及有关应用接口,实现 CAD/CAM/CAPP 的集成,实现设计生产的自动化。

自 20 世纪 70 年代起,人们就开始研究 CAD,CAPP,CAM 之间数据和信息的自动化传递与转换问题,即 3C 集成技术。目前,PDM 系统是最好的 3C 集成平台,它可以把与产品有关的信息统一管理起来,并将信息按不同的用途分门别类地进行管理。不同的 CAD/CAPP/CAM 系统都可以从 PDM 中提取各自需要的信息,再把结果放回 PDM 中,从而真正实现 3C 集成。

11.2.1 PDM 和 CAD 的集成

PDM 系统与 CAD 软件的集成,实质上都需要通过针对 CAD 软件的二次开发来实现。目前,主流的 CAD 软件都有开放编程接口(API)。PDM 系统和 CAD 软件的集成的理论和技术目前也比较成熟。本节主要以 Teamcenter 系统和 NX 软件的集成模块"Teamcenter Integration for NX"为例,介绍其基本功能和使用。

(1) Teamcenter Integration for NX

① "Teamcenter Intergration"是什么

"Teamcenter Integration"意为 Teamcenter 集成,集成的信息软件对象由后面的介词 for 来确定。它的主要目的是更好地集成当前一些主流的计算机工具软件,如"Teamcenter Integration for Office"是 Teamcenter 针对 Office 办公软件提供的一个工具包,安装后会成为 Office 的一个插件,以菜单或工具条的形式供用户调用与 Teamcenter 软件使用。

这里读者要注意的一点是,"Teamcenter Integration"强调的是一种深度集成。这种深度集成是相对于仅实现文件注册、存储、关联打开等功能的简单集成而言的。读者可能知道,在 Teamcenter 中通过 BMIDE 配置可为 Teamcenter 添加一种新的数据集类型,以支持某种应用软件所产生的数据文件类型。从广义上讲这也是一种集成,但这只是一个很简单的集成层次。一般对某个应用软件提供"Teamcenter Integration"安装包的,都是为实现深度集成,由 Siemens 公司对该软件专门作二次开发。当然,这种开发也可由用户去做,最终都是以插件形式在该软件中出现,实现与 Teamcenter 软件的接口、通信和集成,这是一种深度的集成形式。

目前,Teamcenter 提供的一些集成工具包如表 11-2 所示。

表 11-2 Teamcenter Integration 工具包列表

包名称	说 明
Teamcenter Integration for SolidWorks	针对 Dassault 的中端三维 CAD 软件 SolidWorks 集成
Teamcenter Integration for Catia	针对 Dassault 的高端三维 CAD 软件 Catia 集成
Teamcenter Integration for AutoCAD	针对 AutoDesk 的 CAD 软件 AutoCAD 集成
Teamcenter Integration for SAP	针对全球知名 ERP 软件 SAP 集成
Teamcenter Integration for Office	针对 Microsoft 的办公软件 Office 集成

有意思的是，在表11-2中并没有列出“Teamcenter Integration for NX”工具包，而Siemens也没有针对NX软件提供“Teamcenter Integration”安装包。这是为什么呢？

可能的原因其实很简单。一方面，Teamcenter和NX同为Siemens的产品，在Siemens构建基于PLM的产品数字化设计制造平台时就理所当然地考虑到了两者的集成，这种集成是浑然天成的。也就是说，内在的Teamcenter就支持NX，NX也支持Teamcenter。读者在Teamcenter中新建数据集就会发现，UGMaster和UGPart等数据集都是系统默认支持的数据集类型。另一方面，从产品线的角度考虑，Teamcenter可以自信地对PLM用户说TC对NX的集成是最好的，NX也可以建议用户使用Teamcenter系统，因为两者是理论上的无缝集成。

② “Teamcenter Integration for NX”简介

a. “Teamcenter Integration for NX”的定义。NX是Siemens PLM Software公司推出的一款集成了CAD/CAE/CAM的三维参数化设计软件。“Teamcenter Integration for NX”是Teamcenter系统针对NX软件的一个应用，是Teamcenter系统与NX软件的集成功能模块，是由Teamcenter提供、与NX配合使用的产品数据管理工具。

“Teamcenter Integration for NX”将NX强大的数字化设计、分析/仿真、制造功能和Teamcenter优秀的数据存储、管理能力集成在一起，用来管理NX的设计数据和设计过程，管理NX的零件、装配和工艺过程，使得用户能够在一个受控的设计环境下协同工作，从而实现CAX/PDM数据的无缝链接。NX在进行数据创建或修改时，访问的是当前的个人电脑，而通过Teamcenter Integration可直接访问Teamcenter的统一数据库。借助于两个系统之间的通信，设计者可通过Teamcenter的数据库创建、访问和管理产品数据，并且易于获取产品设计结构。Teamcenter中的PSE结构树和NX中的装配结构相对应。对于BOM的修改，Teamcenter和NX两个系统能够保持同步变化。此外，通过Teamcenter Integration可保证NX与Teamcenter文件属性自动同步，其中文件属性包括文件名、编号、版本、类型、单位及自定义的其他属性。

b. “Teamcenter Integration for NX”的功能。它主要提供以下功能：

管理NX的零部件及其相关的设计文档：Teamcenter Integration for NX通过数据集的方式来管理由NX创建的数据文件（如三维模型及其属性值、二维图、产品装配结构以及CAE仿真等文件），并可维护零组件及相关文件的关联性（如建立CAD文档与需求说明的关联）。用户可直接建立、存储、取用及修改Teamcenter数据库中的零件。

提供CAD设计模板及其管理功能：模板文件技术是UG NX中进行环境定制的重要方法。该技术的使用对提高建模和制图规范显得非常重要，对提高机械设计效率、规范设计图纸、促进技术交流也有很大意义和应用价值。Teamcenter Integration for NX提供标准的CAD模板，也可根据企业的需要采用标准定制CAD模板。这些模板由系统管理员统一管理，设计人员在NX集成管理器中直接使用。这样可以为企业设定统一的设计模板，促进设计管理的规范化。

在用户定义文件夹中，方便组织数据的功能：文件夹是用于组织产品信息的工作区对象，是用户存放对象的一个主要容器。文件夹可以包含其他任何工作区对象（包括文件夹在内）。每个文件夹有一个名称，其名称不是唯一的，可以重复。Teamcenter Integration for NX通过文件夹来组织和管理项目或自己的数据对象及其相关文件。

手工和自动的签入/签出:“签出”功能通过锁定数据库中的对象预留对一个或多个工作区对象的独占访问权限。当用户具有写访问权限,且此对象没有被签出时,当前用户打开对象时,系统会自动签出此对象。“签入”功能用于解锁数据库中的对象。对象被当前用户签出时,在系统关闭时会自动签入对象。

通过 Teamcenter 系统的组、角色等功能来管控数据的存取等访问权限:企业对所有的产品数据进行集中式管理的同时,也需要对管理的数据进行恰当的保护,以防止数据被没有授权的人误操作、修改或删除。Teamcenter Integration for NX 通过在访问者(组、角色、用户等)和数据对象(Item、DataSet 等)之间建立数据访问规则,来提高企业对产品数据的访问控制能力。

主模型技术提供工作组及企业内部协同合作的工具:由主模型(Master Model)衍生出产品生命周期的其他数据;衍生数据与主模型相关联。

允许建立联动关系:当零件改变时,后续同步工程可迅速更新,非主模型总是对应最新版本的主模型;主模型支持同步工程,各部门工程师使用的数据分别储存,且能同时工作;可让多位工程师同时进行同一零件的后续工程。

打开装配件时,可应用配置规则决定各零件的版次:Teamcenter 能够读取 NX 文件的装配结构,并利用其强大的零部件配置规则对产品进行配置。Teamcenter Integration for NX 可以根据 Teamcenter 系统的产品配置规则加载装配模型。

零部件属性同步映射:允许在 NX 的文件中存储及调用 Teamcenter 数据库的属性;可自行配置 NX 与 Teamcenter 属性的其他对应,并设定更新的方式(双向或单向);这些特定的 NX 零件属性会自动与 Teamcenter 数据库的属性保持同步更新。

轻松查找数据的功能:Teamcenter Integration for NX 提供多种查询功能,利用搜寻可取得 Teamcenter 中的数据并查看零部件使用情况。

其他功能:如查看器,可以随时查看当前工作区对象的三维模型等。重用库功能允许直接使用分类件、特征件。

图 11-2 a 为在 NX Manager 的“Teamcenter Navigator”中显示的内容,图 11-2 b 为在 Teamcenter 客户端“My Teamcenter”中显示的内容,读者可以参考对照。

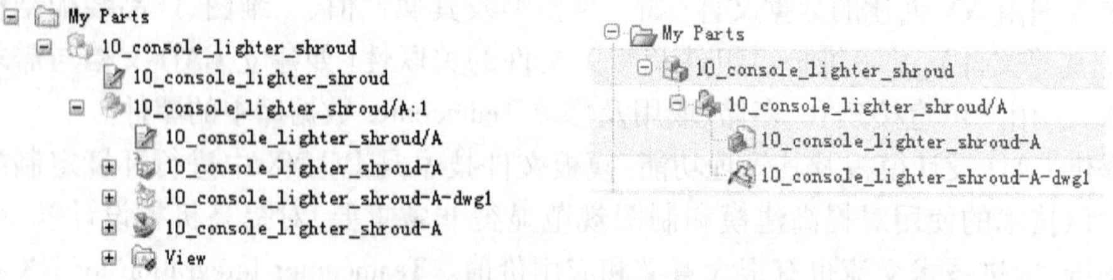

图 11-2　“My Teamcenter”透视图与“Teamcenter Navigator”对象列表

表 11-3 列出了在 Teamcenter 客户端与 NX Manager 中用来代表各种数据对象的图标。

表 11-3 “My Teamcenter”与“Teamcenter Navigator”图标对照表

My Teamcenter	Teamcenter Navigator	说　明
		Item(零组件)
		Item revision(零组件版本)
		NX model dataset(NX 模型数据集)
		NX assembly dataset(NX 装配数据集)
		NX drawing dataset(NX 制图数据集)

③ 使用 Teamcenter 导航器进行工作

在 NX 集成模式下,通过 Teamcenter 导航器,NX 可以直接访问 Teamcenter 中的数据,而不需要登录到 Teamcenter 客户端。用户可用 Teamcenter 导航器搜索、打开、组织部件/装配/工程图,可在 NX 界面管理 Teamcenter 中的 NX 数据,且对 Teamcenter 导航器的更改会反映到 Teamcenter 中。使用 Teamcenter 导航器,用户可以:

a. 创建一个新的文件夹;

b. 剪切、复制、粘贴零组件到文件夹;

c. 从一个文件夹剪切、复制、粘贴数据集到另一个文件夹;

d. 将零组件从一个文件夹拖放到另一个文件夹;

e. 搜索 Teamcenter 中的零组件、零组件版本或数据集;

f. 添加包含 Teamcenter 信息的列;

g. 从 Teamcenter 导航器拖拽零组件、零组件版本或数据集到 NX;

h. 拖拽一个部件到主模型部件。

(2) 主模型的概念与应用

① 主模型的概念

主模型一般是指设计人员设计时所创建的零件模型。工艺室、结构分析室、描图员、总装车间的工程人员进行后续操作时所采用的模型均是这一模型的“引用”。

主模型文件是零件在一特定版次的几何形状。当在 NX 中建立一个新的档案或版次时,系统会自动建立该零件的主模型文件。

非主模型文件则是与零件的一个特定版次相关联的文档,它包含该零件几何形状以外的 NX 数据。非主模型文件是一个包含主模型文件零件的装配文件,例如是一个主模型文件的 2D 图档或 NC 刀具路径。通过这种方式,可以将所有衍生出来的数据与基本的几何形状数据分开储存。

② 主模型的应用

主模型的工作方式:主模型零件单一地定义数据。所有其他使用到此零件的应用(如加工、出图等),都是借由此主模型文件建立装配文件,以此主模型零件作为唯一装配组件的方式进行。

这种方式下,NX Manager 的数据库则将由主模型零件及由它产生的其他数据组织起来,主要是利用非主模型数据(包括 manifestations 和 specifications)的方式完成。

应用主模型概念,零件的衍生数据与其基本的几何定义分别存储在不同的档案中,如图 11-3 所示。

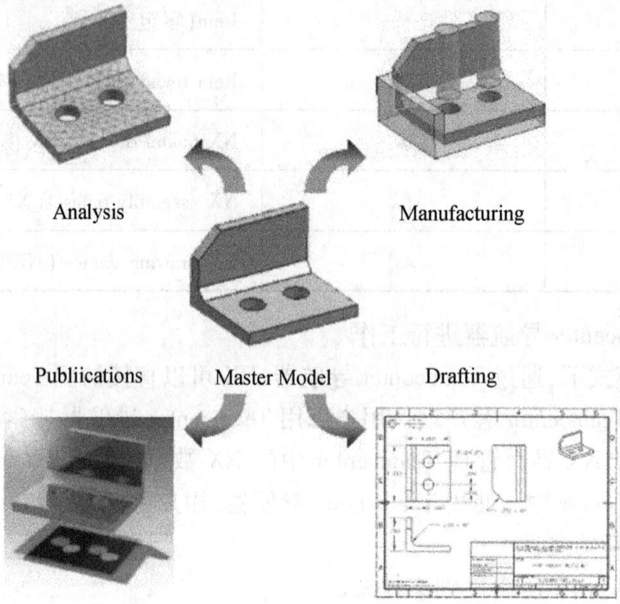

图 11-3 主模型的应用

③ 应用主模型的好处

支持并行工程,实现协同设计。PDM 系统的目的是促进企业内部不同部门的沟通,并消除序列性的工作模式及数据交换。并行工程指的是一个工作团队的各个成员,能够同时对多个组装着单一共用的产品定义模型的档案进行不同的工作。产品设计最有效率的方法就是应用并行工程的技术。主模型支持并行工程,各部门工程师使用的数据分别储存,且能同时工作,主模型可让多位工程师同时进行同一零件的后续工程(如建立二维图、装配、编写 CAM 加工程序),如图 11-4 所示。

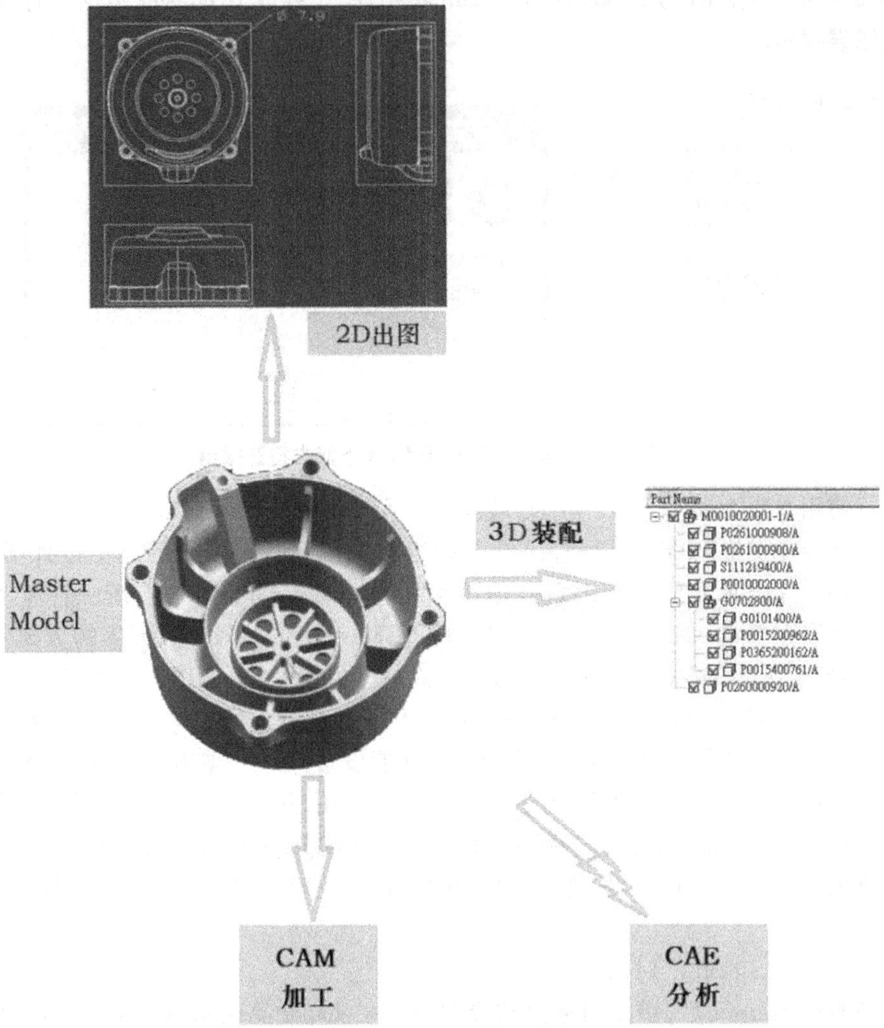

图 11-4　基于主模型的并行工程

非主模型文档永远对应最新版本的主模型定义，并可在主模型与非主模型之间建立联动关系。当零件主模型变更时，后续的工程可迅速更新。

零件的主模型定义数据可减少其他的文档数据，使文件数据量较少、占据较小的数据存储及内存空间。

可针对各相关的文档，设定不同的存取控制（例如：主模型文档是只读，而制图仍可修改）。

④ Teamcenter 中常用的数据集

UGMaster 数据集：用于保存三维主模型。

UGPart 数据集：用于保存非主模型，可以是二维工程图、分析模型、制造模型。

DirectModel 数据集：对应 JT 格式文档，是一种可视化文档。

另外，要特别注意的是，根据主模型的思想，UGMaster 只能存放于 ItemRevision（零组件版本）下，且每个 ItemRevision 下最多只能有一个 UGMaster，但可以存在多个 UGPart。

如图 11-5 所示,当在 ID 号为 000010 的 Item(零组件)下存放 UGMaster 数据集时,双击打开会报错误提示。

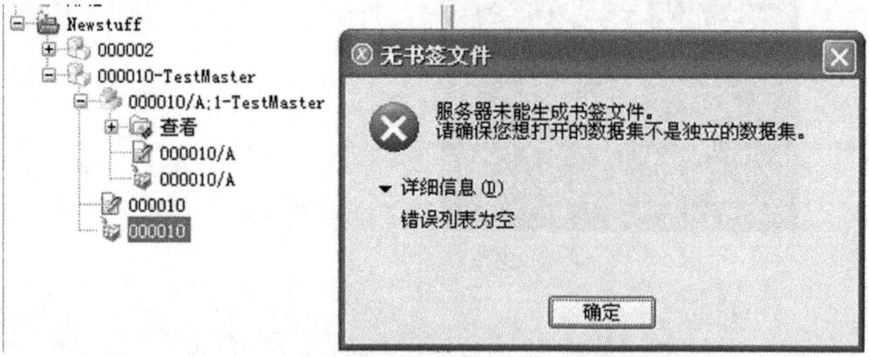

图 11-5　UGMaster 存放于 Item 下双击打开报错

(3) 使用 NX Manager 导入模型与装配

通常企业在实施 PDM 系统前,已经有相当的规模和一定数量的历史设计图文档。这些图文档作为企业重要的知识资源,须导入到 Teamcenter 系统中进行统一管理。

用户可以在 Teamcenter 客户端,通过新建 UGMaster 和 UGPart 数据集的方式将这些模型文件导入 Teamcenter 数据库。但这种方式效率低,而且不能维护装配体与零部件、主模型与非主模型之间的关系。NX Manager 提供了装配导入的工具,使用它可将装配件连同所有的零组件和非主模型文件一同导入,并能设置导入后零组件的编号、版本规则等。NX Manager 下有两种导入装配的方法:一种是调用"Import Assembly"对话框以交互方式导入;第二种是编写批处理文件调用命令工具"UG_Import",以批处理的方式执行导入。本节主要介绍第一种方法,第二种方法将在后面"NX Manager 命令工具"一节中介绍。

① "Import Assembly"对话框

启动 NX Manager 后,用户可通过选择"File"→"Import Assembly into Teamcenter…"菜单,在弹出的对话框中进行相关设定,即可执行导入,如图 11-6 所示。

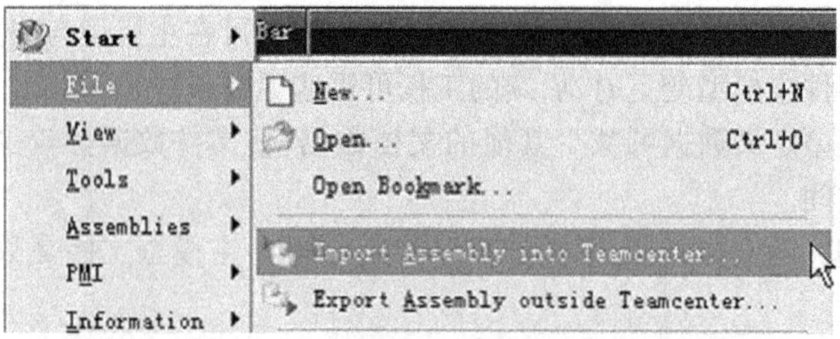

图 11-6　"Import Assembly into Teamcenter…"菜单

"Import Assembly"对话框有 9 个标签页,用于指定装配文件、指定加载方法、定义命名规则等。下面将介绍该对话框中常用的一些设定。

A. “Main”标签页(见图11-7)

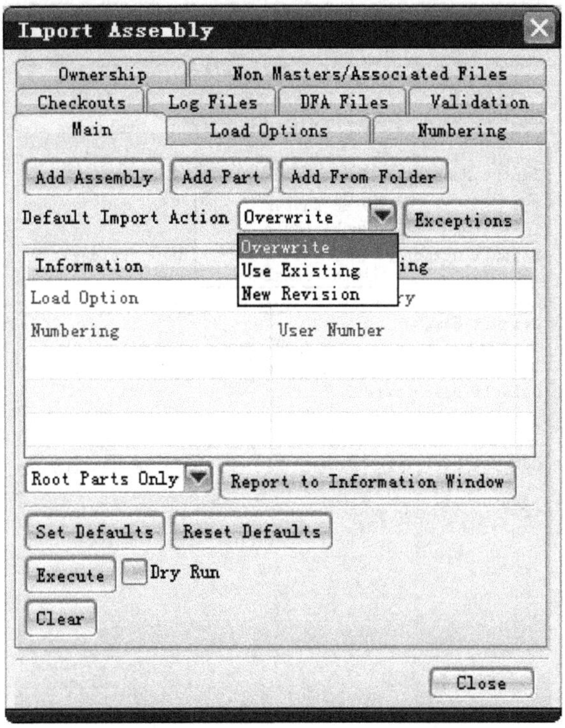

图11-7 “Import Assembly”对话框中的“Main”标签页

a. Default Import Action:当要导入Teamcenter的NX文件经命名规则设定后,若其零组件编号(Item ID)与Teamcenter数据库中现有的某一零件编号相同,则

· Overwrite:要导入的NX文件会替代Tc数据库中同一编号零组件最新版次的数据集(Dataset);

· Use Existing:保留Tc数据库中同一编号零组件最新版次的文件(不导入新的NX文件);

· New Revision: 导入的NX文件会在同一编号零组件下生成一个新的版次。

b. Add Assembly:点击按钮,弹出文件选择对话框。由用户选择本机需要导入的装配文件。

c. Add Part:点击按钮,弹出文件选择对话框。由用户选择本机需要导入的NX文件。

d. Add From Folder:点击按钮,弹出文件夹选择对话框。由用户选择本机需要导入的NX文件所在的文件夹。

e. Set Defaults:将用户的设置保存至系统,作为系统默认配置;

f. Reset Defaults:将所有选项重置为系统默认设置;

g. Execute:点击该按钮,系统立即执行导入。

h. Dry Run:当勾选该复选框,再点击“Execute”按钮,系统以试运行导入(测试的方式执行),执行完后不会真正导入到系统,而仅起到检查作用。

B. “Numbering”标签页(见图 11-8)

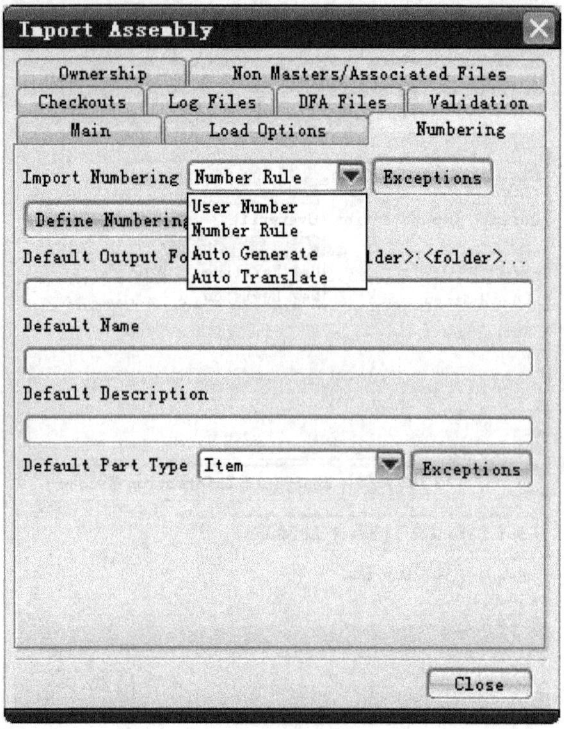

图 11-8 “Import Assembly”对话框中的“Numbering”标签页

a. Import Numbering:指定要导入 Teamcenter 的 NX 文件,为其新增零组件编号(Item ID)的命名规则:

· User Number:由用户对每一个要导入的 NX 文件,分别指定编号(Item ID)(系统会弹出对话框,要求使用者输入 Part number);

· Number Rule:由“Number Rule”指定要导入 NX 文件的零组件编号。默认情况下该选项不可用。只有当用户点击“Define Numbering”按钮,在弹出的对话框中设定好“Numbering Rule”后,“Number Rule”选项才能启用。“Numbering Rule”对话框将在后面说明。

· Auto Generate:导入 NX 文件新增的零组件编号,会依据 Teamcenter 中已定义好的 Item 命名规则(如流水号)自动命名。

· Auto Translate:导入的 NX 文件会将其原来在操作系统中的文件名,作为新增 Item 的编号。

b. Default Output Folder:用固定格式(< user > : < folder > : < folder >)指定数据导入 Teamcenter 的文件夹路径。如在文本框中输入“infodba:PDM”,可使文件导入“Infodba”到用户的“Home”文件夹的“PDM”子文件夹中。

c. Default Name:采用设置的值作为零组件的名称。因为是由装配导入,会新建很多的 Item,而此处如果设为固定的一个字符串,会造成重名(虽然零组件名称允许重复,但会给使用者带来不便)。因此,此处只能采用属性替代的方式设置(Attribute Substitution)。因为每个 NX 文件里都可以定义很多属性，同一个属性在不同的 Part 文件中的值也不一样。

属性替代就是读取 Part 文件的某个属性值。根据设定要求，用属性值作为导入后的零组件的编号、名称或描述。

属性替代有三种表示方式：

· ${ < ATTRIBUTE_NAME > }：这种方式要求 Part 文件中必须要有名为“ATTRIBUTE_NAME”的属性，否则会报错。

· ${ < ATTRIBUTE_NAME > : : - }：在这种方式下，如果 Part 文件中不存在名为“ATTRIBUTE_NAME”的属性，则会以空字符串作为替代值。

· ${ < ATTRIBUTE_NAME > : - <default> }：在这种方式下，如果要求 Part 文件中不存在名为“ATTRIBUTE_NAME”的属性，则会用“default”的值替代属性值。

属性替代的具体操作方法见本节实例。

d. Default Output Folder：采用设置的值作为零组件的描述，其含义与“Default Name”类似。

e. Default Part Type：设定文件导入后新建零组件的类型，默认为“Item”，也可以是其他自定义的零组件类型。

f. Define Numbering Rule：

点击 Numbering 标签页上的“Define Numbering Rule”按钮，将弹出“Numbering Rule”对话框，如图 11-9 所示。

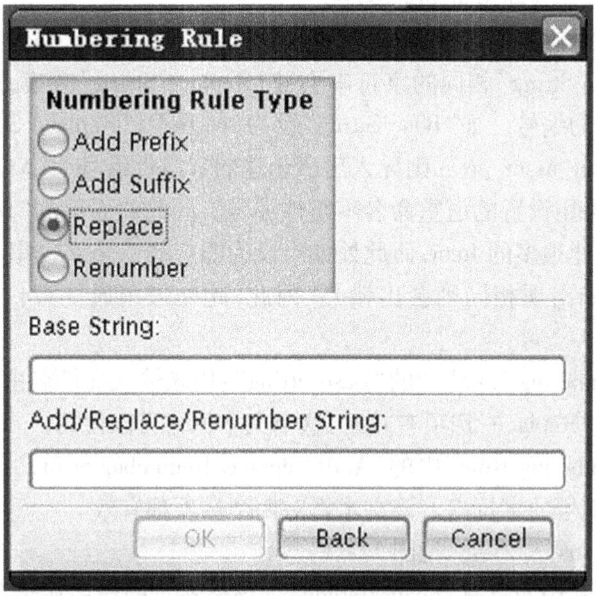

图 11-9 “Numbering”标签页下的“Numbering Rule”对话框

“Define Numbering Rule”中的“Numbering Rule Type”：用于设置是否添加前缀、添加后缀、全部或部分替换、重命文件名，并以此文件名作为导入后新建零组件的编号。相关选项的含义如下：

· Add Prefix：勾选此选项，然后在“Add/Replace/Renumber String”文本框中输入前

缀字符串，则导入的 NX 文件会以前缀字符串加其原来在操作系统中的文件名，作为新增 Item 的编号。如导入的装配文件名为“caster_assm. prt”，设置前缀字符串为“YCIT_”，导入后其对应新建的零组件编号为“YCIT_ caster_assm“，结果如图 11-10 所示。

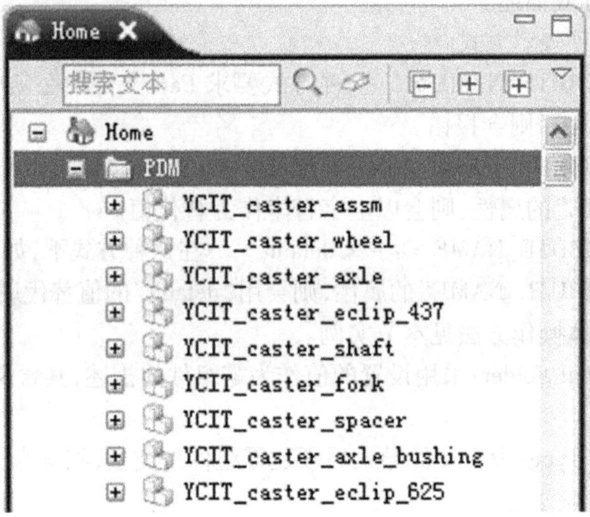

图 11-10 前缀字符串为“YCIT_”时导入系统的结果

· Add Suffix：输入后缀字符串，则导入的 NX 文件会以其原来在操作系统中的文件名加上后缀字符串，作为新增 Item 的编号。

· Repalce：替换规则。需要输入“Base String”和“Replace String”。被导入文件的文件名中含有与“Base String”相同的字符串会被“Replace String”替换，然后以替换后的文件名作为新零组件的编号。如“Base String”设为“caster”，“Replace String”设为“YCIT”，装配文件名为“caster_assm. prt”，则导入后所创建的零组件编号为“YCIT_assm”。

· Renumber：采用设置的值重命名零组件编号。同此前面提的“Default Name”相同。由装配导入时会新建很多的 Item，而此处如果设为固定的一个字符串，会造成重名（此处设置零组件编号，如出现相同则会出错）。因此，此处采用属性替代（Attribute Substitution）的方式设置。

·“Define Numbering Rule”中的“Base String”：用来输入文件名中全部或部分被替换的字符串。只有当“Replace”选项有效时，这个文本框才可以使用。

·“Define Numbering Rule”中的“Add/Replace/Renumber String”：输入前缀、后缀、替换、重命名零组件编号的字符串。该文本框对四个选项都有效。

C. “Load Options”标签页（见图 11-11）

这个标签页中常用的只有“Load Method”。该标签页的作用在于，导入装配时只指定了装配文件，其下很多的组件名称和路径信息不需要指定。通过装配文件可以得到装配所引用各组件的文件名的信息，而并不知道存储这些组件的目录路径。如何去查到每个组件，“Load Method”提供了三种方法。

· As Saved：在装配最后保存时各个组件部件所在的目录中查找它们。

· From Folder（从文件夹）：在装配部件所在的目录中查找每个组件部件。

· From Search Folders(从搜索文件夹):在用户定义的搜索路径列表中所列的目录下查找每个组件部件。

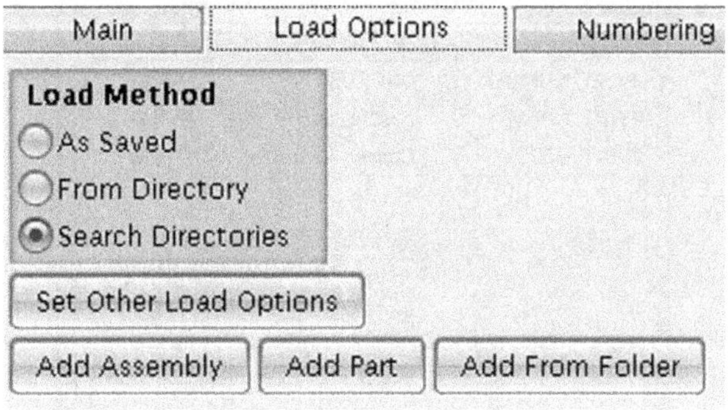

图 11-11 "Import Assembly"对话框中的"Load Method"标签页

② 装配导入实例

a. 实例所用文件

下面通过一具体实例,介绍装配导入的操作方法。

本实例所用的装配如图 11-12 所示。连同装配文件共有 9 个文件。

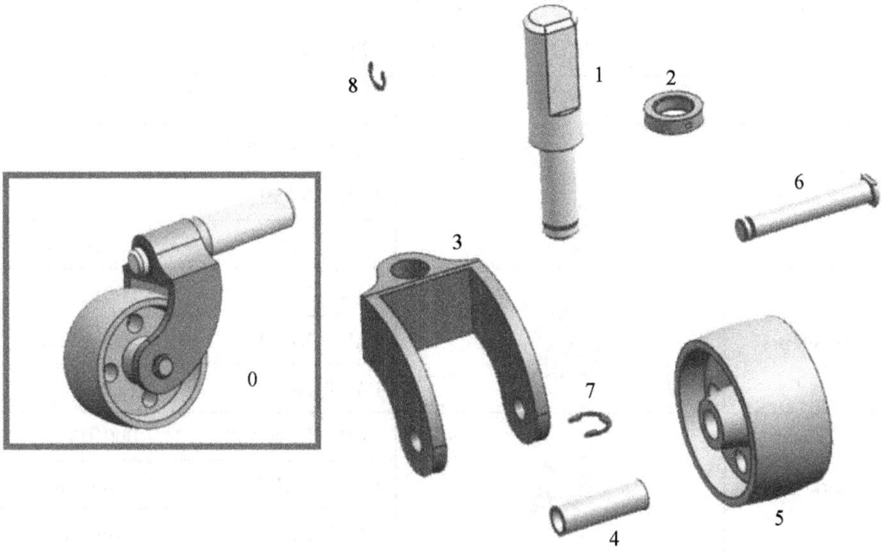

0—装配;1—轴;2—套筒;3—轮架;4—轴衬;
5—轮子;6—轮轴;7—625 开口挡圈;8—437 开口挡圈

图 11-12 要导入的装配

因为要用到属性替代,为叙述方便,以本例中的装配文件"caster_assm. prt"为例,其属性设置如图 11-13 所示。

图 11-13 “caster_assm. prt”文件属性的设置

读者练习或是在工作中如用其他的文件,特别要注意对文件属性也要作相关的设置。本练习所用到的各文件及属性设置如表 11-4 所列。

表 11-4 所用文件及属性设置

文件名	图例	属性设置	
caster_assm. prt		PART_NUMBER	000101
		PART_NAME	caster_assm
		PART_DESC	Caster Assmbly
caster_wheel. prt		PART_NUMBER	000102
		PART_NAME	caster_wheel
		PART_DESC	Caster wheel
caster_fork. prt		PART_NUMBER	000103
		PART_NAME	caster_fork
		PART_DESC	caster fork
caster_spacer. prt		PART_NUMBER	000104
		PART_NAME	caster_spacer
		PART_DESC	caster spacer

续表

文件名	图例	属性设置	
caster_shaft. prt		PART_NUMBER	000105
		PART_NAME	caster_shaft
		PART_DESC	caster shaft
caster_eclip_625. prt		PART_NUMBER	000106
		PART_NAME	caster_Eclip_625
		PART_DESC	Caster eclip 625
caster_eclip_437. prt		PART_NUMBER	000107
		PART_NAME	caster_eclip_437
		PART_DESC	caster eclip 437
caster_axle_bushing. prt		PART_NUMBER	000108
		PART_NAME	caster_axle_bushing
		PART_DESC	Caster axle bushing
caster_axle. prt		PART_NUMBER	000109
		PART_NAME	caster_axle_bushing
		PART_DESC	caster axle bushing

b. 操作步骤

· 启动 NX Manager。

· 选择菜单“File”→“Import Assembly into Teamcenter…”。

· 在弹出的对话框中,切换到“Load Options”标签,然后点击“From Directory”选项,如图 11-14 所示。

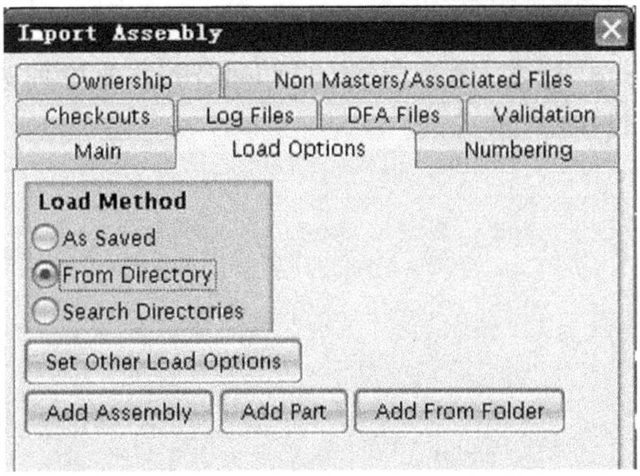

图 11-14 “Load Options”标签页设置

· 切换到“Numbering”标签。按表 11-5 进行设置。

表 11-5 “Numbering”标签页设置

界面截图	参数设置
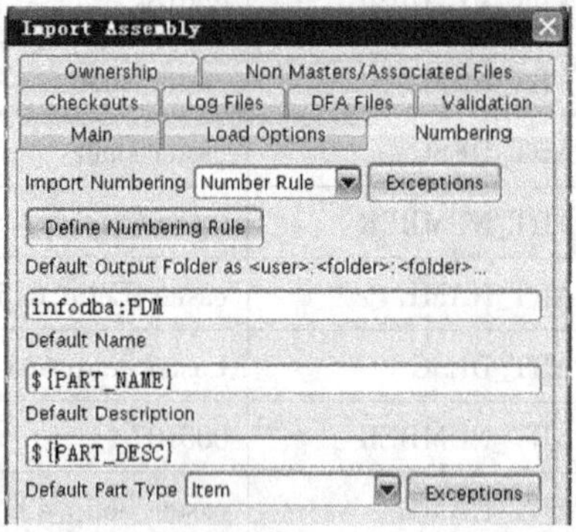	Default Output Folder:infodba:PDM Default Name: ${PART_NAME} Default Description: ${PART_DESC}

· 在“Numbering”标签上点击“Define Numbering Rule”,在弹出的对话框中按表 11-6 进行设置。

表 11-6 “Numbering Rule”对话框设置

界面截图	参数设置
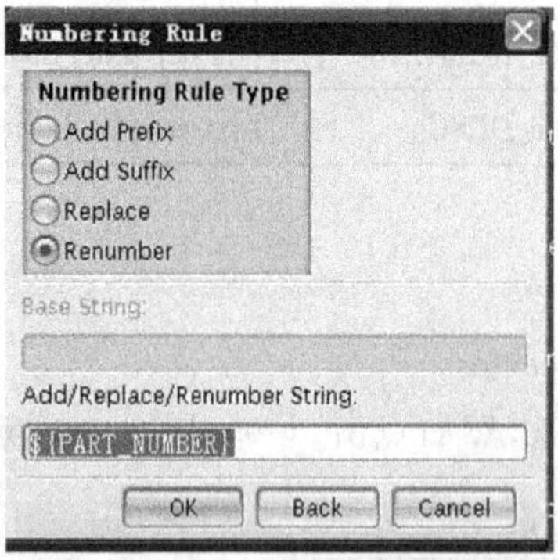	点选:Renumber Add/Replace/ Renumber String : ${PART_NUMBER}

· 返回“Numbering”标签,检查“Import Numbering”下拉列表是否已自动设置为“Number Rule”,如图 11-15 所示。

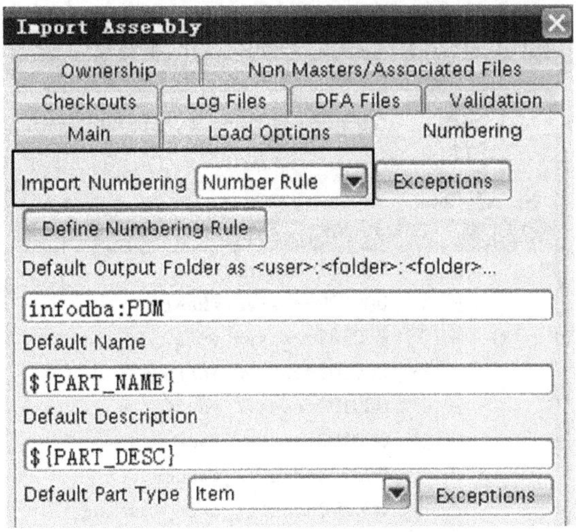

图 11-15　指定零组件命名规则

· 切换到“Main”签页。点击“Main”标签页上的“Add Assembly”按钮，通过文件选择对话框选择要导入的装配文件“caster_assm. prt”；保持“Default Import Action”为默认的“Overwrite”。设置完成后，“Main”标签如图 11-16 所示。

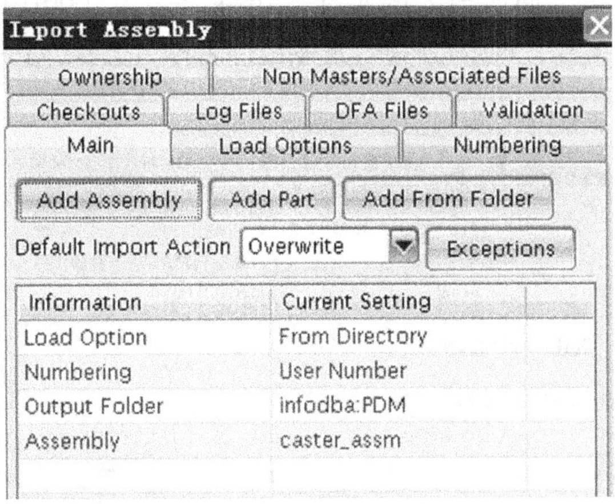

图 11-16　“Main”标签页设置

· 完成设置后，在“Main”标签页上点击“Set Default”按钮，将设置保存为默认设置以供下一次调用。

· 推荐先在“Main”标签页上勾选“Dry Run”复选框，然后点击“Excute”按钮试运行。

· 测试运行没有错误后，去除选择“Dry Run”，在“Main”标签页上点击“Execute”按钮执行文件导入。

· 导入完成后，NX Manager 会弹出信息窗口，可以在此窗口查看导入相关的记录。

· 导入完成后，用户可以登录 Teamcenter 客户端查看导入的结果，如图 11-17 所示。

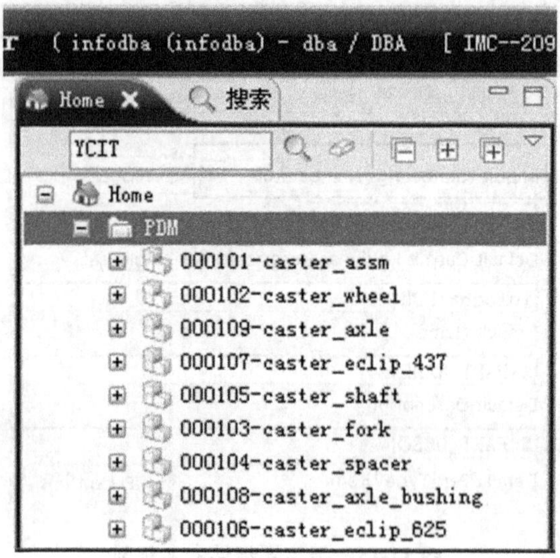

图 11-17　装配导入已至指定的 Teamcenter 文件夹中

从图 11-17 可以看出，在 Teamcenter 中对装配及所有的组件共新建了 9 个零组件。零组件的编号对应 NX 模型文件“Part_Number”属性的值，零组件的名称为 NX 模型文件“Part_NAME”属性的值。如所导入的装配零组件显示为“000101 - caster_assm”，其中“000101”代表零组件编号，“caster_assm”是零组件名称，它们之间的“ - ”是分隔符，如图 11-18 所示。

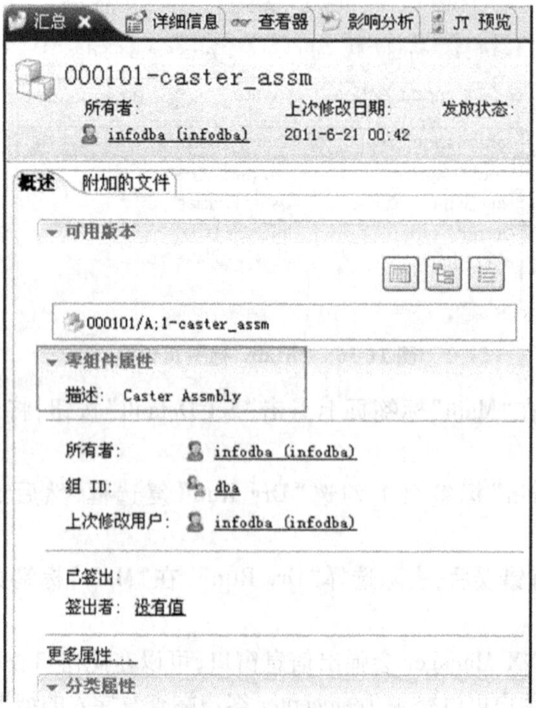

图 11-18　查看“000101”装配零组件的“描述”信息

图 11-18 显示的是在 Teamcenter 中选中装配零组件“000101-caster_assm”后，在右边的属性面板中所显示的关于该零组件的概要信息，可以看到其中的“描述”一项正好是 NX 模型文件中“PART_DESC”属性的值。在 Teamcenter 中对装配及所有的组件共新建了 9 个零组件。零组件的编号对应 NX 文件的“Part_Number”属性，零组件的名称对应 NX 模型文件的“Part_DESC”属性。

本节最后提示一点，装配导入工具既能导入装配文件，也可以单个导入 NX 模型文件。方法是在装配导入对话框的“Main”标签页，点“Add Part”按钮，选择要导入的模型文件，即可导入所选的单个模型。另外，本实例中导入到 Teamcenter 的装配及组件在随后的讲解和练习中还会使用到。

（4）可视化数据管理（Associated/Dependent Files）

① 概述

在前面的学习中接触到一个术语：命名的引用（Named References），其意为在一个数据集（Dataset）中可以包含一个或多个文件对象，这些文件称为命名的引用。它们存放在 Volume 中，可通过“命名的引用”菜单命令进行查看。

数据集命名引用下所包含的多个文件也被称为相关文件或依附文件（Associated or Dependent Files）。这些文件由数据集主文件所衍生，从不同的应用、表现层面对文件进行描述。依附文件可以有多种类型。

本节主要关注 NX 衍生可视化类型文件（如图版的 tiff，gif 文件或 cgm 文件）的创建和管理。在 NX Manager 环境下，当为模型文件创建衍生文件后，Teamcenter 系统会自动将其与原文件作关联，并储存在同一个数据集中。

常见的 NX 可视化文件如下：

a. 3D 可视化数据：JT 文件。

b. 2D 可视化数据：CGM 文件。

c. GIF 文件。

d. TIF 文件。

需要指出的是，JT 文件并不能称为相关文件或依附文件，因为它并不是存放在“命名的引用”中。JT 文件在 Teamcenter 中对应于“DirectModel”类型数据集。

② 三维可视化数据——JT 文件

A. JT 文件概述

全球各地的制造商采用的 PLM 平台参差不齐，产品生命周期管理软件种类繁多。JT 数据格式是由 UGS 公布的一种数据格式，是一种开放的数据标准，是一种面向行业的、高性能、轻量化、灵活的文件格式，用于捕获和表达“3D 产品定义”数据，促进在整个扩展企业中的协作、验证和可视化。JT 格式作为一种通用语言，允许全球制造业无缝地共享和保留三维产品数据，为全球制造业采用通用的三维语言铺平了道路。目前，JT 格式不仅是汽车行业事实上的 3D 可视化格式标准，而且在航空航天、重型装备和其他机械 CAD 领域，也是最领先的 3D 可视化格式。

JT 数据可以是非常轻量化的，可以是比面数据多一点的，还可以是非常丰富的（比如能保持原始与 CAD 信息的关联：装配、产品结构、几何、属性、元数据和 PMI），也支持多种剖分（Tessellations）和细节层次生成。JT 格式是强大的，同时也适用于流处理，包含了业界最佳的压缩方法，是紧凑高效的表示方法。JT 格式的设计能方便地与企业级转换解决方案集成，建立了 3D 数字化资源的单一表示，能支持全面完整的上下游过程：从轻量化、基于 Web 的查看，到全产品数字样机。

当前，Siemens 已经开发了多种转换器，将主流 MCAD 系统的数据转换为 JT 数据。这几乎已经成为多数主要应用程序能在企业范围内使用的唯一公共格式。

B. JT 技术的应用目标

a. 用于可视化、协作和数据共享

可视化：JT 数据非常适合可视化应用程序。JT Open Toolkit 提供了 API 访问 JT 信息，允许可视化应用程序配置和渲染数据，并保持一致性。

协作：JT Open Toolkit 和 JT 数据非常适合支持协作应用程序。大多数协作功能都与产品结构集成、上下文相关设计或设计评审相关，所有这些都可以由 JT 数据表示和 Toolkit 访问来支持。

数据共享：JT Open Toolkit 和 JT 数据非常适合为多 CAD 设计场景提供增强功能。将轻量化表示用于上下文相关设计，在设计操作需要实际模型时，也能提供精确表示。

b. 用于 CAM、CAE、设计、数据管理和标准件

CAM：The JT 数据模型非常适合于工艺规划、工作单元仿真、加工刀具路径生成等。通过 JT Open Toolkit 的支持，能将制造工艺或工艺集成开发的相关信息聚集在一起。

CAE：JT 技术很强大，能为分析提供面模型，或为更详细的分析提供精确模型。大多数 CAE 包都逐渐有能力处理不同表示的分析。

数据管理：JT Open 允许应用程序深入使用 JT 数据文件。大多数 PDM 和数据管理工具都在文件层次进行操作，而 JT Open Toolkit 能使 PDM/DM 工具检查产品结构、按照自己的方式建立数据表示。

标准件：对于零件的供应商来说，零件的 JT 表示，加上 JT Open Toolkit 提供的基本可视化和查询功能，是最理想的。它能把不同的模型统一成一种格式并可视化地表示出来，也能向最终用户提供精确的表示（原始 CAD 或 JT 文件）。

C. 用于 Web 应用程序、Creative Media 和“How To”应用程序

Web 应用程序：能将 JT 表示配置为轻量格式以便于显示，而为产品配置使用更精确的表示，或按照用户选择的选项作即时的剖分。

Creative Media：JT 技术也非常适合于非传统的演示论坛，除了能创建动画、丰富的纹理和灯光模型外，还能为产品和产品功能提供更创新的演示方式。

“How To”应用程序：现场维护和车间指令应用程序可以建立在 JT 数据基础上。除了能创建动画和透视之外，轻量数据有助于增强应用程序的能力，提供远程培训，或在意外情况下提供按需帮助。

D. 通过“保存”菜单命令产生 JT 数据

当把模型文件打开后，有两种方法可以设定在保存数据时自动创建 JT 数据并保存。

a. 通过“File”→“Options”→“Save Options”打开保存选项对话框。在对话框中勾选“Save JT Data”。这样设置后，只会对当前打开的文件起作用，即当前所打开的文件保存后会产生 JT 文件。“Save Options”对话框如图 11-19 所示。

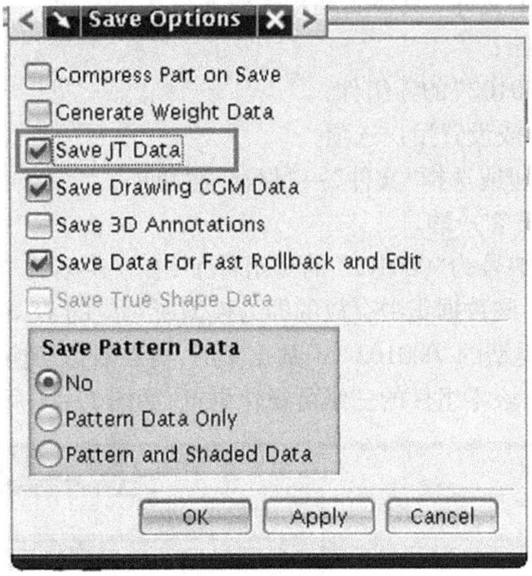

图 11-19　设置临时保存 JT 数据

b. 通过菜单“File”→“Utilities”→“Customer Defaults”。打开“用户默认设置”对话框。在对话框中，选中左边的“Gateway”下边的“JT Files”。选择右边的“Import/Export”标签，在“Export Options”中勾选“Save JT Data 复选框”。设置后需要重新启动 NX，这样每次保存文件时都会自动产生 JT 文件。“Customer Defaults”对话框的设置如图 11-20 所示。

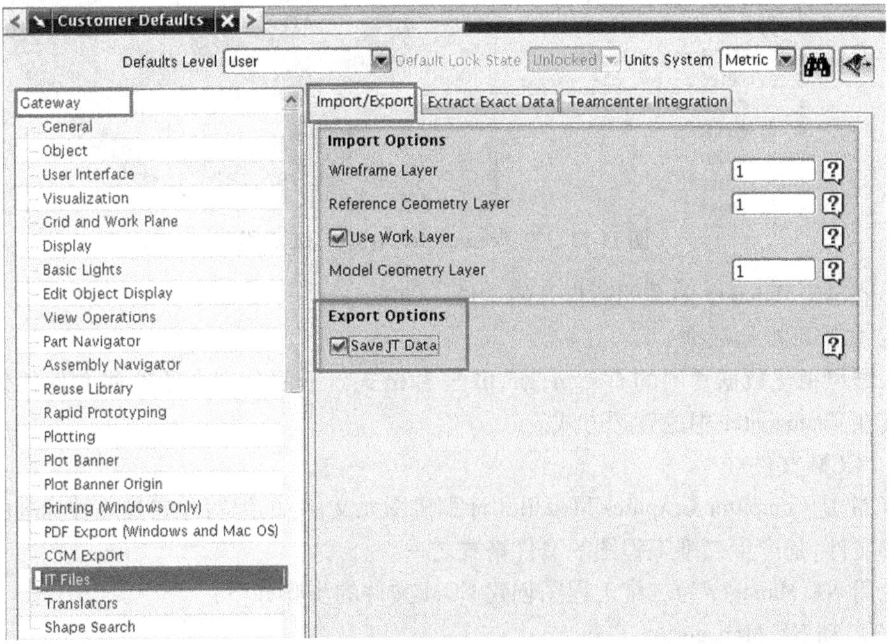

图 11-20　设置默认保存 JT 数据

E. 实例

下面通过一个实例讲解创建 JT 文件的过程。实例为编号为“000102”的 caster_wheel

零件创建三维可视化 JT 文件。具体实现步骤如下：

a. 启动 NX Manager；

b. 打开编号为“000102”的零组件；

c. 设置保存选项(或设置用户选项)；

d. 点击“保存”按钮或选择“文件”→“保存”菜单项；

e. 登录 Teamcenter 客户端。

读者可以发现，在编号为“000102”的零组件下，有一个名为“000102 - A”的“Direct-Model”类型的数据集。该数据集中存放的即为模型所对应的 JT 可视数据文件。

选中 DirectModel 类型的“000102-A”数据集后，再在右边切换到“查看器”标签，即可在 Teamcenter 中实现对该零组件的三维可视化浏览，如图 11-21 所示。

图 11-21　在 Teamcenter 中浏览 JT 数据

f. 在 NX Manager 中关闭所打开的文件。

③ 二维可视化数据

二维可视化数据常用的有 cgm，gif，tif 三种格式。下面分别介绍这些文件的创建方法与其在 Teamcenter 中的管理方式。

A. CGM 文件

CGM 是 Computer Graphics Metafile(计算机图元文件)的缩写。它是一种标准的计算机图形文件，是产生二维工程图的文件格式之一。

使用 NX Manager 为二维工程图创建 CGM 文件的步骤如下：

a. 启动 NX Manager。

b. 点击新建按钮，选择某零组件版本创建非主模型文件，对应的文件类型为“Specification”。

本例选择编号为“000102”的零组件版本 A 新建图纸，如图 11-22 所示。

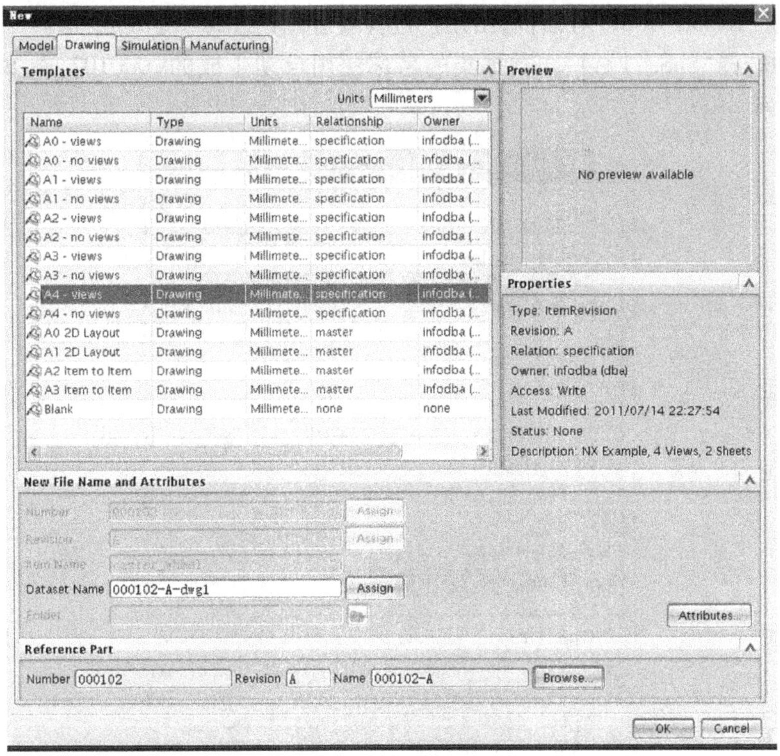

图 11-22　基于零组件"000102"的 A 版本创建图纸

c. 进入 NX 工程图模块,完成工程图的设计并保存。

d. 继续在 NX 工程图模块,点击"File"→"Export"→"CGM…"菜单项,如图 11-23 所示。

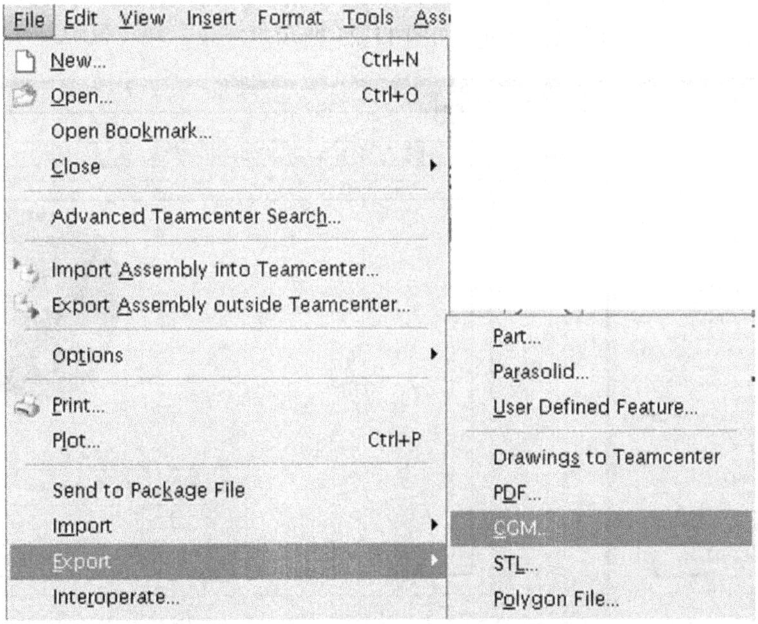

图 11-23　调用"Export"→"CGM"菜单命令

e. 弹出“Export CGM”对话框，由用户选择要导出的图纸页。

本例中选择“Sheet 1 A4”。数据集的名称使用自动生成的“000102_A_Sheet_1”，如图 11-24 所示。

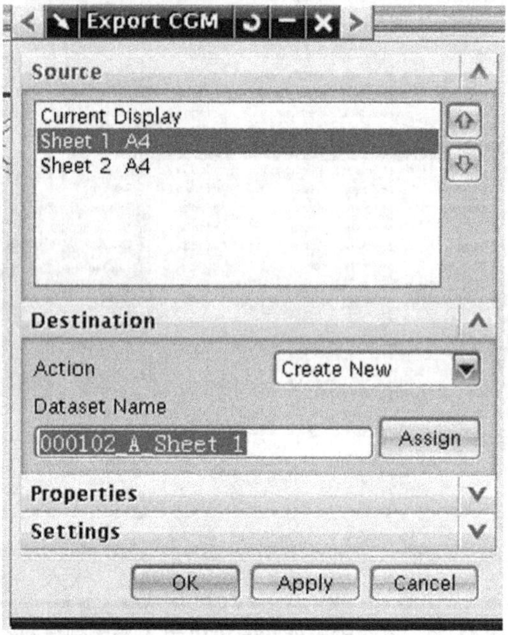

图 11-24 “Export”→“CGM”

f. 用户登录 Teamcenter 客户端。选择“000102/A-caster_wheel”，展开该零组件版本，刷新后可以看到已经新建的“000102_A_Sheet_1”数据集。该数据集为 DrawingSheet 类型，对应于 NX 中的 CGM 文件。选择该数据集，然后在右边点击切换到“查看器”标签，可以对该工程图进行可视化浏览，如图 11-25 所示。

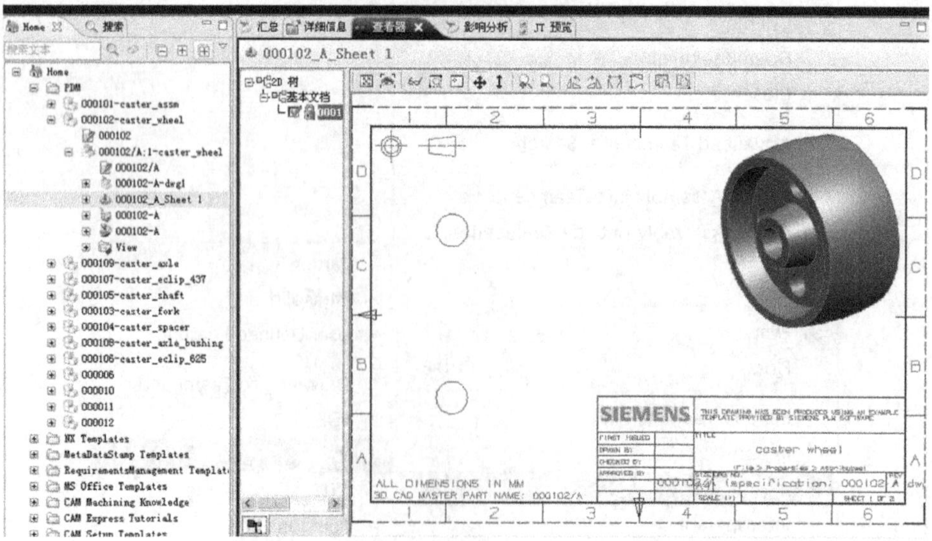

图 11-25 在 Teamcenter 中浏览 CGM 数据

g. 在 NX Manager 中关闭所打开的文件。

B. GIF 文件

GIF 文件是一种广泛使用的图片文件格式,用户可以将三维模型或二维工程图导出为该格式,导出后文件以命名引用的形式存放在对应的数据集中。若导出的为三维模型,则存放在主模型命名的引用中;若为非主模型,则存放在对应非主模型文件命名的引用中。

导出 GIF 文件的步骤如下:

a. 启动 NX Manager。

b. 点击"打开"按钮,选择要打开的 NX 模型文件。如图 11-26 所示,用户可以选择打开"000102/A"下"000102-A"主模型文件,也可以选择"000102-A-dwg1"非主模型文件(工程图)。当用户选择的是"000102/A"零组件版本时,则会打开主模型文件。此处选择"000102-A"主模型文件。

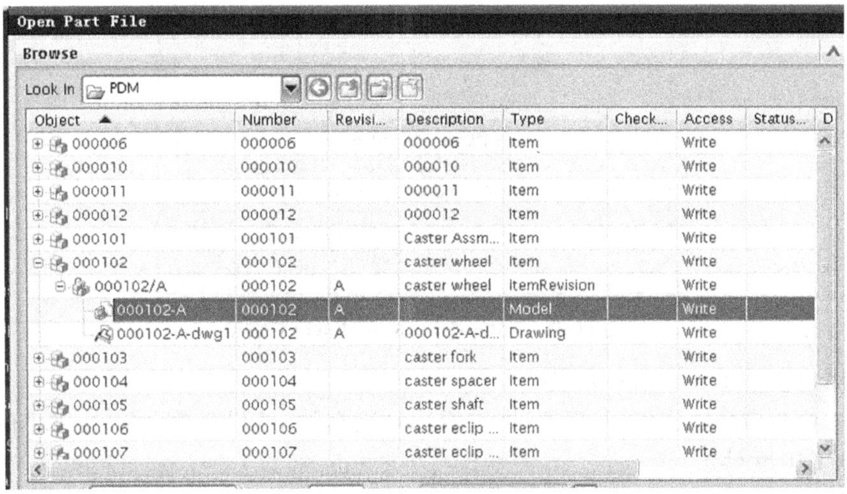

图 11-26　选择打开文件

c. 选择"File"→"Export"→"GIF"菜单命令。

d. 在弹出的"GIF Image File"对话框中,用户可以指定文件名;也可以使用默认的"000102. gif"文件名,然后点"OK"按钮确认,如图 11-27 所示。

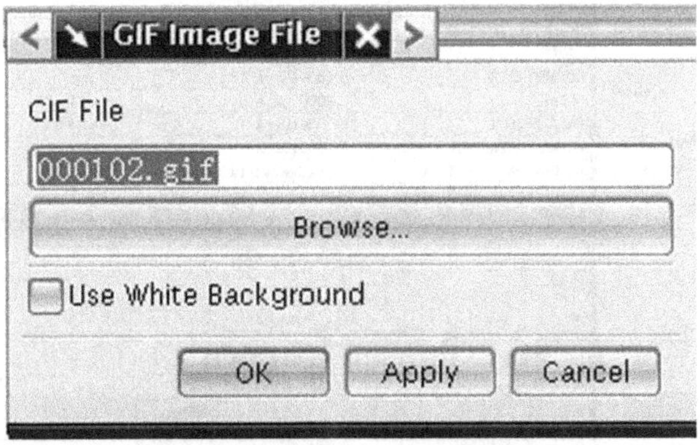

图 11-27　"GIF Image File"对话框

e. 上一步导出的 GIF 文件,实际上并没有进入 Teamcenter 数据库,只是存放在用户本地的电脑上。用户可以在图 11-22 所示的对话框中点"Browse"按钮,指定导出的目录。默认是存放在"UGII_ROOT_DIR"所指向的目录。

f. 在 NX Manager 中,点击"保存"按钮,会弹出"Imort Files for Part"对话框。该对话框是让用户决定是否导入以及导入哪些 dependent files(当存在多个依赖文件时)。只有在保存时经用户确认后才会将导出的 GIF 文件导入 Teamcenter 数据库中,如图 11-28 所示。

图 11-28 "Imort Files for Part"对话框

g. 用户登录 Teamcenter 客户端。

h. 选中相应的数据集,然后通过"查看"→"命名的引用"菜单命令,在弹出的对话框中查看所 GIF 文件。

因为前面选择的是主模型导出 GIF 文件,故选中"000102-A"UG Master 类型数据集,然后选择"查看"→"命名的引用"菜单命令。在弹出的对话框中可查看所 GIF 文件,也可选中该文件;点"打开"按钮对文件进行查看,如图 11-29 所示。

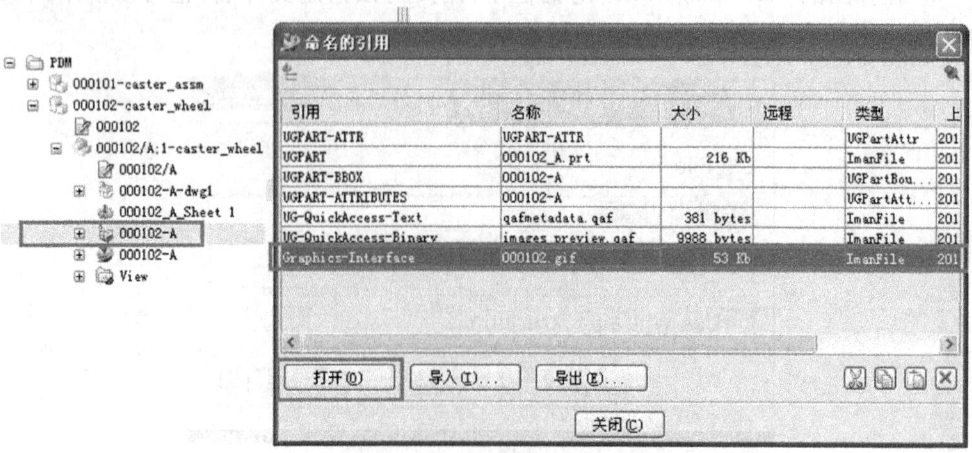

图 11-29 在 Teamcenter 中通过命名的引用查看 GIF 数据

i. 在NX Manager中关闭所打开的文件。

C. TIF文件

TIFF是一种比较灵活的图像格式,它的全称是Tagged Image File Format,文件扩展名为TIF或TIFF。该格式支持256色、24位真彩色、32位色、48位色等多种色彩位,同时支持RGB,CMYK以及YCbCr等多种色彩模式,支持多平台。TIFF文件可以是不压缩的,文件体积较大:也可以是压缩的,支持RAW,RLE,LZW,JPEG,CCITT 3组和4组等多种压缩方式。

TIF格式是一种主要用来存储包括照片和艺术图在内的图像的文件格式。它可以制作质量非常高的图像,因而经常用于出版印刷。它可以显示上百万的颜色(尽管灰度图像仅局限于256色或底纹),通常用于比GIF或JPEG格式更大的图像文件。如果要在一个并非创建该图像的软件中编辑图像,则以这种格式保存将很有帮助,因为多种程序都可以识别它。

在NX中,TIF格式主要用来存储经过渲染后的模型效果图片。创建TIF数据的步骤如下:

a. 启动NX Manager。

b. 点击"打开"按钮,选择要打开的NX模型文件。与GIF不同,TIF主要用来存储模型渲染后的效果,故在此只打开主模型文件。

c. 进入"Modeling"功能模块后,点击"View"→"Visualization"→"High Quality Image..."菜单项,如图11-30所示。

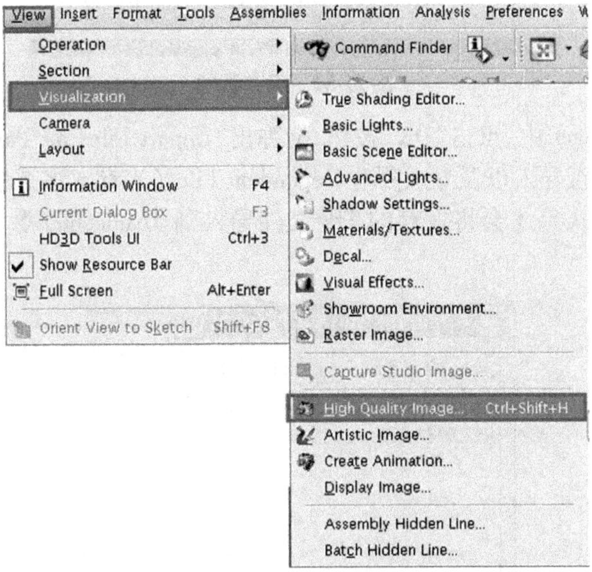

图11-30 调用"High Quality Image"命令

d. 在弹出的"High Quality Image"对话框下拉表选择模型进行渲染的方法,然后点击"Start Shade"按钮,系统执行对模型的着色和渲染;之后,点击"Save"按钮,弹出"Save Image"对话框,如图11-31、图11-32所示。

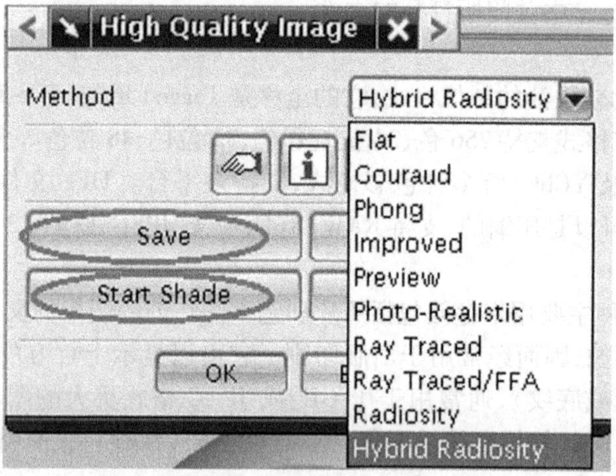

图 11-31 “High Quality Image”对话框

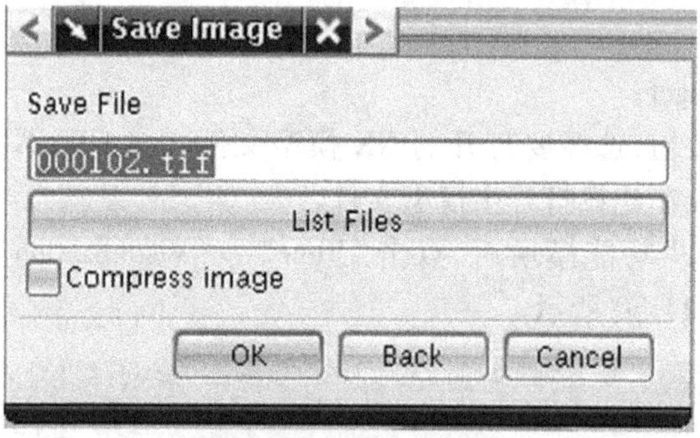

图 11-32 保存图像

e. 在 NX Manager 中,点击“OK”按钮,会弹出“Import Files for Part”对话框。该对话框是让用户决定是否导入以及导入哪些 Dependent Files(当存在多个依赖文件时)。只有在保存时经用户确认后才会将保存的 TIF 文件导入到 Teamcenter 数据库中,如图 11-33 所示。

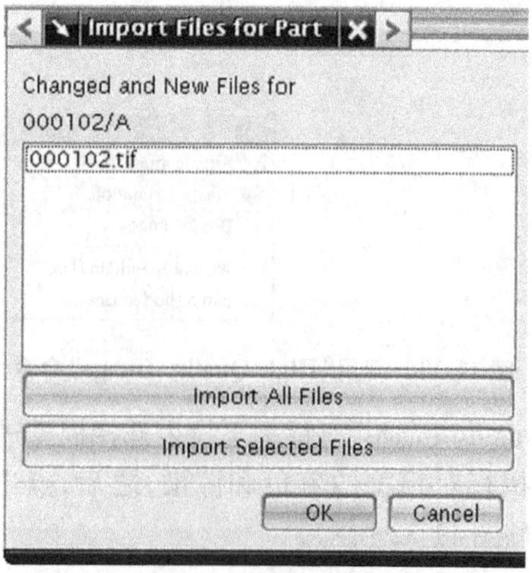

图 11-33 “Import Files for Part”对话框

f. 用户登录 Teamcenter 客户端。

g. 选中主模型文件所对应的数据集，然后通过"查看"→"命名的引用"菜单命令，在弹出的对话框中查看 GIF 文件。

本例中，选中"000102 - A"UG Master 类型数据集，然后点击"查看"→"命名的引用"菜单命令，在弹出的对话框中可查看所 TIF 文件；也可选中该文件，点"打开"按钮对文件进行查看。

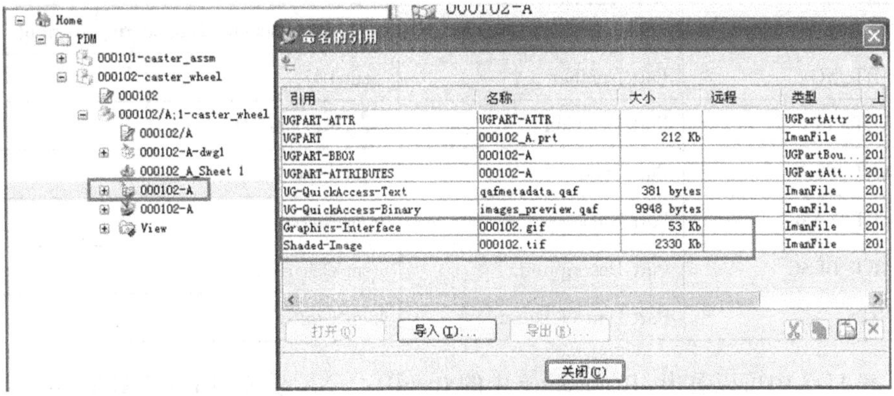

图 11-34　在 Teamcenter 中通过命名的引用查看 TIF 数据

从图 11-34 中，读者可以比较一下 GIF 与 TIF 两种格式的文件。很明显，TIF 数据格式文件比 GIF 要大很多，因为 TIF 文件存储的是高质量的图片。

h. 在 NX Manager 中关闭所打开的文件。

(5) NX/Teamcenter 属性映射

① 属性映射概述

产品的几何信息、材料信息、结构信息等产品的定义手段都在 CAD 文件中表达。一个有效的 PDM 系统必须具备管理各种 CAD 工具所产生的产品数据的能力，能够提取甚至修改 CAD 文件内部的属性值或内容，以获得对产品完整信息的管理支持。故 PDM 能否顺利继承并有效利用 CAD 文件内部信息成为 PDM 能否实用的关键。

属性数据作为 PDM 系统中非常重要的结构化数据，主要来源于工程图纸中的文本信息。以往企业在实施系统后，需要手工把工程图纸中的文本信息录入到系统中，这种录入方式给企业带来了大量的重复性工作，给系统在企业中成功运行增加了阻力。由此可见，PDM 系统作为企业信息集成的平台，结构化数据来源的自动化管理非常重要，而要达到数据来源的自动化管理目的，其关键是实现 PDM 系统与 CAD 文件内部的数据信息交换。CAD 工具与 PDM 系统之间的集成是实现 PDM 系统与 CAD 工具之间功能交互、信息共享和数据通信这三个方面的管理与控制的重要手段之一。

通常情况下，映射一词有照射的含义，是一个动词。在本节中，映射则是个术语，指两个元素集之间元素相互"对应"的关系，是一个名词；也指"形成对应关系"这一个动作，是一个动词。NX/Teamcenter 属性映射，其意为在 NX 部件与 Teamcenter 零组件中，对指定对应的属性数据（NX Part Attribute 和 Teamcenter Object Attribute）之间形成对应关系。这种映射有以下几种含义：

a. NX Part Attribute 的数据在存档时，属性值将自动写入 Teamcenter 对应的对象。

b. 在 Teamcenter 中修改并保存 Teamcenter 对象属性，用户使用 NX 打开部件，部件属性将自动更新。

c. Item Revision 主表单的属性值如果有设定 LOV（List of Value），在 NX 中新建文件时会提供其对应的 Part attribute 值，并且可以使用下拉表选择属性的值。

Teamcenter 与 NX 之间默认有以下的一些相关联的属性，如表 11-7 所示。

表 11-7　Teamcenter 与 NX 默认映射属性

UG Part Attribute	Description	Teamcenter Engineering Attribute
DB_PART_NO	Part Number	Item ID
DB_PART_REV	Part Revision	Item Revision ID
DB_PART_TYPE	Part Type	Item Type
DB_PART_NAME	Part Name	Item Name
DB_PART_DESC	Part Description	Item Description
DB_UNITS	Part Unit of Measure	Item Unit of Measure

从表 11-7 中可以看出，Teamcenter 中的 ItemID 与 NX 系统的 DB_PART_NO 相关联，可以使用 UG NX 打开在 11.8 节所导入的编号为“000102”的 caster_wheel 的零组件，然后在 NX 中显示部件属性，结果如图 11-35 示。

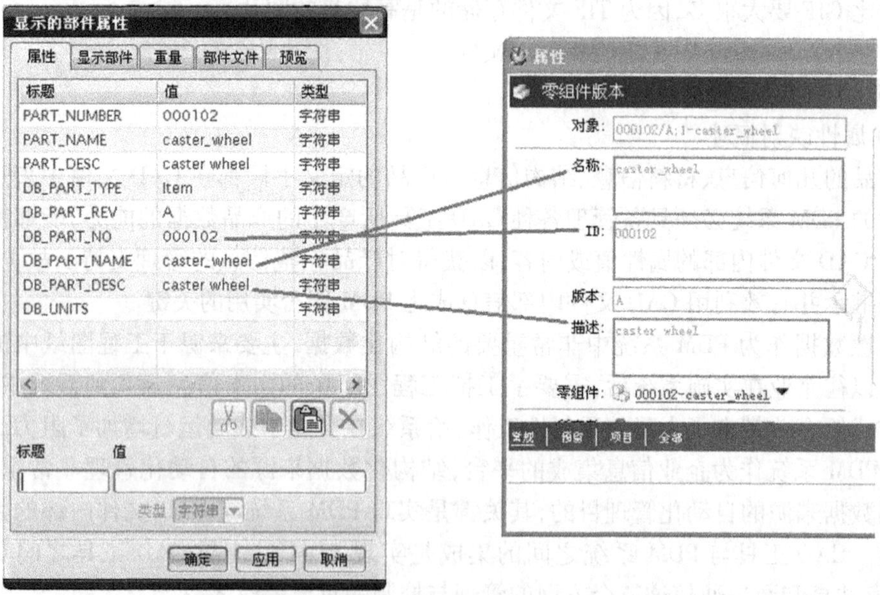

图 11-35　Teamcenter 与 NX 默认映射属性

默认实现映射的属性数量少，不能满足用户的使用需求。因此，本节讨论实现 Teamcenter 与 NX 的紧密集成模式，介绍如何导出 Teamcenter 映射文件，并将定制的属性添加到映射文件中。通过这种方式可实现 Teamcenter 与 NX 文件内部数据的双向交换，满足 Teamcenter 与 NX 之间的个性化无缝集成需求。

② 属性映射的步骤

a. 启动 TC 的命令行工具。

b. 使用命令 export_attr_mappings 将 Teamcenter 系统映射配置导出为一个文本文件，命令格式如下：

C:\ >export_attr_mappings -file = c:\temp\attribute. txt -u = infodba -p = infodba -g = dba

c. 编辑所导出的文件：添加，删除，修改。

d. 导入修改好的配置文件进行测试。例如：

使用命令 import_attr_mappings 加上 -test 参数进行测试。例如：

C:\ >import_attr_mappings -file = c:\temp\attribute. txt -u = infodba -p = infodba -g = dba

e. 在 Teamcenter 中，设置环境变量 IMAN_USER_TEST_ATTR_MAPPINGS 的值为任意非零的值，这样系统会暂时屏蔽原来的匹配设置，而使用新导入的配置用来测试。

f. 测试成功后，使用命令 import_attr_mappings 正式导入映射文件（此时不要加 -test 的参数）。

g. 在 Teamcenter 中，设置环境变量 IMAN_USE_TEST_ATTR_MAPPINGS = 0，这样会使新导入的配置文件正式生效。

③ 属性映射文件的语法

<Part_Attr_Name> : <Path_Step>(s). <IMAN_Property>/<Qualifier>(s)

<Part_Attr_Name> : <Abbreviated_Path>. <IMAN_Property>/<Qualifier>(s)

<Part_Attr_Name> : CONST (value)/<Qualifier>(s)

<Part_Attr_Name> : PREF ([<scope>:] <value>)/<Qualifier>(s)

A. <Part_Attr_Name>：NX 中的属性名称，大写，没有空格。

B. <Path_Step>(s)：下列字元串中的一个或多个，以<. >分隔（例如，Item. GRM）。

a. NR (<named_reference_type> [, <form_type>])：当前对象的命名的引用。命名的引用是根据类型来区分的，而不是命名的引用的名称。

b. ItemRevision：目前对象所属的 Item Revision。

c. Item：目前对象所属的 Item Revision 的 Item。

d. GRM(<relation_type>[, <object_type>])：GRM 关系是指当前对象和主模型之间的关系类型。当一个给定的关系类型（使用<relation_type>指定）引用多个对象时，可以使用第二个选项即<object_type> ，以进一步明确该关系所引用的对象类型。

C. <IMAN_Property>：Teamcenter 中的属性名称，要与 NX 的属性对应。

D. <Qualifier>：指定了针对特定的属性映射的不同控制和条件。

a. description = <note>：将显示<note>中的内容，或属性的重要性。

b. write_once：如果在 Teamcenter 中没有对它赋值，NX Integration 就把这个值写回去。

c. master = cad：只有 NX 中才可以写入这个属性。

d. master = iman：只有 Teamcenter 才可以修改数据。

e. master = both：NX 和 Teamcenter 都可以修改。

f. master = none：两者都不可以修改。

g. freezable：NX 忽略 Teamcenter 的属性值，但是如果 Teamcenter 中的数据被冻结了，则使用 NX 文件中的值。

E. <Abbreviated_Path>是缩写。

a. IM：代表 Item. GRM(IMAN_master_form, Item Master)。

b. IRM：代表 ItemRevision. GRM(IMAN_master_form, ItemRevisionMaster)。

此缩写的方式不能用于自定义的 Item type。

c. CONST：定义该属性的预设值。

d. PREF：定义该属性的初始值。

④ 属性映射的实例

本例中，将自定义的“ogpart”类型零组件三个属性“Material”“Weight”“Supplier”映射到 NX 中。实例使用的映射文件内容如下：

{ Dataset type = "UGMASTER"

{ Item type = "ogpart"

MATERIAL：ItemRevision. GRM(IMAN_master_form, ogpartRevision Master). material / master = both /description = "Material"

WEIGHT：ItemRevision. GRM(IMAN_master_form, ogpartRevision Master). weight / master = both /description = "Weight"

SUPPLIER：ItemRevision. GRM(IMAN_master_form, ogpartRevision Master). supplier / master = both /description = "Supplier"

}}

将映射文件导入后，测试的结果如图 11-36 所示。

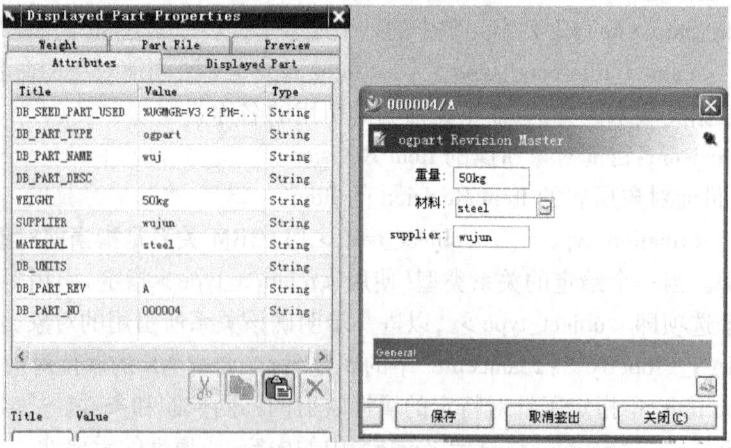

图 11-36　为“ogpart”类型零组件自定义属性映射

(6) NX Manager 模板文件定制

① 模板概述

UG NX 设计是参数化全相关的设计，模板文件技术是参数化设计的重要应用，用户只需要修改模板文件中的参数就可以实现模型的更新。该技术还应用于 NX 中的其他功能,如部件族、电子表格。可以说模板文件技术是 NX 系统基础的应用技术之一,模板文件技术是参数化设计的体现也是环境定制的重用手段之一。

启动 UG NX,单击新建菜单或工具条,会弹出新建对话框。该对话框包含多个标签,每个标签下有一个或多个模板。用户根据类型选择模板,作为创建新部件的初始环境。NX 系统默认提供了三维建模模板、工程图模板和 CAE 模板等多种类型的模板;但是 NX 自带的模板文件一方面不符合我国机械设计制图国家标准,另一方面也不符合企业的设计建模规范,因此企业实际应用时,需要自定义这些模板。

② 模板文件及组织

a. 简单的模板文件

本质上,模板文件是一个依照相关规范、标准预设置好建模、制图和仿真等环境的普通 UG NX 模型文件。这个预设置好的文件是用户工作的基础,即用户打开模型文件,在完成相关设计工作后,另存为新的文件即可。这样就不需要重复环境参数的设置工作。

这种"打开模板文件,然后另存新文件"的简单方式,显然能够实现重用,使创建的数据有统一的风格、遵循统一的规范;但这种方式需要用户显式打开模板文件,再执行另存为操作,效率较低,且极易因用户疏忽致使模板文件被改写覆盖。

相对于这种方式,NX 系统通过新建对话框调用模板文件则是一种更好的方式。我们已经熟悉,在 NX 系统新建文件对话框中,可以按工作类型,以标签方式分门别类组织各类模板文件。例如,在标签页面下面,以列表形式给出该类别下所有可用的模板,如 Model,Drawing,Simulation,Manufacturing 等标签下的模板分别用于三维建模、二维工程图、分析仿真、加工制造等工作。显然,这是一种更好的方式,本节将进行深入探究。

b. 从系统标准模板看模板文件的构成

NX 系统新建对话框所调用的标准模板位于% UGII_BASE_DIR% \ugii\templates 目录。该目录下包含多个文件,可分为三种不同的类型:部件文件(. prt 文件)、图片文件(. jpg 文件)和资源板文件(. pax 文件)。

· 部件文件。由 UG NX 软件创建,后缀名为. prt。这是模板的主文件,依据相关标准和规范在该文件中进行初始环境的设置,比如图层分类、部件属性、基准坐标系及参数预设置等。

· 图片文件。该文件由部件文件导出,存储部件文件预览图像,后缀名为. jpg。当用户选择某一模板时,能够提前预览模板的效果,如在选中二维工程图模板时,可通过该图片预览图框、明细表等。

· 资源板文件。它是 XML 格式,其后缀名为. pax,用于组织部件文件(. prt)和图像预览文件(. jpg)。它以节点形式配置新建文件对话框中标签的名字、标签页下所列各模板的名字/描述信息/预览图片/部件文件路径等。

这三个文件中,部件文件由熟悉 UG NX 系统软件的人员根据企业标准制作,是模板所必需的一个文件,模板目录下可有多个文件 prt 类型;图片文件一般由模型文件导出,它不是必需的,而是仅当需要提供预览时才需要(如二维工程图模板可能需要,因为用户需要知道模板的图幅图框、投影视图预设置、标题栏、明细表等信息);资源板文件一般由 NX 和 Teamcenter 系统管理员编写和修改,是最重要的一个文件,下面将对它进行剖析。

c. 资源板文件(.pax 文件)

资源板文件与 UG NX 的资源板有关,其后缀名.pax 中的 p 是资源板 palettes 的缩写,a 是管理 admin 的缩写,x 代表所有。综合起来考虑,该文件是用于对 UG NX 资源板上的所有资源进行配置和管理。

默认情况下,UG NX 资源板位于软件左侧的资源条上。UG NX 软件的资源条如表 11-8所示。

表 11-8　UG NX 软件的资源条

NX 资源条	编　号	组　件	描　述
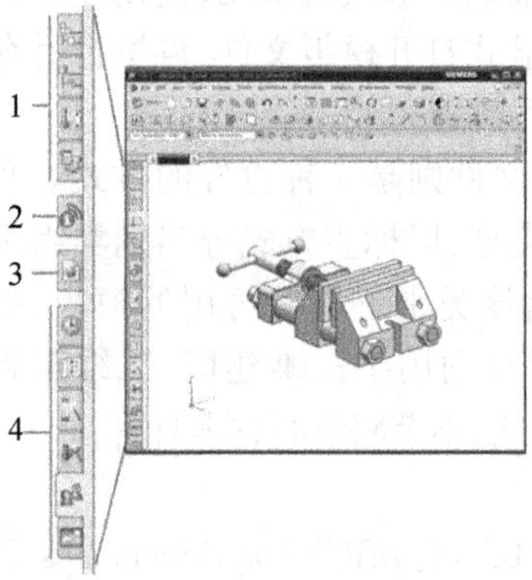	1	导航器	包括装配导航器、部件导航器、重用库导(标准件库)等
	2	HD3D 工具	用于直接在 3D 模型上显示信息和进行交互
	3	集成 Web 浏览器	提供从软件内部对因特网的访问(仅限 Windows)
	4	资源板	提供对标准和常用模型数据的访问。可以使用资源板访问用户定义的模板、角色、系统可视化场景和系统材料。资源板主要包括以下几种: 历史记录资源板:打开或重新加载最近打开的部件; 系统材料资源板:将材料属性添加到部件中的对象; 系统可视化场景资源板:更改部件的背景; 角色资源板:更改、修改或创建新角色; 创建定制资源板:用于组织和重用用户自己的一组资源板条目; 特定于应用模块的其他资源板:例如,加工向导和 Process Studio

UG NX 资源板上默认的资源面板包括历史记录、系统材料、角色等,更灵活的是,用户可以增加自定义的资源板,如可以将三维建模、二维工程图等模板添加到资源面板中。

③ 模板资源板文件(.pax 文件)的特性

模板资源板文件的作用是使新建文件对话框以标签的形式组织模板形成模板列表,并使列表中的每一模板条目关联对应的部件文件(.prt)和图像预览文件(.jpg)。我们首先通过系统默认提供的模板来了解其规律。

a. 模板文件的数目与新建文件对话框标签数目相同。表 11-9 所示为新建对话框的标签页与% UGII_BASE_DIR% \ugii\templates 目录中资源板文件的对应表。

表 11-9　新建对话框标签与资源板文件对应表

对话框标签	对应的资源板文件	备　注
Model	ugs_model_templates. pax	用于三维建模
Drawing	ugs_drawing_templates. pax	用于二维工程图
Simulation	ugs_cae_templates. pax	用于仿真分析
Inspection	ugs_inspection_templates. pax	用于检测
Manufacturing	ugs_manufacturing_templates. pax	用于加工制造

读者如果浏览一下“% UGII_BASE_DIR% \ugii\templates”目录，就会发现一个名为“ugs_sheet_templates. pax”的文件在表 11-9 中没有给出。该文件用于二维工程图，但在新建对话框下不能直接调用（没有对应的标签，模板列表中也没有列出）。该文件中定义的模板是在制图环境新建 sheet 时候被调用。

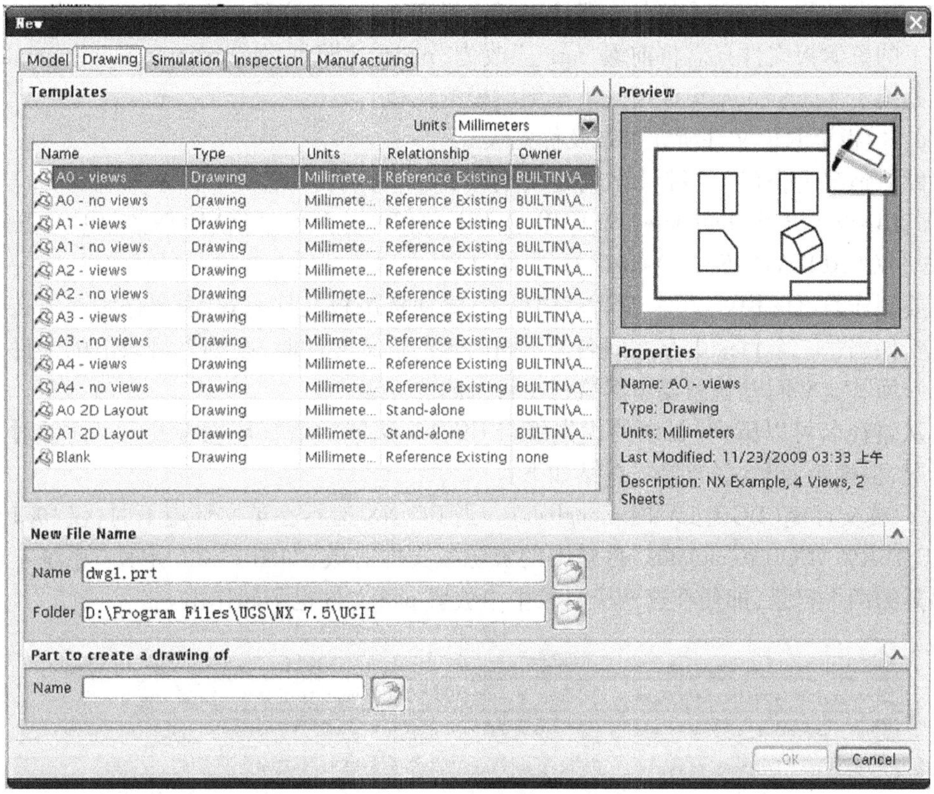

图 11-37　新建对话框

b. 针对 UG NX 运行的语言环境的不同，它提供不同的模板资源板文件，并在文件名上加后缀以示区别。如简体中文环境下的资源板文件是在英文名后加上“_simpl_chinese”后缀，日文环境下的后缀名为“_ japanese”。表 11-10 为中英文环境下资源板文件对照表。

表 11-10　中英文环境下资源板文件对照表

英文环境下的资源板文件	中文环境下的资源板文件
ugs_model_templates. pax	ugs_model_templates_simpl_chinese. pax
ugs_drawing_templates. pax	ugs_drawing_templates_simpl_chinese. pax
ugs_cae_templates. pax	ugs_cae_templates_simpl_chinese. pax
ugs_inspection_templates. pax	ugs_inspection_templates_simpl_chinese. pax
ugs_manufacturing_templates. pax	ugs_manufacturing_templates_simpl_chinese. pax
ugs_sheet_templates. pax	ugs_sheet_templates_simpl_chinese. pax

c. NX 有 Native 及 Teamcenter Integration 两种工作模式。在这两种模式下可使用的前缀不同资源板文件名以示区别。

以 ugs_开头的 pax 文件适用于本地的 NX，以 nxdm_开头的 pax 文件适用于 Teamcenter 集成模式。前述列表中的都是用于本机 NX 的 pax 文件，在 Teamcenter Integration 模式下的资源板文件只需将前缀"ugs _"改为"nxdm_"即可，如"nxdm _model_templates. pax"是用于 Teamcenter 集成模式下三维建模的模板。

d. 模板资源板文件所在目录及优先级。

默认情况下，有三个目录存放定义模板的 pax 文件。这三个目录分别为：% UGII_BASE_DIR% \UGII\templates，% UGII_BASE_DIR% \LOCALIZATION，% UGII_BASE_DIR% \LOCALIZATION\prc\simpl_chinese\startup。

要制作自己的模板文件，读者就要思考：要使资源板文件有效，需要把它存放在哪个目录？如当这三个目录中存在同名但不同内容的 pax 文件时，则哪个目录下的文件会起作用？回答这些问题就需要了解这三个目录的优先级。

从路径名可以猜到，目录的优先级与 UG NX 系统的语言环境有关。下面针对不同的情况，根据笔者测试的结果，总结如下：

· 英文环境（UGII_LANG = english）。当 UG NX 运行在英文环境下时，仅"% UGII_BASE_DIR% \UGII\templates"目录中的资源板文件有效，如图 11-38 所示。系统不会搜索另外的两个目录，即便在这两个目录中中放置 pax 文件也不起作用。

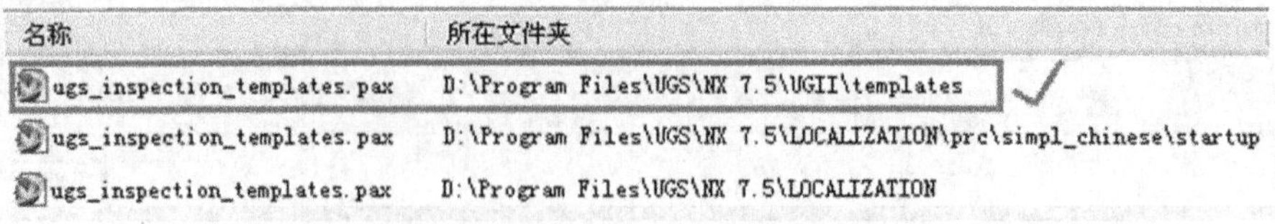

图 11-38　英文环境下的选用的 pax 文件

· 非英文环境，如简体中文（UGII_LANG = simpl_chinese）。此时三个目录都可能会被搜索，优先级从高到低如图 11-39 所示。

%UGII_BASE_DIR%\LOCALIZATION\prc\simpl_chinese\startup　高
%UGII_BASE_DIR%\UGII\templates
%UGII_BASE_DIR%\LOCALIZATION　低

图 11-39　中文环境下的 pax 文件优先级

在这种情况下，当高优先级的目录中存放有资源板文件时，系统会忽略对低级别目录的搜索；仅当高一级的目录中没有找到资源板文件时，系统才会搜索低一级目录。

· 当在生效目录中，同时存在英文资源板文件与非英文资源板文件时，则生效目录中两个文件都会起作用。

图 11-40 中，在"% UGII_BASE_DIR% \UGII\templates"目录中，同时存在"ugs_inspection_templates. pax"和"ugs_inspection_templates_simpl_chinese. pax"两个资源板文件，从文件名可以看出两个文件用于定义检测模板。

名称	所在文件夹
ugs_inspection_templates.pax	D:\Program Files\UGS\NX 7.5\UGII\templates
ugs_inspection_templates_simpl_chinese.pax	D:\Program Files\UGS\NX 7.5\UGII\templates

图 11-40　在一个目录下同时存在两个 pax 文件

其中，"ugs_inspection_templates. pax"定义了名为"Test Metric Template 1"和"Test English Template 1"的两个模板，"ugs_inspection_templates_simpl_chinese. pax"文件定义了名为"测试模板公制 1"和"测试模板英制 1"的两个模板。两个文件的内容如图 11-41、图 11-42 所示。

```
<?xml version="1.0" encoding="utf-8"?>

<Palette xmlns="http://www.ugsolutions.com/Schemas/2001/UGPalettes" schemaVersion="1.0">

  <Presentation name="Inspection Templates" bitmap="sheet_and_block.bmp" FileNewTab="Inspection" application="All"
UsesMasterModel="Yes"/>

  <PaletteEntry id="d1">
    <References/>
    <Presentation name="Test Metric Template 1" description="NX CMM Inspection DMIS General Setup">
    <ObjectData class="InspectionTemplate">
  </PaletteEntry>

  <PaletteEntry id="d3">
    <References/>
    <Presentation name="Test English Template 1" description="NX CMM Inspection DMIS General Setup">
    <ObjectData class="InspectionTemplate">
  </PaletteEntry>

</Palette>

```

图 11-41　"ugs_inspection_templates. pax"文件

```
<?xml version="1.0" encoding="utf-8"?>

<Palette xmlns="http://www.ugsolutions.com/Schemas/2001/UGPalettes" schemaVersion="1.0">

  <Presentation name="检查模板（公制）" bitmap="sheet_and_block.bmp" FileNewTab="Inspection" application="All"
UsesMasterModel="Yes"/>

  <PaletteEntry id="d1">
    <References/>
    <Presentation name="测试模板 公制 1" description="NX CMM Inspection DMIS General Setup">
    <ObjectData class="InspectionTemplate">
  </PaletteEntry>


    <PaletteEntry id="d4">
      <References/>
      <Presentation name="测试模板 英制 1" description="NX CMM Inspection Probe Tool">
      <ObjectData class="InspectionTemplate">
    </PaletteEntry>

</Palette>
```

图 11-42 "ugs_inspection_templates_simpl_chinese. pax"文件

图 11-43 和图 11-44 为在 UG NX 软件中测试的结果。从图中可以看出，无论是在英文还是中文环境，都会加载四个有效模板（还有两个空模板不计），即两个文件中所定义的模板都被加载到新建对话框中。

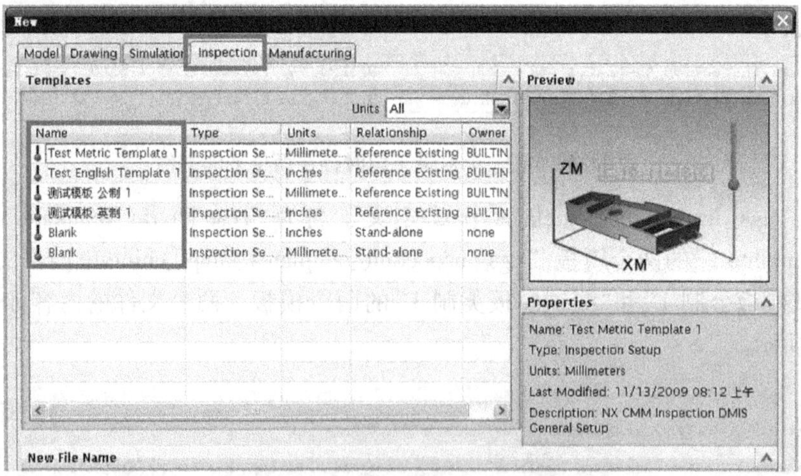

图 11-43 英文环境下模板加载效果

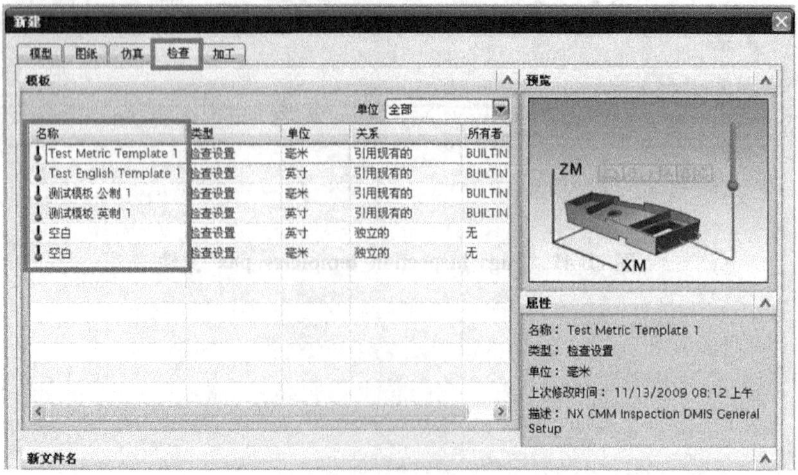

图 11-44 中文环境下模板加载效果

e. 定义模板目录的环境变量

默认情况下,UG NX 系统会在三个目录搜索模板的资源配置文件,这与 UG NX 系统的配置文件对相关环境变量的配置有关(见表 11-11)。

表 11-11　与模板配置相关的环境变量及配置文件

变量名	配置文件
UGII_TEMPLATE_DIR UGII_USER_DIR UGII_SITE_DIR UGII_GROUP_DIR	UGII_BASE_DIR\ugii\menus\ug_custom _dirs. dat
UGII_COUNTRY_TEMPLATES	UGII_BASE_DIR\ugii\ugii_env_ug. dat
UGII_TEMPLATE_DIR	单独的环境变量,可以在系统属性中配置,也可以命令行方式、批处理方式设置

在表 11-11 所列的环境变量指向的目录中,如果存在模板资源文件,则有可能会被系统搜索。一般情况下不建议读者修改配置文件改变默认配置。本节后面的内容,都是在不改变系统默认配置的情况下进行讨论的。

④ 模板资源板文件(. pax 文件)的内容剖析

以"%UGII_BASE_DIR% \LOCALIZATION\prc\simpl_chinese\startup"目录下"nxdm_ugs_drawing_templates_simpl_chinese. pax"文件为例,介绍模板资源板文件的内容组织。

该资源板文件文件用于配置 Teamcenter 集成模式的二维工程图模板。图 11-45 为文件内容截图。

```
<?xml version="1.0" encoding="UTF-8"?>
<Palette xmlns="http://www.ugsolutions.com/Schemas/2001/UGPalettes" schemaVersion="1.0">
  <Presentation name="图纸模板（公制）" bitmap="drawing_new.bmp" FileNewTab="图纸"
application="All" UsesMasterModel="Yes" Environment="Managed"/>
  <PaletteEntry id="d1">
    <References/>
    <Presentation name="A0++ - 无视图" description="A0++  无视图">
      <PreviewImage type="UGPart" location="@DB/A0++-noviews-template/A"/>
    </Presentation>
    <ObjectData class="DrawingTemplate">
        <TemplateFileType>none</TemplateFileType>
        <Filename>@DB/A0++-noviews-template/A</Filename>
        <Units>Metric</Units>
        <UsesMasterModel>Yes</UsesMasterModel>
        <ItemType>Item</ItemType>
        <RelationType>specification</RelationType>
    </ObjectData>
  </PaletteEntry>

  <PaletteEntry id="d2">
.......................................................................

</Palette>
```

图 11-45　pax 文件的内容

该文件内容上由典型的 XML 标记组成,表 11-12 是对文档内的标记元素进行解析。

表 11-12　pax 文件内容解析

行号	元素名	元素内容
1	xml	这是 xml 的头文件属性，说明了这个 xml 文件的格式，其中 version 代表版本，encoding 代表字符编码方式。 下面是所有 xml 格式文档第一行的标准写法： <? xml version = "1.0" encoding = "UTF-8"? >
2	Palette	UG NX 资源板文件声明，标准写法如下： <Palette xmlns = "http://www.ugsolutions.com/Schemas/2001/UGPalettes" schemaVersion = "1.0" >
3	Presentation	设置 pax 加载到资源板后显示的名称、图标，在新建文件对话框中的标签名等属性，该标记包括以下元素内容： name：添加到资源板上显示的名称； bitmap：仅作用于资源板，当 pax 文件加载后在资源板上显示的图片，这是一种图标文件，格式为 bmp，大小为 16×16 或 32×32 像素； FileNewTab：属性值决定在新建对话框中标签显示的名称；若 FileNewTab 属性无值，则 PAX 文件中列出的模板不显示在新建对话框； Application：在 NX 中哪些功能模块中可用，设为"All"时表示所有模块下可用； UsesMasterModel：pax 文件中所有模板是否为主模型模板，这个属性值的设置取决于模板用于主模型还是非主模型，用于非主模型则设置为"Yes"，主模型设为"No"； Environment：是否可适用于 Teamcenter 集成模式，当应用于 Teamcenter 集成模式时属性值设置为"Managed"，供本地使用的模板可设置为"Native"或删去该属性 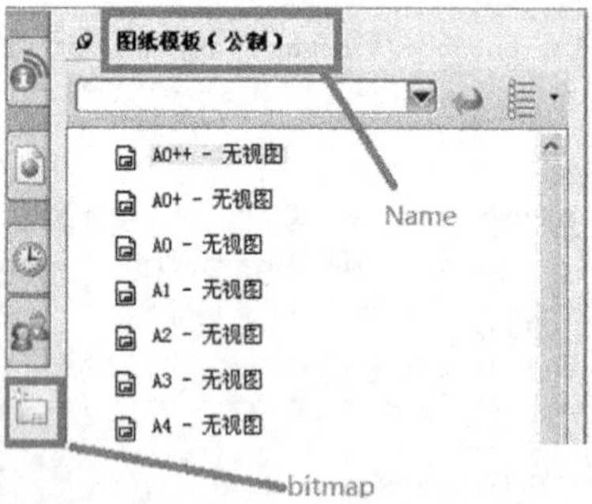
4	PaletteEntry	开始对具体模板的定义。这是一个块级元素，其下面包括很多用于定义模板的子元素。该元素是模板资源文件的主要元素，文档中的多个该元素用于定义多个可用模板。该元素包括一个 ID 属性，每个 ID 属性在文档中必须唯一
5	References	空元素：<References/ >
6	Presentation	设置模板在新建对话框中显示的名称和描述信息等属性。该标记包括以下元素内容： name：模板的名称； description：模板的描述信息 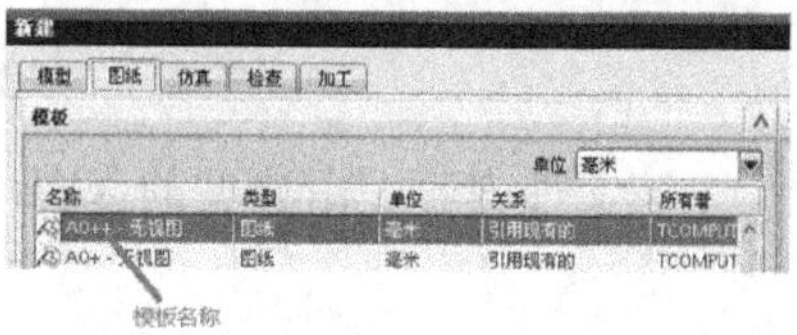

续表

行号	元素名	元素内容
7	PreviewImage	type 元素:一律设置为 type = " UGPart" 。Location 元素:指定模板预览图像的存储路径。该图像文件既可以存储在用户电脑上,也以可统一存储在 Teamcenter 数据库中。模板预览图像一般与模板部件文件存储在相同的位置。此元素值设置规则如下: 存储在用户电脑:Location 元素值为预览图像的绝对路径,更好的方式是使用 UG NX 的环境变量进行配置,如" $ {UGII_Root_DIR} DrawingView.jpg"。推荐在 UG NX 以"Native"模式运行时使用这种方式,即部件文件在本地存储时,单独为模板制作 JPG 格式的预览图像,图像大小最好为 247 × 185 像素。 存储在 Teamcenter 数据库:Location 元素设置为"DB/零组件编号/版本编号" 格式,其中 DB 代表自 Teamcenter 数据库,如@ DB/100111/A。这种方式适用 UG NX 以 Teamcenter 集成模式运行的情况,即部件文件存储在 Teamcenter 数据库中。一般只需将已导入 Teamcenter 数据库的部件文件打开,执行一次保存命令即可为部件文件生成预览图像(详细步骤见本章 11.5.6)
8	</Presentation>	结束标记
9	ObjectData	该节点定义模板所关联的部件文件(prt 文件)。 其中的 Class 属性定义与该模板关联的应用,有效值如下: ModelTemplate:三维建模模板; DrawingTemplate:二维工程制图模板; CamTemplate:加工制造模板; CaeFemTemplate:仿真分析模板; InspectionTemplate:检测检查模板; SheetTemplate:图纸页模板
10	TemplateFile Type	模板文件类型,一般设置为 none
11	Filename	指定部件文件(prt 文件)。部件文件既可以存储在用户电脑上,也可以统一存储在 Teamcenter 数据库中。此元素值设置规则如下: 存储在用户电脑:当存储在用户的主机上时,可将该值设置为部件文件的绝对路径;更好的方式是使用 UG NX 的环境变量进行配置,如:" $ {UGII_Root_DIR} A-views-template. prt"。推荐在 UG NX 以"Native"模式运行时使用这种方式。 存储在 Teamcenter 数据库:部件文件已经导入 Teamcenter 数据库,该值设为"DB/零组件编号/版本编号"格式,其中 DB 代表自 Teamcenter 数据库,如:@ DB/A-views-template/A。这种方式适用于 UG NX 以 Teamcenter 集成模式运行的情况
12	Units	定义模板部件的单位,值可为 English 或 Metric
13	UsesMaster Model	这个属性值的设置取决于模板用于主模型还是非主模型。只有三维建模设置为"No"(也可删去该节),其他的都设置为"Yes"
14	ItemType	这个节点仅对 Teamcenter 集成模式有效。指定使用模板新建的零组件类型,可以是默认的 Item,也可以是其他用户自定义的其他类型

续表

行号	元素名	元素内容
15	RelationType	这个节点仅对 Teamcenter 集成模式有效。定义基于模板所新建文件的关系类型，取值有以下几种： Master：主模型，适用于三维建模模板； Specifications：规格关系，适用于二维工程图模板； Manifestation：表示关系，适用于加工制造类模板； Altreps：可变形件，适用于新建替代件或变形件
16	</ObjectData>	结束标记
17	</PaletteEntry>	结束标记

⑤ 自定义模板实例

A. 自定义模板的步骤

a. 制作部件文件(.prt 文件)

一般根据国家标准或企业标准，对于三维建模的环境，包含绝对坐标系的设置、图层的设置、文件属性的设置、参数预设置等；对于二维工程图，包含图框、标题栏，属性与标题栏影射、装配的明细栏、文字样式、标注样式、形位公差与粗糙度等的设置。

b. 制作图片

需要制作的图片有两类：

第一类是 BMP 类型图标文件，在资源板上显示。一般为 32×32 像素，一个 pax 文件只需要一个。

另一类作用于新建对话框，作为所选模板的预览图像使用。一个模板文件需要一张，一般由部件文件(.prt 文件)导出为 jpg 图像，然后用图片处理软件将其大小调整为 247×185 像素即可。当然，这类图片不是必需的。

c. 编写组织部件文件和图标文件的 pax 文件

pax 文件一般基于现有的资源板文件，在其中添加“PaletteEntry”节点，并在节点中指定部件文件、图片预览和其他属性。

下面结合实例介绍自定义模板的具体方法。

B. 自定义模板的实例

本实例通过添加一个 A4 的工程图模板，介绍自定义模板的具体方法。

a. 准备部件文件(.prt 文件)

部件文件的设置与工作类型(如建模、工程图、仿真、加工等)相关。本例中使用是经过国标化设置的 A4 工程图模板，该模板也在学生的课程设计等环节中使用。部件文件的制作过程在此不详述，读者可以在网上根据相关教程学习。

本机模式下，只需将部件文件放在系统的目录中，但在 Teamcenter 集成模式下，则需要将部件文件导入到 Teamcenter 数据库中。

b. 本机模式

本机模式下，本例中使用的部件文件名为“YCIT_A4_drawing_template.prt”，存储在“${UGII_Base_ DIR}”目录下新建的“Template”目录中。

c. Teamcenter 集成模式

集成模式下，需要将本机 $ {UGII_Base_ DIR} \ Template 目录下的 YCIT_A4_drawing_template. prt 文件导入到 Teamcenter 中。操作如下：用户以管理员身份启动并登录到 Teamcenter 客户端；在客户端“Home\NX Templates”虚拟目录下，新建零组件，本例中零组件 ID 为“100111”，版本为“A”，名称为“YCIT_A4_drawing_template”；在编号为“100111”零组件的 A 版本下，新建“UGMaster”数据集，并将“ $ {UGII_Base_ DIR} \ Template”目录下的 YCIT_A4_drawing_template. prt 文件导入；完成后，如图 11-46 所示。

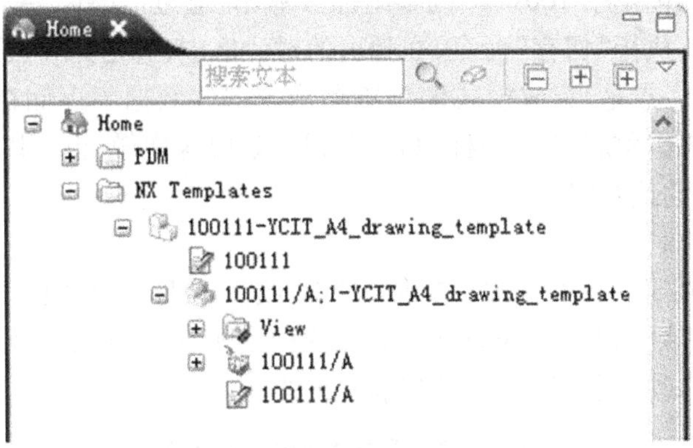

图 11-46　部件文件导入到 Teamcenter 数据库中

d. 制作图片

· BMP 类型图标文件。可使用 UG NX 或绘图软件制作一个带有“工”(工程图)字样的图片，图片为 32 × 32 像素，文件名为“YCIT_A4_drawing_template. bmp”，存储在“ $ {UGII_Base_ DIR} \Template”目录中。该图片如图 11-47 a 所示。

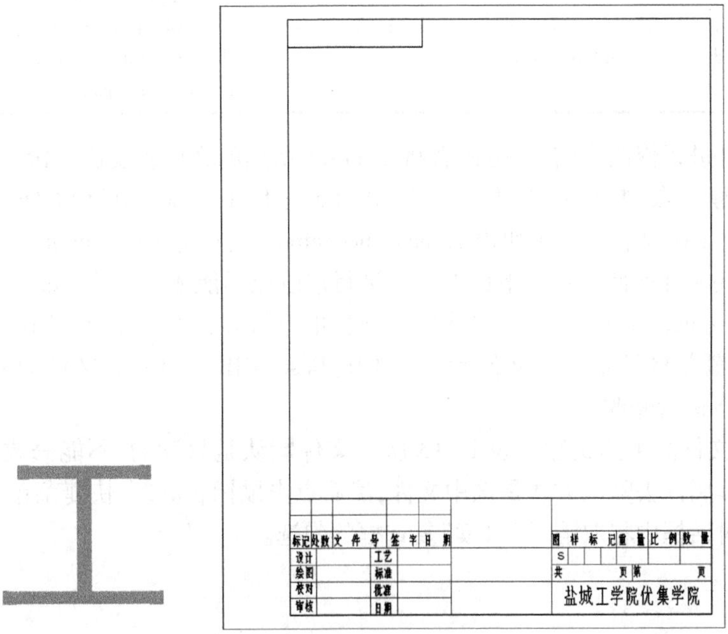

图 11-47　图标和图像文件

· 模板预览图片。预览图片本机模式和 Teamcenter 集成模式有所不同。

本机模式:可使用 UG NX 打开机 $ {UGII_Base_ DIR} \ Template\YCIT_A4_drawing_template. prt 文件,然后通过"文件""导出"→"JPEG…"菜单命令导出为 JPG 格式图片文件,文件名为"YCIT_A4_drawing_template. jpg"。图像导出完成后,需要使用图像编辑软件将图片大小调整为 247 × 185 像素,存储在" $ {UGII_Base_ DIR} \Template"目录中。该预览图片如图 11-47 b 所示。

Teamcenter 集成模式:系统管理员以 NX Manager 模式启动并运行 UG NX 软件;在 NX Manager 中打开编号为"100111"的零组件 A 版本;通过"文件"→"导出"→"JPEG…"菜单导出预览图像;执行"保存"命令,在弹出的对话框中,选定并导入预览图像。

这里要说明的一点是,集成模式的预览图像与部件数据集存储在一体,不容易手动修改(如添加"盐城工学院"之类的标识)。如果一定要这样做,也可以将 Loaction 值设置为本地制作好图片的绝对路径。

e. 修改 pax 文件

pax 文件一般基于现有的资源板文件进行修改。本例中,希望自定义的二维工程图模板能够在 UG NX 的本地和 Teamcenter 集成两种模式下、在英文和中文两种语言环境中使用。因此,需要修改如表 11-13 所列的 pax 文件。

表 11-13　需要修改的 pax 文件

选择因素		语言环境	
		英文	中文
工作模式	本地	$ {UGII_Root_DIR} templates \ ugs_drawing_templates. pax	$ {UGII_Base_DIR} \LOCALIZATION \prc \simpl_chinese \startup \ugs_drawing_templates_simpl_chinese. pax
	集成	$ {UGII_Root_DIR} templates \ nxdm_ugs_drawing_templates. pax	$ {UGII_Base_DIR} \LOCALIZATION \prc\simpl_chinese\startup\nxdm_ugs_drawing_templates_simpl_chinese. pax

在对文件进行修改之前,提醒读者将表 11-13 所列的文件各复制一份。

特别提醒一点,默认情况下, $ {UGII_Base_DIR} \LOCALIZATION \prc \ simpl_chinese目录下 pax 文件不全(如没有 ugs_mechatronics_templates_simpl_ chinese. pax 文件),而且有些文件即使按本节下面的方法进行修改也不能成功加载(如 nxdm_ugs_drawing_templates _simpl_chinese. pax 文件)。因此,推荐从 $ {UGII_Base_ DIR} \LOCALIZATION 目录中覆盖拷贝相关的文件到 $ {UGII_Base_DIR} \LOCALIZATION \prc \ simpl_chinese 目录下进行修改。

· 去除文件的可读属性。表 11-13 所列文件默认是只读的,不能修改。因此,首先需要将其只读属性去除。方法是选中文件,然后点击鼠标右键,在快捷菜单上选"属性",并在弹出的对话框中将取消对"只读"复选框的勾选。

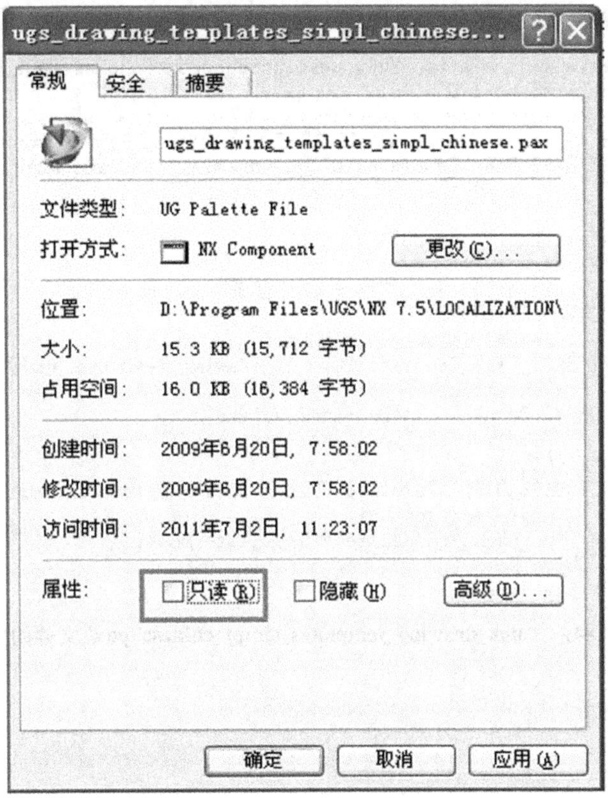

图 11-48　去除文件"只读"属性

· 修改 pax 文件。读者可以用记事本或写字板等程序打开 pax 文件进行修改。本例中虽然涉及四个文件,但对文件修改的内容基本一致。

图 11-49 为"ugs_drawing_templates_simpl_chinese. pax"文件的内容。" $ {UGII_Root_DIR} templates\ugs_drawing_templates. pax"可参考上述文件进行修改。

图 11-50 为" nxdm_ugs_drawing_templates_simpl_chinese. pax"文件的内容。" $ {UGII_Root_DIR} templates\nxdm_ugs_drawing_templates. pax"文件可参考上述文件进行修改。

两个文件都位于 $ {UGII_Base_DIR} \LOCALIZATION\prc\ simpl_chinese 目录下。

```
<?xml version="1.0" encoding="UTF-8"?>

<Palette xmlns="http://www.ugsolutions.com/Schemas/2001/UGPalettes"
schemaVersion="1.0">

  <Presentation name="盐城工学院工程图模板（公制）" bitmap="
${UGII_BASE_DIR}\Template\YCIT_A4_drawing_template.bmp" FileNewTab="
图纸" application="All" UsesMasterModel="Yes"/>

  <PaletteEntry id="d0">
    <References/>
    <Presentation name="A4 - GB工程图" description="
盐城工学院A4工程图模板">
        <PreviewImage type="UGPart" location="
${UGII_BASE_DIR}\Template\YCIT_A4_drawing_template.jpg"/>
    </Presentation>
    <ObjectData class="DrawingTemplate">
        <TemplateFileType>none</TemplateFileType>
        <Filename>
"${UGII_BASE_DIR}"\Template\YCIT_A4_drawing_template.prt</Filename>
        <Units>Metric</Units>
        <UsesMasterModel>Yes</UsesMasterModel>
    </ObjectData>
  </PaletteEntry>
```

图 11-49 “ugs_drawing_templates_simpl_chinese.pax”文件的内容

```
<?xml version="1.0" encoding="UTF-8"?>

<Palette xmlns="http://www.ugsolutions.com/Schemas/2001/UGPalettes"
schemaVersion="1.0">

  <Presentation name="盐城工学院工程图模板（公制）" bitmap="
${UGII_BASE_DIR}\Template\YCIT_A4_drawing_template.bmp" FileNewTab="
图纸" application="All" UsesMasterModel="Yes" Environment="Managed"/>

  <PaletteEntry id="d0">
    <References/>
    <Presentation name="A4 - GB工程图" description="
盐城工学院A4工程图模板">
      <PreviewImage type="UGPart" location="@DB/100111/A"/>
    </Presentation>
    <ObjectData class="DrawingTemplate">
        <TemplateFileType>none</TemplateFileType>
        <Filename>@DB/100111/A</Filename>
        <Units>Metric</Units>
        <UsesMasterModel>Yes</UsesMasterModel>
        <ItemType>Item</ItemType>
        <RelationType>specification</RelationType>
    </ObjectData>
  </PaletteEntry>
```

图 11-50 “nxdm_ugs_drawing_templates_simpl_chinese.pax”文件的内容

11.2.2 PDM 和 CAPP 的集成

工艺管理系统负责工艺文档的编制及与工艺相关的管理。为了保证工艺管理系统中的产品结构与 PDM 中相一致，同时也为了让工艺管理系统产生的工艺文档能按照 PDM 的流程进行管理，必须对 PDM 系统和工艺管理系统进行集成。

工艺管理系统与 PDM 的集成内容至少包括图 11-51 所示的三部分内容。

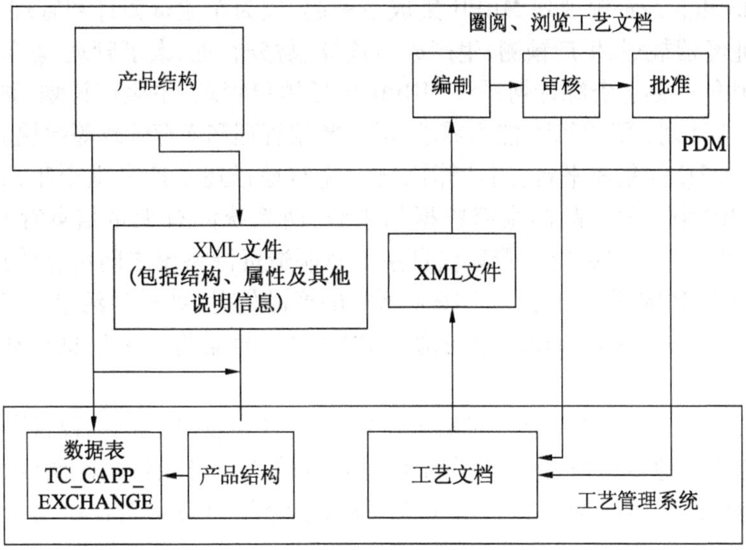

图 11-51　工艺管理系统与 PDM 的集成内容

（1）产品结构集成

产品结构集成是指把从 PDM 导出的产品设计数据，在工艺管理系统中还原成产品结构。为了保证工艺管理系统中零部件结构和 PDM 中零部件结构严格一致，使工艺人员能尽早进行工艺设计和相关活动，减少工艺技术准备时间，并且支持 PDM 中未发布的设计数据以产品或零部件的方式发送给工艺管理系统，以便工艺设计与产品设计同时展开，保证交货期，需要将 PDM 中的产品结构传递给工艺管理系统。产品结构信息包括零部件结构、零部件属性及其相关图纸、Office 描述文档等信息。

（2）工艺文档集成

工艺管理系统实现对工艺文档的编制和管理，PDM 系统实现对工艺文档的签审过程和版本管理。工艺文档在 PDM 与工艺管理系统中的集成过程如下：① 在工艺管理系统中创建、编辑工艺文档；② 工艺文档编辑完成后，由工艺编制人员导入到 PDM 中；③ 在 PDM 中启动签审流程，若流程中途驳回，PDM 把该文档传递回工艺管理系统；④ 工艺管理系统进行修改后，再次传递回 PDM，继续进行流程操作；⑤ PDM 完成签审流程后，把最终文档传递回工艺管理系统；⑥ 工艺文档变更时，必须先在工艺管理系统中创建工艺文档的新版本，然后重复上述过程。工艺管理系统在创建新版本时，需要删除原文档中的所有签审和圈阅信息。

（3）工艺文档的圈阅和浏览

工艺文档在 PDM 中进行流程审批时，需要对工艺文档进行圈阅和浏览，因此需要在 PDM 中集成工艺管理系统工艺文档的浏览器，并能进行圈阅。浏览、圈阅功能由工艺管理系统提供接口或组件工具，供 PDM 进行集成调用。

11.3　PDM 和 ERP 的集成

人、财、物、产、供、销六大部门是企业的经营管理与决策部门。目前，人们已将信息管理系统 MIS 和制造资源规划 MRPII 集成在一起,成为企业资源计划管理系统(ERP)。MIS 具有企业经营规划、生产预测、生产成本核算、财务管理、人事管理、车间作业控制和设备管理等功能。制造资源计划系统 MRPII 包括销售管理、主生产计划、物料需求计划 MRP、生产作业计划、采购管理、能力需求计划、数据管理和库存管理等模块。

PDM 作为 3C 的集成平台,用计算机技术完整地描述了产品整个生命周期的数据和模型,是 ERP 中有关产品的全部数据的来源,两系统间有大量信息存在共享现象。PDM 是产品设计工艺部部门和管理信息系统及制造资源系统之间信息传递的桥梁,使 MIS 和 MRPII 从 PDM 集成平台自动得到所需的产品信息,如材料清单 BOM 等,而无须再用人工从键盘一一敲入。ERP 也可通过 PDM 这一桥梁将有关信息自动传递或交换给 3C 系统。

因此,在 PDM 与 ERP 系统之间实现信息集成,不仅能使产品的设计制造过程更加顺畅,而且能精确地传递信息,避免由于信息重复输入而可能带来的错误,促使整个企业设计、制造部门之间协同工作。PDM 与 ERP 系统间的集成是企业信息化应用的必然要求。

11.3.1 PDM 与 ERP 的关系

从基本功能来看,ERP 具有主生产计划、物料需求计划、原材料采购计划、订单处理、车间作业计划、人力资源管理、工装设备管理、成本管理以及供应链管理等。PDM 侧重于数据存储和管理、工作流程管理、变更控制管理、产品结构与配置管理、标准件管理、图像管理和项目管理。

从应用范围来看,ERP 主要应用于产品生命周期中生产制造、销售与后勤服务阶段;而 PDM 则应用于产品开发全过程,并且可以从产品概念、产品设计一直延伸到生产与后勤管理阶段。

另外,PDM 系统和 ERP 系统实际上是针对不同目标的应用系统。PDM 系统的主要目标是控制产品配置,使用更改控制和产品生命周期来管理产品定义数据的开发、修改以及并行使用;ERP 系统的主要目标是控制生产计划过程、平衡期望的产品销售情况与制造这些产品所需消耗资源之间的关系。因此,在实际应用中,最佳的方法是将任务分解成不同部分,让不同的系统去执行最适当的任务。

随着 PDM 和 ERP 的发展,它们的部分功能的确出现了相互重叠的区域,如产品结构/BOM 管理、产品零件的定义等。但是 ERP 系统本身的局限性使其在产品变更控制、工作流程管理、与其他系统特别是异构信息的集成等方面尚不能提供实用的解决方案,尤其在与 CAD 系统之间存在着难以弥合的“间隙”。ERP 系统对 CAD/CAM/CAE 系统所产生的工程数据的集成和再利用一直是难以解决的问题。而 PDM 系统能够有效地将 CAD/CAM/CAE 和 ERP 系统进行集成。ERP 系统在制造阶段的资源规划管理方面的确起到了重大作用,但单纯的 ERP 应用又明显在“企业级产品信息集成”方面显得力不从心。事实上,在成功的 PDM 实施案例中,往往是 PDM 与 ERP 并重,PDM 扮演着信息集成平台的作用。目前,著名的 PDM 系统与 ERP 系统之间均有良好的信息接口,以满足 PDM 与 ERP 系统之间的信息共享。

从出发点看,PDM 系统的最初功能是管理和维护 CAD 软件设计出的“电子图纸”,后扩展到管理产品整个生命周期的所有数据。ERP 系统的出发点是在产品设计目标确定后,强调使重要任务得到自动化处理,这些任务与制造实际产品时的材料管理、人力和设备资源管理密切相关。

在产品结构或材料明细表的处理技术上,PDM 系统使用"产品结构",表明产品"按设计角度(As Designed)"的视图,或产品具体是什么,以及怎样用与相关的工程数据来描述。而 ERP 系统使用"材料明细表",按制造角度(As Built),将零部件和装配看成同样的集合,或者说是描述产品怎样在车间生产以及怎样将它们装配起来。

在采用的底层技术上,ERP 系统在结构上以企业组织的其他系统为基础,并且与它们互联;而 PDM 系统构建在企业组织的基础设施环境之上,这个基础结构支持企业组织快速改变工程计算环境。

11.3.2 常用的信息共享实现方法

目前,PDM 与 ERP 系统之间比较流行的集成方式主要有三种,分别是接口式、直接访问数据库和间接式。然而,这三种集成方式并不能满足 PDM 与 ERP 系统间对于不同结构和语义信息的集成需求。

目前,PDM 与 ERP 系统集成的研究中,比较关注两系统间的协同信息传递和驱动,而缺乏对异构系统间集成信息内容语义的统一规范和转换。如果需要集成的信息存在语义不同的现象,即使实现了 PDM 向 ERP 系统的信息传递,集成信息也很难被直接利用。因此,PDM 与 ERP 系统间的集成信息必须完成转换和语义统一。

BOM 是 PDM 与 ERP 系统间集成信息的重要载体,它以树状层次结构表现了产品结构、产品配置状态、库存状态等产品相关信息,这些信息共同构成了连接产品设计和生产经营管理的桥梁。根据承载信息的不同,BOM 信息可以分为设计 BOM(Engineering BOM,EBOM)、工艺 BOM(Process Planning BOM,PPBOM)和制造 BOM(Manufacturing BOM,MBOM)等类型,分别是设计部门、工艺部门和生产制造部门组织和管理的信息。MBOM 是 ERP 运算重要的输入信息。应用系统中,BOM 信息的两种常见的存储方法是单层结构表示法和多层结构表示法。单层 BOM 结构采用"单父 - 单子"的数据结构,清晰定义了产品结构,易于反查零件,但在 BOM 分解时效率较低。多层 BOM 结构采用"单父 - 多子"的数据结构,详尽地记录了从产品到零部件的每个层次结构与零部件配置关系信息。该方法分解速度快、维护方便,但数据冗余度大、产品结构定义不清晰、零件不能反查。

目前的大多数 ERP 系统多依据单层结构存储 BOM。PDM 与 ERP 系统的信息集成中也需要按 ERP 系统的要求拆分为单层 BOM 数据的格式。

11.3.3 PDM 与 ERP 集成信息内容

PDM 与 ERP 系统间共享的信息有很多,主要包括产品结构、零组件、工艺信息、原材料、设备、工装、组织结构等。这些信息可以归纳为物料信息、产品的层次结构类信息、资源信息三方面。

(1) 物料信息是集成信息中的基础信息,主要包括零组件、产品、原材料等信息,是对物料基本属性内容的描述。

（2）产品的层次结构类信息是以层次结构进行存储的信息，包括产品结构、工艺过程结构等。层次结构类的制造信息是 PDM 与 ERP 系统实际运作中密切相关的内容，其表现形式通常为 MBOM。

（3）资源信息包括组织结构信息及制造资源信息，其中组织结构信息中包含企业的部门结构与人员信息；制造资源信息包括设备、工装信息，用于具体的生产制造。

PDM 与 ERP 系统间三类集成信息与产品结构、工艺、资源等信息的逻辑关系如图 11-48所示。按照 PDM 与 ERP 系统间需要集成的信息分类，分别定义零组件、产品结构、工艺计划、工艺规程、设备、工装、组织结构等信息实体，以及实体之间的关系、实体中的属性信息，建立以 PDM 与 ERP 系统间的集成信息 IDEF1x 模型，如图 11-52 所示。

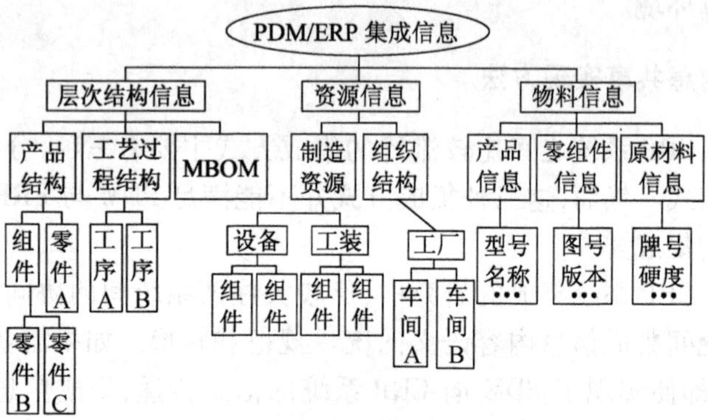

图 11-52　PDM 与 ERP 系统集成信息

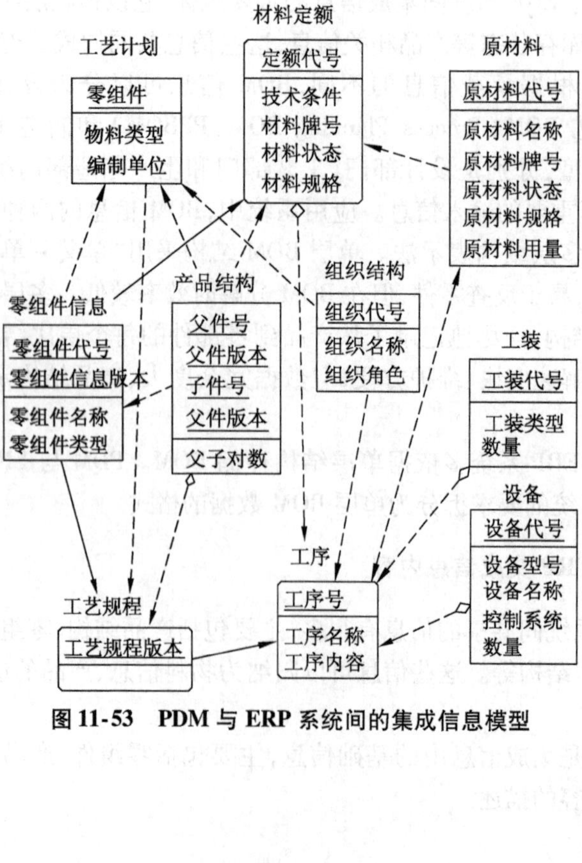

图 11-53　PDM 与 ERP 系统间的集成信息模型

11.3.3 集成技术及原理

(1) 集成信息的演变与转换

PDM 与 ERP 系统对信息管理的侧重点不同,PDM 系统存储的信息不能直接为 ERP 系统所使用,两系统间的共享信息必须进行信息转换,以实现集成信息的语义一致。PDM 与 ERP 系统间的集成信息转换过程可以分为 BOM 结构的转换和 BOM 属性信息的映射两部分。

① BOM 结构转换

BOM 结构变换可以归纳为增加零组件、删除零组件、BOM 结构调整和 BOM 结构细化分解等内容。EBOM 去掉外协件、外购件,根据工艺要求增加工艺件或调整 EBOM 的结构,对不易加工的组件做进一步分解,完成 EBOM 向 PPBOM 的转换。工艺设计部门根据 PPBOM 的分派进行工艺设计,去掉不需要制造的虚拟件,添加工艺过程以及工艺所需的物料、子装配件信息,完成 PPBOM 向 MBOM 的转换。

② BOM 属性映射

BOM 属性映射主要分为继承型映射和派生型映射两种类型。继承型映射直接引用原有 BOM 属性;新 BOM 通过继承获得原 BOM 的属性并直接利用,新旧 BOM 属性保持一致,这种映射主要针对零组件属性、材料属性等基础数据。派生型映射适用于属性衍生的情况,根据原有 BOM 的属性,经过派生和推理生成新 BOM 属性;新旧属性间具有逻辑因果关系。派生型映射既可以通过原 BOM 属性直接推理得到新 BOM 属性,也可以经过多次属性转换或利用其他信息推理得到新 BOM 属性。

MBOM 引用 EBOM 中的零组件设计属性,属于继承型映射;PPBOM 中的零组件编制单位是根据零组件设计信息推理得出的,属于直接派生型映射;MBOM 的装配顺序信息是工艺过程设计得到的,其原材料和制造资源信息又是装配工艺过程信息推理得到的,属于间接派生型映射,如图 11-54 所示。

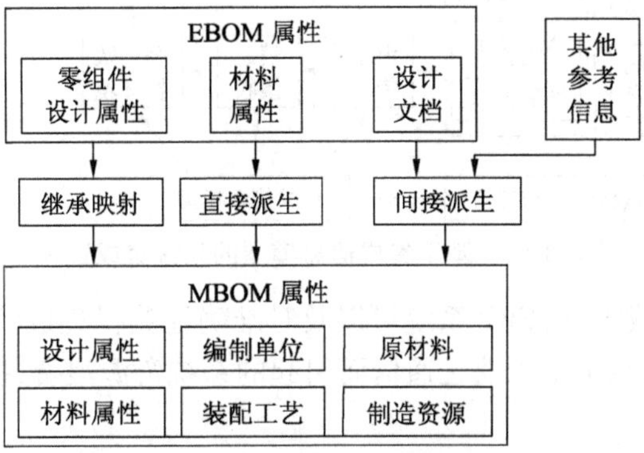

图 11-54 BOM 属性映射

可见,将 BOM 结构变换和属性映射的结合应用,就可以将 PDM 系统中的 EBOM 经由 PP - BOM 转换成为 ERP 所需的 MBOM,使 PDM 与 ERP 系统间的集成信息达到语义一致。

(2) 集成方式与机制

PDM 系统中需要集成的信息经过转换与映射,形成符合 ERP 系统要求的 MBOM 信息,可以为 ERP 系统所使用。通过两系统间的集成,对语义互通的集成信息进行传递与共享。

① PDM 与 ERP 系统集成方式

PDM 与 ERP 系统相互独立,数据组织各不相同,是异构系统,集成需要由两系统协调完成。从系统集成的信息流方向和主动性来讲,PDM 与 ERP 系统的集成方式包括 ERP 主动、PDM 主动、两系统共同主动三种。

PDM 主动方式由 PDM 系统将需要集成的信息与文档传递到 ERP 的开放数据环境中,并通知 ERP 系统读取信息。该方式在确保了两系统间信息集成的同时,也保证了数据同步的特性。其余两种方式由于缺乏数据同步机制的保障,ERP 系统无法及时获得集成信息,降低了集成效率。因此,PDM 主动方式是相对较为理想的集成方式。

② 基于集成信息模型的集成机制

在 ERP 系统中,根据集成信息模型建立数据存储结构,分别对应于物料、层次结构与资源等相关信息,提供一套开放数据环境,以及供外部系统读写信息的接口方法,同时提供一个消息监听服务。PDM 系统根据集成信息模型对产品信息进行重新组织和提取,通过 ERP 系统的开放数据环境的接口,将 PDM 系统转换后的产品相关信息写入到开放数据环境中,实现对集成信息的传递。信息传递完成之后,PDM 系统利用网络消息机制向 ERP 系统发送一个集成完成的消息;ERP 系统的消息监听服务获得这个消息后,通知 ERP 主程序及工作人员从开放数据环境中接收已集成的信息,并将其应用到生产计划与制造中,如图 11-55 所示。

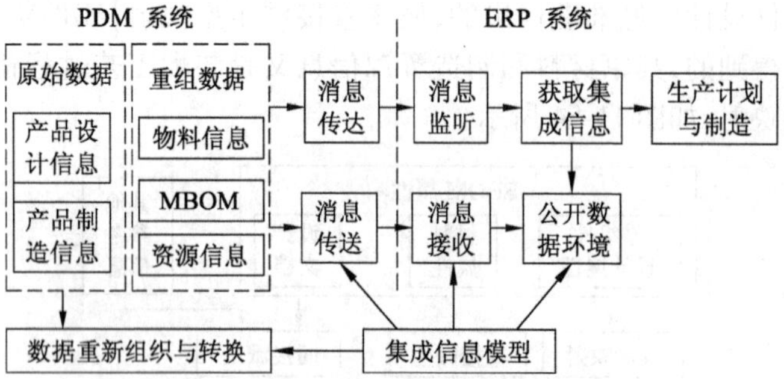

图 11-55 基于集成信息模型的系统集成过程

通过上述系统集成方式,ERP 系统可以及时准确地获得集成消息,并根据 PDM 系统输入信息做出响应,避免了由于缺乏通信而引起的系统资源浪费,提高了集成的效率。

11.4 PDM 是 CIMS 的集成框架

CIMS 是英文 Computer Integrated Manufacturing Systems 的缩写,直译就是计算机/现代集成制造系统。CIMS 是通过计算机硬软件,并综合运用现代管理技术、制造技术、信息技术、自动化技术、系统工程技术,将企业生产全部过程中有关的人、技术、经营管理三要素及其信息与物流有机集成并优化运行的复杂的大系统。计算机集成制造(CIM)的概念最早是由美国学者哈林顿博士提出的。

企业作为一个统一的整体，必须从系统的观点、全局的观点出发，广泛采用计算机等高新技术，加速信息的采集、传递和加工处理过程，提高工作效率和产品质量，从而提高企业的总体竞争力。

制造业的各种生产经营活动，从人的手工劳动变为采用机械的、自动化的设备，并进而采用计算机是一个大的飞跃，而从计算机单机运行到集成运行是一个更大的飞跃。作为制造自动化技术的最新发展、工业自动化的革命性成果，CIMS 代表了当今工厂综合自动化的最高水平，被誉为“未来的工厂”。

所谓“集成框架”，是在异构、分布式计算机环境中能使企业内各类应用系统实现信息集成、功能集成和过程集成的软件系统。信息集成平台的发展经历了计算机通信、局域网络、集中式数据库、分布式数据库等阶段。随着 CIMS 技术的不断深入发展和应用规模的不断扩大，企业集成信息模型越来越复杂，对信息控制和维护的有效性、可靠性和实时性要求越来越高，迫切需要寻求更高层次上的集成技术，提供高层信息集成管理机制，提高运作效率。目前，国内外的技术人员对新一代信息集成平台做了大量的研究开发工作，也推出了多种平台，典型的是面向对象数据库及面向对象工程数据库管理系统。虽然面向对象技术已部分商品化，但还没有在企业中得到全面应用和成功实施，技术仍不成熟。具有对象特性的数据库二次开发环境，由于其开放性、可靠性等方面明显不足，无法胜任 CIMS 大规模实施应用的需求。而在关系数据库基础上开发的具有对象特性的 PDM 系统由于其技术的先进性和合理性，近年来得到了飞速发展和应用，成为新一代信息集成平台中最为成熟的技术，是支持并行工程领域的框架系统。PDM 不仅向 ERP 自动传递所需的全部产品信息，而且 ERP 中生成的与产品有关的生产计划、材料、维修服务等信息，也可由 PDM 系统统一管理和传递。因此，PDM 是企业的集成框架。

第12章 PDM系统实施方法

12.1 PDM实施概述

12.1.1 PDM实施目标的制定

在实施PDM系统之前，企业必须预先拟定明确的PDM实施目标，这不仅关系到PDM实施的准则和出发点，更关系到PDM实施的参考点和检验标准。在实施PDM系统的过程中，企业需要了解企业所需管理的工作流程、需要使用的数据类型以及目前使用的应用系统。

结合明确的PDM实施目标和产品开发的现状，企业应该了解产品开发过程中影响PDM实施目标实现的产品开发所涉及的工作流程、应用系统和相关数据。为了利用PDM对产品开发所涉及的工作流程进行管理，企业必须首先对所要进行管理的工作流程进行清楚的定义和描述，确定工作流程的基本组成、数目、关键环节和基本结构。分析工作流程，将有利于企业部门、人员和资源重组，确定PDM系统的基本要求，同时还有利于控制实施范围和时间安排。

数据存储和管理是PDM所提供的基本功能，而且是其他功能的基础。但由于企业的数据格式、类型和数据间的相互关系千差万别，在利用PDM对其进行管理时需进行大量的客户化工作。提前对企业的数据类型和相互关系进行分析和定义，提出相应的特殊要求，是选择PDM软件的一个重要标准，同时也为控制PDM的实施进度提供必要的参考依据。

应用系统及其他商业或生产系统的集成是影响PDM实施成功与否的一个重要环节。系统集成必须能够对现有系统的遗留数据进行管理，同时又能在各个系统之间实现信息共享，减少数据冗余和保持数据的完整性。然而，系统集成是一项较为艰巨的工作，它要求实施人员对PDM软件和应用系统都十分了解。不同的集成度对诸如封装、应用接口到完全集成等要求，所需耗费的时间、人力和费用将有明显的差异。通常，如果PDM软件和应用系统之间有成熟的接口，将能够有效地保证实施的进度。因此，在选购PDM软件之前，必须分析现有的应用系统情况和集成方式。

从上述分析可以看出，由于PDM实施过程中，企业所需管理的工作流程、数据类型和应用系统繁多，同时很多工作之间必须保证一定的实施顺序，因此，有必要制定实施目标，预先实施阶段划分，规定每个阶段所涉及的工作流程、数据类型、应用系统、实施地点、用户数目等。同时，还有必要对计算机网络体系进行规划，在满足各阶段需求的前提下，对系统配置进行必要的更新，最终保证系统在规定的时间阶段内成功实施。

12.1.2 成功实施的关键要素

企业 PDM 的实施是一项长期、复杂的工作过程，会变革企业现有的工作模式和业务过程，但这场变革必须是一种平和的工作模式的过渡和合理的流程渐变。因此，在企业中要想成功实施 PDM 需要注意以下几点：

（1）明确企业的战略目标，PDM 项目服务于企业的战略目标

清楚地定义项目的目标和规模，是保证项目能够正常启动和顺利进展的必要条件。每个企业都会有一套确保自身生存与发展的战略规划，这种规划可能来自企业对当时所处的竞争环境的分析，也可能纯粹是企业自身的战略设计。例如，福特公司在 20 世纪 90 年代初期，全面分析了汽车市场上竞争对手的状况，结合对未来市场发展的预测，得出以下结论：福特公司要想在下个世纪继续保持领先地位，必须改善产品开发体系，提高整体效率，并提出具体目标，“在 2000 年到来时，把新汽车投放市场的时间，由当时的 36 个月，缩短为 18 个月”。正是有了这样的目标，也才有了著名的“福特 2000”计划，才有了这个计划的核心——FPGS（福特产品开发系统），也才有了 C3P（CAD/CAE/CAM/PDM）项目。

（2）PDM 项目应有明确的可以测量的规模

作为一个项目，它的主要特点是目的性——检验是否完成应有具体的指标，以及资源的有限性。在项目的开始就要对相应的各项指标给出明确的规定。SDRC 公司基于多年实施 PDM 项目的经验，总结出了 PDM 实施方法论 metasdm。metasdm 可以帮助企业在规划 PDM 项目时，避免只考虑技术因素或部门要求，而忽视了企业的整体要求，确保企业在有限的投资下，保证投资合理性和项目的质量，从而避免许多误区和风险，确保项目的规划能被用户和 PDM 厂商双方接受。

（3）PDM 实施的长期性与项目的可扩充性

实施 PDM 并非一朝一夕的事，它需要一个较长的周期，才可以达到预定的目标。而把这个周期分成若干个时间段，制定每个阶段的阶段性目标，或称里程碑，是一种成功的模式。每一个阶段，只有达到了目标，才走到下一个阶段。

另一方面，任何事情都不是一成不变的，市场形势在变，企业经营模式在变，IT 技术也在变，这些都注定了 PDM 项目本身不可能以不变应万变。这就要求系统要有可扩充性，要能够不断地自我完善，要有自我发展的能力。

（4）保持最高决策层与 PDM 项目实施队伍和合作伙伴之间的沟通顺畅

沟通的意义不言自明。没有良好沟通的实施团队只能坐在那里浪费时间，同时也浪费宝贵而有限的实施资源。实施团队需要与公司领导、部门负责人、科室主任，特别是与业务相关责任人、IT 部门负责人进行沟通，了解他们的需求，将工程师工作过程中遇到的问题转化为系统能够实现的功能，为问题提供专业的、合理的、完善的解决方案。

（5）确保项目的实施人员是行业的专家

实施人员应该是本行业的专家，或者是网络、系统架构、CAD/CAE/CAM/PDM、企业管理方面的专业人才。在组织实施团队时，必须考察各个团队成员的技术背景和实施经验，起码一半以上的实施团队成员应该具有一定的实施经验和相关技术背景，实施团队的领导人必须具有 PDM 实施经验和项目管理经验。

12.1.3 实施的风险分析

实施 PDM 除了技术和流程方面的因素外,还必须考虑到人和管理方面的因素。事实上,人的因素是最重要的因素,没有相关人员的理解和合作,PDM 要取得成功将十分困难。

(1) 缺乏管理层的支持

首先,PDM 项目的成功必须有企业最高管理层的全力支持。当项目遇到阻力时,特别是当项目实施遇到文化上的阻力时,企业的高级领导必须是变革的推动者,企业的经理必须理解并接受变革所带来的益处,从根本上推动项目的顺利实施。关键的执行人员可能需要将他们的注意力从产生直接效益转移到具有战略价值但不一定能够迅速见到投资回报的项目上来。PDM 项目的实施并不仅仅在于迅速解决眼前存在的问题,也并不仅仅是一种改善企业开发能力的途径,更注重的是形成企业长期的经济效益、员工的技能培养和长效发展。

(2) 实施队伍组织不良

PDM 项目的成功依赖于人。从项目的一开始,就应该有一个非常优秀的项目组织。项目组应该由用户和供应商双方的人员组成,项目的成功取决于项目组成员间良好的合作。

为了实现项目组成员之间良好的合作,需要对项目组成员进行相应的技能训练,包括组织建设、处理问题的方法和决策。项目组应该共享同一个实施目标。

许多情况下,PDM 项目将会涵盖所涉及的目标流程的各个方面。让各方面的人员尽早介入项目是必要的,这样有助于他们理解项目最终要达成的效果,以取得他们的理解和支持。

PDM 项目属于整个企业,而不能单靠 PDM 项目组来推动。项目组必须同时得到经理层及具体工作人员的支持与合作,IT 部门的全力支持从项目一开始就是非常重要的。

(3) 没有很好定义的项目实施方法

一个很好定义的项目实施方法,可以保证介入项目的所有成员在任何时候都能清楚地知道即将发生的任何事情,并能让参加人员知道他们应该做什么、怎么做。项目的方法还应该对项目的进程的主要阶段及每一阶段的任务进行定义和解释。项目的实施方法显示出项目是如何与企业的组织框架产生联系的,显示每一阶段结束时应该达到的目标和需要交付的内容以及不同阶段之间如何衔接。

(4) 项目的目标与范围不清楚

业务目标为项目组提供了明确的业务方向,并帮助项目以业务目标是否实现来检验项目是否成功。没有业务目标,容易使项目组成为新技术的追逐者,而对公司的业务毫无效益。重要的一点就是确保 PDM 项目与企业的业务目标紧密相连,并以业务目标指导技术的选择和应用。

(5) 选错了软件

由于 PDM 软件开发商所处的行业、自身资质以及相关经验不同,PDM 软件之间有着巨大的差异。有些系统只需要很少的客户化工作,有些软件则需要较多的客户化工作;有些系统在使用初期看起来很容易实施,而实际上一旦工作深入下去,却几乎没有办法收场;有的软件在几十个用户时还可以应付,到几百个用户时响应速度就变得很慢。PDM 软件系统的柔性是一项非常关键的因素,柔性意味着软件在以后的使用过程中可以容易地适应企业的变化,满足用户提出的新的需求。

表 12-1 是一些典型的风险,在 PDM 实施过程中要特别注意。

表 12-1 在 PDM 实施过程中典型的风险

风险范畴	风险因素	可能的影响
实施前准备	企业不重视 PDM 项目	项目进展缓慢、严重拖期
项目实施	项目范围的失控	项目范围不自觉扩大;开支超额
项目实施	未能及时提供有关当前数据和系统功能的详细资料	项目周期延长;开支超额;缺乏完整信息以完成准确的审查和评估
项目实施	人员不到位	项目周期延长;开支超额
项目实施	实施项目组没有积极性	项目后期维护困难,不能快速响应项目的需求变化
项目实施	部门之间扯皮	项目进度延期
运行维护	历史数据整理	项目失败
业务变革	阻力重重,害怕变革,及带来对生活的影响	推广受阻

12.2 PDM 实施方法论

12.2.1 明确 PDM 的定位和实施目标

对于一个企业来说,通过应用 PDM 需要达到哪些目标,应同企业自身的实际情况、当前需要重点解决的主要问题和未来几年的发展战略等结合起来综合考虑,制定切实可行的合理目标,即不能把目标定的过高或对 PDM 的期望过高,更不能把 PDM 看作是一个纯粹的"产品数据管理系统"。

企业可在咨询顾问的帮助下根据产品特点,设计开发部门硬件平台、网络环境、数据库应用、软件应用等情况进行综合分析,提炼出企业的 PDM 应用需求,确定实施的范围。

明确定位是采用跨企业、跨地区的超大型 PDM 系统,还是采用企业级的 PDM 系统,或是部门级、工作组级的 PDM 系统,并充分考虑将来的应用扩展,从而形成选择 PDM 软件的标准,做到有的放矢。

12.2.2 制定可行有效的实施策略

(1) 总体规划、分步实施

从功能角度看,目前市场上的 PDM 软件大都具有文档管理、工作流和过程管理、产品结构与配置管理、查看和批注、设计检索和零件库、项目管理、电子协作、工具与"集成件"等功能,但要一次全部实施上述的所有内容是比较困难的,较好的办法是从部分应用开始。例如,首先应用电子文档管理、设计检索和零件库、扫描和图像服务、产品结构与配置管理等；其次，引入工具与"集成件"等；最后实施审批、工作流和项目管理等内容。

（2）从点到线、从线到面的渐进实施

PDM 项目往往需要较大投资，包括投入人力、购买软件、咨询服务等。企业中产品开发人员的"素质"不完全相同，即使对于"项目组级 PDM"项目的实施，全面推广往往会出现以下问题：① 实施 PDM，影响到正常的产品开发活动；② 由于部分人的影响，项目的实施周期加长；③ 造成软件投资的浪费。有些企业在引入 PDM 软件时，一次就购买了众多的用户许可证，但最终的结果是只有很少的一部分人在使用，显然这给企业造成了资金上的浪费；如果整个项目实施失败，损失就会更大。

12.2.3 选择合适的合作伙伴

当用户选择了一款 CAD 软件时，只要对用户作一些必要的培训，用户就可以开始使用，当使用的时间较长时，自然也就得心应手了。但 PDM 则不同，必须有一个包括产品设计师、标准化人员、IT 人员、企业领导和合作伙伴（实施顾问）等的实施队伍来实施才能投入使用。

这是因为：PDM 软件虽然提供了信息的传递与共享，产品开发过程的管理，标准件、通用件库的管理等功能，但要投入应用，通常要针对企业具体的情况，做大量的准备工作。这里要强调的是，选择技术力量雄厚的合作伙伴对 PDM 是否能获得成功有很大影响。因为企业在引入 PDM 之前，大都不具备有丰富 PDM 实施经验和二次开发能力的专门人才，只有在合作伙伴的协助或帮助下，结合企业的具体情况，在实践中发现问题，共同开发和完善，PDM 才能真正发挥作用。

12.2.4 争得企业决策者支持

要买一套适用的软件，培养一支精干的技术队伍对于企业来说并不困难。然而涉及企业固有的生产机制和管理模式的改造或重组则不是技术人员能力所及的。PDM 项目中，涉及开发团队的重组、产品信息的集成、流程的标准化等各个方面的管理问题，标准化基因库的组织需要多个设计组的支持，工作流管理需要全体员工的配合，只有争取决策层的大力支持，把实施 PDM 与企业的改组、改制和改革相结合，才能避免重复和走弯路。

一项新技术在企业中的推广只有在公司领导的直接干预下才能迅速取得突破。PDM 的重要性和实施难点也就在于其管理上的特殊之处，因此，如果领导在立项时还未充分意识到这一点，PDM 项目要取得成功是非常困难的。

12.2.5 重视培训

（1）PDM 用户的培训

PDM 的使用者大部分是产品开发人员，他们的主要任务是开发产品，其所开发产品的功能和质量是衡量业绩的主要指标。也就是说，企业中产品开发人员关心的是如何才能尽快地按要求完成自己手头的工作。

因此，企业中的员工培训和学校中的授课是不同的，大多数员工对培训的内容只是一时的热情，同时也不会主动花大量的精力去把它吃透或彻底搞清楚，如果短期内 PDM

项目不能取得进展,隔一段时间后他们就连基本的操作也会忘记。另外,由于历史的原因,大部分经验比较丰富、但年龄偏大的设计师通常对计算机并不熟悉。因此,对于企业中的 PDM 使用者的培训,要有足够的耐心,反复、多次的技术培训是必不可少的。

(2) 企业领导的概念培训

PDM 是一项技术,但首先是一种管理思想。如果企业或项目组领导对 PDM 的理解不够全面,PDM 的推广将非常困难。解决该问题的有效方法是,对企业中所有相关的管理者分层次、有步骤地进行培训,为后期项目的顺利开展打下基础。

12.2.6 重视产品数据的标准化和流程的规范化

标准化、规范化、系列化是现代工业生产的前提和基础。各种数据的交流,离不开标准化和规范化。实施 PDM 实际上就是要实现企业产品信息的完整性、规范化,达到管理制度的科学化,因此标准化工作是 PDM 项目实施中一项非常重要的内容。

① 产品标准化"基因"的抽取——标准件、通用件、典型结构等。充分利用构成产品的标准化"基因"是当前提高产品设计效率最有效的手段。PDM 系统可对这些标准化基因(如标准件、通用件和典型结构等)进行统一管理,实现快速的查找;但如何抽取和组织出适合企业现状的标准化"基因"库,则需花很大的精力,它包括整理企业标准,收集这些"基因"的模型、图纸的电子文件等;同时,这些工作往往需要整个产品设计部门的配合,有些情况下还需要制造部门的参与。

② 统一、规范的工作流程。PDM 可以支持并行工程和工作流的管理,但要在技术上得以实现,必须有一个科学、确定的工作流程作为支持。因为产品开发中所有信息的传递、共享、批示等都与工作流程联系在一起,如果工作流程的柔性很大,PDM 对产品开发过程的控制能力会很弱,不仅起不到保证产品开发周期和控制设计质量的功效,而且会使信息的传递与共享受阻。所以 PDM 实施过程中必须高度重视流程的标准化和规范化问题。

12.3 PDM 系统实施的步骤

12.3.1 实施前准备

(1) PDM 系统实施动员工作

PDM 实施是企业信息化建设中的一个重要环节。PDM 的实施,将给企业带来管理理念上的巨大变化,使企业的部分业务流程发生变化,改变部分企业相关工作岗位的工作模式、工作要求。因此,企业实施 PDM 不仅要投入大量的人力、物力和时间,还需要在实施过程中与 PDM 软件实施方甚至其他一些管理咨询伙伴密切合作。所以,为了 PDM 实施能够顺利进行、达到预期的目的并最终取得成功,在实施开始时需要在企业进行 PDM 实施前动员。实施动员时需要向企业传达一些必需的信息。这些信息可以归结为两个方面,一是来自企业的领导层,二是来自实施方。实施方需要向企业传达的信息比较多,主要包括以下几个方面:

① PDM 的概念。由于国情的关系,除企业部分领导外,企业其他员工对 PDM 的概

念往往比较陌生，所以动员时要首先浅显明了地介绍：PDM 是什么东西？它是如何产生的？现在发展到了什么程度？PDM 与企业信息化总体建设的关系等。此处的介绍最好能够结合企业的实际情况，不要过多地从定义、文字方面进行介绍，而应以比较形象生动的语言或实例来进行说明。如果能够结合一个具体案例进行介绍，看得见、摸得着、感受得到，则效果会更好。最终要让企业的员工形成一个初步的有关 PDM 的概念。

② 结合企业自身情况向企业员工介绍，PDM 实施后将要给企业带来的各个方面的变化。因为 PDM 与目前企业的管理在一些管理理念与管理方法上存在根本的差别，所以 PDM 实施后，在有些方面会存在一些根本的转变，比如纸介资料管理向电子资料管理的转变，带来的企业底图、蓝图、白图的重新定义，手工评审向网络评审的转变等。这些转变将导致企业一些岗位工作模式与岗位工作要求的改变，比如部分工作岗位要进行调整等。应将可能存在的这些情况向企业讲清楚，或将这种可能交代清楚，以便在实施中遇到类似情况时，企业以及企业员工不会感到意外。因为在进行项目动员时，往往还没有进行较为详细的企业情况调研，如果是这样，做出一些比较详细的预测就比较困难，此时要做得更多的是一些前瞻性的介绍。在做这一部分介绍时，需要提醒的是，要避免给企业员工造成片面的印象，例如，PDM 实施后将优化掉很多岗位，很多员工将失业。

这种理解已经被很多很多的信息化项目证明是错误的。信息化建设会对企业的业务流程进行优化，这是不争的事实；但是，在调整掉一些岗位的同时，还会增加一些岗位，这也是普遍存在的现象。因此，一定要注意不要给企业员工留下这种片面印象。

③ 实施时需要注意的事项。实施方对实施工作积累了很多经验，有些甚至是教训。为了今后的顺利实施，需要将这些特别注意的地方进行重点说明，这是非常重要的。大多数企业没有类似的经历，对于这样一件全新的事物往往手足无措。很多的实例证明，如果这件事情处理不好，该给企业交代的事情交代不清楚，日后必然引起纠缠不清的问题。比如领导重视的问题，这是信息化建设中一个非常重要的问题。企业信息化建设被称为“一把手工程”，这是共识，不容置疑。但是，“一把手”该如何去支持呢？这是需要事先交代清楚的问题。PDM 实施共分成哪些阶段？每一个阶段需要哪些人力、物力，还需要哪些资源？这些都需要交流清楚，权责明确到人，企业领导层才能事先将这些资源准备好；否则，具体运作时，企业往往一下拿不出这些资源，项目实施被迫延期，“领导支持”就会变成一句空话。

④ 要向企业介绍项目实施的总体轮廓和实施方法，包括阶段划分、阶段目标、阶段任务，大体需要配置的资源等。由于此时往往还没有针对企业做详细的调研，此时的项目实施总体轮廓需要实施方结合以往的实施案例和实施经验进行阐述。有些有经验的 PDM 实施商已经将他们的实施经验总结成一定的实施方法论，则此时需要将他们实施方法论的轮廓向企业介绍清楚。当然，实施方法论的内容会很多，还可能需要安排人员、时间进行专门培训，以便让实施项目能够按照实施方法论的要求顺利启动。

关于 PDM 实施动员的形式，根据企业的不同情况，要采用灵活多样的方式方法进行。对于一些中小型企业，采用几次报告和会议的形式就能达到很好的效果；对于大型企业，则要组织多种形式的动员会，比如报告、演示、电影等。

总之，如果 PDM 实施动员工作进行得顺利，就能够让企业员工理解 PDM 的设计思想，明白 PDM 的实施方法，了解企业的信息化建设思路，并能在今后的实施工作中主动配合 PDM 的实施。动员效果的好坏直接关系到今后实施的进程,实施动员工作一定要引起 PDM 实施商与企业双方的高度重视。

(2) 项目准备工作

① 实施团队组织

项目实施离不开实施团队,实施过程中需要不同的人员担任不同的角色,涉及项目管理、系统构建、业务规划、过程监控等工作。因此,在项目开展前,需要成立项目团队,进行工作职责的划分。承担 PDM 系统实施工作的项目团队一般由以下角色构成:

项目监控委员会:负责项目的方向、原则、里程碑、重大争议的裁决和项目验收。

高级顾问/质量监督:负责项目的监督,控制变更行为的规范和有效性,执行质量保证,确认项目查核点。

项目经理组:负责项目执行计划,调配项目人力资源,确定详细工作内容、进度考核,解决技术问题,定期向监控委员会报告。

应用部门代表组:由项目所涉及的各部门经理、最终用户和相关支持人员的代表组成的工作组。他们负责向项目实施工作组提供流程和功能的需求,审查并评价解决方案是否满足需求,在项目实施组的指导下完成系统测试和历史数据移植任务。

实施工作组:实施工作组是项目的常任工作机构,主要由服务方的实施顾问和用户方的相关角色组成,在整个实施周期中负责项目实施、系统分析、方案设计和开发、系统测试、数据移植和人员培训等。

系统管理小组:负责系统安装、环境设定、权限规划、系统运作规范建立、系统维护管理、数据库维护管理等。

② 制定项目计划

PDM 项目计划通常分成以下四个阶段:

项目启动:双方实施队伍到位,确认项目的目标和范围,确定双方办公的条件和模式,批准最初的项目计划和确认完成的准则。

规划设计:分析当前业务流程,定义未来业务流程模型,进行需求调研及确认,完成系统架构设计及系统功能设计方案。

系统构建:根据设计方案进行系统配置和二次开发,使用典型数据进行调试和测试,编写用户使用手册。

系统部署及验收:完成系统部署及试运行,通过培训指导用户使用,项目验收。

③ 制定质量控制方法

在每个阶段规定详细的实施文档,及时掌握实施的质量、出现的问题、解决的途径、遗留的问题等。实施人员通常需要用以下质量文档对实施全过程进行控制:项目建议书、项目实施计划、总体设计方案、详细设计报告、日常工作记录、每周项目状态报告、项目审计清单、项目验收计划、系统使用手册及项目验收报告等。上述质量控制文档分别在实施的不同阶段中产生和不断完善,直至项目验收完成。

④ 实施环境准备

很多企业现在已经决定要实施 PDM 了,但由于 PDM 具有很强的专业性,所以企业在正式开始实施 PDM 之前,还需要一段时间的考察以便确定最终的合作伙伴。在这段时间,为了给今后的实施打下一个良好的基础,企业应当做些什么呢?

要尽可能地将企业的计算机网络建设好。其实,只要企业决心在信息化方面进行投入,不管企业今后要实施何种管理系统,是 PDM,ERP,CRM,还是 OA 等,企业的计算机网络建设都是最基础的建设。只是不同的管理系统由于使用的部门不同,因而对网络的拓展范围与性能要求也不同。单就 PDM 来讲,除了要求一个网络速度能达到 10 M 的基本网络系统以外,还有一些其他要求,具体如下:

a. 性能较好的数据服务器

在企业的计算机网络已经联通的情况下,要运行 PDM,需要准备一台服务器。这台服务器主要是用来为 PDM 系统提供数据库服务。不管企业今后选择哪一家供应商的 PDM 产品,这台服务器都是必需的。因为 PDM 运行后,以前离散存放的产品数据都要存放到该数据库中,PDM 用户要对数据服务器进行频繁的数据操作,数据服务器需要管理的数据量很大,因此对这台服务器的要求相对较高。对服务器的两个主要性能指标即主频与内存来讲,不同的数据库,不同的 PDM 产品对它们的要求也不相同。概括来讲,Oracle 数据库对内存的要求相对而言更高一些;SQL Server 对主频的要求相对而言更高一些;Oracle 数据库比 SQL Server 数据库对服务器的整体要求要高;国内几家 PDM 供应商的 PDM 产品,对主频性能的要求比对内存的要求要高。因此,在选服务器时,着重在对主频及综合性能的考察上。256 M 内存、766 M 主频大概是需要参考的一个最低保障(性能再低一点也可以运行,但对企业来讲,速度过慢会失去实际应用价值)。

除以上两个性能指标外,还要考虑硬盘空间。根据企业不同,其产品数据量也不同。对于文档与管理数据都存放在数据库中的 PDM 产品,或文档资料不存放在数据库中,但和 PDM 数据库存放在同一台服务器上的情况,对该服务器硬盘空间的要求较高。

b. 备份服务器

PDM 系统的数据库对企业来说太重要了。为了防止数据被意外破坏,避免给企业造成不可挽回的损失,必须对数据进行备份。不管采用何种备份策略,月备份、周备份、日备份、全部备份,还是增量备份,备份服务器是必不可少的。对备份服务器的要求不必太高,只要能够运行数据库系统即可。当然,如果降低了性能,肯定会以增加备份时所需的时间为代价。

c. 文件服务器

对于文件管理与数据管理分开的 PDM 系统,还要为其准备一个文件服务器。对文件服务器主要考虑其数据网络传输性能以及硬盘大小。该文件服务器可以和数据库服务器采用同一个服务器。

d. 确定编码体系

目前,更多的企业采用的图文档编码是隶属编码。文档编码即通常讲的图号。隶属编码在我国有着很广泛的应用。在一些部标文件中,往往能看到关于隶属编码的一些明确规定。然而,和物料特征特性分类编码相比,隶属编码的不足越来越明显,比如导致的重复设计、无法提高零件的有效利用率、不支持重组技术、不利于产品优化等。

何时换码?对此,大多数企业总是心存“恐惧”。确实,换码对企业的影响太大了。PDM 的实施对企业换码是一个绝好的机会。不管是隶属编码还是分类编码,要实施 PDM,必须要有一套编码体系。在正式开始实施 PDM 时,企业必须决定自己采用的编码体系。如果等到 PDM 实施了一段时间发现要换编码,则会给 PDM 项目实施带来很沉重的打击，这是需要避免的。一些 PDM 产品供应商具有编码建设的咨询能力，如果企业实在不能确定时，可以寻求他们的帮助。

e. 整理老产品的数据文档

企业在实施 PDM 以前，在企业生产中所使用的图纸都是纸介图纸，或底图，或白图，或蓝图；实施 PDM 以后，在企业广泛通行的将是 PDM 系统中的电子文档。如果还需要纸介文档，也要与 PDM 中的数据保持一致。PDM 中的数据将取代企业以前的底图成为真正的数据源。要实现这个变化，需要将以前的电子文件整理出来，不全的要进行补充。这个工作进行得越充分，以后 PDM 实施时会越快、越省劲。任何一家 PDM 供应商都不会给企业绘图，他们也没有这个能力。当然，对于图纸标题栏明细表规范的图纸，PDM 系统往往提供有信息采集工具，可以在图纸入库时从标题栏、明细表采集信息。因此，企业在整理图纸时，一定要注意标准化的工作。

f. 规范工作流程

任何上档次、上规模的企业，都很清楚规范的工作流程意味着什么。企业实施 ISO 9000，目的是为了规范工作程序，提高产品质量。这与 PDM 中包含的管理思想是一致的。PDM 中的工作流管理功能，首先是将企业典型的业务过程固化在程序中。工作流执行时，在保证业务活动得到一个正确结果的同时，其本身在 PDM 中也会得到详细的记录，达到有方法可依、有记录可查的目的。对于管理规范的企业，在实施 PDM 时有可能需要对企业的部分业务流程进行优化或重组，这是一件很好的事情，因为优化重组后肯定会提高企业的工作效率。但对于管理不规范或者有管理规范但执行不严谨的企业，PDM 的项目管理与流程实施将非常困难，更谈不上流程的优化与重组。如果以上四点要求能够做好，那么实施 PDM 时成功是必然的。但这四点完全做好是非常困难的。在没有进行 PDM 实施时，企业往往也能看到自己在这些方面的不足，但没有一个恰当的时机很难做出决策，更无法谈到贯彻实施。比如有些用户讲，对于物料特征特性分类编码，企业“窥羡”已久，经过了多年的考察，进行了充分的准备，建立了完整的编码规则，做出多方位的预测，但就是不敢轻易付诸实施，其原因就是牵扯的面太多太广，甚至有些管理思想与管理模式需要进行重大变革。

PDM 的实施为他们推广实施分类编码提供了绝佳的机会。因为 PDM 会从企业产品数据源头开始支持分类编码，同时为分类编码在企业的推广应用打下可靠的基础。

PDM 的成功实施能够为企业带来很大帮助，以上几点是必须要提前考虑的事情。即使企业没有最终做出决策，只要有过充分的考虑、仔细的研究，在 PDM 开始实施后，就可以与 PDM 供应商一起在该阶段快速地做出决定，使 PDM 顺利启动；否则，PDM 实施时还需要漫长的准备期，会让 PDM 实施方与企业都非常疲惫。

12.3.2 PDM 实施的步骤

（1）需求调研阶段

实施 PDM 系统，该阶段主要是必须明确需求，确定实施的内容和范围。企业需求分析包括企业的基本情况、企业各个部门的运作方式、企业对 PDM 系统的功能要求以及其他特殊方面的要求。在需求调研阶段，可以参考以下具体工作步骤和活动节点进行：

① PDM 基础概念培训。

主要在项目前期针对项目实施小组成员和用户方的管理人员，对构建的整个系统进行概念培训，同时使实施方了解企业管理方面的现状，为项目实施完成后的系统的定义打下基础。通过基础概念的培训，公司员工，包括企业领导、系统管理员、项目管理员和普通用户可掌握 PDM 的基本概念，PDM 系统的基本功能，实施 PDM 系统后为企业带来的资源优势，可以说这是一个双方知识交换的课程。PLM/PDM 概念与基础培训由实施方实施顾问担任培训讲师。在基础概念培训任务中，需要准备和完成以下工作内容：

· 准备需求培训的资料；
· 准备需求培训环境；
· 协调培训时间、地点；
· 基础知识培训。

② 企业调研准备工作。

为了更好地完成对企业各级用户的调研任务，在开展调研前，需要充分准备调研材料，确保调研内容的完整性和准确性。

· 制定业务需求调研提纲；
· 撰写调研问卷；
· 业务调研人员、部门的组织和安排。

③ 业务需求调研。

在正式调研阶段，项目团队与企业各部门的用户进行访谈，了解企业的基本情况、企业各部门的运作方式、企业对 PDM 系统的功能要求以及其他特殊要求等方面的内容。此阶段需要持续性调研，分析整理调研记录，并及时跟企业人员进行沟通确认。

· 业务需求访谈及整理；
· 需求调研材料的确认。

④ 业务需求说明书编制评审签字。

在业务需求调研的基础上，对企业目前产品设计生产环节进行分析和梳理，在 PDM 系统中设计和规划出业务过程，作为撰写系统需求说明书的基础性文档。

· 业务需求说明书编制及初稿完成；
· 业务需求说明书文档审核；
· 业务需求说明书评审；
· 业务需求说明书修订；
· 企业再次评审并签字确认。

⑤ 系统需求说明书编制评审签字。

在编写业务需求说明书的基础上，项目组需要编写系统需求说明书，定义用户需求。

· 系统需求说明书编制及初稿完成；
· 系统需求说明书档审核及修改；
· 系统需求说明书首次评审；
· 系统需求说明书修订；
· 企业再次评审并签字。

⑥ 系统非功能性需求调研。

项目组应能充分调研企业需求，定义系统的架构需求、数据保密需求、系统性能需求、系统扩展性需求、系统数据量需求、信息安全需求、系统运维需求、系统平台需求等非功能性需求。

· 系统网络硬件调研；
· 系统架构设计 IT_BOM 编写；
· 系统架构设计 IT_BOM 评审；
· 系统非功能性需求调研；
· 系统非功能性需求文档撰写；
· 系统非功能性需求文档评审；
· 压力性能测试方案编制；
· 压力性能测试方案评审修改；
· 系统架构设计评审；
· 开发环境搭建；
· 系统调研总结。

⑦ 项目管理。

PDM 项目实施过程中，项目组和公司需要对项目进程实施监控，确保项目按期完成规定的工作。项目经理负责项目整体进度，在项目周会、月会中提供项目进度报告，协调安排人员及时解决遇到的问题，与用户进行有效沟通等。

· 准备周会材料；
· 发布项目周报；
· 修订项目计划。

⑧ 需求阶段评审会议。

（2）系统设计阶段

在系统设计阶段，针对业务需求说明书和系统需求说明书，在搭建的测试环境中进行系统设计工作，可以参考以下具体工作步骤和活动节点进行：

① 系统详细设计。

根据系统需求说明书，设计 PDM 系统各功能模块。

· 文档管理模块；
· 零部件管理模块；
· 工作流程管理模块；
· 工程变更管理模块；
· UG 集成模块；
· 组织、权限管理模块；
· 标准件及分类管理模块；
· 数据模型设计。

② 系统详细设计说明书文档编制。

在系统设计过程中，撰写系统详细设计说明书，将各个模块的设计过程文档化，进行评审和修改，作为最终项目交付件。

· 系统详细设计说明书编制及初稿完成；
· 系统详细设计说明书文档审核；

· 系统详细设计说明书首次评审；
· 系统详细设计说明书修订；
· 各企业再次评审并签字。

③ 二次开发设计。

PDM 系统的设计需要进行二次开发的定制。在设计阶段,由项目组技术人员撰写二次开发规格说明书,确定功能开发的技术路线,完成开发任务。

· 二次开发需求规格书编制；
· 二次开发需求规格书评审；
· 二次开发技术准备。

④ 项目管理。

· 准备会议材料；
· 发布项目进度报告；
· 修订项目计划。

⑤ 设计阶段评审会议。

(3) 系统构建阶段

在系统构建阶段,进行各项功能的详细构建,在 PDM 中定制出符合企业实际业务过程的数据模型、工作流程等内容。需要完成的工作内容可以参考以下具体活动节点进行：

① 系统数据模型设计。

实施人员根据企业实际数据类型,在业务建模器中规划零件类型、属性、数据集等数据类型,作为系统的元数据,并部署到后台数据库中。

· 人员组织定义及建立；
· 业务建模器配置；
· 权限管理及命令控制。

② 业务主功能设计。

由项目组实施工程师根据详细设计文档进行系统的功能配置,包括文档对象创建、规则的制定、图文档关系的定义等内容。

· 文档及属性定义；
· 表单定义；
· 文档与零件关系定义；
· 项目文档结构树定义；
· 深层复制规则定义；
· 显示规则定义；
· GRM 规则定义。

③ 零部件及属性定义。

定义零部件的属性、规则、创建及编码方式。

· 表单定义；
· 零件间关系定义；
· 深层复制规则定义；

· 显示规则定义；

· GRM 规则定义。

④ BOM 管理。

由实施工程师定义设计、制造 BOM 的规则，由开发人员根据企业实际报表进行报表功能的开发。

· CADBOM；

· EBOM；

· BOM 功能配置；

· 明细表输出定义。

⑤ 流程模板定义。

根据业务需求说明书及详细设计说明书，在系统中创建工作流程，定义操作规则和约束规则，由二次开发人员开发企业特定的功能需求。

· 流程节点定义；

· 流程概要表定义；

· 流程 Handle 配置；

· 流程模板过滤。

⑥ 零部件分类管理。

由实施人员创建产品的标准件库、材料库、零部件库等知识库，设计师在设计时可以调用库中的模型数据。

· 零部件分类结构设计；

· 零部件分类属性设计。

⑦ 系统集成设计。

· PDM 系统最重要的功能是和 CAX 系统进行集成，实现属性映射、同步设计、BOM 结构搭建等功能。

· CAD 集成管理；

· NX 集成；

· CATIA 集成；

· SolidWorks 集成或封装；

· AutoCAD 集成或封装；

· 其他 CAD 软件封装；

· CAD 客户化定义。

⑧ 邮件系统集成。

· 集成配置。

⑨ 二次开发详细设计。

· 系统二次开发；

· 二次开发程序部署说明书。

⑩ 项目管理。

· 构建阶段评审会议准备；

· 构建阶段评审会议。

(4) 系统测试阶段

系统测试阶段主要的工作就是对系统的稳定性、功能性、安全性进行测试，参与测试人员包括项目组成员、公司用户。经过单元测试、集成测试、用户可接受测试、回归测试等阶段，保证系统最终正常使用。可以参考以下具体工作步骤和活动节点进行：

① 制订测试计划。

系统实施人员编写单元测试脚本、集成测试脚本、UAT 测试脚本。

· PDM 关键业务场景定义；
· 编制测试场景及测试大纲；
· 编制测试脚本。

② 数据导入测试。

在测试系统上，用户整理历史数据，根据数据导入方案，将数据导入测试系统，验证数据的正确性与完整性。

· 导入数据格式整理确认；
· 数据导入测试；
· 测试问题解决。

③ 单元及性能测试。

· 编制系统单元性能测试脚本；
· 系统单元测试；
· 单元测试回归测试及问题解决。

④ 用户 UAT 测试。

· 编制 UAT 测试脚本和测试场景；
· 用户 UAT 测试支持；
· UAT 测试问题解决；
· 编写 UAT 测试报告。

⑤ 关键用户培训。

针对参与 UAT 测试场景编写、UAT 测试的关键用户的培训，使其熟悉系统的使用，能够编写测试场景和测试脚本，并能够作为最终用户培训的讲师。关键用户的培训由实施方的实施顾问或企业的系统实施人员担任培训讲师。

⑥ 项目管理。

· 准备会议材料；
· 发布项目进度报告；
· 修订项目计划。

⑦ 构建阶段评审会议。

(5) 系统部署上线阶段

在系统部署上线阶段，实施人员需要跟企业领导、IT 部门负责人确定服务器软件的安装、最终用户客户端的安装、系统试运行后的运维保障方案等工作。在这个阶段进行最终用户的培训，系统管理员的培训工作，并将测试系统上整理好的数据导入到正式系统中。可以参考以下具体工作步骤和活动节点进行：

① 制定部署上线计划。
· 试运行前准备工作;
· 汇总客户端信息(如数量、账号等);
· 客户端安装介质、安装文档、License 确认;
· 服务器安装介质、安装文档的准备。
② 服务器端安装(需企业 IT 配合)。
· 服务器端安装;
· 服务器端安装问题解决;
· 正式系统部署;
· 运维方案的指导。
③ 客户端器安装部署。
· 用户电脑安装客户端;
· 客户端环境配置。
④ 培训材料/手册准备。
· PDM 基础操作教材;
· PDM 使用手册。
⑤ 系统管理员培训。

公司的系统管理员应具有系统的安装、设置和维护的能力,能够解决 PDM 用户在日常使用过程中常见的问题,具备实际操作能力。系统管理员的培训由实施方实施顾问担任培训讲师。

⑥ 最终用户培训。

系统项目实施完成以后,将面临系统推广应用的问题。通过推广应用培训,参与者都应能正常使用该系统。该培训的详细内容将依据每个企业的实施内容而定。参加者包括高层领导、中层干部和一般技术人员。最终用户的培训由关键用户担任培训讲师。

· 制定最终用户培训方案和培训计划;
· 最终用户培训;
· 系统管理员培训;
· 二次开发培训。
⑦ 正式数据导入。
· 生产系统数据导入;
· 数据库备份;
· 生产系统数据检查完善;
· 数据库备份。
⑧ 项目管理。
⑨ 压力测试。
· 系统调优和上线检查。
⑩ 系统验收。
· 正式环境验证;

· 编写系统验收报告；
· 系统验收总结会议准备；
· 系统验收总结会议。

(6) 系统运行维护支持

在系统运行维护阶段，主要的工作就是解决系统中出现的问题，指导最终用户正确、规范地使用系统，在 NX 集成环境下完成产品的设计工作。可以参考以下具体工作步骤和活动节点进行：

① 系统运维支持。
· 整理运维问题；
· 运维技术支持；
· 针对问题提出解决方案；
· 跟进问题解决。

② 项目管理。

③ 准备会议材料并发布项目进度报告

12.4 PDM 系统的效能评价

12.4.1 评价指标的建立

PDM 实施后，企业用户可以在系统上进行产品数据的管理，在 CAD 软件集成环境下完成设计工作，提高设计研发效率，安全规范地管理各类数据。为企业带来的具体收益可以从以下三个指标体系进行衡量：

(1) 时间指标

它包括产品开发周期、工程变更执行周期、新产品销售的百分比、标准部件采用的百分比、其他研发项目的重用程度和设计叠代化次数。

(2) 质量指标

它包括制造过程的能力、工程图纸发布到制造部门后的和改动次数、返工和废料成本和物料清单的准确性。

(3) 效率指标

它包括单个项目的研发成本、单个变更单成本和手工输入的数量。

12.4.2 具体评价项目

建立的标准是以系统中已有的真实数据为依据，系统实施后，从系统功能和运行效果两个方面来定量测评 PDM/PLM 系统的运行效能。评测内容覆盖 PDM/PLM 系统主要功能，即图文档管理、工作流程管理、配置管理、工程更改管理、系统集成管理和运行结果分析，如表 12-2 所示。运行效果方面将从易用、数据展现、权威和真实使用等方面考察。

表 12-2　PDM 系统的评价项目指标体系

测评项目			测试方法	是否实现
图文档管理	分类库结构	是否按产品型号区分数据	列出某型号的全产品数据	
		是否按照文件物理类型分类	列出某种物理类型文件	
		是否按照文件管理类型分类	列出某种管理类型文件	
		是否管理了标准件库	打开一个标准件,并检查其在产品中的使用情况	
	管理数据种类	是否管理了文字内容文件	从电子仓库当中找到并打开一份 Word 或 WPS 等格式的文件,以及它们的历史版本	
		是否管理了平面工程图形文件	从电子仓库当中找到并打开一份 AutoCAD 格式的工程图文件,以及它们的历史版本	
		是否管理了电子设计格式文件	从电子仓库当中找到并打开一份 Protel 等格式的电路设计图纸,以及它们的历史版本	
		是否管理了三维模型文件	从电子仓库当中找到并打开一份 Pro/E,UG,CATIA 等格式的三维模型,以及它们的历史版本	
		是否管理了表单(结构化数据)	从电子仓库当中找到并打开一份表单数据,以及它们的历史版本	
		是否管理了仿真数据	从电子仓库当中找到并打开一份 NASTRN,ANSYS 等仿真软件的输入、输出的数据	
		组件模型和零件模型	打开组件模型,观察其中包含了哪些零件,修改零件模型;再打开零件模型观察,看其与组件模型是否同步变化	
	产品结构管理	能否查明一个组件所包括的全部零部件	列出一个组件所包含的全部零部件	
		能否判断一个零部件被用于哪些组件	列出一个零部件已经用于哪些部组件	
		能否查明一个零、部、组件所管理的全部文件	列出一个零部件关联的全部文件	
	版本管理	能否查明一个零、部、组件的演变过程	列出一个零部件演变的全部版本	
		组件版本和使用零件的关系	增加一个子部件,上层部件版本是否增加	
		零件版本和参考文档的关系	增加一个管理文档,零件版本是否增加	
		已发布零部件的调整是否受控	列出某一个已正式发布零部件的版本调整的过程	
工作流程管理		数据对象是否具备生命周期	列出某数据对象经历的生命周期	
		工作流是否驱动生命周期状态的改变	列出导致某数据对象生命周期改变的工作流的全部细节	
		能否提意见,能否圈红	检查某一工作流查看是否有评阅意见和圈红	
		能否处理待签署人员离岗问题	检查流程启动后能否更换签署人员	
		外单位人员能否参与签署	列出一份有外单位人员参与签署的文件,并找到同意签署的证明	

续表

测评项目			测试方法	是否实现
配置管理		能否形成产品配置	列出至少两种产品配置所包含的全部零部件和关联文件	
		产品配置和设计信息的联动性	改动某处设计，检查上面两个配置当中该处设计是否跟随变化	
工程更改管理		能否进行受控更改	列出某一份更改过的文件的审查流程	
			检查有否向原文件使用者发出描述更改细节的更改通知	
			检查是否有措施把更改实施结果限制在更改通知描述的范围内	
			查询、了解电子文件历次更改的情况	
			电子文件的索引属性应和正文的更改保持一致	
			验证是否有手段保证输出的纸质文件和更改后的电子文件保持一致	
系统集成管理		身份认证	检查某一位使用人员离职后是否只需要在人事管理系统中处理而不需要在 PDM 系统进行管理	
		和工具集成	验证在某一工具软件中有 PDM 系统的入口，可以直接检入、检出	
		和其他数据（工艺、物资）集成	验证其他系统（工艺、物资等）能直接读取 PDM 数据	
		基础数据	元器件、供方、部门等数据可以直接从其他系统导入	
		和其他 PDM 系统集成	验证某一数据对象可以进入其他 PDM 系统的编号和版本有明确的对应关系	
运行效果分析		每日登录人次数和用户数比	系统每日平均登录人数/系统用户 >0.3	
		是否有纸质文件在并行	验证签署完整的文件由资料部门统一打印，打印文件不再回到设计师手中	
		是否发放电子文件	向外单位发送电子文件，不发送纸介质文件	
		数据展示	列出某一产品的物料清单	
		零部件统计	列出某类典型零部件在多个产品中的数量	

第 13 章　PDM 系统实施案例

13.1　案例分析描述

某公司生产各种轻型客车、货车、垃圾车、洒水车以及各类改装专用车等车型，其中轻型客车的车型全面整合了轿车的舒适性与商旅车高效能、高容量的实用性特色。此次 PDM 项目的实施全面提升了该公司设计中心的设计能力及设计效率，从而提升了该公司的市场竞争力。PDM 系统预期达到的目标有如下几点：

① 在 PDM 系统平台下，统一设计中心整车研发过程管理以及分部门、子公司的零部件配套研发管理。

② 统一定义及使用设计中心及分公司研发过程中的基础资源及业务规范，如标准件库/材料库/技术代码库/电子元器件库及配置业务规范。

③ 建立整车设计知识库管理，提高数据的重用度。

④ 使用统一的 PDM 研发数据管理系统，使该公司技术中心以及分公司进行协同研发，实现数据共享。

⑤ 通过实施 PDM 项目，将 Teamcenter 与 CAX 设计软件高度集成，推进产品的全三维化设计，从而提高技术人员三维设计能力。

13.1.1　设计中心日常工作描述

（1）项目管理

产品开发项目立项后，设计中心工程支持部门会有相应的项目经理对整个设计、工艺、采购、生产进行控制，由专人控制项目计划。

（2）建立项目结构和任务分发过程

项目管理员统一维护项目模板结构、模板文件、图文档资料、技术规范等文件。根据项目需要或标准化管理的要求，对模板文件进行新增、修改或删除。项目立项后，由项目管理员统一管理项目各阶段交付物清单；各科室责任人接收项目通知后，编制各自的工作任务，并提交相应的审批流程；最后由项目管理员统一收集归档。

（3）整车开发过程

该公司的市场部及产品规划部根据公司中长期发展规划、产品立项前期调研，完成车型市场定位、车型基本需求调研等工作；技术研发中心基于产品规划部制定的车型市场配置信息，编制车型的技术指标、总体设计方案、总体布局设计、内外造型风格设计及编制产品技术规范；技术研发中心设计科经理根据项目进度及人员情况安排总成/子部件设计任务,并分配到设计师;设计工程师进行零部件三维数模、工程图纸的设计及 CAE 分析;试制车间完成零部件采购、样车试制试验、DMU 电子装车;产品工程部完成整车的工程发布。

(4) 装置设计过程

在确定整车的总布置及方案设计之后,各科室的设计师进行装置的设计工作,并完成装置 BOM 数据的审批和发放过程。装置需要有 CAD 数模,并且需要定义其在整车坐标中的位置。装置的名称使用统一的规范的名称,从词典代码中列表中选择。装置设计过程中,会设计新零件或申请标准件,装配 CAD BOM 视图用以表达装配结构件及非结构件。装置经过审批发放之后会被冻结,具有装置 TG0、零件 TG1、零件 TG2 或 PSO 的成熟度状态。装置达到 TG0 状态后,由车型设计师对装置进行车体部件族归类;装置工程发布达到 TG2 成熟度后,生产准备工程师发起生准单发布流程,在流程中维护装置的生产准备路线信息。

(5) 零件设计过程

工程师在 CAD 中创建零件,创建完成后可发送 SOR;零件名称使用统一规范的名称,需要补充零件属性表。设计师使用 CAD 建模并出工程图,数模图纸完成后发送 SOR,零件经过审批发放之后会进行归档。

零件 TG1 审批流程:设计师在该流程进行发布时,相应的数模、图纸同时被提交到评审会议。设计师可以同时将多个零件提交到评审会议进行发布,提交到该流程的对象是零件版本。零件 TG1 状态发布后,项目组内部成员可以查看。

零件 TG2 审批流程:设计师在 CID 单批准完成后,开始创建新零件;设计师在对新零件内部 TG0/TG1 审批后,发起零件 TG2 审批会议;会议结束后,零件的二维工程图按照流程审签过程签署审签者的姓名和日期。当 CID 单中的所有零件发布后,才能发布 CID 单。

(6) 工艺设计

公司的工艺设计种类有总装工艺、焊接工艺、表面处理工艺、材料工艺,其中材料工艺指根据材料标准选择材料的过程。工艺设计文档均采用 Excel 进行编制,工装设计通过 SolidWorks 工具进行,目前没有信息化系统对工艺设计进行支撑。

(7) DMU 电子装车过程

公司目前的 DMU 电子装车生产过程,是整车集成组的工程师根据车辆配置和装置的数模结构进行 DMU 电子装车的过程。DMU 电子装车主要是数模装配间隙检查。根据整车开发流程,分为第一轮、第二轮、第三轮三个阶段。第一轮和第二轮的结束时间分别对应 TG1 和 TG2 数模输出节点。

(8) 整车 EBOM 构建过程

车型设计师在现有的文件管理系统中为汽车创建整车零部件族,为零部件族添加功能性描述。配置工程师可以使用定义的零部件族,并定义零部件族各部件之间的约束关系及关系表。车型设计师给各科室的主任设计师分配装置的设计工作。各科室主任设计师分配装置的设计工作到设计师。设计师设计装置并构建 CAD 结构,在装置设计过程中也会涉及零件设计过程与零件审批流程,同时也会涉及标准件申请流程与 SOR 包发放。设计师设计完成零件及标准件后,组织完成装置的 EBOM,并提交整个装置的审批。装置 TG0 审批完成后,会通知车型设计师,由车型设计师将装置放到汽车结构零部件族中,并设置该装置的车型配置。装置审批完成后,通知生准工程师维护装置的生准路线。

(9) PDM/ERP 集成接口

ERP 系统目前是独立的系统,设计部门的设计数据未能进入 ERP 系统,没有通过接口技术实现集成。技术中心产出的产品数据只能以文档的形式展现出来,手工地在 ERP 中进行修改,然后存入 ERP,但 ERP 的数据不能存入到公司现有的文档管理系统中。这就导致数据的不一致性、不同步性,而且效率很低。为了实现 PDM 系统与 SAP 之间数据的统一性和同步性,两者之间的集成至关重要。

(10) 文档审批工作过程

责任人首先接收到工程师发出的邮件通知,可从文件管理系统中下载模板文件,编制完成后上传到系统中。责任人在检查完文档内容后,提交该部门进行审批,直至部门领导批准。流程结束后,文档评审表单交由项目管理人员进行归档。

(11) 文档快速发放工作过程

责任人在邮件系统中接收到邮件通知后,从公司 Portal 页面下载文档模板;编制完成后,打印成纸质文件并签字;然后扫描成 pdf 文件,最后将电子原始文件及扫描的 pdf 文件作为附件发给项目管理员。项目管理员收到责任人的原始文件及 pdf 签字文件后,上传到图文档管理系统中,并启动该流程。

(12) 图纸发放工作过程

数据管理员接收到发图的邮件通知后,将 CID 单/生准单中的 tiff 图从文件管理系统批量下载到本地文件夹,并转成 PDF 文件;然后在 PDF 文件中盖发行章打印后分发给相关部门。档案员将分发完成的图纸记录在图纸发放清单文件中。

(13) SOR 数据发放工作过程

该流程适用于外协设计或生产的零件或标准件,设计师组织装置下的 SOR 数据包,通过走纸质流程的方式进行批准,批准后在文件管理系统内进行归档。

(14) 标准件申请工作过程

设计师提出标准件的申请,填写标准件申请表,进入标准件申请流程。标准件工程师可以建议设计师直接使用在用的标准件替代,也可以通知设计师使用 NX 标准件库中的标准件或新增标准件。

13.1.2 公司信息化系统建设描述

公司目前的 IT 建设初具规模,有专用的服务器机房,管理系统包括文件管理系统、国产的 ERP 系统、财务系统、客户关系管理系统、办公自动化管理系统等。表 13-1 为现阶段公司服务器的配置与使用情况。

表 13-1 公司服务器配置表

机器类型	机器型号	提供功能/服务	数量/备注
小型机	IBM 550	ERP 系统	1 台
小型机	IBM 550	① 办公自动化系统; ② 客户关系管理系统; ③ 财务系统	3 台,PowerVM 虚拟服务器

续表

机器类型	机器型号	提供功能/服务	数量/备注
存储设备	IBM DS4700 HP EVA440	① ERP 系统数据备机； ② 客户关系管理系统备机； ③ 财务系统备机	IBM 存储和 HP 存储，今后需要整合，做成双机冗余
Windows 服务器		域管理	虚拟服务器
Windows 服务器		SharePoint 服务器	虚拟服务器

设计软件：CATIA V4 10 套，CATIA V5，UG NX 6，Protel，SolidWorks。

常用软件：SAP ECC6，Notes 7，Microsoft Office。

已建的信息化系统：文件管理系统、KPI 绩效评估系统、OA 办公协同系统、ERP 系统、客户关系管理系统等。

数据库：Oracle 10g R2。

ERP 系统使用情况：总部及设计中心、工厂使用 ERP 系统，通过 VPN（点对点 1 M 窄宽带）连接至 ERP 系统。

13.2 系统需求分析

在项目开始前，要制定项目预期实现的目标，计算项目各阶段完成的时间，计算项目费用预算，制定前期调研计划，采购硬件设备，购买软件等工作，成立项目组，进行成员角色分工，完成项目立项等准备工作。通过对公司目前的图文档管理现状进行分析，发现设计中心使用的文件管理系统主要存在以下几点问题：

① 缺少对 BOM 的管理、BOM 信息不全、BOM 数据未结构化；

② 设计中心现有的工作过程没有电子化的流程，审批过程主要通过人工来完成；

③ 分类的数据不规范、查询不方便、存储位置松散；

④ 设计数据有编码规范，但系统中存在一料多码及多料一码的现象；

⑤ 图文档没有版本控制，版本更改随意，3D 及 2D 数据版本不匹配，图纸的有效性没有得到很好的管理。

13.2.1 系统功能性需求

(1) 图文档管理

PDM 系统提供了从图文档、资料录入（电子化）到文档发布及网络化管理的整体解决方案，可有效降低图文档数据录入及信息发布的成本，保证文档安全，提高图文档搜索、借用的速度，有利于知识与信息的传递与共享。

用户可以实现全文检索；可按多种方式搜索文档，支持模糊查询、自定义查询条件等高级查询功能；能对图文档属性（如编号、发文单位、审批人等）进行查询；可直接从 Word，Excel，PPT，PDF，TXT，HMTL 等文本类文件中进行搜索；还可设置关键词或内容摘要，以方便查询。权限用户可以对数据进行签入、签出操作，以锁定图文档数据。

设置图文档的编号规则，在创建文件时可自动生成图文档编号。可以填写文件编号、名称、版本号、发文单位等文件属性。为每类图文档设置模板，在设计图文档时，可自由调用、在线填单，这样大大提高了设计效率。对流程结束的图文档数据应用电子签名和数据加密技术，只有掌握密码的人才可使用。

用户可根据公司组织结构制定图文档分类体制，各科室、子公司甚至个人均可建立独立的文档分类。各单位之间既可共享文档，也可独立管理自己的文档库。

用户可批量导入/导出图文档数据。可一次性导入文件夹结构和图文档，用于快速部署。

图文档数据可以使用规范的审批工作流，支持串行审批和多部门联合会签。

图文档数据销毁前要先行申请，销毁后进入废弃文档库。项目管理员可查看废弃图文档，如果有需要，则可以恢复。

将图文档数据保存到服务器文档夹，由关系型数据库管理系统进行管理；支持多服务器文件夹；可以实现文件数据的缓存服务，从而满足企业海量文件存储及使用的需求。可设置本地智能文件夹，此文件夹中的文件添加和修改时会自动上传到服务器并自动归档。

(2) 工程 BOM 管理

在 PDM 平台上运用 CAD 设计工具实现同步设计，能够对产品设计数据的 BOM 结构加以管理，并以产品结构树的方式提供产品结构的浏览功能，实现 BOM 比较、产品结构的轻量化浏览。系统提供了常用报表(如文件档案、文档清单等)，用户也可以利用系统提供的报表设计工具自己设计其他个性化报表，可使用报表功能将 BOM 数据导出。

(3) 版本管理

版本表示产品设计的历史演变过程(更改情况的记录)，通过版本的追踪，可保证用户使用的数据是最新有效的。对产品设计数据版本进行管理与控制包括依据产品设计的成熟度、设计评审流程、发布流程等实现产品版本数据的冻结、发布、修订等功能。

版本控制采用版本和版次的两级版本管理机制。版本与版次可按照字母或数字的顺序进行标记，主要用来记录大的更改。建议采用 001,002,003,…的编码方式，也可以采用 A,B,C,…的编码方式。系统维持版本之间的更替关系，旧的版本冻结后并不会被删除。

(4) 工作流程管理

实现产品设计数据、技术文档、产品更改过程的电子化评审流程，并可以及时将这些评审意见传达给设计人员。

审核人员可对流程中的图文档数据进行圈阅、添加电子批注，也可以实现退回操作。允许设计人员进行修改，设计人员修改后重新提交流程评审。

设计数据评审通过后，设计人员可以审查流程信息，并以 HTML 或 Excel 方式导出。

通过电子流程，可以批量快速冻结历史数据和文档数据。对于冻结后的数据，只有读的权限，不能执行修改操作。

系统管理员可以根据用户提交的申请将数据解冻，允许设计人员再次编辑图文档数据。

(5) 多 CAX 系统集成

通过 PDM 系统实现与 CAD 系统的深度集成，从 PDM 系统中通过开发集成接口，直接打开 CAD 应用软件，进行产品设计。PDM 系统能从三维 CAD 模型文件中读取信息，需要自动写入数据到三维 CAD 模型文件中。如果在 PDM 系统中修改了零部件属性、结构等数据,需要直接互动写入到三维 CAD 文件中;用浏览器或三维 CAD 系统打开 CAD 文件,看到的就是与 PDM 系统中一致的产品模型。需要实现 PDM 数据对 CAD 数据的一致性、维护和协同操作性。在 CAD 的图纸标题栏中可以定义动态属性,与 PDM 数据库中的对象属性同步,比如创建者的名字、日期,流程中的审批者的名字、日期等。随着流程的推进,系统自动在标题栏中填入相应流程节点的信息。通过 CAD 的集成接口,需要解决设计过程中的左右件、颜色件、无图件、标准件、借用件、焊点文件、管路变形件等。

CAITA V5,Pro/E,NX 等原始格式数据能够转换成轻量化模型,以保证快速和安全地查看数据。轻量化数据模型是以 JT 文件形式存在的。JT 文件类似 IGES 和 STEP 文件格式,是 Teamcenter 专有的一种文件格式,可以支持多种 CAD 格式的转换,如 CATIA,Pro/E,UG;需要将转换结果在同一个 3D 可视化工具中打开,进行混合装配。

(6) 分类库管理

PDM 系统中的分类功能为企业使用的各种国标、行标、企标件以及企业设备资源提供分类管理功能。通过分类管理,可以将公司的标准件、原材料的工程参数进行统一管理,方便设计过程的重用和借用。

① 分类结构树管理。应根据所要管理的标准件、材料件、零部件数据及管理需求建立数据分类规范,通过在分类模块中建立分类结构树来管理系统中的标准件、材料件、零部件等数据。

② 分类属性管理。在建立数据分类规范及实现分类结构树时,需要针对每一组零部件特点规划不同的属性参数,以更好地描述零部件特征,为数据查看及检索提供帮助。

③ 在将标准件、材料件、零部件发送到分类库时,需要根据已有规划维护每一个零部件的属性。

④ 分类数据检索。工程师需要通过树状结构也可以通过属性参数、件号等模糊检索的方式查找到符合条件的零件。

⑤ 分类数据查看。结合可视化软件,在零件分类页面,工程师需要看到零部件的预览图、分类属性。对于正在查看的已分类数据,工程师还能根据需要将数据发送到其他模块查看数据信息。例如,将数据发送到"我的 Teamcenter",可以查看当前数据的所有版本及属性;将数据发送到"PSE",可以查看当前数据最新版本的结构信息。

⑥ 分类数据查找。零部件分类库应提供丰富的检索手段,可以通过参数、相似性方便地查找零部件。在零部件分类库中,可通过多种查询手段查找到所需的零部件。

⑦ 获取零部件的 CAD 模型。零部件分类库与 PDM 系统紧密整合,除零部件参数规格以外,需要方便地获得零部件的 CAD 模型、技术资料等信息。

(7) 更改管理

工程更改是一个较复杂的数据管理与变更问题,涉及产品设计、工装设计、工艺过程规划、制造、成本核算、采购、销售以及用户服务等有关部门。因此,PDM 系统的更改管理应基于公司专用的更改规则,使更改工作始终与企业质量管理要求保持一致。

首先需要根据公司的实际情况,利用工作流程管理的流程定义功能,定制变更过程模型。对于变更模型中的变更对象,均采用变更流程控制。工程更改过程会产生许多相关数据，如更改前后的零部件图号、更改原因、更改内容、审核者意见、审核日期、外部客户意见等。PDM 系统的对象管理必须能够记录每次对象变更的结果。通过建立产品结构对象和描述文档之间的关系，不仅要保留产品结构对象本身的历史，而且要保留与之相关的描述文档的历史，实现数据的可追溯性。审核者也可随时查阅他人的审核意见，以供参考。同时对于变更控制过程，PDM 系统需要利用工作流程管理的功能进行自动记录，记录的内容包括工程更改原因、更改决定、更改活动、更改命令、审核意见、变更签审历史、变更流程历史等信息。

(8) 访问权限控制

权限控制使用“基于规则”的概念，这样的概念可以让系统管理人员以最快、最灵活的方式设定权限，并可与电子流程相结合。不同的用户组、不同的数据状态、不同的工作流程状态、不同的电子保险库、不同的发布状态等，针对不同的事件(如新增、修改、删除、检查、更改等)均可灵活设定不同的权限，更能依企业运作模式动态地更新数据使用权限，建立完善的权限管理。

按照数据权限规则查看数据时，系统会自动检索权限规则树，判断当前用户所具有的权限，并自动根据用户权限对数据进行屏蔽，如某数据对象或特定的属性。对于查看的单个数据对象，具有权限的工程师可以进行相关的权限设置，如对组织、角色、用户定义读、写、删等权限。

(9) 机电一体化管理

根据公司的电子控制单元设计研发过程，对 PDM 系统与 ECAD 系统进行集成；使用 PDM 系统中的浏览器来浏览和高亮显示 PCB 物理布局中的实体。对各种设计问题进行交互式探查，能够检查连接器是否对齐、如何放置和定向部件、检查多导线是否靠得太近而无法进行均匀蚀刻以及分析元器件的散热问题等。

对信号和软件/硬件依存性进行管理，校验及配置参数数据，进行电子、虚拟设计协同和装配/测试分析，实现线缆数据管理和产品配置管理。

可以管理的数据对象有原理图、PCB 布局、组件、物料清单(BOM)、制造及装配数据。可以将对象另存为版本或修订版、在 PDM 系统中打开对象或保存对象以及提取原理图及其实例中的属性值。

(10) PDM 系统与 ERP 系统集成

使用文件接口交换来实现 PDM 和 ERP 系统的集成，系统之间通过 Excel 表格和中间文件(.txt)传输数据。在每天确定的时刻通过 FTP 方式传递中间文件。PDM 系统传输程序负责将数据传递到 Excel 表中并生成中间格式文件，由 ERP 系统负责将数据导入到 ERP 系统中。

设计人员在 PDM 系统中定义车型的全配置 BOM，并传递到 ERP 系统中。销售的产品配置活动在 ERP 系统中进行。PDM 系统能够向 ERP 系统传输双方重叠的物料基础信息。PDM 系统的物料版本不向 ERP 系统传递。对于更改后不能满足互换性的物料，则必须生成新的物料号。对于产品工程部门无法提供而 ERP 系统中需要使用的生产数据由相关业务部门在 ERP 系统中添加。

接口传递的内容包括物料基本属性、EBOM、设计更改、产品配置规则。在集成接口开发中，需要注意以下几点：

① 设计的图文档数据和 BOM 定义需要与生产现场的实际情况一致。

② 工程部门定义不足和/或有差异的图文档属性和 BOM 结构需要由业务/部门在 ERP 系统中补足。

③ ERP 系统需要根据运行情况和未来可能的需求明确需要传递的属性和数据。

④ PDM 和 ERP 必须对所需传递的图文档数据、BOM、配置定义的属性意义及值和更改过程达成一致。

⑤ PDM 系统完成数据导出的计算机程序编制,ERP 需编制数据导入的计算机程序。

⑥ 在集成过程正式运行前保证 PDM 系统与 ERP 系统原有数据的一致性。

(11) 基于公司个性化需求的系统二次开发

根据公司的产品研发业务过程,对系统配置过程不能实现的功能进行二次开发,保证系统满足企业实际应用需求。

13.2.2 系统非功能性需求

PDM 项目非功能性需求对图文档数据应用概况、所用到的各类资源、运维需求等方面进行了具体描述。

(1) 数据保密需求

PDM 系统要求 Server 与 Server 之间的数据保持透明。服务器端缓存和客户端缓存目录下的数据实际上已经经过拆分处理,安全性很高。Volume 和 Workdir 目录下是透明的文件,而对于 Workdir 目录下的文件可以被加密软件加密,以保证数据安全。

(2) 系统性能需求

① 容量需求

服务器(尤其是 DB 服务器的 CPU 和内存大小)应规划到 5 年内的实际用户数。

磁盘存储量的规划应考虑 5 年内 PDM 系统管理的公司 5 年内的产品规划。

为了防止服务器或客户端的磁盘空间的使用率超过规定值,有能力提供脚本(自动定时任务或计划的作业),以及干净的系统缓冲区或在服务器临时目录中的临时文件。

用户增长:目前,公司设计中心有用户 82 人;在 5 年内,预计会增加用户至 120 人。

数据量增长:目前公司的 PLM 系统有约 200 G 的数据。据公司业务发展计划,规模总的数据在 5 年内将达到 670 G,如表 13-2 所示。

表 13-2 PDM 系统运行时系统硬件性能指标

系统硬件	指标值
CPU	
平均 CPU 利用率	15%~50%
高峰期 CPU 利用率	<75%
硬盘空间	
最大系统空间利用率	65%
最大数据空间利用率	75%

续表

系统硬件	指标值
内存	
平均内存利用率	20% ~50%
高峰期内存利用率	<85%
网络	
平均网络利用率	<50%
高峰期网络利用率	<85%

② 响应时间需求

系统的响应时间应该在用户接受的范围内,并让用户感觉合理。表 13-3 所示的响应时间来自单一客户端连接服务器,多客户端并发连接时其响应时间会相应增加。保存数据仅考虑保存至本地卷,保存至异地卷的操作会被禁止。

表 13-3　PDM 系统响应时间表

类　别	平时响应时间/s	Peak Hour 响应时间/s
公司本部设计中心		
登录系统	15	25
第二次登录系统	12	20
查找 Item 返回 130 个结果	5	8
创建一个新对象	5	8
新建一个流程	4	8
下载一个 10 M 的本地数模	15	22
保存一个 150 M 的装配至本地卷	180	250
子公司设计部门		
登录系统	18	30
第二次登录系统	15	25
查找 Item 返回 130 个结果	6	10
创建一个新数据对象	6	10
新建一个流程	5	8
下载一个 10 M 的本地数模	15	25
保存一个 150 M 的装配至本地卷	190	260

以上系统响应时间并未包含以下影响因素:

a. 企业平台系统的响应延迟;

b. 子公司虽然属于内部用户,但是由于受专线限制,响应时间不能保证达到以上标准。Internet 的网络质量不可控，其端到端的响应时间很难衡量。

③ 吞吐量需求(见表 13-4)

表 13-4　系统吞吐量

不同用户数吞吐量需求分类	当前 Volume	未来 5 年增长
平均并发用户数 (8% 平均在线)	40	64
最大并发用户数(18% 平均在线)	90	144
平均同时在线用户数(35% 同时在线)	180	120
最大同时在线用户数(45% 平均在线)	240	360
最大注册用户数	500	800

(3) 系统扩展性需求

能够在一个独立的服务器上增加 CPU、内存、硬盘，以提高系统的应用性能。如通过 DB Server，Volume Server 增加内存等。

能够添加更多的 JT 转换服务器，实现 JT 转换服务的负载均衡；添加更多的 4-Tier 服务器，给更多的 4 Tier Rich Client 作负载均衡。每一个 JT 转换服务器可作为其他 JT 转换服务器的冗余，每个 4 Tier 服务器可作为其他 4 Tier 服务器的冗余。

PDM 系统从自身应用的层面实现服务器的负载均衡和冗余。

(4) 系统可移植性

① PDM 系统应该可以被安装或部署在 Windows 2003，IBM AIX 5.3，HP-UX 11iV3 上，或更改版本的系统上；

② Oracle 数据库中数据可以通过 dmp 命令实现数据备份，通过 imp 命令还原数据库数据；

③ Volume 可以通过 tar 命令打包导出，供其他平台使用；

④ 相关配置文件可以通过安装方式生成。

(5) 系统可用性需求(见表 13-5)

表 13-5　系统可用性需求表

系统可用性分类	需求时间段
系统用户使用时间窗口	8:00—19:00
业务系统最大可接受非正常连续停机时间	8 小时/年
最大可接受不可用频率	0.04%
日常系统维护时间窗口(系统软硬件升级、数据库优化)	18:00—20:00
数据在线增量热备时间窗口	20:00—次日 6 点
数据全备份窗口	周五下班至周一上班前

(6) 灾难恢复及系统连续性工作需求

应用系统的操作与维护应考虑系统灾难恢复解决方案：

① 数据库可在 4 小时内恢复；

② 文件可在 8 小时内恢复；

③ 整个系统可在 8 小时内恢复。

详细的灾难恢复方法和操作步骤，应包括在 PDM 系统操作服务手册中。

一旦灾害发生，最大程度降低数据损失，实现系统快速恢复解决方案，以保证系统的改造正常。公司需要有适应 PDM 系统的企业级的数据备份系统，以保证对文件和数据库定期进行备份、备份的数据被安全妥善地保存。数据恢复仅限于操作系统层面，如果后台存储发生故障，应能判断出与本系统无关。这限于应用层面的恢复，不适用于硬件层面的恢复。

（7）系统文档需求

项目实施过程中需要产生以下项目交付物文档：

①《系统运维文档》；

②《用户操作手册》；

③《用户培训教材》；

④《系统配置安装手册》。

（8）系统易用性需求

公司为所实施模块中人机界面和报表提供简单实用的美化工作，除此之外的人机界面和报表格式美化工作不再进行，但不低于当前应用版本所具有的简单实用功能。

① 系统应提供文字和易于理解的图标，以方便用户使用功能；

② 页面上的导航菜单和工作事宜应位于醒目的位置；

③ 对于多记录清单应提供分页功能；

④ 提供部分业务数据的导入/导出功能，简化用户输入；

⑤ 对文档的上传、下载和查看应提供简单的操作方式。

（9）信息安全需求

① 权限管理需求

a. 按标准格式提供权限清单（《用户岗位对应表》《岗位权限对应表》）；

b. 提供各功能及权限的拥有者（Owner）清单；

c. 权限申请表（参照标准格式编制）；

d. 需要职责分离的角色清单；

e. 列出管理员账号的清单（包括超级账号、具有系统开发更改权限的账号、具有开设账号和分配账号权限的账号、运维监控账号等）；

f. 列出需要跟踪审计的权限或账号；

g. 应用系统不能使用 Admin 或 Root 等系统缺省管理员账号作为登录账号；

h. 系统不能用 local admin 账号启动；

i. 系统的安装账号及密码不能和启动账号及密码相同。

② 密码策略

a. 在应用系统中设置公司的密码策略，要求不低于公司的要求：

· 不应少于 8 位字符；

· 应至少包括大写字母、小写字母和数字；

· 设置密码强制更改时间为 90 天，同一种密码在 9 个月内不得重复使用。

b. 用户登录使用系统在一定时间内没有操作行为,系统会自动失效并要求用户重新输入用户 ID 及密码进行再次验证。

c. 若用户在 90 天内(至多)未登录过系统,该用户 ID 将自动失效。

d. 若用户连续 6 次登录系统不成功,用户 ID 将被自动锁住。

③ 系统审计功能

a. 系统应具有对指定账号(ID)或权限(Role)跟踪审计的功能;

b. 系统能保留一定期限内的所有用户的登录记录;

c. 对于没有成功登录的尝试,也能记录在系统中,已备进一步检查登录人员和登录点的合法性。

(10)系统运维需求

① Root 账号操作必须使用 SU 命令;

② 重启操作系统必须先关闭所有应用;

③ 为系统运行与维护人员提供监控规范和监测策略,并提供专业工具或系统服务平台。提供不同层次的日志文件,为判断并解决问题提供依据。

系统监测包括两部分:

a. CPU 利用率、内存利用率和磁盘容量。

b. 数据库服务和相关应用:JT 转换;网页应用;FSC 服务;License 服务。

(11) 系统日志需求

系统日志:系统服务台提供 7 × 24 小时系统的技术支持,以保证系统运作良好。即使系统出错,服务台可以恢复应用程序,然后找到并解决问题。系统提供了不同层次的日志文件,以帮助操作与维护小组判断并解决问题。PDM 系统应该提供各种日志来跟踪各种问题:

① installation log:记录安装信息,用于分析安装时出现的问题。

② Syslog log:记录系统日志,用于系统管理员分析使用过程中出现的问题。

③ Journal log:通过设置相关环境变量,用于获得比系统日志更丰富的信息。

④ RAC log:记录 Rich Client 运行过程中相关操作的信息,用于普通用户使用过程中查看分析问题。用户可在 PDM 中使用控制台视图查看这些信息。

⑤ TSTK log:记录两个级别的信息,info 和 debug 可用于生产环境,帮助描述整个商业运作过程和设置为开发/测试环境,帮助识别问题,并检查性能瓶颈。

⑥ Web Tier log:记录 Web Tier 相关信息,用于系统管理员分析调试网络层服务在运行中的问题。

⑦ 当系统管理员使用各种后台命令时,PDM 也会生成相应的系统日志。

13.2.3 系统实施范围

(1) 功能范围

采用 PDM 系统作为公司产品管理平台,实施涵盖的功能范围分为以下几个方面:

① 文档的存储、属性及版本管理;

② 产品及零件的编码定制;

③ 电子数据、设计标准信息的快速及方便地查询;

④ 数据的安全性管理;

⑤ 与 CAD 软件的集成;

⑥ 建议三维数模自顶向下的设计模式;

⑦ 数据在 PDM 内的可视化应用;

⑧ 资源库(标准件库、通用件库)的建立;

⑨ 建立以产品为中心并与之关联的数据组织模式;

⑩ 建立树状的 BOM 结构;

⑪ 实现电子化的产品数据接收发布流程管理;

⑫ 实施设计阶段更改管理。

(2) 数据范围

PDM 系统需要管理的数据包括设计中心提供的产品数据、子公司的零件数据及供应商提供的零件数据。

(3) 流程范围

涵盖汽车设计中心及所属子公司产品开发的零部件成熟度设计到批量生产的各个阶段,同时也包括工程冻结后的变更管理。在充分考虑公司现有流程基础上,对现有流程进行优化,形成系统化业务流程。

13.3 系统架构设计

13.3.1 架构设计目标

该公司 PDM 系统架构的设计目标如下:

① 基于 Multi-Volume 架构的异地数据协同,通过 FSC Cache 的同步使最终用户以较快的速度访问存储在异地的 Volume 的文件。

② 使用四层架构的 Rich Client,使用户在较高的网络延迟使用 NX,CATIA,Teamcenter 的集成功能;通过应用程序封装实现与 AutoCAD,MS Office 等应用程序的集成。

③ 通过 CAX 与 PDM 的集成,实现数模装配结构与 CAD BOM 间的同步更新,实现 CAX 数模信息与零件信息的双向集成,并实现对左右件、焊点文件、变形零件、颜色件、无图零件等特殊零件的管理。

④ 建立多组织共享且统一的标准件库,通过分类结构实现对标准件信息和零件描述信息的管理。

⑤ 通过工作流驱动零件成熟度的变迁。

⑥ 通过可视化技术实现零件 CAX 数模转化为轻量化的 JT 数模,使用 PDM 系统实现对零件、装配和产品数模的查看和分析。

⑦ 基于汽车零部件描述库分类手工方式构建汽车的 EBOM,以完整单位 CU 为单位通过 CAX 构建产品单一的 CAD BOM。

⑧ 建立 PDM 系统中的更改执行系统,并作为未来企业级更改系统的一个组成部分。

13.3.2 系统架构设计

公司 PDM 系统的组成分为四层:数据存取层、服务层、应用层和用户层。每一层为其上一层提供所需的服务。操作系统与数据库为最下层提供系统功能,而最上层则通过 Web 界面提供最终用户功能。

13.3.3 系统软硬件部署

(1) 系统逻辑架构图

公司根据系统架构设计目标,采用两层与四层相结合的架构规划,底层服务由数据库服务、应用程序服务、四层 Web 服务、数据存储服务组成。客户端通过 Teamcenter 胖客户端、IE 客户端访问服务器。客户端与服务器通过公司局域网、光纤专线、虚拟 VPD 等网络与技术连接,如图 13-1 所示。

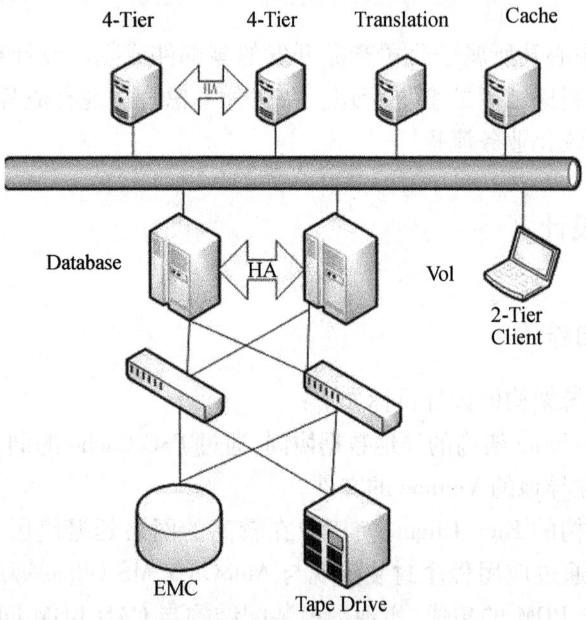

图 13-1 系统逻辑部署图

(2) 系统物理部署图

PDM 系统的正常运行需要较高的硬件资源,公司目前的服务器配置无法达到要求,并且服务器上已在运行办公自动化系统、文件管理系统、财务系统等,因此公司将通过采购的方式订制三套系统环境,即生产系统、测试系统、开发系统。每套系统都有独立的硬件,其中 Oracle 和 Volume 服务器采用 AIX 操作系统。生产环境及测试环境均有两台 IBM Power 6550 服务器,分别运行 Oracle 和 Volume 服务,两台 Power 550 服务器之间作双机互备。开发环境有一台 IBM Power 6 服务器,Oracle 和 Volume 不分开,如图 13-2 所示。

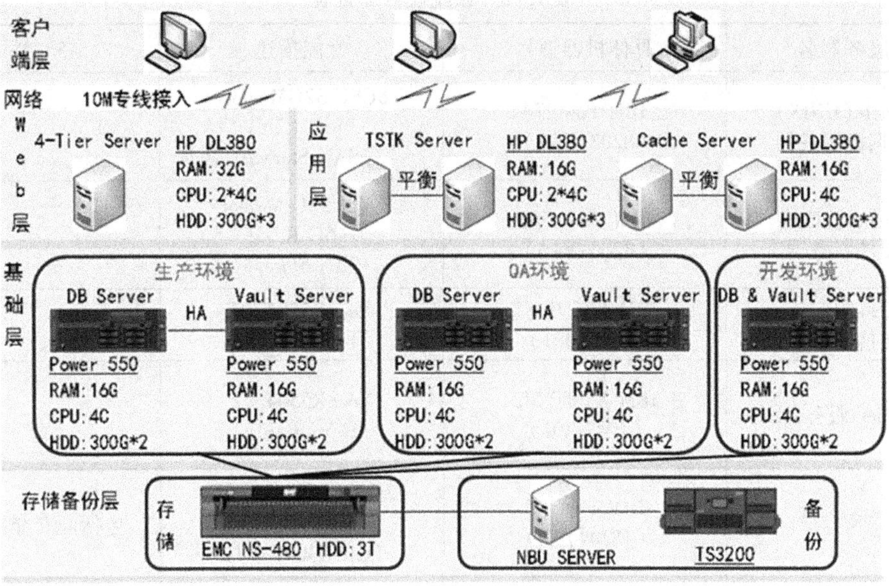

图 13-2　系统物理部署图

（3）系统硬件拓扑图

硬件拓扑图能帮助实施人员更有效地了解软件中各组件驻留的硬件位置，以及这些硬件之间的交互关系。图 13-3 显示了系统的硬件、安装在硬件上的软件，以及用于连接异构机器之间的中间件。

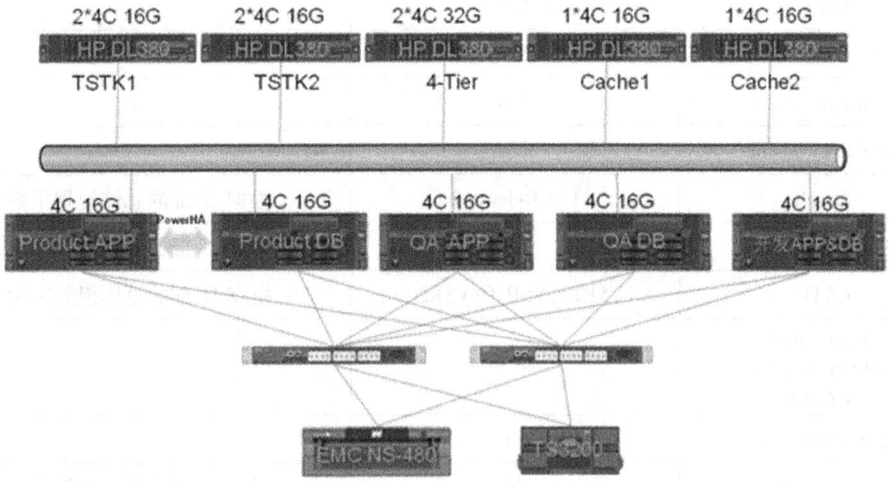

图 13-3　系统硬件拓扑图

（4）系统软硬件配置

服务器硬件配置推荐如表 13-6 所示，项目以实际采购为准。

表 13-6　系统硬件配置表

服务器名	具体机器型号	性能描述	备　注
Oracle(UNIX) 数据库服务器	IBM Power74 (8203-E4A)	8CPU 32GMemory 146G Raid1 SAN Storage	
Volume (UNIX) 文件服务器	IBM Power740 (8203-E4A)	8CPU 32G Memory 146G Raid1 SAN Storage	
Tessellation 转换服务器	IBM X3650 M2 (7947-I01)	XeonX5504 8G 146G Raid1	
4Tier 服务器	IBM X3650 M2 (7947-I01)	XeonX5504 * 2 146G Raid1	
SAN 存储	IBM DS4700 (1814-70A)	2G CACHE/4 分区 AIX-KIT FC15K300G * 16	包括配套交换机
磁带库	IBM TS3100 (3573-L2U)	FC/LTO4 * 1/24 槽位 /800G-1.6T * 25 盘	

使用软件建议如表 13-7 所示，项目以实际采购为准。

表 13-7　系统软件配置表

推荐软件	推荐版本	说　明
AIX OS	AIX 6.1	
Windows OS	Windows Server 2008 R2	
Java run time	1.6	
FLEX Licensing	10.8	
Oracle	11g Release 2	根据 IT 部的总体规划采购
UG NX	7.5	根据 IT 部的总体规划采购
CATIA	V5R18, V5R19, V5R20	根据 IT 部的总体规划采购
Teamcenter Intergration for CATIA	8.3	
Catia translator	7.0	
AutoCAD	2011	根据 IT 部的总体规划采购
Teamcenter Portal Viewer TSTK ETS	TeamCenter 8.3	
Teamcenter Visualization Mockup	8.3	
应用服务器中间件	Websphere 6.1	根据 IT 部的总体规划采购

13.4　系统功能设计

13.4.1　组织管理

（1）公司组织结构的创建

业务功能描述：通过分析公司设计中心各部门的组织结构，在 Teamcenter 的组织中进行创建，添加不同的组、子组与角色。

① 设计中心组织划分（见表 13-8）。

表 13-8　设计中心组织规划

编号	组/子组名称	描述	默认卷
1	dba	系统管理组	Volume1
2	PE	产品工程部	Volume1
3	CAE. PE	CAE	Volume1
4	PTS	试验室	Volume1
5	PM	项目管理部	Volume1
6	SMS	科技管理科	Volume1
7	DM	数据管理科	Volume1
8	Browser	各子工厂	Volume1
9	Material	材料组	Volume1
10	Fastener	标准组	Volume1

② 设计中心用户角色划分（见表 13-9）。

表 13-9　设计中心用户角色规划

编号	角色名称	描述	备　注
1	General Manager	总经理	总经理
2	Deputy General Manager	副总经理	副总经理
3	Manager Assistant	总经理助理	行政助理
4	Director	部长	部长
5	Manager	经理	事业部经理
6	Project manager	项目经理	项目经理
7	Engineer	设计工程师	设计工程师、管道工程师等，统称设计工程师，便于用户使用系统，便于设置权限
8	Process Engineer	工艺工程师	工艺工程师
9	Standard Engineer	标准化工程师	标准化工程师
10	Standard Administrator	标准件管理员	管理标准件、外购件
11	System Administrator	信息管理员	PDM 系统管理员

(2) 人员与用户的创建

① 人员的统计

Teamcenter 系统实施人员需要统计用户的个人信息，包括姓名、联系方式、邮箱、通讯地址等信息。此信息由用户实际情况填写，修改时不需要修改此文档，如表 13-10 所示。

表 13-10 公司人员信息统计表

编号	姓名	手机	座机	邮箱
1				
2				
3				
4				
⋮				

② 用户信息的统计

Teamcenter 系统根据人员信息统计表，将人员划分到不同组、角色中并在系统中进行创建。此信息由客户视实际状况修改，修改时不需要修改此文档，如表 13-11 所示。

表 13-11 用户信息统计表

编号	用户 ID	姓名	操作系统	默认组	默认角色	组管理员
1						
2						
3						
⋮						

以下两种情形下可以创建用户：

a. 实施 Teamcenter 系统时，由实施人员创建使用系统的用户；

b. 因业务部门新增员工需使用 Teamcenter 系统时，由 IT 系统管理员按照用户申请单，为新员工开通账号。

13.4.2 数据模型建模

数据模型集成开发环境使用 Eclipse 作为开发工具，它集成了透视图、视图和编辑器。其中，透视图是视图的布局；视图是在界面上的窗口，用来提供数据；编辑器是一个窗体，供用户编辑资源文件。用户可以通过拖放操作重新排版和编辑用户界面。

使用数据模型开发环境，可以实现以下的配置功能：① 使用新的对象、类、属性来配置数据模型；② 为新的数据存储属性扩展持久化的对象模型；③ 定义值列表，用户可以从列表中选择一个值；④ 为业务对象定义选项；⑤ 为多站点系统提供固定的行为；⑥ 为业务对象的行为定义规则；⑦ 使用模板来部署、更新客户端配置。

针对公司的设计数据类型和设计中心的工作模式，在业务建模器中定义零组件对象类型、属性表单、属性列表值、命名规则等模型。

(1) 零组件对象类型建模

① Item 数据模型设计

确定企业的零部件类型,根据对案例的分析,企业需要使用的数据类型及编码可以按表 13-12 定义。

表 13-12 系统规划的数据类型

编号	零部件类型	数据类型
1	自制件	Part
2	标准件	StandardPart
3	辅料	BulkMaterial
4	材料件	Material
5	技术文档	TechDocument

② 物料编码规则

根据公司 ERP 系统和物料分类,定义了系统中的物料代号,如表 13-13 所示。

表 13-13 数据类型物料编码表

编号	零部件类型	物料代号
1	自制件	P
2	标准件	S
3	辅料	B
4	材料件	M
5	技术文档	J

根据物料代号的划分和零件的特性,系统中的各物料编码采用流水码,如表 13-14 所示。

表 13-14 物料编码规则

编号	类型	数据类型	编码范围
1	自制件	Part	P00000001 ~ P99999999
2	标准件	StandardPart	S00000001 ~ S99999999
3	辅料	BulkMaterial	B00000001 ~ B99999999
4	材料件	Material	M00000001 ~ M99999999
5	技术文档	TechDocument	J00000001 ~ J99999999

③ 零部件属性设置

不同的零部件其属性也不同,根据设计中心设计的零部件和技术文档的数据,可以为每一类数据对象设置不同的属性值。设置属性值时需要填写以下几项内容,样式如表 13-15 所示。

a. 属性值出处:是系统本身提供的还是用户自定义的,在设计表中标注出是默认属性还是新增属性。

b. 属性类型:属性值是系统属性/表单属性/运行时属性。

c. 属性值的获取方式：手工填写/属性映射/LOV 选择。

d. 属性的表示方式：中文环境下的名称/英文环境下的名称。

e. 零部件的客户化图标表示：定义 Item，ItemRevision 显示的图标。

表 13-15　零部件数据及属性规划表

Item 类型	属性	属性类型	输入方式
GeneralPart 自制件：该类型主要应用于公司正式的产品、子装配及零件，如：方向盘总成、骨架、线束、螺钉等，3D 模型（包括 NX3D，CATIA3D）作为该零件对象下的数据集存在	编码	系统默认属性	自动生成
	版本	系统默认属性	自动生成
	名称	系统默认属性	手工输入
	描述	系统默认属性	手工输入
	单位	系统默认属性	LOV 选择
	零件代号（SAP 号）	表单属性	手工输入
	重量	表单属性	手工输入
	所有者	系统默认属性	自动生成
	创建时间	系统默认属性	自动生成
	修改时间	系统默认属性	自动生成
	客户号	表单属性	手工输入
StandardPart 标准件：该类型主要代表标准件，如国标、企标等	编码	系统默认属性	自动生成
	版本	系统默认属性	自动生成
	名称	系统默认属性	手工输入
	描述	系统默认属性	手工输入
	单位	系统默认属性	LOV 选择
	零件代号（SAP 号）	表单属性	手工输入
	所有者	系统默认属性	自动生成
	创建时间	系统默认属性	自动生成
	修改时间	系统默认属性	自动生成

续表

Item 类型	属性	属性类型	输入方式
BulkMateria 辅料:该类型用来管理辅料,如油脂、胶水等	编码	系统默认属性	自动生成
	版本	系统默认属性	自动生成
	名称	系统默认属性	手工输入
	描述	系统默认属性	手工输入
	单位	系统默认属性	LOV 选择
	零件代号(SAP 号)	表单属性	手工输入
	所有者	系统默认属性	自动生成
	创建时间	系统默认属性	自动生成
	修改时间	系统默认属性	自动生成
Material 材料件:该类型用来管理材料,如钢、钢材等	编码	系统默认属性	自动生成
	版本	系统默认属性	自动生成
	名称	系统默认属性	手工输入
	描述	系统默认属性	手工输入
	单位	系统默认属性	LOV 选择
	零件代号(SAP 号)	表单属性	手工输入
	所有者	系统默认属性	自动生成
	创建时间	系统默认属性	自动生成
	修改时间	系统默认属性	自动生成
TechDocument 技术文档:该类型主要用于技术文档的存放	编码	系统默认属性	自动生成
	版本	系统默认属性	自动生成
	标题	表单属性	手工输入
	作者	表单属性	手工输入
	关键字	表单属性	手工输入
	编制时间	系统默认属性	时间选择
	项目阶段	表单属性	LOV 选择
	中类	表单属性	LOV 选择
	小类	表单属性	LOV 选择
	产品编号	表单属性	手工输入
	产品类型	表单属性	LOV 选择

(2) 属性表建模

属性表 Form 是 Teamcenter 用来表示存储零部件属性的表单之一,在 Teamcenter 系统中,每个零件对象都有一个属性表单,零件对象的每一个版本也有对应的属性表单。通过设置对象属性或版本属性,可显示与公司产品数据相关的参数信息:零部件特有的属性可以显示在窗体或单独的对话框中;在 Teamcenter 中有逻辑关联的属性(如雇员数据、更改数据),但其中的属性不需要多个修订版本(Teamcenter 的项目);一个项目可以包含多个表单,每个表单有不同的用途;主属性表的显示可以通过访问规则来控制。

每个 Form 类型会以表格的形式列出下列项信息,每项信息的意义如下:

Display Name:属性在画面上显示的字符串。

Name:属性在系统中的定义,名称长度最大为 27。最多能有 1 000 个属性,最多能有 16 个属性作索引。

Type:属性之型态,有 integer, short, string, float, double, logical, date, char, longstring, typed_reference, untyped_reference。

Size:属性值长度,若属性型态为 string,则需给定长度,长度最大为 4 000(一个中文字占字符长度为 2)。

Req:是否允许为空,若不允许则打勾。

LOV:此属性若有使用到 List Of Values,则填入 LOV 名称。

系统上表单的标准显示格式,同 Item 类型 Master Form 或 Revision Master Form 的显示方式,系统默认的显示方式是将属性按条列式排列,而排列顺序则依照属性显示的字符串递增排列。

① 属性字段添加方法

Teamcenter 使用业务建模器作为建模工具,可以为每一类零组件表单添加自定义的属性,定义数据类型、数值长度、本地化显示值、默认值、是否可见等元数据。图 13-4 是自定义属性的添加界面。

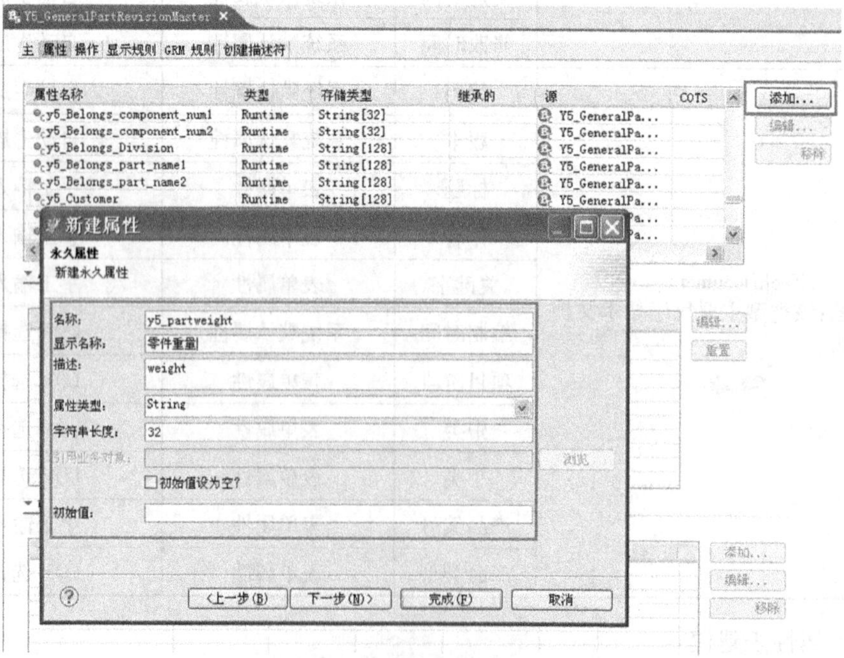

图 13-4 数据对象添加属性

② 属性表单界面渲染

通过定义的 XML 样式表,可以对零部件的属性表单进行界面渲染,为系统用户提供更好的用户体验。对以下 XML 脚本程序进行编辑,修改属性的显示顺序,并将修改好的 XML 渲染文件作为零件版本属性表单的模板导入到系统中。

```
<? xml version = "1.0" encoding = "UTF - 8"? >
    < rendering >
        < page title = " General" titleKey = " General" format = " TwoColumn" >
            < firsTeamcenterolumn >
               < separator / >
                < property name = " LRPart" column = " 20"/ >
            < property name = " Material" renderingHint = " textfield" column = " 32"/ >
                < property name = " weight" column = " 32"/ >
                < property name = " Drawing_Number" column = " 32"/ >
                < property name = " The_first_few_pages" column = " 32"/ >
                < property name = " Belongs_part_name1" renderingHint = " textfield" column = " 32"/ >
                < property name = " Belongs_part_name2" renderingHint = " textfield" column = " 32"/ >
                < property name = " Part_Type" column = " 20"/ >
            < property name = " Part_number" column = " 32"/ >
                < property name = " Belongs_component_num1" column = " 32"/ >
                < property name = " Belongs_component_num2" column = " 32"/ >
                < property name = " Remark" renderingHint = " textarea" column = " 32" row = " 5"/ >
             < separator / >
            < /firsTeamcenterolumn >
            < secondcolumn >
                < separator / >
                < property name = " Register_No" renderingHint = " textfield" column = " 32"/ >
                < property name = " Product_code" column = " 32"/ >
             < property name = " Mapsheet" column = " 32"/ >
                < property name = " Important_status" column = " 32"/ >
                < property name = " Belongs_Division" column = " 32"/ >
                < property name = " Inventort_code" renderingHint = " textfield" column = " 32"/ >
                < separator / >
            < /secondcolumn >
        < /page >
        < page title = " All" titleKey = " All" >
            < all type = " property"/ >
        < /page >
    < /rendering >
```

导入系统中后,显示效果如图 13-5 所示。

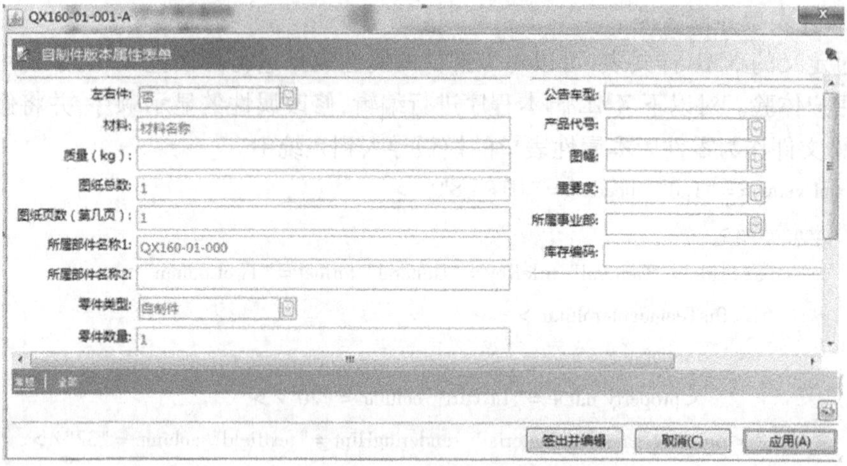

图 13-5　定制的零件属性表

(3) 文件夹类型

① 文件夹分类

Teamcenter 系统通过文件夹对象组织管理数据。为了在系统中区分项目归档数据和个人用户创建的数据,设计采用两种类型文件夹来存放管理数据。

项目文件夹:存放、管理与设计项目相关的数据。

个人文件夹:存放、管理用户个人创建的一般数据。

② 文件夹系统设计

在业务建模器中中配置 Folder 的类型来管理数据,系统定义的 Folder 如表 13-16 所示,其中序号 1 为系统内默认的文件夹,序号 2 的项目文件夹由实施工程师负责创建。

表 13-16　系统规划的文件夹类型

序号	文件夹类型名称(英文环境下)	文件夹类型名称(中文环境下)	描　述	图示
1	Folder	个人文件夹	用于进行一般数据的管理、组织	
2	Project_Folder	项目文件夹	管理项目中的文件或项目阶段产生的文件	

在业务建模器中创建好文件夹类型,通过部署的方式,将数据对象模板部署到数据库中。PDM 系统项目管理员创建项目文件夹结构,将数据对象保存在项目文件夹中,如图 13-6 所示。

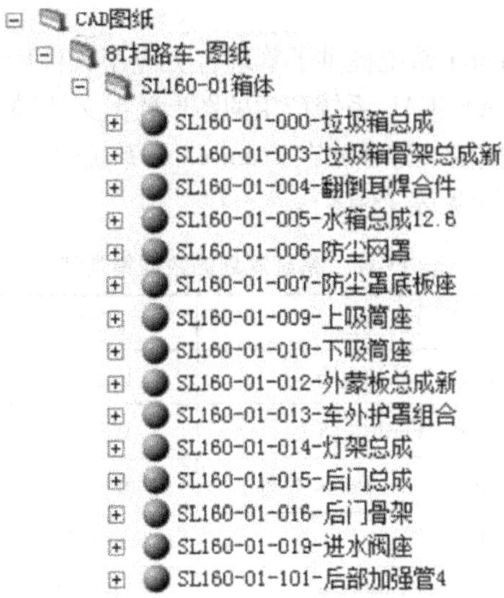

图 13-6　项目文件夹结构

（4）工具集建模

① 系统设计

业务建模器中的工具类型，定义了用户创建数据集引用的工具类型。表 13-17 描述了系统默认的工具类型和自定义的工具类型，其中序号 1 ~7 为系统内建。

表 13-17　系统封装的应用程序

序号	工具类型	格　式		MIME/Type	Shell/Symbol
		输入	输出		
1	Excel	BINARY	BINARY	application/vnd. ms-excel	$ TEAMCENTER_BIN/msexcel
2	Word	BINARY	BINARY	application/msword	$ TEAMCENTER_BIN/msword
3	PowerPoint	BINARY	BINARY	applicatoin/mspowerpoint	$ TEAMCENTER_BIN/mspowerpoint
4	PDF_TOOL	BINARY	BINARY	application/pdf	pdf. bat
5	UG	BINARY	BINARY	application/ugmportal	ugv10_shell
6	CATIA	BINARY	BINARY	application/catia	CatiaExport
7	PV	BINARY	BINARY	$ TEAMCENTER_BIN/run_pv	
8	AutoCAD	BINARY	BINARY	application/dwg	application/dwg
9	WinRAR	BINARY	BINARY	application/x-zip-compressed	$ TEAMCENTER_BIN/run_unzip
10	Smirt	BINARY	BINARY	application/smirt	application/smirt
11	SolidWorks	BINARY	BINARY		$ IMAN_BIN/swim

(5) 数据集建模

① 功能描述。Teamcenter 系统提供了管理各类应用软件所产生的文件的手段。不管是技术说明文件或 CAD/CAM/CAE 系统产生的图形数据文件,都可以用原来的形式或点阵形式或其他任何计算机形式的文件存放在 Teamcenter 系统中,并使用相应的工具打开。

② 数据集的系统设计(见表 13-18)。

表 13-18　系统规划的数据集类型

序号	数据集类型	描　述	引用	文件后缀	对应工具
1	MSExcel	管理 Office Excel 文档	Excel	*.xls	Excel
2	MSWord	管理 Office Word 文档	Word	*.doc	Word
3	MSPowerpoint	管理 Office PowerPoint 文档	Word	*.ppt	Powerpoint
4	PDF	管理 pdf 文档	PDF	*.pdf	PDF
5	UGMASTER	管理 UG 零件和装配数据	UGPART	*.prt	UG
6	UGPART	管理 UG 图纸数据	UGPART	*.prt	UG
7	CATProduct	管理 CATIA 装配数据	CATProduct	*. CATProduct	CATIA
8	CATPart	管理 CATIA 零件数据	CATPart	*. CATPart	CATIA
9	CATDrawing	管理 CATIA 图纸数据	CATDrawing	*. CATDrawing	CATIA
10	Direct Model	三维轻量级可视化	JTPART	*.jt	PV
11	AutoCAD	管理 AutoCAD 图纸	dwg	*.dwg	AutoCAD
12	WinRAR	管理打包文件	rar	*.rar	WinRAR
13	Smirt	管理 Smirt 数据	Smirt	*.smz	Smirt
14	SWAsm	管理 solidworks 的装配体	AsmFile	*.asm *.sldasm	SolidWorks
15	SWDrw	管理 solidworks 的图纸	DrwFile	*.dwg *.slddwg	SolidWorks
16	SWPart	管理 solidworks 的零件	PartFile	*.prt *.sldprt	SolidWorks

(6) 关系类型

① 功能描述

关系业务对象表示系统内对象与对象的关系,以下是关系的相关知识点:

a. 创建的关系都是 IMANRelation 业务对象的子集;

b. 当一个新的关系被增加后,创建一个 GRM 规则并使用新的关系关联 Item 对象;

c. 用户可以使用 GRM 规则来显示一个对象附加到另一个对象的数量;

d. 新的关系能够为复合属性定义路径,这个路径存在于两个对象之间;

e. 深度复制规则能够为新的关系定义规则。

② 关系的系统设计

表 13-19 描述了系统缺省的关系与用户自定义的关系,其中关系 1 ~ 13 均为系统缺省。

表 13-19　系统规划的关系类型

序号	关系类型名称	关系描述
1	IMAN_specification	此关系的对象用于表示主对象的规格
2	IMAN_manifestation	2D 对象输出 PDF 时的存放位置
3	IMAN_reference	此关系的对象用于主对象的参考
4	IMAN_rendering	渲染关系,应用于 JT 数据
5	IMAN_master_form	表示对象的属性表
6	IMAN_aliasid	表示对象的别名
7	Catia_DWGLink	共图件图纸关系(CATIA 集成界面保存,自动生成)
8	LH_Relation	左右键关系
9	Part_Ref	SOR 中的数模关系
10	Drawing_Ref	SOR 中的图纸关系
11	Cad_Relation	图纸关联的数模
12	DeliverList	交付物与评审表关系
13	catia_cache_link	存放 CGR 数据集
14	Custom_2D_Link	三维产品数据和 PDF 或 JPG 格式的二维图纸
15	Custom_APQPDoc	APQP 文档
16	Custom _Assembly_Skeh	装配示意图
17	Custom_Material	产品数据的材料关系
18	Custom_Roughcast	零件的毛坯
19	Custom_Send	发送数据关系

说明:可以通过使用关系文件夹来管理对象之间可能存在的关联性。PDM 系统并不强制要求每一个文档、每一个零部件都具有上述所有的关系。上述定义的关系对系统的所有客户化的 Item 对象都可用,但具体是否显示由系统管理员定义,系统定义的缺省显示关系有以下几种:

a. 自制件对象(见图 13-7)。

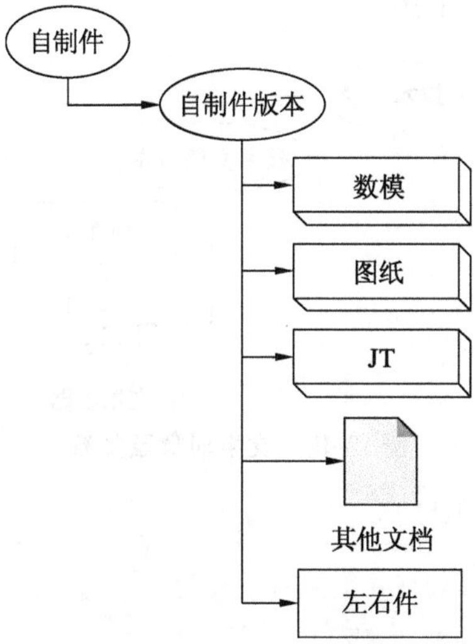

图 13-7　自制件对象及关系

b. 标准件数据对象(见图 13-8)。

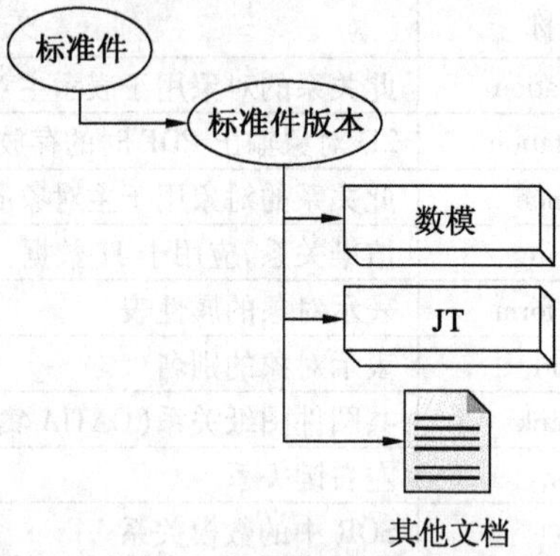

图 13-8　接收数据及关系

c. 图纸对象(见图 13-9)。

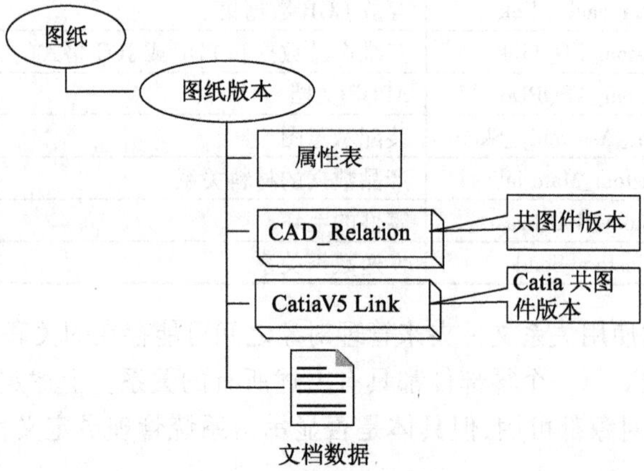

图 13-9　图纸数据及关系

d. 技术文档对象(见图 13-10)。

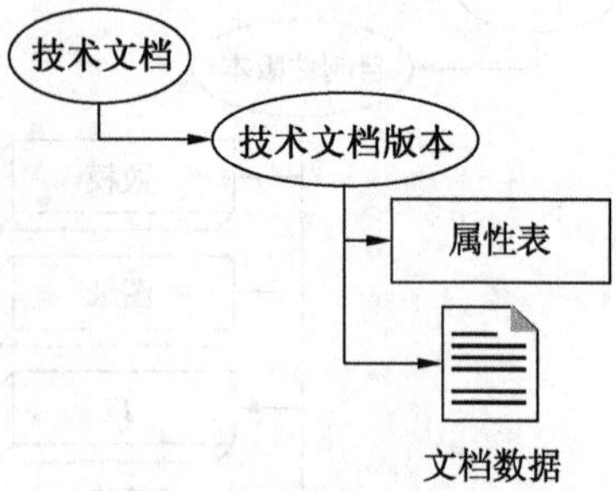

图 13-10　文档对象及关系

e. CN 更改对象(见图 13-11)。

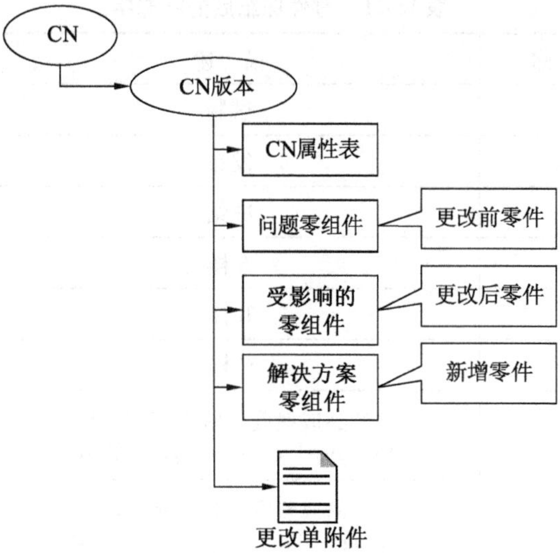

图 13-11 更改对象及关系

(7) BOM 视图建模

① 功能分析

系统根据用户集成的 CAD 设计工具创建相应的 BOM 视图,用来保存 CATIA 数模或 UG 数模,系统默认缺省的视图类型是 CATIA。

a. 系统管理员可以设置站点的缺省的 BOM 视图类型;

b. 用户可以设置用户自身的缺省的 BOM 视图类型。

② 系统设计

Teamcenter 系统中 View 视图是系统缺省的,其余 CAD 视图需要用户来创建,如表 13-20 所示。

表 13-20 系统规划的视图类型

编号	视图类型名称	描　述	图示
1	View	系统默认	
2	CATIA(Default)	用于管理采用 CATIA 工具进行产品设计时构成的产品结构	
3	ugview	用于管理采用 NX 工具进行产品设计时构成的产品结构	
4	EBOM	用于管理完整的产品结构,包括标准件或者材料件	

(8) 工作状态类型

① 功能描述

Teamcenter 系统使用工作状态来表示系统内对象的生命周期状态。

② 系统设计

在业务建模器中配置状态的标示,用来表示不同的对象具有不同的状态,如表 13-21 所示。

表 13-21　零件冻结后的状态字

编号	状态类型名称	描　述	图示
1	Prototype	试制	
2	Approved	发布	
3	Frozen	冻结	
4	ProtoA	A 样	
5	ProtoB	B 样	
6	ProtoC	C 样	
7	Design	产品成熟度的状态字,并且 Design→Prototype→OTS→PPAP	
8	Prototype	产品成熟度的状态字,并且 Design→Prototype→OTS→PPAP	
9	OTS	产品成熟度的状态字,并且 Design→Prototype→OTS→PPAP	
10	PPAP	产品成熟度的状态字,并且 Design→Prototype→OTS→PPAP	

(9) 属性值列表建模

① 功能描述

Teamcenter 用户访问时,可通过单击数据输入框右侧的箭头,从下拉列表选择所需要的值。如图 13-12 ~ 图 13-14 所示,用户在业务建模器中定义车型代码的 LOV 选项,单击车型代码 LOV,可以将单个 LOV 部署到 Teamcenter 系统。

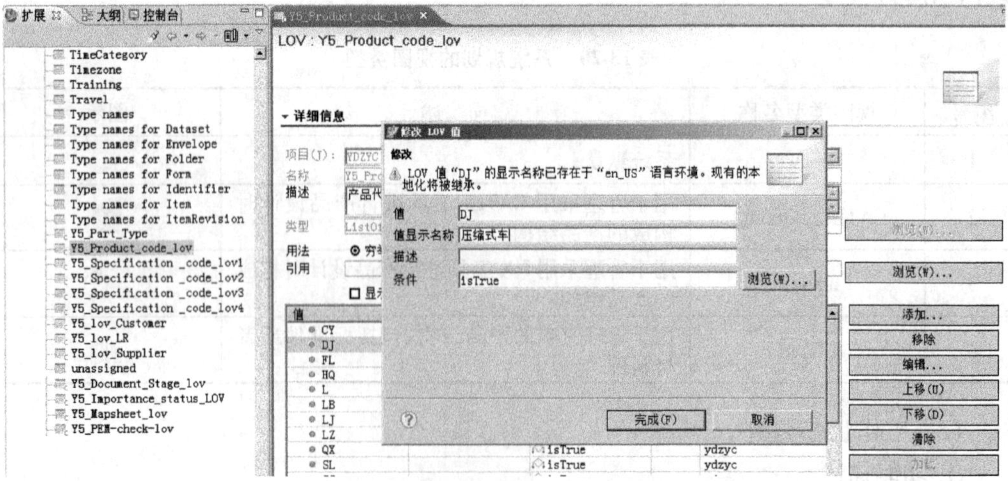

图 13-12　添加 LOV 列表值

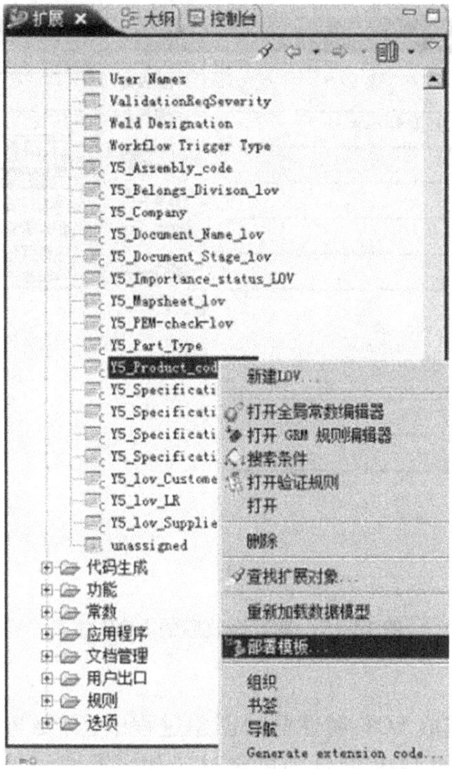

图 13-13　将修改后的 LOV 部署更新

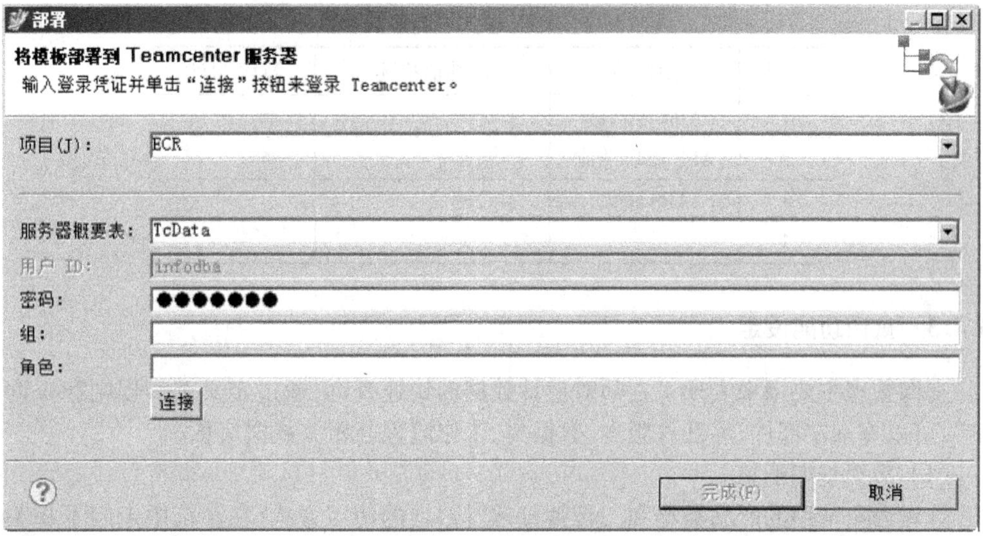

图 13-14　创建连接

设计人员创建自制件，在自制件版本的主属性表中填写相关信息。对于产品代号，可以通过下拉列表框选择相应的产品代号，作为属性值输入，如图 13-15 所示。

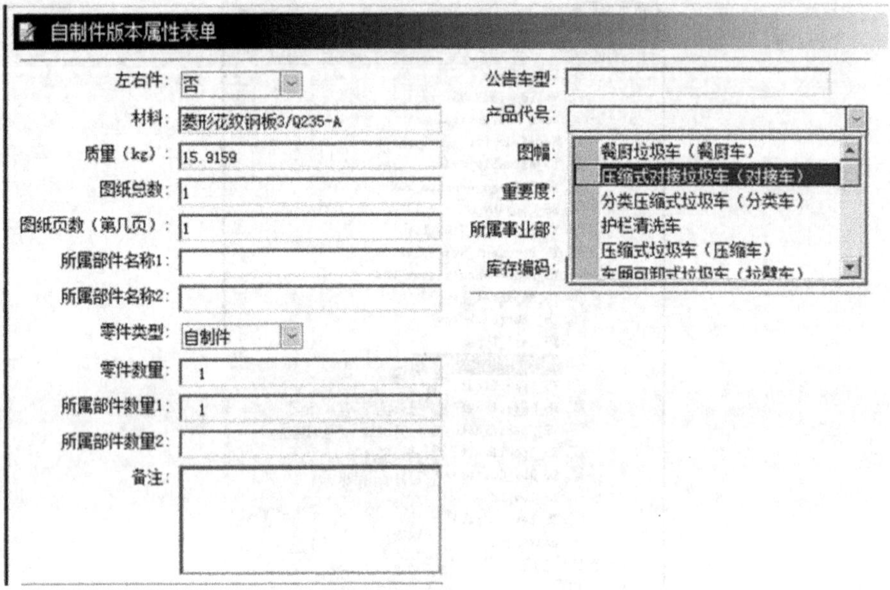

图 13-15　查看修改后的 LOV 效果

② 属性列表值统计

在实施人员设计并完成 LOV 属性值的创建过程中，需要与公司的用户进行沟通，通过资料的收集，完成所有的 LOV 属性值的统计工作。需要统计的每一个 LOV 属性信息如表 13-22 所示。

表 13-22　LOV 属性列表值统计表

序号	属性值	属性值描述	LOV 过滤
1	ABS 传感器		
2	ABS 模块总成		
3	ABS 线束		
⋮			

13.4.3　查询功能设定

查询管理主要用来实现工程师对设计数据的快速查询，通过定义查询规则和查询关键字，可以查询零部件、零部件版本、数据集、工作流程等相关数据信息。

(1) 数据查询汇总

针对公司常用的产品类型和工程师日常对数据的使用方式，在系统中定制了相关的查询规则，如表 13-23 所示。

表 13-23　系统规划的查询

序号	查询名称	描　述
1	自制件查询	查询工程师设计的数模图纸
2	外购件查询	查询委外加工的零件

续表

序号	查询名称	描　述
3	标准件查询	按标准件属性查询
4	标准文档查询	按标准文档属性查询
5	材料信息查询	按材料属性查询
7	规范文档查询	按规范文档属性查询

（2）数据查询设计

以自制件查询为例，在查询管理器中构建自制件查询规则，如图 13-16 所示。

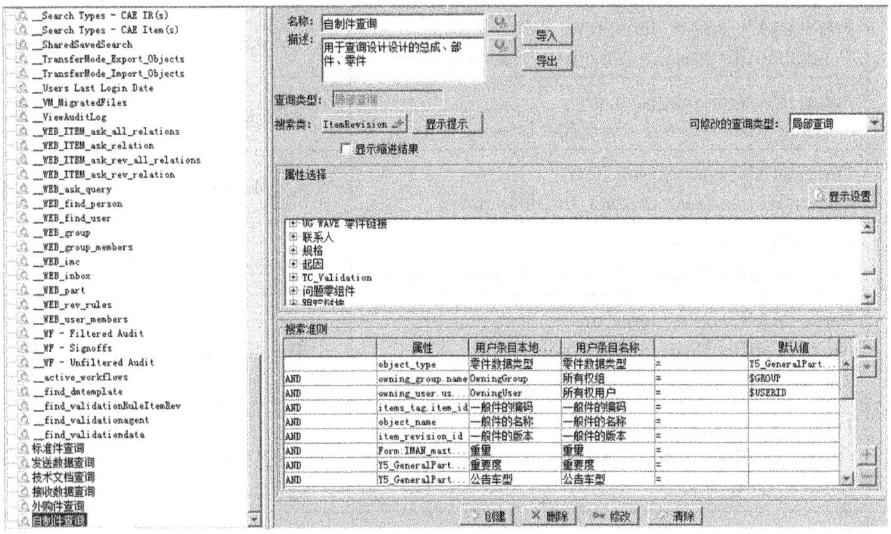

图 13-16　系统中定制查询

自制件查询设置的关键字如表 13-24 所示，可以根据零件所有者、零件编码、版本、创建日期、图号等属性进行查询，可以使用通配符“ * ”进行模糊查找。

表 13-24　设置查询参数

名称	自制件查询		
描述	依据 GeneralPartRevision 的表单相关属性查询 GeneralPartRevision		
逻辑	属性	Key	显示名称
	Object_type		零件数据类型
And	owning_group. name	OwningGroup	所有权组
And	owning_user. user_id	OwningUser	所有权用户
And	object_name	object_name	自制件名称
And	items_tag. item_id	item_id	自制件编码
And	item_revision_id	item_revision_id	自制件版本
And	Form：IMAN_master_form_rev. GeneralPartRevMasterS：data_file. weight	weight	重量

续表

名称	自制件查询		
And	GeneralPartRevMasterS: IMAN_master_form_rev. Important_Status	Important_Status	重要度
And	GeneralPartRevMasterS: IMAN_master_form_rev. Register_No	Register_No	公告车型
And	GeneralPartRevMasterS: IMAN_master_form_rev. Product_code	Product_code	产品代号
And	Form:IMAN_master_form_rev. GeneralPartRevMasterS:data_file. Inventort_code	Inventort_code	库存编码
And	Form:IMAN_master_form_rev. GeneralPartRevMasterS:data_file. Drawing_name	Drawing_Name	图纸名称
And	Form:IMAN_master_form_rev. GeneralPartRevMasterS:data_file. Drawing_No	Drawing_No	图号
And	Form:IMAN_master_form_rev. GeneralPartRevMasterS:data_file. Material	Material	材料名称
And	Form:IMAN_master_form_rev. GeneralPartRevMasterS:data_file. Drawing_Number	Drawing_Number	图纸总数
And	Form:IMAN_master_form_rev. GeneralPartRevMasterS:data_file. The_first_few_pages	The_first_pages	图纸页数 (第几页)
And	Form:IMAN_master_form_rev. GeneralPartRevMasterS:data_file. Belongs_part_name1	BelongsPart_name1	部件名称 1
And	Form:IMAN_master_form_rev. GeneralPartRevMasterS:data_file. Belongs_part_name2	BelongsPart_name2	部件名称 2
And	release_status_list. name		发放状态
And	Form:IMAN_master_form_rev. GeneralPartRevMasterS:data_file. LRPart	LRPart	是否左右件
And	Form:IMAN_master_form_rev. GeneralPartRevMasterS:data_file. Remark	Remark	备注

13.4.4 工作流程管理

根据公司的设计工作过程,在 Teamcenter 系统中建立业务工作流程,使产品开发各阶段的设计、审批流程都在系统的控制下规范地进行。领导层可在任何时候查询正在进行的和已经完成归档的工作流程,了解项目研发的进展情况。所有设计和审批流程的操作都有权限控制,并在签字模板中记录相关用户的姓名和签字日期,以便分清职责和人员绩效考核。

(1) 工作流程规划

根据公司的日常工作描述和系统的功能性需求,在 Teamcenter 系统中设计和构建相应的工作流,保证设计人员完成数据的审核和发布过程,如表 13-25 所示。

表 13-25　系统中规划的流程

序号	流程名称	流程描述
1	设计评审流程	冻结 Form 表单、数模、图纸,并置这些对象的状态为发布的状态
2	标准件发布流程	此流程适用于标准件的发布
3	图纸发布流程	此流程适用于图纸的发放
4	工程更改流程	此流程适用于对象更改流程
5	文档快速流程	此流程适用于文档的快速发放

(2)设计评审流程的设计

设计评审流程适用于产品的设计审批过程,完成该流程之后数据被冻结,同时具有发布的状态,表示产品可用于试制及后续的加工过程。以设计评审流程为例,详细讲解流程配置方法及参数选择,流程中配置的参数选项如下:

① Handler 类型:分为规则 Handler 和操作 Handler,两种 Handler 中均包含系统自带的 Handler 与实施人员开发的 Handler。

② 流程任务活动的阶段:流程进行分为指派、开始、执行、完成、跳过、挂起、恢复、中止、撤销等几个阶段,每个阶段可以配置相应的 Handler。

③ 流程活动的节点:任务、do 任务、“审核”任务、“添加状态”任务、“或”任务、“认可”任务、条件任务、“会签”任务、“验证”任务等。根据实际的企业流程,选用不同的任务来进行配置。

④ 参数:根据选择的 Handler,添加不同的参数。

⑤ 参数值:设置参数后,在每个参数后面添加相应的参数值,作为数据验证的过滤条件或验证条件。

⑥ Handler 来源:标示 Handler 的来源状态,分为新增加的、在原有 Handler 基础上修改的、系统默认的。

(3)设计评审流程的实现

以设计评审流程为例,描述如何在 Teamcenter 工作流设计器中构建 Action Handler 和 Rule Handler,如表 13-26 所示。

表 13-26　设计评审流程详细设计

流程名称	设计审批流程
流程描述	冻结 Form 表单、数模、图纸,并置这些对象的状态为发布的状态。

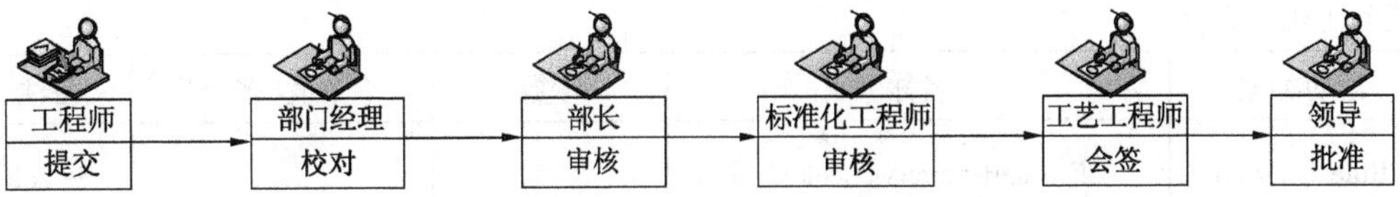

续表

任务活动：开始

活动类型	名称	参数	单个值(多个)	备注
Rule-Quorum	EPM-validate-target-objects	-allowed_type	GeneralPartRevision	add
Rule-Quorum	EPM-check-target-attachments	-lov	EPM_check_target	modify
		-status	NONE	
Rule-Quorum	ufcPub_validate_target_noprocess	-type	all	
Action	EPM-attach-assembly-components	-depth	all	add
		-exclude	StandardPartRevision PurchasePartRevision	
Action	EPM-set-rule-based-protection	read		modify
Action	create-status	Approved		modify
Action	EPM-attach-item-revision-targets			default
Action	CR-assign-team-selector	-assignee	$ PROCESSOWNER	default
Action	auto-assign-rest			default
Action	EPM-attach-related-objects	-relation	IMAN_specification	
		-att_type	target	
		-status_disallow	Approved, Archive	
Action	EPM-attach-related-objects	-relation	LH_Relation	
		-att_type	target	
Action	EPM-attach-related-objects	-relation	PSBOMViewRevision	
		-att_type	target	

任务活动：执行

活动类型	名称	参数	单个值(多个)	备注
Rule-Quorum	disallow-adding-targets			default
Rule-Quorum	disallow-removing-targets			default

任务活动：完成

活动类型	名称	参数	单个值(多个)	备注
Rule-Quorum	CR-assert-targets-checked-in			default
Action	add-status			default
Action	Execute-follow-up			default

① 提交

工程师发起工作流层，需要设置 Handler 验证数据的合法性及规范性，移除已发布的标准件等数据。详细的 Handler 设置如表 13-27 所示。

表 13-27　提交节点设置的 Handler

任务名称	提交			
描述	设计工程师检查与确认流程目标对象			
任务活动：开始				
活动类型	名称	参数	单个值(多个)	备注
Action	inherit			default
Action	EPM-set-rule-based-protection	Write		add
任务活动：完成				
活动类型	名称	参数	单个值(多个)	备注
Rule-Quorum	EPM-hold	true		default

② 校对

科室负责人对设计数据进行校对，发现问题及时退回给工程师。具体设置的 Handler 如表 13-28 所示。

表 13-28　校对节点设计的 Handler

任务名称	校对			
描述	工程师检查与确认流程目标对象			
任务活动：开始				
活动类型	名称	参数	单个值(多个)	备注
活动	inherit			default
活动	EPM-set-rule-based-protection	Read		add
任务活动：完成				
活动类型	名称	参数	单个值(多个)	备注
活动	execute-follow-up			default
任务活动：撤销				
活动类型	名称	参数	单个值(多个)	备注
活动	demote	-level	提交	modify

③ 审核

部门负责人对设计数据进行审核，如果发现问题，则将设计数据提交给设计工程师。具体设置的 Handler 如表 13-29 所示。

表 13-29　审核节点设计的 Handler

任务名称	批准			
描述	部长检查与确认流程目标对象			
任务活动：开始				
活动类型	名称	参数	单个值(多个)	备注
活动	inherit			default
活动	EPM-set-rule-based-protection	Read		add
任务活动：完成				
活动类型	名称	参数	单个值(多个)	备注
活动	execute-follow-up			default
任务活动：撤销				
活动类型	名称	参数	单个值(多个)	备注
活动	Demote	-level	提交	modify

④ 工艺会签

由工艺工程师完成设计数据的工艺会签。具体设置的 Handler 如表 13-30 所示。

表 13-30　工艺会签节点的 Handler 设置

任务名称	工艺会签			
描述	工艺人员检查与确认流程目标对象			
任务活动：开始				
活动类型	名称	参数	单个值(多个)	备注
活动	inherit			default
活动	auto-assign-rest			add
任务活动：完成				
活动类型	名称	参数	单个值(多个)	备注
活动	execute-follow-up			default
任务活动：撤销				
活动类型	名称	参数	单个值(多个)	备注
活动	demote	-level	提交	modify

⑤ 标准化会签

由标准化工程师完成设计数据的标准化审查。具体设置的 Handler 如表 13-31 所示。

表 13-31　标准化会签的 Handler 设置

任务名称	标准化会签			
描述	标准化工程师检查与确认流程目标对象			
任务活动：开始				
活动类型	名称	参数	单个值(多个)	备注
活动	inherit			default
活动	auto-assign-rest			add
任务活动：完成				
活动类型	名称	参数	单个值(多个)	备注
活动	execute-follow-up			default
任务活动：撤销				
活动类型	名称	参数	单个值(多个)	备注
活动	demote	-level	提交	modify

⑥ 批准

主管领导完成项目设计数据的审批操作。具体的 Handler 设置如表 13-32 所示。

表 13-32　批准节点的 Handler 设置

任务名称	批准			
描述	经理检查与确认流程目标对象			
任务活动：开始				
活动类型	名称	参数	单个值(多个)	备注
活动	inherit			default
活动	EPM-set-rule-based-protection	Read		add
任务活动：完成				
活动类型	名称	参数	单个值(多个)	备注
活动	execute-follow-up			default
任务活动：撤销				
活动类型	名称	参数	单个值(多个)	备注
活动	Demote	-level	提交	modify

13.4.5　访问权限管理

(1) 项目文件夹的权限设计

在系统中通过文件夹对象组织管理数据。为了在系统中区分项目数据和一般用户数据，采用两种类型的文件夹组织管理数据，两种文件夹采取的访问权限是不同的：项目文件夹组织管理项目相关的数据，个人文件夹组织管理一般用户个人创建的数据。

① 项目文件夹,采用如下的权限:

a. 文件夹的创建者有读、写、删除、更改、复制权限;

b. 除了创建者之外,其他人不能删除文件夹的内容;

c. 同项目组人员有读、写、复制的权限,同科室人员有读的权限;

d. 其他用户没有读权限。

具体的权限规则如表 13-33 所示。

表 13-33　项目文件夹权限的设置

访问者类型	读	写	删	更改所有权	复制
数据创建者	√	√	√	√	√
同项目组人员	√	√	×	×	√
同科室人员	√	×	×	×	×
其他用户	×	×	×	×	×

② 个人文件夹,采取如下的权限控制:

a. 创建文件夹的数据创建者有读、写、删、更改所有权、复制权限;

b. 其他人员没有写、删、更改所有权、复制权限。

具体的权限规则如表 13-34 所示。

表 13-34　个人文件夹权限的设置

访问者类型	读	写	删	更改所有权	复制
数据创建者	√	√	√	√	√
同项目组人员	√	×	×	×	×
同科室人员	√	×	×	×	×
其他用户	×	×	×	×	×

(2) 不同角色用户可以创建的数据类型

根据不同的业务要求及权限要求,不同的用户只能创建自己业务范围内的业务数据,如表 13-35 所示。

表 13-35　用户可创建数据类型表

分组	角色	可创建的数据类型(勾选)
	总经理	技术文档
	分管领导	技术文档
产品开发部	部长	技术文档
产品开发部	事业部经理/项目经理	自制件、外购件、标准件图纸、技术文档
产品开发部	设计工程师	自制件、外购件、标准件图纸、技术文档
产品开发部	工艺工程师	技术文档、发送数据、接收数据

续表

分组	角色	可创建的数据类型(勾选)
技术基础管理部	标准化工程师 标准件工程师 材料件工程师	技术文档、图纸
管理部/技术基础管理部	信息系统管理员	技术文档、发送数据、接收数据

(3) 设计数据在设计阶段的权限需求

需求描述:数据对象在设计状态中的权限要求如下。

① 数据创建者可以修改、删除、修改权限、转换所有权;

② 其他用户不可以修改数据;

③ 系统管理员可以修改权限、转换所有权。用户提出申请,审批后更改所有权。

具体的权限规则如表 13-36 所示。

表 13-36 设计阶段数据的权限设计

访问者类型	读	写	删	更改所有权	复制
数据创建者	√	√	√	√	√
系统管理员	√	×	√	√	×
同项目组人员	√	×	×	×	√
同科室人员	√	×	×	×	×
其他用户	×	×	×	×	×

(4) 设计数据在审批归档后的权限需求

详细的需求描述:业务对象在审批发布状态阶段的权限要求如下。

① 对象的创建者有读和复制权限;

② 同项目组有读和复制权限,同事业部只能查看;

③ 其他用户没有读和复制的权限。

零件的权限规则控制如表 13-37 所示。

表 13-37 数据发布后的权限设置

访问者类型	读	写	删	更改所有权	复制
数据创建者	√	×	×	×	√
同项目组人员	√	×	×	×	√
同科室人员	√	×	×	×	×
其他用户	×	×	×	×	×

(5) 文档在编写阶段的控制权限需求

详细的描述需求:处于编写状态的文档的创建者和同项目组人员可以查看,其他用户不能查看。具体的权限规则如表 13-38 所示。

表 13-38　技术文档 Working 状态的权限设计

访问者类型	读	写	删	更改所有权	复制
数据创建者	√	√	√	√	√
同项目组人员	√	×	×	×	×
同科室人员	×	×	×	×	×
其他用户	×	×	×	×	×

(6) 文档在发布归档状态的控制权限需求

详细的需求描述:处于发布归档状态的文档同组用户可以查看,其他用户不能查看。具体的权限规则如表 13-39 所示。

表 13-39　技术文档发布后的权限设计

访问者类型	读	写	删	更改所有权	复制
数据创建者	√	×	×	×	√
任务接受人	√	×	×	×	×
同项目组人员	√	×	×	×	√
同科室人员	√	×	×	×	×
其他用户	×	×	×	×	×

(7) 项目组权限的控制权限需求

详细的功能描述:对于以项目形式管理的数据,对于项目成员采用不同的数据访问控制权限。数据访问的权限要求如下。

① 数据创建者有读、写、删除、更改所有权;

② 项目组人员有读的权限,其他人员没有读的权限;

③ 系统管理员有读、删除、更改所有权。

具体的权限规则如表 13-40 所示。

表 13-40　项目中数据的权限设计

访问者类型	读	写	删	更改所有权	复制
数据创建者	√	√	√	√	√
项目经理	√	×	×	×	√
同项目组人员	√	×	×	×	×
同科室人员	×	×	×	×	×
其他用户	×	×	×	×	×

13.4.6　分类管理

通过对该公司产品数据(即标准件、技术数据和制造设备)的分类,使组件数据更易查找和检索,从而节约时间,并允许重用现有零件以及合并或删除重复或过期零件来降低成本。分类用来创建和维护工作区对象的属性值的层次分类结构。

通过分类,企业用户可以向分类层次结构中添加分类对象(ICO),对工作区对象进行分类、查找和检索分类对象、修改分类对象的属性值、从分类层次结构中删除分类对象。

(1) 数据整理与录入

标准数据需要从标准手册或单独购买的标准中获取(见图 13-17)。在建立标准件前,往往需要进行数据录入工作,即把纸质文档中的尺寸录入到 Excel 表格中。这样在建立 NX 或 CATIA 三维模型时可以通过复制粘贴的方法统一批量转到 NX 或 CATIA 零件族的电子表格中,而不是一边建立一边输入数据,从而加快构建标准件的速度。

数据整理及检测的工作量较大,其中数据整理过程中两个步骤比较繁琐:一是纸质标准件的数据录入,二是构建标准件三维模型的零件族时的数据整理。

ICS 21.060.10
J 13
GB
中华人民共和国国家标准
GB/T 70.1—2008
代替 GB/T 70.1—2000
内六角圆柱头螺钉
Hexagon socket head cap screws
(ISO 4762:2004,MOD)
2008-08-25 发布
2009-02-01 实施
中华人民共和国国家质量监督检验检疫总局
中国国家标准化管理委员会
发布

图 13-17 参考标准件国家标准

最终需要生成相应的标准的 Excel 电子表格,同时需要进行数据校验,如表 13- 41 所示。

表 13-41 标准件参数表

d	M1.6	M2	M2.5	M3	M4	M5	M6	M8	M10	M12
p	0.35	0.40	0.45	0.50	0.70	0.80	1.00	1.25	1.50	1.75
b	15.00	16.00	17.00	18.00	20.00	22.00	24.00	28.00	32.00	36.00
dk	3.00	3.80	4.50	5.50	7.00	8.50	10.00	13.00	16.00	18.00
da	1.60	2.00	2.50	3.00	4.00	5.00	6.00	8.00	10.00	12.00
ds	2.00	2.60	3.10	3.60	4.70	5.70	6.80	9.20	11.20	13.70
e	1.73	1.73	2.30	2.87	3.44	4.58	5.72	6.68	9.15	11.43
lf	0.34	0.51	0.51	0.51	0.60	0.60	0.68	1.02	1.02	1.45
k	1.60	2.00	2.50	3.00	4.00	5.00	6.00	8.00	10.00	12.00
r	0.10	0.10	0.10	0.10	0.20	0.20	0.25	0.25	0.40	0.40
s	1.50	1.50	2.00	2.50	3.00	4.00	5.00	6.00	8.00	10.00
t	0.70	1.00	1.10	1.30	2.00	2.50	3.00	4.00	5.00	6.00
v	0.16	0.20	0.24	0.28	0.32	0.36	0.40	0.44	0.48	0.52

(2) 标准件零件建模

通过整理标准件原始零件族 Excel 表,确定生成标准件的个数,根据做好的零件族逐一生成具体的标准件，如图 13-18、图 13-19 所示，并构建简图。

图 13-18　标准件数据

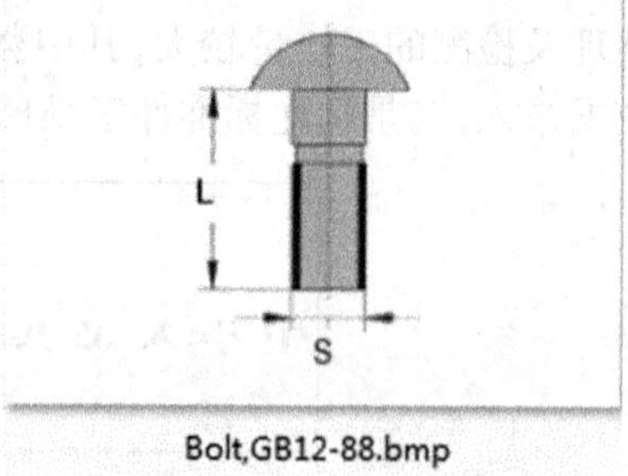

图 13-19　标准件简图

（3）标准件分类库结构设计

标准件工程师确定标准件库的分类结构，在 TC 中构建标准件分类库，设置分类属性、简图等。在 TC 中查看创建的标准件分类库结构。

标准件分类库的分类方式及属性如下：

① 螺栓/螺母/螺钉：型号、规格、螺距、强度等级、表面处理、尺寸、精度、标准；

② 垫圈：型号、规格、表面处理、尺寸、标准；

③ 铆钉：型号、尺寸、表面处理、标准。

其中，螺栓可分为六角法兰螺栓、内六角螺栓、六角螺栓、组合螺栓、焊接螺栓、偏心螺栓、平头螺栓；螺钉可分为沉头螺钉、自攻螺钉；螺母可分为焊接螺母、中心螺母、六角法兰螺母、辅助螺母。在分类库设计器中设置标准件参数，如图 13-20 所示。

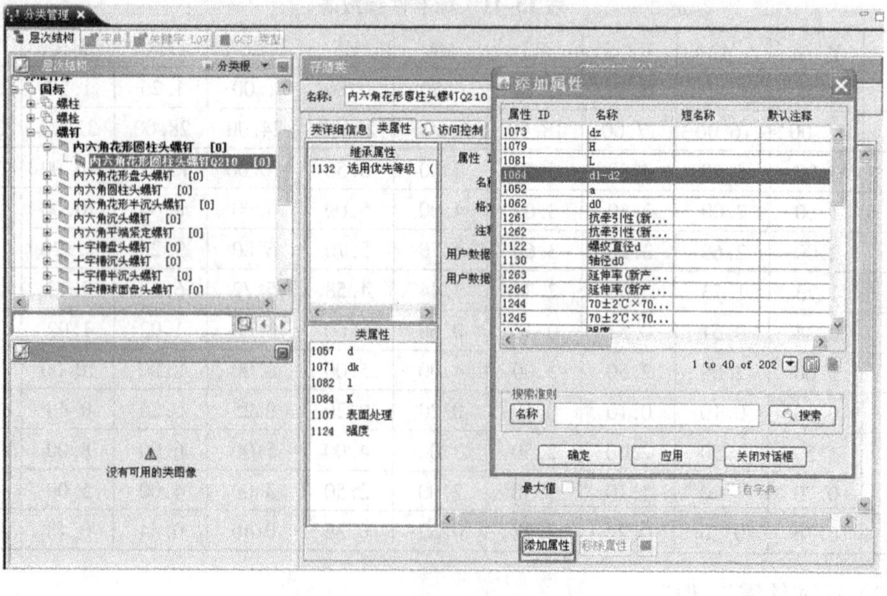

图 13-20　标准件设置查找参数

（4）标准件数据录入

标准件工程师整理标准件对象，使用数据导入方式，在 TC 系统中创建标准件对象。可以查看标准件数模、轻量化模型等信息，通过快速冻结流程，将标准件对象冻结发布，如图 13-21 所示。

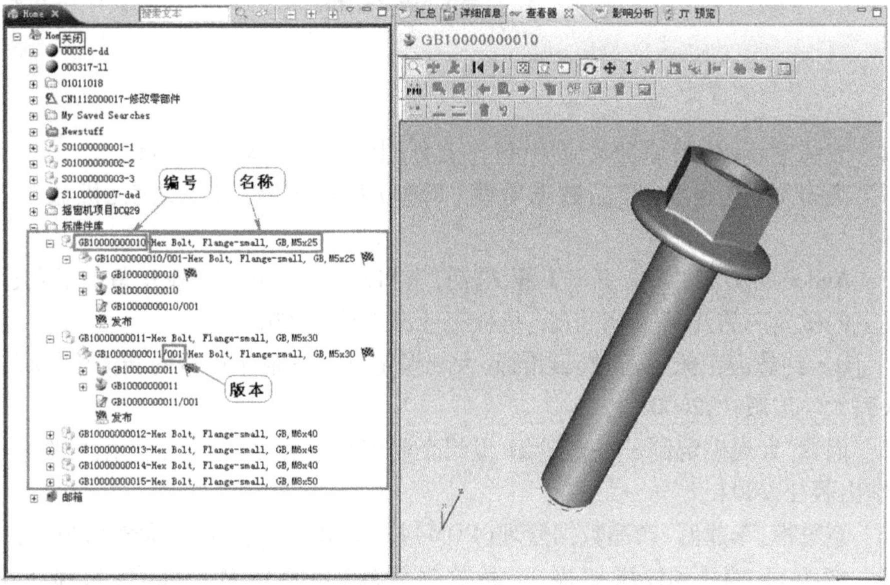

图 13-21　标准件数据录入及发布

在系统中可查看标准件参数表，如图 13-22 所示。

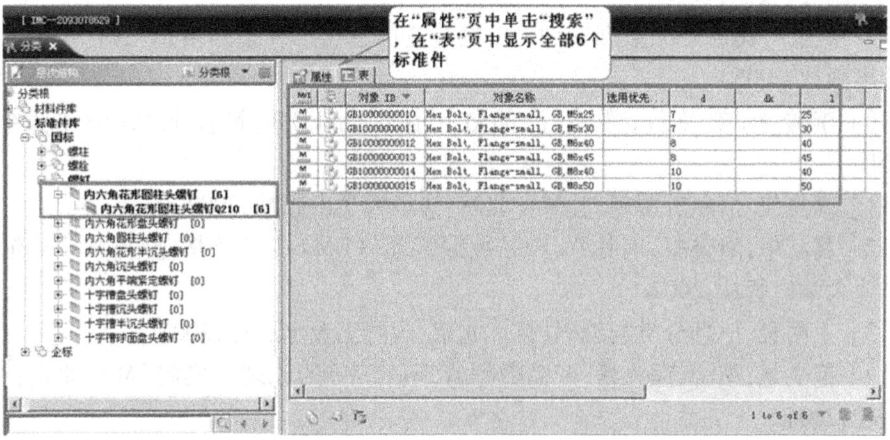

图 13-22　标准件参数表

参考文献

[1] 方明伦. PDM 的原理及应用[M]. 上海:上海大学出版社,1998.

[2] 高奇微,莫欣农. 产品数据管理(PDM)及其实施[M]. 北京:机械工业出版社,1998.

[3] Anderson D M, Pine II B J 著,冯涓,李和良译. 21 世纪企业竞争前沿:大规模定制模式下的敏捷产品开发[M]. 北京:机械工业出版社,1999.

[4]B · 约瑟夫 · 派恩著,操云甫译. 大规模定制——企业竞争的新前沿[M]. 北京:中国人民大学出版社,2000.

[5] 但斌. 大规模定制——打造 21 世纪企业核心竞争力(企业信息化之路)[M]. 北京:科学出版社,2004.

[6] 童秉枢,李建明. 产品数据管理(PDM)技术[M]. 北京:清华大学出版社,2000.

[7] 庞士宗,肖平阳,唐加福. 产品数据管理(PDM)[M]. 北京:机械工业出版社,2001.

[8] 肖塔纳著,祁国宁译. 制造企业的产品数据管理——原理、概念、策略[M]. 北京:电子工业出版社,2001.

[9] 祁国宁. 图解产品数据管理——制造业信息化工程系列培训教材[M]. 北京:机械工业出版社,2005.

[10] 李善平,刘乃若,郭鸣. 产品数据标准与 PDM[M]. 北京:清华大学出版社,2001.

[11] 高复先. 信息资源规划[M]. 北京:清华大学出版社,2002.

[12] 葛江华,隋秀凛,刘胜辉. 产品数据管理(PDM)技术及其应用[M]. 哈尔滨:哈尔滨工业大学出版社,2002.

[13] 王丙义. 信息分类与编码[M]. 北京:国防工业出版社,2003.

[14] 范文慧,李涛,熊光楞. 产品数据管理(PDM)的原理与实施[M]. 北京:机械工业出版社,2004.

[15] 朱战备. 产品生命周期管理——PLM 的理论与实务[M]. 北京:电子工业出版社,2004.

[16] 蒂瓦纳. 知识管理十步走[M]. 北京:电子工业出版社,2004.

[17] 迈克尔. 格里夫斯. 产品生命周期管理[M]. 北京:中国财经政法出版社,2007.

[18] 邓超. 产品数据管理(PDM)规范应用指南[M]. 北京:中国经济出版社,2007.

[19] JOSEF S. 制造企业的产品数据管理[M]. 北京:机械工业出版社,2000.

[20] 范健. iMAN 入门基础[M]. 北京:清华大学出版社,2003.

[21] 芮延年.协同设计[M].北京:机械工业出版社,2003.

[22] 张蓬,黄乐圆.协同产品商务 CPC——AMT 信息动力丛书[M].北京:机械工业出版社,2004.

[23] 郭钢.新产品数字化设计与管理[M].重庆:重庆大学出版社,2004.

[24] 陈宗舜,史祥生,吴春燕.产品数字化与产品数据管理[M].北京:清华大学出版社,2004.

[25] 许超.产品数据管理系统应用——企业商务电子化应用丛书[M].北京:科学出版社,2004.

[26] 杨平.数字化设计制造技术概论[M].北京:国防工业出版社,2005.

[27] 陈桦,曹岩.快速动态响应协同产品设计理论及其过程管理[M].北京:科学出版社,2006.

[28] 张和明,熊光楞.制造企业的产品生命周期管理——新编《信息、控制与系统》系列教材[M].北京:清华大学出版社,2006.

[29] 周传宏.产品全生命周期管理技术——技术基础与案例分析[M].上海:上海交通大学出版社,2006.

[30] 周传宏.产品全生命周期管理技术——企业制造资源管理[M].上海:上海交通大学出版社,2006.

[31] 敖锦龙.基于 Teamcenter 的 PDM 研究及总体实施规划[J].上海汽车.2009(4):33-37.

[32] 张伟,王耕耘. iMAN 的 UG/Manager 在企业中的实施[J].锻压装备与制造技术, 2003(3):72-74.

[33] 徐弘山,何爱新,付利华.基于 PDM 的 CAPP 系统体系结构研究[J].成组技术与生产现代化, 2000(1):21-23.

[34]靳强勇,李冠宇,张俊.异构数据集成技术的发展和现状[J].计算机工程与应用, 2002(11):112-114.

[35] 张莉萍,邵雄凯,康瑞华.基于面向服务架构的系统设计与实现[J].软件导刊, 2007(1):54-56.

[36] 李培松,刘觉夫.基于 Web Service 的面向服务架构(SOA)的研究[J].华东交通大学学报, 2007(2):74-77.

[37] 毛瑞卿. PDM 多级工作流管理及 CAD 集成问题研究与应用[D].广西大学,2009.

[38] 吕江虹.基于产品数据管理的 CAD/CAPP/CAM 并行集成技术研究[D].哈尔滨理工大学, 2006.

[39] 吴伟. PDM 实施过程中编码体系的建立[J].山东农机, 2005(3):12-14.

[40] 叶霞,陈菊芳,施江澜. PDM 系统体系结构的探讨[J].现代制造工程, 2006(7):26-29.

[41] 王建民,孙家广. PDM 系统实施的模型方法[J].中国计算机报, 2001(1).

[42] 正确的实施方法保驾. www. e-works. com. cn.

[43] PDM 实施前的准备工作. www. e-works. com. cn.

[44] 周鸿亮,赵敏. PDM 实施之道[J]. 中国计算机报.
[45] 王建民,孙家广. PDM 系统实施的模型方法[J]. 中国计算机报.
[46] 范文慧,熊光楞,葛正宇. PDM 的实施方法与步骤[J]. 计算机世界报.
[47] 杨清军. 谈 PDM 项目实施效果与体会[J]. www. e-works. com. cn.
[48] Siemens PLM Software Teamcenter 9 帮助文档.

附录 词汇表

BOM 视图（BOM View）

Teamcenter 对象，用于管理零组件的产品结构信息。

BOM 视图版本（BOM View Revision，BVR）

工作区对象，存储零组件版本的单级装配结构。可以在结构（BOM 视图版本）上控制访问权，与其他数据无关。BOM 视图版本只在创建它们的零组件版本的关联中有意义。

Direct Model 数据集（Direct Model Dataset）

包含 JT（可视化）文件的数据集。

Do 任务（Do Task）

包括 EPM-hold 处理程序的任务模板，防止在任务启动时该任务自动完成。此模板具有定制的对话框，允许管理员设置复选框来指示任务何时完成。

eIntegrator Admin

Teamcenter 应用程序，提供了能将外部数据与 Teamcenter 相集成的简单集成机制。eIntegrator Admin 可将外部数据系统映射到其数据库中的对等对象上。然后，数据可以作为表单导入到数据库中。

eIntegrator Admin 表单类型（eIntegrator Admin Form Type）

eIntegrator Admin 专有的表单类型，表单信息从外部源获取，表单类型映射信息存储在映射对象中。每个新的 eIntegrator Admin 表单类型会创建一个由系统生成的、外部数据类的子类。

FMS 主控主机（FMS Master Host）

包含 FMS 主配置文件（fmsmaster. xml）的主机。此文件可以安装在每个 FSC 服务器上。

FMS 主配置文件（FMS Master Configuration File）

配置 FMS（fmsmaster. xml）的文件。FMS 主配置文件描述 FMS 网络并定义多组服务器缓存。它还可以定义服务器缓存和客户端缓存的默认值，如最大容量。在服务器缓存配置文件和客户端缓存配置文件中定义的值可替代在主配置文件中定义的默认值。

FMS 客户端缓存（FMS Client Cache，FCC）

在客户端主机上运行的 FMS 进程，上传文件到 FMS 服务器缓存进程、从 FMS 服务器缓存进程请求文件以及在客户端主机上缓存文件。FCC 进程管理整个文件的两个缓存：一个写缓存，其中包含上传到 Teamcenter 卷的文件；一个读缓存，其中包含从 Teamcenter 卷下载的文件。它还管理 Teamcenter lifecycle visualization 的一个分段式文件缓存。每个

Teamcenter 胖客户端主机需要一个本地 FMS 客户端缓存。

FMS 服务器缓存（FMS Server Cache，FSC）

FMS 进程,在服务器主机上运行,作为卷服务器(在设置了或直接安装了卷的主机上运行时)、缓存服务器(在未设置或未直接安装卷的主机上运行时)和配置服务器执行。作为卷或缓存服务器,FSC 会检查所有文件访问请求的凭单,该凭单由 Teamcenter 生成,用来授予文件访问权。作为缓存服务器,它管理两个分段式文件缓存,一个用来下载文件,另一个用来上传文件。作为配置服务器,它向文件客户端缓存和其他 FSC 提供 FMS 配置信息。作为临时服务器,它向客户端交付 PLM XML 和其他临时文件。在任何 Teamcenter 安装中,至少必须部署一个 FSC。可以部署多个 FSC,每个 FSC 执行一项指定的用途,如作为卷服务器、缓存服务器或配置服务器。

FSC 组（FSC Group）

在 FMS 主配置文件中定义的服务器缓存组。

FSC 配置文件（FSC Configuration File）

配置单个 FMS 服务器缓存的文件（fsc. xml）。FSC 配置文件用来定义诸如主 FSC 地址、分段文件缓存的最大容量和上传超时值等的值。它还可以为 FCC 和其他 FSC 定义默认值。

PLM XML

便于在产品生命周期内通过 XML 实现互操作性的 Siemens PLM Software 格式。PLMXML 是开放的,并以标准 W3C XML Schema 为基础。通过以引用的方式清晰明确地表示多种产品数据,PLM XML 提供了轻量级、可扩展且灵活的数据传输机制,可通过因特网传输高容量的产品数据。

RIG 批准者（RIG Approver）

在工作流程中代表指定角色和组执行签发的用户。在访问管理器中,RIG 批准者访问者用于工作流 ACL,并匹配与工作流 ACL 相关联的发放级别的签发定义(即组中的角色)。此访问者确保权限只授予签发者,而不是与该组中的角色匹配的用户。另见批准者(Approver)、组批准者(Group Approver) 和角色批准者(Role Approver)。

STEP AP212

工业自动化系统产品模型数据交换和集成标准(STEP) - 产品数据表示和交换国际标准（ISO 10303)。此标准提供了一个框架,通过它,业内的企业之间可以交换和共享产品信息。AP212 是此标准的一种应用,描述定制机电产品所需的信息。

Teamcenter lifecycle visualization

Siemens PLM Software 套件,提供企业范围内的产品可视化功能。经过配置，Teamcenter lifecycle visualization 可作为独立应用程序与 Teamcenter 胖客户端和瘦客户端一起使用。此软件套件包括 Teamcenter lifecycle visualization base、Teamcenter lifecycle visualization standard、Teamcenter lifecycle visualization professional 和 Teamcenter lifecycle visualization mockup。

Teamcenter 应用程序根目录（Teamcenter Application Root Directory）

Teamcenter 共享二进制可执行文件的目录位置。TC_ROOT 环境变量定义此位置。通常,此目录的内容只随 Teamcenter 的版次更新而改变。Teamcenter 应用程序注册表

(Teamcenter Application Registry)基于 Web 的独立服务,通过该服务,Teamcenter 产品可以查找其他适用于启动链接对象的 Teamcenter 产品。管理员可以在注册表中注册和注销已安装 Teamcenter 产品实例。

Teamcenter 数据目录 (Teamcenter Data Directory)

Teamcenter 共享数据子目录和文件的目录位置。TC_DATA 环境变量定义此位置。每个数据目录都与单个数据库实例相关联。

Teamcenter 选项 (Teamcenter Option)

首选项(Preference) 和用户首选项(User Preference)。

Teamcenter 链接 (Teamcenter Linking)

Teamcenter 组件,通过该组件,用户可以在 Teamcenter 对象和其他 Teamcenter 产品(如 Teamcenter systems engineering and requirements management 和 Teamcenter portfolio, program and project management)中的对象之间创建链接。随后,用户可从胖客户端或瘦客户端内部启动链接的 Teamcenter 产品。

主 FSC (Master FSC)

直接从 FMS 主控主机读取主配置文件的 FMS 服务器缓存。可将 FSC 配置为直接从主控主机读取主配置文件,也可配置为从有权访问该文件的另一个 FSC 下载该文件。

主对象 (Master Object)

多站点协同网络中的控制对象。当对象被创建和保存时,该实例就是主对象,直到它导出且传递了所有权。多站点协同网络中可能只有一个主对象,而且只有该主对象是可以修改的。如果主对象被复制,则直到所有复制对象被删除之后它才能被删除。

主属性表单 (Master Form)

Teamcenter 工作区对象,用于在预定义的模板中显示产品信息(属性)。主属性表单用于以标准化的格式显示产品信息。

产品结构 (Product Structure)

彼此之间具有几何关系的装配零件和组件零件的层次结构,例如,物料清单(BOM)。变量和版本规则定义一般 BOM。随后可以加载此 BOM 以显示配置的变量。

产品视图 (Product View)

装配查看器的已保存配置,包括对于对象、缩放因子、旋转角度和平移位移的选择。

人员 (Person)

一种定义,包含每个 Teamcenter 用户在真实世界中的信息,例如,姓名、地址和电话号码。人员定义作为简单文本字符串存储,这样就能容易地对其进行更改和更新。名称必须是唯一的。

任务

用于构建流程的基本构建块。每个任务都定义用于完成该任务的一组操作、规则和资源。

任务处理程序 (Task Handler)

小型集成工具包程序或函数。处理程序是企业流程建模中最低级的构建块。它们用于扩展和定制任务。有两种处理程序:操作处理程序和规则处理程序。

任务模板（Task Template）

工作流任务的蓝图。

传递模式（Transfer Mode）

由若干规则组成的对象，这些规则配置 PLM XML 导入和导出操作。传递模式允许用户导入和导出数据，而几乎只需了解传递模式对象的名称。

信号（Signal）

正在电工技术系统中生成、处理或传递的消息或信息流的物理表示。

信封（Envelope）

Teamcenter 工作区对象，表示一封由 Teamcenter 用户发送的邮件。信封可以用来发送文本消息，也可以用来发送工作区对象引用。

元数据（Metadata）

Teamcenter 数据库中的对象描述。

全体（World）

所有用户，而不考虑组和角色。

关系（Relation）

描述 Teamcenter 对象和一段信息之间的关联，这段信息描述该对象或与该对象有关。

内容管理（Content Management）

可供用户使用 SGML/XML 编辑与发布工具来管理存储在 Teamcenter 数据库中的 SGML 与 XML 信息，并以多种格式发布文档的 Teamcenter 解决方案。内容管理用于在各个组件之间维护链接时收集与发布内容，并将内容存储为可在多个出版物中重用的组件。该应用程序包含构造出版物的过程，以使出版物可以进行存储、发布、及用于不同的目的。内容管理还存储并管理图形以用于出版物，提供内容版本控制，以及合并 Teamcenter 工作流，以使内容开发过程更加容易。

制造商零件（ManufacturerPart）

通过满足关系与商业零件对象类型相关的业务对象类型。制造商零件可以从一个或多个提供商处购买，具有由零件的实际构建者指派的零件号。制造商零件对象在 Teamcenter 用户界面中由术语提供商零件表示。

包含规则（Closure Rule）

该规则控制导入或导出 Teamcenter 的数据的转换范围。包含规则通过指定感兴趣的关系和当遇到这些关系时所发生的动作，来指定如何遍历数据结构。

协同关联（Collaboration Context）

Teamcenter 对象，拥有一个结构和配置关联内所包含数据的集合。通过这些数据，您可以在一个容器内捕捉多个不同的 Teamcenter 结构。可以在多结构管理器应用程序、制造工艺规划器或零件规划器中打开协同关联。您还可以使用协同关联收集数据，以与第三方应用程序共享。另见结构关联（Structure Context）。

发放状态（Release Status）

当通过工作流程来发放工作区对象时，与该工作区对象关联的状态。

取消发布的对象(Unpublished Object)

不适用于多站点协同网络中其他站点的对象。用户可以取消发布先前已发布的对象,这样,它们又只能由所有权站点访问。

变量条件

适用于产品结构中的一个组件的规则。

变量规则(Variant Rule)

决定配置何种 BOM 变量的选项值集合(例如,car type = GLS,engine = 1200, gearbox = manual)。

命令抑制(Command Suppression)

Teamcenter 应用程序,该应用程序使系统管理员能够控制 Teamcenter 应用程序中菜单和工具条命令的显示。通过命令抑制可针对以下对象抑制命令的显示:整个组层次结构或该层次结构内的特定角色,整组的用户,以及被指派了某一组内角色的用户。它还允许抑制某个指定菜单上特定命令的显示或整个菜单的显示。

命名的 ACL

访问控制的已命名组。另见访问控制表(Access Control List, ACL)。

命名的引用(Named Reference)

由数据集管理的文件类型。数据集是唯一使用命名引用的工作区对象。

命名规则(Naming Rule)

业务规则,定义对于不同类型对象中的字符串属性值的命名约定。命名规则可以附加到以下属性:零组件类型中的零组件 ID、零组件版本 ID 和名称,数据集类型中的数据集名称、ID 和版本号,名称表单类型。

商业零件(Commercial Part)

通过结构关系与零件对象类型相关的业务对象类型。商业零件由为 OEM(原始设备制造商)转售、构建或设计并构建零件的提供商在外部制造。商业零件可以是现成的市售零件或定制设计零件。商业零件的结构、尺寸及功能可能由 OEM 可能从一个或多个提供商处采购的一个或多个提供商零件来实现。

基于对象的保护

使用访问控制列表,逐个对象创建基于规则保护的例外情况。对于扩大或限制对特定对象的访问权,对象访问控制列表是最有用的。

基于规则的保护(Rules-Based Protection)

控制谁可以或不可以访问对象的条件或规则。这些规则是全局性规则(即,它们影响整个 Teamcenter 站点),由访问管理器强制执行。这些规则由系统管理员定义。

复制对象(Replicated Object)

主对象的副本,驻留在某个多站点协同网络内的站点中。另见主对象(Master Object)。多站点协同 Teamcenter 功能,可用于在数个 Teamcenter 数据库之间交换数据对象。数据库间的对象传递由指定服务器上运行的守护程序进程控制。对象的复制是通过将对象从原来数据库中导出,再将它们导入请求数据库来进行的。多站点协同的配置是可选的。

审核任务(Review Task)

任务模板,包括选择签发小组和执行签发子任务。每个子任务都包含一个用于执行流程的独特对话框。

容器对象(Container Object)

用于容纳其他对象和组织产品信息的任何 Teamcenter 对象。例如,文件夹和零组件是容器对象。

对象启动器(Object Launcher)

从链接的对象中启动另一个 Teamcenter 产品。每个 Teamcenter 产品都有一个对象启动器。另见 Teamcenter 链接(Teamcenter Linking)。

对象目录服务服务器(Object Directory Services Server)

一种多站点协同网络节点,运行守护程序进程以处理多站点协同环境中数据对象的发布。必须为每个对象目录服务站点指定一个 ODS 服务器节点,而且每个服务器节点只能为一个对象目录服务站点工作。

对象目录服务站点(Object Directory Services Site)

有数据库的站点,该数据库维护多站点协同网络中每个对象的记录。一个多站点协同网络中至少必须有一个 Teamcenter 数据库被指派为 ODS 站点。此站点用于存储数据对象的发布记录。

对象选择器(Object Chooser)

显示适于与另一个 Teamcenter 产品链接的对象。在决定要显示的对象时,对象选择器会考虑访问 Teamcenter 产品的人员的安全权限。另见 Teamcenter 链接(Teamcenter Linking)。

导航窗格(Navigation Pane)

胖客户端框架组件,显示可在胖客户端中使用的应用程序的按钮。单击应用程序按钮可启动相应的应用程序。

属性

描述对象并与对象一同存储的命名的存储变量。用户可以使用对象的属性在数据库中搜索对象。在对象中,属性是名称/值对;在数据库中,属性是字段。

属性格式查找器(Property Format Finder, PFF)

该功能部件允许您搜集并报告与查询所返回对象相关的数据。PFF 对象提供定位任意数据所需的必要的链接和关系,而不用重新格式化查询实例。PFF 对象还使您能够获取单一查询所不能提供的其他信息。

属性规则(Property Rule)

一种业务规则,允许管理员控制对对象属性的访问以及其行为。

工作中的版本(Working Revision)

拥有写权限的用户可更改的版本。Teamcenter 不维护工作版本的中间状态记录。

工作关联(Work Context)

对象,其中包含有针对特定任务的用户、组、角色和项目需求。工作关联简化了执行任务所需的正确用户设置的定义。例如,被指派了三种任务的用户通常创建三个反映所需组/角色设置的工作关联。这样,用户就不必退出后再使用所需的组/角色设置重新登录，而是可以右键单击任务以显示该用户所定义的工作关联。在选择了适当的工作关联后会自动更改用户的组/角色设置。如果在站点使用项目功能，则工作关联还可以定义当前项目。

工作流

以下概念的自动化：所有工作都得经过一个或多个业务流程，才能达到某个目标。在完成某个特定流程的过程中，使用工作流在参与者之间传递文档、信息和任务。

工作流查看器

Teamcenter 应用程序，用户可通过它查看某个工作流程的进度。用户不必是该流程的参与成员就可查看该流程。还可以使用工作流查看器修改特别流程，具体取决于站点首选项设置。另见特别流程修改(Ad Hoc Process Modification)。

工作流设计器

Teamcenter 应用程序，通过该程序，管理员能够以图形方式设计工作流程模板，并将公司业务实践和过程合并到模板中。Teamcenter 用户使用这些模板启动工作流程。

工艺结构

制造工艺和具有序列关系的操作组成的层次结构，它们一起描述了有关产品是如何制造出来的。请与产品结构(Product Structure)比较。

已发布的对象(Published Object)

对于多站点协同网络中的其他站点可用的对象。发布一个对象将在 ODS 站点数据库中创建一条记录，该数据库可由其他站点读取和搜索。在对象发布之前，只有所有权站点能看见它。

应用程序(Application)

软件包中收集并布置的相关功能元素，其设计用于完成指定的任务。另见透视图(Perspective)。

应用程序接口查看器(Application Interface Viewer)

应用程序中的查看器数据选项卡，通过该选项卡，用户可以监视和控制 Teamcenter 与另一个应用程序之间通过协同关联进行的 PLM XML 数据交换。

所有权站点(Owning Site)

主对象驻留的多站点协同站点。所有权站点是可对该对象进行修改的唯一位置。

所有权组(Owning Group)

拥有某个对象的组，通常是该组的用户创建该对象。因为用户通常与组里的其他成员共享数据，所以可将更多权限授予所有权组(例如，对该对象的写权限)。

所有权组中的角色(Role in Owning Group)

对象的所有权组中的特定角色。在访问管理器中，所有权组中的角色是一个访问者，用于将权限授予相同项目中具有相同技能和/或职责的所有用户。例如，通常所有权组中的所有设计者都将被授予对他们所开发数据的写权限。

所有者(Owner)

拥有对象的用户，最开始是创建该对象的用户。所有权可以从一个所有者传递到另一个所有者。对象所有者通常具有一些其他用户没有的权限(例如，删除该对象的权限)。

批准者（Approver）

在工作流程中具有签发权的用户，而不考虑其角色和组成员资格。在访问管理器中，批准者访问者用于分配适用于所有签发的权限（例如，读权限）。另见 RIG 批准者（RIG Approver）、角色批准者（Role Approver）和组批准者（Group Approver）。

报价（Quote）

对标书行条目的响应。

报告设计器

Teamcenter 应用程序，用户可以通过该程序创建报告设计，作为一种方便的方法从 Teamcenter 数据库抽取特定类型的数据。通过使用保存的查询和关系扩充，数据可以集中起来并以 Microsoft Excel 格式、普通 XML 格式或作为逗号分隔文件来输出，以实现同第三方报表工具的集成。

提供商（Vendor）

业务对象类型；零件或服务的提供者。在 Teamcenter 中，提供商可以具有一个或多个角色。角色定义在数据模型中不是固定的，可以根据客户的业务模式进行调整。例如，提供商的角色可能包括：

- 分销商：转售但不制造零件。
- 供应商：制造零件以供 OEM 订购。
- 制造商：为一般市场制造零件。

提供商管理（Vendor Management）

软件功能用于通过允许用户捕捉有关提供商与提供商零件（由提供商提供）的信息，将提供商贡献建模到产品中，从而满足商业零件的表单、拟合及功能。

提供商零件（Vendor Part）

Teamcenter 用户界面显示制造商零件对象的名称。

操作处理程序（Action Handler）

用来扩展和定制任务操作的处理程序。操作处理程序执行诸如显示信息、检索以前任务（继承）的结果、通知用户、设置对象保护和启动应用程序等操作。另见任务处理程序（Task Handler）。

数据集（Dataset）

Teamcenter 工作区对象，用于管理由其他软件应用程序创建的数据文件。每个数据集都可以管理多个操作系统文件，且每个数据集都会引用一个数据集工具对象和一个数据集业务对象。

数据集业务对象（Dataset Business Object）

Teamcenter 对象，包含可以操作数据集的一系列工具。

数据集工具（Dataset Tools）

Teamcenter 对象，是用于创建或修改数据集的工具。

文件夹

对象集合（如组、类或子类）的图形表示。为了易于在类层次结构中区别，每个集合都有与其相关的不同类型的文件夹图标：组文件夹图标、类文件夹图标或子类文件夹图标。

文件管理系统（File Management System，FMS）

管理在两层式和四层式架构部署中客户端和卷之间上传和下载文件数据的系统。FMS 提供了用于文件管理的卷服务器、用于在多个用户之间共享数据访问的共享的服务器级性能缓存、用于胖客户端的基于客户端的用户专用缓存、用于在企业层和客户端层之间传输报告、PLM XML 和其他非卷数据的临时数据存储器机制。通过 FMS 文件缓存，可以将数据放在靠近用户的地方，同时维护中央文件卷和数据库存储。

文档（Document）

零组件的子类型，表示真实文档的所有版本。此零组件类型支持产品、流程、标准及业务其他方面的文档，通常来自应用程序，如 Microsoft Word、Microsoft Excel 等。

文档管理（Document Management）

通过使用零组件版本定义配置（IRDC）对象配置文档管理行为来管理真实文档。IRDC 可以简化用户与信息的交互，并减少用户了解 Teamcenter 数据模型及关系模型的需求。另见零组件版本定义配置（IRDC）对象（Item Revision Definition Configuration（IRDC）Objects）。

更改

对配置、设计要求或文档的临时或永久更改。

更改指令（Change Order）

引用问题、发起更改请求、解决方案和相关信息的 Teamcenter 对象。更改指令包含合并该更改的充分信息。

更改查看器

Teamcenter 应用程序，用于管理控制产品的定义和配置更改的流程。更改查看器可以提供流程中所用对象的可审计历史记录，以使对象的使用情况可以追踪。站点可以使用更改查看器来建议、合并、审核和批准更改。更改查看器还可用于跟踪和报告更改历史记录，并将对组织的更改通知其成员。

更改类型（Change Type）

更改流程的模板。更改类型是系统管理员使用业务建模器 IDE 创建的。

更改请求（Change Request）

Teamcenter 对象，它请求更改，引用问题、建议的解决方案和相关信息。更改请求包含充足信息，允许决定随更改继续进行。

有效性规则（Effectivity Rule）

用于对已发放产品和具有已发放状态的流程设置生效日期的规则。

查询构建器

Teamcenter 应用程序，通过该程序，系统管理员可以创建和维护对本地和远程 Teamcenter 数据库中对象的定制搜索。保存的查询受标准对象保护，并可由用户通过我的 Teamcenter 中的搜索功能进行访问。

查询表单（Query Form）

在我的 Teamcenter 中使用的预定义查询，可快速搜索数据库而不构建定制查询。查询表单将把搜索准则限制为表单中显示的字段。要使用其他搜索功能，需要构建定制查询。

标书（Bid Package）

包含提供给提供商以提交报价的行条目。

标书行条目（Bid Package Line Item）

标书的一部分，包含具有特定关联规则的装配或零件。

根（Root）

层次结构的起点。层次结构通常显示为倒挂的树，结构的根在顶部，叶在底部。

永久对象管理器（Persistent Object Manager，POM）

Teamcenter 对象和关系数据库管理系统（RDBMS）之间的接口。永久对象管理器通过以下方式来提供类的定义：继承现有的类和属性定义，操控内存中的对象和支持它们在基础 RDBMS 中保存和检索，支持各应用程序同时访问相同数据，保护多个应用程序使用的数据不被删除，以及支持属于对象的访问控制列表。

法定人数（Quorum）

为使任务获得批准，必须投票批准任务的用户的数目。

注册表文件（Registry File）

属性（.properties）文件，包含用户定义的配置设置（关键字和值），这些设置与应用程序在 Teamcenter 胖客户端中的显示和执行方式相关。每个在胖客户端中注册的应用程序都有一个 .properties 文件，称为注册表文件。

流程指派列表（Process Assignment List）

与某个工作流程模板相关联的分发列表，允许用户通过一个对话框为某流程中的所有任务指派资源。

流程模板（Process Template）

工作流程的蓝图，通过按所需的执行顺序放置工作流和/或更改管理任务（例如，Do、执行签发、会签和检查表）来定义。其他流程要求，如法定人数和持续时间，是

在模板中使用工作流处理程序定义的。

深层复制规则（Deep Copy Rule）

一种业务规则，用于定义当用户执行"另存为"或"修订"操作时关系类型对象可以复制为对象、复制为引用还是不可复制。深层复制规则可以应用于另存零组件版本和修订零组件版本。

添加状态任务（Add Status Task）

任务模板，为流程的目标对象创建和添加一个发放状态。不存在与此模板关联的对话框。

渲染（Render）

调用为零组件（如文档版本）指定的数据转换，以生成派生的可视化数据的过程。转换是在数据集上的操作。渲染是在对象（如文档）上的操作。另见转换（Translate）。

版本规则（Revision Rule）

由用户设置的参数，决定用于配置产品关联的零组件版本。

版本过滤器（Revision Filter）

使用该过滤器可基于已确定的版本规则来配置零组件和零组件版本的显示。

特别流程修改（Ad Hoc Process Modification）

允许用户对活动的流程添加或删除任务的功能。

特征（Feature）

与产品、组件或零件相关联的物理或几何对象。或者是产品、组件或零件的逻辑属性。示例：焊点、信号或几何图样。特征可以通过 BOM 中的通用设计元素（GDE）来表示。另见一般设计元素（Generic Design Element）。

特权小组成员（Privileged Team Member）

具有在项目中指派和移除对象特权的项目小组成员。请与项目小组成员（Project Team Member）比较。

用户（User）

一种机制的定义，Teamcenter 通过该机制标识每个用户并与每个用户交互。用户定义包含名称（来自人员的定义）、用户 ID、操作系统名称和密码。

用户首选项（User Preference）

适用于特定用户的 Teamcenter 首选项。

站点（Site）

Teamcenter 的个别安装，由以下内容组成：一个 Teamcenter 数据库、访问该数据库的所有用户以及其他资源，如硬件、网络功能和在该站点上实施 Teamcenter 所需的第三方软件应用程序（工具）。

站点 ID（Site ID）

Teamcenter 站点的唯一标识符。站点 ID 用于为 Teamcenter 对象生成在整个企业中不得重复的内部标识符。一旦建立之后，站点 ID 就不能修改了。

站点名称（Site Name）

Teamcenter 站点的唯一名称，作为用户定义字符串存储在数据库中。

站点首选项（Site Preference）

适用于整个站点的 Teamcenter 首选项。

类型显示规则（Type Display Rule）

该业务规则允许管理员控制可在 Teamcenter 中创建的对象类型。

系统管理员（System Administrator）

Teamcenter 用户，是系统管理组的成员。

线束（Harness）

形成预定模式或配置的绝缘导线的装配；也称为 wiring harness（线束）。

组（Group）

站点上用户的有组织分组。用户可以属于多个组，但是必须指派给一个默认组。

组中的角色（Role in Group）

特定组中的特定角色。在访问管理器中，组中的角色是一个用于将权限授予同一组中具有相同技术和/或职责的所有用户的访问者。

组件

用于构建装配和子装配的对象。

组批准者（Group Approver）

在工作流程中代表特定用户组执行签发的用户。在访问管理器中，组批准者访问者用于工作流 ACL，并匹配与工作流 ACL 相关联的发放级别的签发定义（即组）。组批准者访问者确保权限只有授予签发者，而不是与该组匹配的用户。另见批准者（Approver）、RIG 批准者（RIG Approver）和角色批准者（Role Approver）。

组管理员（Group Administrator）

对组具有特殊维护权限的用户。

组织（Organization）

Teamcenter 应用程序，通过该程序，系统管理员可以创建和管理关键的 Teamcenter 文件和数据库条目。它是用于创建公司虚拟组织和执行系统管理活动（例如卷创建、维护和站点管理）的访问点。组织支持创建和管理人员、用户、角色和组定义；定义 Teamcenter 组织的层次结构；管理数据卷；以及建立和维护 Teamcenter 站点。

组首选项（Group Preference）

适用于整个组的 Teamcenter 首选项。

结构关联（Structure Context）

包含在协同关联中的 BOM 或装配结构。结构关联可以包含事例组、零组件和零组件版本。另见协同关联（Collaboration Context）。

结构管理器（Product Structure Editor）

Teamcenter 应用程序，支持创建一般产品结构，这些产品结构可配置为显示产品结构正在生产中、在某个日期生效、由特定客户使用等等。结构管理器支持创建和修改产品结构及其相关事例数据，以多层缩进格式显示产品结构，以及查看与该结构紧密耦合的图形以便按结构中的位置或嵌入式查看器中的位置标识组件。

胖客户端（Rich Client）

安装在用户工作站上的基于 Java 的 Teamcenter 用户界面。胖客户端使用远程或本地服务器访问 Teamcenter 数据库。

虚拟文件夹（Pseudofolder）

Teamcenter 中的特殊容器，存储并显示我的 Teamcenter 中的零组件和零组件版本关系。

表单

Teamcenter 工作区对象，用于在预定义的模板中显示产品信息（属性）。表单经常用来在 Teamcenter 中创建硬拷贝的电子传真。另见主属性表单（Master Form）。

装配

由其他对象装配而成的复合对象，并可能添加附加信息来对其解释。在装配关联中，非复合型对象称为组件，其他装配称为子装配。

规则处理程序（Rule Handler）

一种处理程序，用于将工作流业务规则集成到任务级的企业流程建模流程中。规则处理程序将条件附加到操作中。另见任务处理程序（Task Handler）。

规则树（Rule Tree）

系统管理员用来向用户授予 Teamcenter 对象访问权的访问管理器组件。它是一个由规则和访问权限组成的树结构,当它被处理时,决定每个用户对指定对象的访问权。

视图(View)

胖客户端用户界面透视图中的软件元素。它提供的功能可用于导航信息的层次结构,显示有关所选对象的信息,打开编辑器或显示属性。另见透视图(Perspective)。

角色(Role)

面向功能的一群用户,模拟某些技能和/或职责。一般可在许多组中找到相同的角色。在访问管理器中,角色是一个访问者,用来将权限授予具有相同技能和/或职责的所有用户,而不考虑项目是什么。

角色批准者(Role Approver)

在工作流程中代表特定角色执行签发的用户。在访问管理器中,角色批准者访问者用于工作流 ACL,并匹配与工作流 ACL 相关联的发放级别的签发定义(即组中的角色)。此访问者确保权限只授予签发者,而不是与该角色匹配的用户。另见批准者(Approver)、组批准者(Group Approver) 和 RIG 批准者(RIG Approver)。

角色首选项(Role Preference)

适用于整个角色的 Teamcenter 首选项。

订阅(Subscription)

Teamcenter 用户请求事例通知的工作区对象和事件的组合。出现与对象相关联的事件时,Teamcenter 会通知已订阅的用户。用户可以通过我的 Teamcenter 和结构管理器之类的 Teamcenter 应用程序订阅对象。

订阅管理器(Subscription Manager)

用来查找、删除和修改活动的订阅的工具。

访问控制条目(Access Control Entry, ACE)

在访问管理器中,访问控制列表中每个访问者和所授予权限的配对。

访问控制表(Access Control List, ACL)

访问管理器的组成部分,包含由访问者和已授予、已拒绝及未对每个访问者设置的权限组成的列表。

访问管理器(AM)

Teamcenter 应用程序,系统管理员可以通过它授权用户访问 Teamcenter 对象。

访问者(Accessor)

访问管理器的组成部分,对共享某些共同特性(例如,在同一个项目中执行相同功能或工作)的多组用户授予或拒绝权限。

转换(Translate)

将数据从一种文件格式转换为另一种文件格式的过程。在 Teamcenter 文档管理的关联中,源数据转换为派生的可视化数据格式。该转换基于可用的转换器。转换是在数据集上的操作。渲染是在对象(如文档)上的操作。请参见渲染(Render)。

过滤规则(Filter Rules)

一种规则,允许精细地控制哪些数据以 PLM XML 格式与主对象一起转换,方法是指定调用用户编写的函数以确定对指定的对象应用的操作。

连接(Connection)

该对象定义物理模型中两个或多个终端之间的连接。

透视图(Perspective)

胖客户端用户界面中的容器,收集一组视图与编辑器以用于完成指定的任务。另见视图(View)。

配置规则(Configuration Rule)

配置结构的规则。提供两种配置规则:版本规则和变量规则。

零件(Part)

可以作为装配或组件参与某个结构的业务对象类型,可能有附加的数据集。在 Teamcenter 中,是在公司的零件发放系统中管理的业务项。通常,装配或组件由 OEM 进行设计与构建。

零组件(Item)

工作区对象,一般用于表示产品、零件或组件。零组件可以包含其他包括其他零组件和对象文件夹的工作区对象。

零组件关系(Item Relation)

描述 Teamcenter 零组件与一段描述该零组件或与该零组件相关的信息之间的关联。

零组件版本(Item Revision)

工作区对象一般用于管理零组件的版本。

零组件版本关系(Item Revision Relation)

描述 Teamcenter 零组件版本与一段描述该零组件版本或与该零组件版本相关的信息之间的关联。

零组件版本定义配置(IRDC)对象(Item Revision Definition Configuration (IRDC) Objects)

定义如何处理生命周期的特定时间(如在零组件创建、签入、签出、另存为及修订时)的零组件版本的对象。IRDC 对象在 Teamcenter 业务建模器 IDE 应用程序中定义。任何零组件都可以同 IRDC 相关联。例如,IRDC 对象通常通过管理文档签入与签出,及指定渲染源数据集中的可视化或批注版本来支持业务流程。

项目(Project)

用来标识对多个组织可用的一组对象的基础,如,某项特定工作的项目团队、开发团队、供应商和客户。

项目小组成员(Project Team Member)

对该项目内的对象具有读权限的项目小组成员。请与特权小组成员(Privileged Team Member)比较。

项目小组管理员(Project Team Administrator)

具有修改项目信息和该项目团队成员权限的项目小组成员。每个项目只允许有一位项目小组管理员。

项目管理员(Project Administrator)

Teamcenter 超级用户可以不受限制地访问,管理使用项目创建的项目。项目管理员可以创建、修改和删除项目信息和小组成员。

首选项(Preference)

存储在 Teamcenter 数据库中的配置变量,Teamcenter 会话启动时读取这些变量。首选项允许管理员和用户配置会话的多个方面,诸如用户登录名和属性表中默认显示的列。

首选项范围(Preference Scope)

可设置 Teamcenter 首选项的层次结构范围。首选项的范围可以是站点、组、角色或用户。